Dieter Struck, Alfred Fleissner

Die 45 Mobbing-Antworten

Dieter Struck, Alfred Fleissner

Die 45 Mobbing-Antworten

Ein Leitfaden für Betroffene, Arbeitgeber,
Betriebs- und Personalräte sowie
sonstige Interessenvertreter und Berater

LIT

Bibliografische Information Der Deutschen Bibliothek
Die Deutsche Bibliothek verzeichnet diese Publikation in der Deutschen
Nationalbibliografie; detaillierte bibliografische Daten sind im Internet
über http://dnb.ddb.de abrufbar.

ISBN 3-8258-8952-1

© LIT VERLAG Münster   2005
Grevener Str./Fresnostr. 2   48159 Münster
Tel. 0251–62 03 20   Fax 0251–23 19 72
e-Mail: lit@lit-verlag.de   http://www.lit-verlag.de

Vorwort

Dieser Leitfaden gibt Antworten auf die häufigsten, insbesondere arbeits- und sozialrechtlichen Fragestellungen zum Thema «Mobbing am Arbeitsplatz»[1] Der Erstautor ist als Fachanwalt für Arbeitsrecht in Hamburg tätig. Die hier zusammengetragenen Antworten sind das Ergebnis seiner jahrelangen anwaltlichen Tätigkeit im Zusammenhang mit Mobbing-Sachverhalten und seiner zu dieser Thematik durchgeführten Vortragsveranstaltungen im Rahmen einer multidisziplinären Vorlesungsreihe des Koautors im Universitätsklinikum Hamburg-Eppendorf (UKE) zur Konflikt- und Motivationsforschung am Arbeitsplatz im Jahre 2002, sowie seiner Referenten-Tätigkeit für den Hamburgischen Anwaltverein e.V. zum Thema *«Anforderungen der Rechtsprechung an die Geltendmachung von Ansprüchen aus Mobbing-Sachverhalten»* in den Jahren 2002 und 2003 und für die Universität Hamburg im Rahmen einer kriminologischen Studienwoche zum Thema *«Mobbing: Phänomen – Prävention – Recht»* im September 2003.

Die Antworten erfolgen zur Veranschaulichung z.T. unter Verwendung von als solchen gekennzeichneten, insgesamt 31 Fallbeispielen anhand von ausgewählten Urteilen aus der Rechtsprechung. Sie sind teilweise mit weiterführenden Literaturhinweisen versehen, basieren auf den geltenden gesetzlichen Regelungen und berücksichtigen auch etwaige Besonderheiten des Beamtenrechts sowie straf- und strafprozessualrechtliche Normen. Sie werden verbunden mit wichtigen praktischen Ratschlägen für konkrete Verhaltensweisen in Mobbing-Situationen, ersetzen aber keinesfalls die stets notwendige Beratung im Einzelfall. Einige besonders wichtig erscheinende Gesichtspunkte werden an geeigneten Stellen wiederholt.

Im *Anhang* des Leitfadens findet der Leser einen *aktuellen Rechtsprechungsnachweis* für erfolgreich abgeschlossenen Mobbing-Rechtsschutz sowie eine Zusammenstellung der 91 wichtigsten Urteile und Beschlüsse der Arbeits- und Landesarbeitsgerichte, des Bundesarbeitsgerichts, der Sozial- und Verwaltungsgerichtsbarkeit, einzelner Oberlandesgerichte sowie des Bundesgerichtshofs, die sich unmittelbar oder mittelbar mit tatsächlichen oder vermeintlichen Mobbing-Sachverhalten befassen, und zwar chronologisch dargestellt unter Angabe von Datum, Aktenzeichen und Fundstellen sowie mit einer kurzen Inhaltsangabe.

Der Titel dieses Leitfadens wurde in Anlehnung an «Die 45 Handlungen – was die Mobber tun» von Heinz Leymann in seinem Werk *«Mobbing – Psychoterror am Arbeitsplatz und wie man sich dagegen wehren kann»*, S. 33 f., in dem Bewusstsein gewählt, dass es sicherlich weitere praxisrelevante Fragen und Antworten gibt, die in diesem Zusammenhang ebenfalls erörterungsbedürftig sind.

---

[1] vgl. auch die Fragen und Antworten des Bundesministeriums für Wirtschaft und Arbeit zum gleichen Thema in www.bmwa.bund.de - Arbeit - Arbeitsrecht - Mobbing

Für entsprechende Anregungen und Hinweise auf solche Fragestellungen wären die Autoren dankbar, damit der Titel zu gegebener Zeit in *Die 45+... Mobbing-Antworten* erweitert werden kann[2]. Unter anderem soll dafür im Internet auf der Homepage www.mobbing-abwehr.de der Konfliktlösungsinitiative Mobbinganlaufstelle KLIMA e. V. ein Forum zur Verfügung stehen. Auch vertiefende Anmerkungen sowie aktuelle Ergänzungen werden dort nachzulesen sein.

Es liegt in der Natur der Sache, dass in einem demokratischen Rechtsstaat die Mehrheiten entscheiden. Bei Mobbing haben sich Mehrheiten gewöhnlich gegen einen Einzelnen verbündet. Daher ist die Beweisführung für Mobbing-Betroffene erheblich erschwert. Obwohl zwischenzeitlich erwiesen ist, dass etwa jede neunte Person im Laufe ihres Erwerbslebens Mobbing-Erfahrungen machen muss[3], scheint die Rechtsprechung dem bisher zuwider zu laufen, wie die Vielzahl klagabweisender Entscheidungen zeigt. Aus den hier vorgelegten Mobbing-Antworten ist zu ersehen, wie wichtig Maßnahmen zur Mobbing-Prävention sind und wie sorgfältig die Argumentation aufgebaut werden muss, um zu seinem Recht zu gelangen.

Viele Mobbing-Betroffene haben mittelbar an diesem Leitfaden mitgewirkt. Aus dem Verlauf ihrer Leidensgeschichten lassen sich wichtige Ratschläge ableiten, um in der Rechtsprechung genügend Verständnis wecken bzw. im Vorfeld einer gerichtlichen Auseinandersetzung die richtigen Maßnahmen treffen zu können. Auch die Erfahrungen von Interessenvertretern sind in die vorgeschlagenen Verhaltensregeln eingeflossen. Selbstverständlich wurde auch die Expertise vieler ausgewiesener Fachleute einbezogen. Unser besonderer Dank für wertvolle Hinweise und Anregungen gilt in diesem Zusammenhang Herrn PD Dr. Gerd Arentewicz[4], der 1998 am Universitätsklinikum Hamburg-Eppendorf die Nachfolge von Prof. Dr. Dr. Heinz Leymann als externer Leiter einer der bundesweit ersten Konfliktberatungsstellen angetreten hatte.

---

[2] in Anlehnung an Esser/Wolmerath: *Mobbing – Der Ratgeber für Betroffene und ihre Interessenvertretung*, S. 26 ff.

[3] siehe u.a Meschkutat/Stackelbeck/Langenhoff: Der Mobbing-Report, Repräsentativstudie für die Bundesrepublik Deutschland, Dortmund 2002

[4] Mitherausgeber des Kompendiums *«Arbeitsplatzkonflikte: Mobbing als Psychoterror am Arbeitsplatz. Ursachen, Folgen und Formen der Hilfe»* (Lang 2003)

6

Inhaltsverzeichnis

Vorwort 5

Inhaltsverzeichnis 7

Abkürzungsverzeichnis 10

Literaturverzeichnis 15

1. Mobbing: Ein Randphänomen der Arbeitswelt? 18

2. Was ist Mobbing am Arbeitsplatz? 20

3. Wann liegt kein Mobbing vor? 34

4. Gibt es typische Mobbing-Handlungen? 38

5. Auf Grund welcher Rechtsgrundlagen ist Mobbing arbeitsrechtlich verboten? 48

6. Gibt es besondere Rechtsgrundlagen zum Schutz von Frauen vor Mobbing-Handlungen? 50

7. Gibt es besondere Vorschriften zum Schutz anderer Personengruppen vor Benachteiligungen? 51

8. Wie kann man sich rechtlich gegen Mobbing-Handlungen zur Wehr setzen? 53

9. Macht sich eine mobbende Person durch ihr Verhalten strafbar? 57

10. Können sich Arbeitnehmer bei Mobbing-Sachverhalten beschweren? 61

11. Müssen bzw. können Betriebsrat oder Personalrat auch ohne Beschwerde bei Kenntnis von Mobbing-Sachverhalten tätig werden? 63

12. Welche Handlungsmöglichkeiten haben Betriebsrat bzw. Personalrat? 64

13. Haben Betriebs- bzw. Personalrat einen Anspruch auf Teilnahme an einer Schulungsveranstaltung zum Thema «Mobbing» sowie auf Kostenübernahme durch den Arbeitgeber? 68

14. Haben Mobbing-Betroffene gegen den Arbeitgeber Anspruch auf Unterlassung der Mobbing-Handlungen sowie auf Beseitigung der Beeinträchtigung? 71

15. Haben Mobbing-Betroffene gegen den Arbeitgeber Anspruch auf Schadensersatz? 75

16. Wofür kann Schadensersatz verlangt werden? 76

17. Haben Mobbing-Betroffene Anspruch auf eine Geldentschädigung oder auf Schmerzensgeld gegen den Arbeitgeber? 79

18. Dürfen Mobbing-Betroffene das Arbeitsverhältnis kündigen und vom Arbeitgeber Schadensersatz verlangen? 97

19. Müssen Mobbing-Betroffene bei Eigenkündigung mit einer Sperrzeit durch die Bundesagentur für Arbeit rechnen? 99

20. Dürfen Mobbing-Betroffene die Arbeitsleistung zurückbehalten und Fortzahlung der Vergütung verlangen? 100

21. Besteht bei Mobbing-Sachverhalten in einem Kündigungsschutzprozess das Recht, gem. § 9 Abs. 1 KSchG einen Auflösungsantrag gegen Zahlung einer angemessenen Abfindung zu stellen? 106

22. Wie kann bzw. muss der Arbeitgeber ggf. gegen eine mobbende Person vorgehen? 117

23. Muss der Arbeitgeber eine mobbende Person vor Ausspruch einer Kündigung abmahnen? 122

24. Welche Präventionsmöglichkeiten gibt es für den Arbeitgeber? 128

25. Können Mobbing-Betroffene von der mobbenden Person die Unterlassung der Mobbing-Handlungen sowie eine Beseitigung der Beeinträchtigung verlangen? 131

26. Können Mobbing-Betroffene gegen die mobbende Person Ansprüche auf Schadensersatz, Geldentschädigung oder Schmerzensgeld geltend machen? 131

27. Wie wirkt sich ein etwaiges Mitverschulden von Mobbing-Betroffenen aus? 133

28. Können Schadensersatzansprüche gegen die mobbende Person oder den Arbeitgeber aus sonstigen rechtlichen Gründen ausgeschlossen sein? 140

29. Wie ist die Haftungsverteilung bei mehreren Mobbing-Beteiligten? 140

30. Wer hat in Mobbing-Schutzprozessen die Darlegungs- und Beweislast? 140

31. Empfiehlt es sich, ein Mobbing-Tagebuch zu führen? 144

32. Gibt es Beweiserleichterungen in Mobbing-Schutzprozessen? 145

33. Was versteht man unter einer mobbing-typischen Motivation? 145

34. Was sind mobbing-typische Geschehensabläufe? 146

35. Wann handelt es sich um mobbing-typische Veränderungen des Gesundheitszustands? 146

36. Ist die außergerichtliche Einholung eines ärztlichen Attests oder medizinischen Sachverständigengutachtens als Beweismittel zu empfehlen? 148

37. Gibt es sonstige prozessuale Beweiserleichterungen in Mobbing-Schutzprozessen? 154

38. Ist eine krankheitsbedingte Kündigung durch den Arbeitgeber zulässig, wenn Mobbing-Betroffene aufgrund der Mobbing-Handlungen erkranken? 155

39. Ist die Kündigung von Mobbing-Betroffenen durch den Arbeitgeber während der Probezeit mit der Begründung zulässig, der Betriebsfrieden sei gefährdet? 160

40. Welche Risiken gehen Mobbing-Betroffene ein, wenn die von ihnen erhobenen Mobbing-Vorwürfe objektiv nicht begründet sind? 161

41. Auf welche Mobbing-Handlungen ist abzustellen, wenn rechtliche Fristen einzuhalten sind? 163

42. Wann verjähren Ansprüche aus Mobbing-Sachverhalten? 164

43. Vor welchem Gericht müssen Ansprüche gegen den Arbeitgeber oder mobbende Personen geltend gemacht werden? 165

44. Können Mobbing-Betroffene sozialversicherungsrechtliche Ansprüche geltend machen? 168

45. Besteht gesetzgeberischer Handlungsbedarf für ein spezielles Mobbing-Schutzgesetz? 169

Anlage 1: Rechtsprechungsnachweise für erfolgreich abgeschlossenen Mobbing-Rechtsschutz 171

Anlage 2: Chronologische Rechtsprechungsübersicht mit Kurz-Inhaltsangabe 173

Stichwortverzeichnis 271

Abkürzungsverzeichnis

a.A.	anderer Ansicht
a.a.O.	am angegebenen Ort
Abl.	Amtsblatt
Abs.	Absatz
AG	Aktiengesellschaft/Amtsgericht
AiB	Arbeitsrecht im Betrieb (Zeitschrift)
AN	Arbeitnehmer
AOK	Allgemeine Ortskrankenkasse(n)
AP	Arbeitsrechtliche Praxis (Entscheidungssammlung)
AR-Blattei	Arbeitsrecht-Blattei
ArbG	Arbeitsgericht
ArbGG	Arbeitsgerichtsgesetz
ArbSchG	Arbeitsschutzgesetz
ArbuR/AuR	Arbeit und Recht (Zeitschrift)
Art.	Artikel
ArztR	Arztrecht (Zeitschrift)
AU	Arbeitsunfähigkeit
AuA	Arbeit und Arbeitsrecht (Zeitschrift)
Aufl.	Auflage
Az.	Aktenzeichen
BAG	Bundesarbeitsgericht
BArbBl.	Bundesarbeitsblatt
BAT	Bundesangestelltentarifvertrag
BAuA	Bundesanstalt für Arbeitsschutz und Arbeitsmedizin
BB	Betriebsberater (Zeitschrift)
BBG	Bundesbeamtengesetz
Bd.	Band
BeschSchG	Beschäftigtenschutzgesetz
BetrVG	Betriebsverfassungsgesetz
BGB	Bürgerliches Gesetzbuch
BGBl.	Bundesgesetzblatt

BGH	Bundesgerichtshof
BGHZ	Entscheidungen des Bundesgerichtshofs in Zivilsachen (Amtliche Sammlung)
BKVO	Berufskrankheitenverordnung
BMA	Bundesministerium für Arbeit und Sozialordnung
BPersVG	Bundespersonalvertretungsgesetz
BRRG	Beamtenrechtsrahmengesetz
BSG	Bundessozialgericht
BT-Drucks.	Drucksache des Deutschen Bundestages
BVerfG	Bundesverfassungsgericht
BVerwG	Bundesverwaltungsgericht
BVG	Bundesversorgungsgesetz
DB	Der Betrieb (Zeitschrift)
ders.	derselbe (Autor, wie zuvor genannt)
DGB	Deutscher Gewerkschaftsbund
d.h.	das heißt
dies.	dieselbe(n)
DVBl.	Deutsches Verwaltungsblatt (Zeitschrift)
EG	Europäische Gemeinschaft
EP	Europäisches Parlament
ErfK	Erfurter Kommentar zum Arbeitsrecht
EU	Europäische Union
e.V.	eingetragener Verein
EWG	Europäische Wirtschaftsgemeinschaft
EzA	Entscheidungssammlung zum Arbeitsrecht
f., ff.	folgende, fortfolgende
Fn.	Fußnote
gem.	gemäß
GewO	Gewerbeordnung
GG	Grundgesetz
ggf.	gegebenenfalls

GmbH	Gesellschaft mit beschränkter Haftung
grds.	grundsätzlich
H.	Heft
h.M.	herrschende Meinung
HMR	Handbuch Mobbing-Rechtsschutz
Hrsg.	Herausgeber
IAO/IZO	Internationale Arbeitsorganisation (Genf)
i.d.R.	in der Regel
IG	Industriegewerkschaft
i.V.m.	in Verbindung mit
JArbSchG	Jugendarbeitsschutzgesetz
KLIMA e.V.	Konflikt-Lösungs-Initiative Mobbing-Anlaufstelle e.V.
KSchG	Kündigungsschutzgesetz
LAG	Landesarbeitsgericht
LAGE	Entscheidungen der Landesarbeitsgerichte, herausgegeben von Stahlhacke
LG	Landgericht
LSG	Landessozialgericht
MAVO	Rahmenordnung für eine Mitarbeitervertretungsordnung in der katholischen Kirche
MDK	Medizinischer Dienst der Krankenversicherung
MDR	Monatsschrift für Deutsches Recht (Zeitschrift)
MBG	Gesetz über die Mitbestimmung der Personalräte (Mitbestimmungsgesetz Schleswig-Holstein)
Mio.	Millionen
Mrd.	Milliarden
MRK	Menschenrechtskonvention
MünchArbR	Münchener Handbuch zum Arbeitsrecht
MuSchG	Mutterschutzgesetz
MVG	Mitarbeitervertretungsgesetz der evangelischen Kirche
m.w.N.	mit weiteren Nachweisen

12

n.F.	neue Fassung
NJW	Neue Juristische Wochenschrift (Zeitschrift)
Nr.	Nummer
NVwZ	Neue Zeitschrift für Verwaltungsrecht (Zeitschrift)
NVwZ-RR	NVwZ-Rechtsprechungsreport (Zeitschrift)
NZA	Neue Zeitschrift für Arbeitsrecht (Zeitschrift)
NZA-RR	NZA-Rechtsprechungs-Report Arbeitsrecht (Zeitschrift)
OEG	Opferentschädigungsgesetz
o.g.	oben genannt(e)
OLG	Oberlandesgericht
OVG	Oberverwaltungsgericht
PersR	Der Personalrat (Zeitschrift)
Rdnr.(n)	Randnummer(n)
RG	Reichsgericht
S.	Seite/Satz
s.	siehe
SAE	Sammlung arbeitsrechtlicher Entscheidungen (Zeitschrift)
SG	Sozialgericht
SGB	Sozialgesetzbuch
s.o.	siehe oben
sog.	so genannt(e)
StGB	Strafgesetzbuch
StPO	Strafprozessordnung
str.	strittig
StV	Strafverteidiger (Zeitschrift)
s.u.	siehe unten
u.a.	unter anderem/und andere
usw.	und so weiter
u.U.	unter Umständen

VG	Verwaltungsgericht
VGH	Verwaltungsgerichtshof
vgl.	vergleiche
VwGO	Verwaltungsgerichtsordnung
WStG	Wehrstrafgesetz
www.	worldwide web
z.B.	zum Beispiel
ZBR	Zeitschrift für Beamtenrecht (Zeitschrift)
ZfA	Zeitschrift für Arbeitsrecht (Zeitschrift)
ZIP	Zeitschrift für Wirtschaftsrecht (Zeitschrift)
ZPO	Zivilprozessordnung
z.T.	zum Teil
ZTR	Zeitschrift für Tarif-, Arbeits- und Sozialrecht des öffentlichen Dienstes (Zeitschrift)

Literaturverzeichnis

Arentewicz	Konzept und Erfahrungen einer Anlaufstelle zur Schlichtung von Personalkonflikten an einem Universitätsklinikum, in: Arentewicz/Fleissner, a.a.O., S. 271 ff.
ders.	Dienst-/Betriebsvereinbarungen zum Thema «Mobbing in Betrieben»: Bestandsaufnahme und Empfehlungen, in: Arentewicz/Fleissner, a.a.O., S. 91 ff.
Arentewicz/ Fleissner	Arbeitsplatzkonflikte: Mobbing als Psychoterror am Arbeitsplatz. Ursachen, Folgen und Formen der Hilfe, Frankfurt am Main, Peter Lang, 2003
Benecke	«Mobbing» im Arbeitsrecht, NZA-RR 2003, 225 ff.
dies.	Mobbing, Arbeits- und Haftungsrecht, München, Verlag C.H. Beck, 2005
Berscheid/ Kunz/ Brand	Praxis des Arbeitsrechts, 2. Aufl., Verlag für die Rechts- und Anwaltspraxis, 2003
Bundesanstalt für Arbeitsschutz und Arbeitsmedizin	Wenn aus Kollegen Feinde werden..., Der Ratgeber zum Umgang mit Mobbing, Dortmund, 2003
Esser/ Wolmerath	Mobbing – Der Ratgeber für Betroffene und ihre Interessenvertretung, 4. Aufl., Frankfurt/Main, Bund-Verlag, 2001
Erfurter Kommentar	Erfurter Kommentar zum Arbeitsrecht, 5. Aufl., München, Verlag C.H. Beck, 2005
Etzel/ Fleissner/ Groeblinghoff/ Wüppesahl	Kurz-Stellungnahme zu B. Meschkutat, M. Stackelbeck, G. Langenhoff: «Der Mobbing-Report», UNBEQUEM, Ausgabe 50, Dezember 2002, 34 ff.
Fitting/ Kaiser/ Heither/ Engels	Betriebsverfassungsgesetz mit Wahlordnung, Handkommentar, 22. Aufl., München, Verlag Franz Vahlen, 2004
Fleissner	Anbahnung von Mediation bei Mobbing, in: Arentewicz/Fleissner, a.a.O., S. 397 ff.
ders.	Betroffenheit, Selbsthilfe, Professionalisierung am Beispiel von KLIMA e.V., in: Arentewicz/Fleissner, a.a.O., S. 323 ff.
ders.	Mobbing in Krankenhäusern – Todesfälle und andere Beispiele, UNBEQUEM, Ausgabe 43, Dezember 2000, 21 ff.

Flintrop	Mobbing im Krankenhaus – Mit Bauchschmerzen zum Dienst, Deutsches Ärzteblatt 2001, Heft 12, B 625 ff.
Germelmann/ Matthes/ Prütting/ Müller-Glöge	Arbeitsgerichtsgesetz, Kommentar, 4. Aufl., München, Verlag C.H. Beck, 2002
Groeblinghoff	Psychiatrische und sozialmedizinische Begutachtung von Mobbingbetroffenen, in: Arentewicz/Fleissner, a.a.O., S. 159 ff.
Hänsch	Mobbing am Arbeitsplatz, in: Berscheid/Kunz/Brand, a.a.O., Teil 3, Rdnrn. 906 ff.
Honsa/Paasch	Mobbing und sexuelle Belästigung im öffentlichen Dienst, Berlin, Erich Schmidt Verlag, 2004
Karlsruher Kommentar	Karlsruher Kommentar zur Strafprozessordnung, 5.Aufl., München, Verlag C.H. Beck, 2003
Kollmer	Mobbing im Arbeitsverhältnis, 3. Aufl., Heidelberg, C.F. Müller Verlag, 2002
Kolodej	Mediation bei Mobbing, in: Harald Pühl (Hrsg.), Mediation in Organisationen, 2. Aufl., Berlin, Ulrich Leutner Verlag, 2004
Leymann	Mobbing – Psychoterror am Arbeitsplatz und wie man sich dagegen wehren kann, 11. Aufl., Reinbek bei Hamburg, Rowohlt Verlag, 2000
Lorenz	Mobbing am Arbeitsplatz – Handlungsmöglichkeiten von Betroffenen, Arbeitgeber und Personalrat, Der Personalrat 2002, 65 ff.
MacKenzie	Praktische Hinweise für Mobbingbetroffene, in: Arentewicz/Fleissner, a.a.O., S. 465 ff.
Mascher	Konfliktprävention sinnvoller als besondere Schutzgesetze, BArbBl. 7 – 8/2002, 16 f.
Meschkutat/ Stackelbeck/ Langenhoff	Der Mobbing-Report, Repräsentativstudie für die Bundesrepublik Deutschland, Dortmund/Berlin, Schriftenreihe der Bundesanstalt für Arbeitsschutz und Arbeitsmedizin, 2002
Montada	Mediation in Personalkonflikten – Beiträge der Konflikt- und Gerechtigkeitsforschung, in: Arentewicz/ Fleissner, a.a.O., S. 377 ff.
Münchener Handbuch	Münchener Handbuch zum Arbeitsrecht, 3 Bände, 2. Aufl., München, Verlag C.H. Beck, 2002

Nitschke	Arbeitsorganisation als Mobbingprävention, in: Arentewicz/ Fleissner, a.a.O., S. 349 ff.
Palandt	Bürgerliches Gesetzbuch (Kommentar), 64. Aufl., München, Verlag C.H. Beck, 2005
Resch	Betriebliche Mobbing-Prävention. Gegenwärtiger Stand und Perspektiven, in: Arentewicz/Fleissner, a.a.O., S. 119 ff.
Rieble/ Klumpp	Mobbing und die Folgen, ZIP 2002, 369 ff.
Rosenberg	Gewaltfreie Kommunikation, Aufrichtig und einfühlsam miteinander sprechen, Paderborn, Junfermann Verlag, 2002
Schaub	Arbeitsrechts-Handbuch, 11. Aufl., München, Verlag C.H. Beck, 2004
Schiller-Stutz	Systemische Betrachtungsweise und Lösungsansätze bei psychosozialem Stress und Mobbing am Arbeitsplatz, in: Arentewicz/Fleissner, a.a.O., S. 431 ff.
Stetz	Partnerschaftliches Verhalten am Arbeitsplatz. Das Beispiel Volkswagen AG, in: Arentewicz/Fleissner, a.a.O., S. 111 ff.
Stock	Rechtliche Handlungsmöglichkeiten für Mobbingbetroffene, in: Arentewicz/Fleissner, a.a.O., S. 183 ff.
Struck	Schlussfolgerungen aus Grundsatzurteilen zu Mobbing, in: Arentewicz/Fleissner, a.a.O., S. 247 ff.
Wickler	Erkenntnisse, Thesen und Erfordernisse zur Mobbingbe- kämpfung durch Justiz und Gesetzgeber, in: Arente- wicz/Fleissner, a.a.O., S. 231 ff.
ders.	Handbuch Mobbing-Rechtsschutz, Heidelberg 2004
ders.	Wertorientierungen in Unternehmen und gerichtlicher Mob- bingschutz, DB 2002, 477 ff.
Wittinger/ Hermann	Mobbing und Beamtenrecht, ZBR 2002, 337 ff.
Wolmerath	Mobbing-Seminar, AiB 1998, 406 f.
ders.	Mobbing im Fokus der Rechtsprechung, PersR 2004, 327 ff.
Wolmerath/ Esser	Mobbing-Ansätze für die Betriebsratsarbeit, AiB 2000, 388 ff.
Zöller	Zivilprozessordnung (Kommentar), 25. Aufl., Köln, Verlag Dr. Otto Schmidt, 2005
Zuschlag	Mobbing, Schikane am Arbeitsplatz, 3. Auflage, Verlag für angewandte Psychologie, Göttingen, 2001

1. Mobbing: Ein Randphänomen der Arbeitswelt?

Bei dem Phänomen «Mobbing» handelt es sich keinesfalls nur um ein Rand-Phänomen der Arbeitswelt. Mobbing ist vielmehr in erster Linie ein gesamtgesellschaftliches Problem, bei dem eine ausschließlich arbeitsplatzbezogene Sichtweise dem Kern der (Ur-)Sache nicht Rechnung trägt. Mobbing ist, worauf Wickler[5] zutreffend hinweist, ein Indikator, aber auch die Konsequenz eines zunehmenden Verlustes an humanitärem Wertebewusstsein in der Gesellschaft.

Das LAG Thüringen hat in einem Urteil[6] zu Recht ausgeführt, dass gerade in Zeiten hoher Arbeitslosigkeit mobbing-typische Konflikte am Arbeitsplatz zunehmen, weil der Ausweg, den Arbeitgeber zu wechseln, versperrt sei. Mobbing werde aber auch gezielt eingesetzt, um Arbeitnehmer, denen auf rechtlich zulässige Weise nicht beizukommen sei, aus dem Arbeitsverhältnis zu drängen. Gerade Mitarbeiter, die einen hohen Bestandsschutz genießen, seien solchen Maßnahmen ausgesetzt.

Aktuell sind in Deutschland ca. 2,7 %, d.h. ca. 1.000.000 Arbeitnehmer/innen, von Mobbing betroffen. Das geht aus der ersten repräsentativen Studie von Meschkutat/Stackelbeck/Langenhoff *«Der Mobbing-Report – eine Repräsentativ-Studie für die Bundesrepublik Deutschland»* hervor[7]. Die Ergebnisse stammen aus einem von der Bundesanstalt für Arbeitsschutz und Arbeitsmedizin in Auftrag gegebenen wissenschaftlichen Forschungsprojekt zu Ausmaß, Arten sowie Folgen von Mobbing am Arbeitsplatz.

Mit der Mobbing-Quote von 2,7 % liegt Deutschland im Mittelfeld der europäischen Staaten[8]. Die Quote zeigt das Verhältnis der Gemobbten zur Gesamtzahl der Erwerbstätigen an. Hochgerechnet auf die Dauer eines Erwerbslebens wird laut Mobbing-Report[9] etwa jede neunte Person (= 11,3 %) im erwerbsfähigen Alter mindestens einmal im Verlauf des Arbeitslebens gemobbt. Nach der dritten Untersuchung über die Arbeitsverhältnisse in Europa der Europäischen Stiftung zur Verbesserung der Lebens- und Arbeitsbedingungen *«Dublin-Stiftung»*, Dezember 2000, sollen sogar 8 % der Arbeitnehmer in der EU in einem Zeitraum von 12 Monaten an ihrem Arbeitsplatz Mobbing ausgesetzt gewesen sein[10].

---

[5] in: Arentewicz/ Fleissner, a.a.O., S. 231 ff.

[6] vom 10.06.2004, Az. 1 Sa 148/01, S. 57

[7] kritisch zu Methode und Inhalt der Studie Etzel/Fleissner/Groeblinghoff/Wüppesahl, UNBEQUEM, Ausgabe 50, Dezember 2002, S. 34 ff.

[8] vgl. für die Schweiz Schiller-Stutz, in: Arentewicz/Fleissner, a.a.O., S. 431, 443, wonach dort je nach Bestimmungskriterien 4,4 bis 7,6 % der im Winter 2001/2002 Befragten unter Mobbing leiden

[9] S. 23

[10] in Bezug genommen unter Buchstabe A. des Entschließungsantrags des Europäischen Parlaments 2001/2239 (INI)

Ein besonders hohes Mobbing-Risiko tragen laut Mobbing-Report Beschäftigte in sozialen Berufen, wie Sozialarbeiter, Erzieher und Altenpfleger, gefolgt von Verkaufspersonal. In etwas mehr als der Hälfte der Fälle mobben ausschließlich Vorgesetzte oder sind daran beteiligt. Frauen haben im Vergleich zu Männern ein um 75 % höheres Mobbing-Risiko. Die am stärksten betroffene Altersgruppe sind die unter 25-Jährigen mit 3,7 %, gefolgt von den 55-Jährigen und älteren Mitarbeitern mit 2,9 %.

98,7 % der Befragten gaben negative Auswirkungen auf ihr Arbeits- und Leistungsverhalten an, was sich in Demotivation, Misstrauen, Nervosität, Verunsicherung und sozialem Rückzug äußerte. Krankheitsausfälle, Arbeitsplatzwechsel im Betrieb, Kündigung sowie Erwerbsunfähigkeit können die Folgen sein, wobei 43,9 % in Folge des Mobbings erkrankten, davon wiederum fast die Hälfte für mehr als 6 Wochen.

10 % der Selbstmorde sollen auf Mobbing zurückzuführen sein[11], teilweise wird die Quote sogar auf 15-20 % geschätzt (vgl. Kollmer[12] und Groeblinghoff[13], der bei Übertragung der für Schweden geschätzten Zahlen auf Deutschland von einer absoluten Zahl von 1.200-1.800 Betroffenen jährlich ausgeht; Honsa/ Paasch[14] gehen sogar von mindestens 2000 mobbingbedingten Suiziden jährlich aus; vgl. auch den Sachverhalt, der dem nicht veröffentlichten Urteil des ArbG Bochum[15] zugrunde lag; vgl. ferner die in der Medienberichterstattung erwähnten Selbstmordfälle, zitiert von Wickler[16] und die Online-Ausgabe der Zeitungsgruppe Ostfriesland GmbH[17] zum Selbstmord eines Oberarztes in einer deutschen Klinik: *Selbstmord in der Klinik: War Mobbing das Motiv?*).

Für Betriebe lassen sich Kosten in Form von krankheitsbedingten Ausfällen, Qualitäts- und Produktivitätsrückgängen, Produktionsstörungen, Versetzungen, Kosten für Aushilfskräfte, Kündigungen, Neueinstellungen und Einarbeitungen ableiten. Die Kosten für einen einzigen Mobbingfall werden auf 25.000 bis 30.000 € geschätzt[18].

Darüber hinaus entstehen durch Mobbing erhebliche Kosten im Sozialversicherungssystem. Mit Krankheiten der Betroffenen sind Kosten für medizinische Behandlung, Medikamente, Psychotherapien, Rehabilitationsmaßnahmen etc. verbunden. Sie treffen insbesondere die Kranken-, aber auch die Rentenversicherungsträger. Auch mit einem temporären oder vorzeitigen endgültigen Aus-

---

[11] Frankfurter Rundschau vom 27.02.2001, S. 25

[12] Rdnr. 54 m.w.N.

[13] in: Arentewicz/Fleissner, a.a.O., S. 159, 163

[14] Rdnrn. 310 ff.

[15] vom 15.08.2000, Az.: 2 Ca 1256/00

[16] in HMR, Teil 1 Rn. 18 f.

[17] vom 08.10.2003, www.ga-online.de

[18] vgl. Focus 20/2002, S. 62

scheiden aus dem Erwerbsleben durch Arbeitslosigkeit und Erwerbsunfähigkeit werden die Sozialversicherungsträger belastet[19] (zur Möglichkeit des sog. *Mobberregresses* des Arbeitgebers oder der Sozialversicherungsträger gegen die Mobbing-Täter vgl. *Fragen 8, 22 und 45)*.

Der insgesamt entstehende Produktionsausfall soll in Deutschland bei etwa 12,78 Mrd. € jährlich liegen[20], der Gesamtschaden für die deutsche Wirtschaft durch Mobbing summiert sich auf schätzungsweise 15 bis 50 Mrd. € pro Jahr[21].

2. Was ist Mobbing am Arbeitsplatz?

<u>Definition</u>

Nach der Definition des Begriffs «Mobbing am Arbeitsplatz»[22] durch das Thüringer Landesarbeitsgericht in seinen beiden Urteilen vom 15.02.2001 und 10.04.2001[23], zwischenzeitlich anerkannt u.a. vom Landesarbeitsgericht Rheinland-Pfalz[24], vom Landesarbeitsgericht Hamm[25] sowie vom Landesarbeitsgericht Bremen[26] versteht man unter dem

> *arbeitsrechtlichen Begriff des Mobbings* fortgesetzte, aufeinander aufbauende oder ineinander übergreifende, der Anfeindung, Schikane oder Diskriminierung dienende Verhaltensweisen, die nach ihrer Art und ihrem Ablauf im Regelfall einer übergeordneten, von der Rechtsordnung nicht gedeckten Zielsetzung förderlich sind und jedenfalls in ihrer Gesamtheit das allgemeine Persönlichkeitsrecht oder andere ebenso geschützte Rechte wie Gesundheit und Ehre verletzen.

Wegen ihrer Grundrechtsrelevanz hat diese Definition nach zutreffender Auffassung auch für den Bereich des Beamtenrechts Gültigkeit[27].

---

[19] *Der Mobbing-Report*, S. 129

[20] vgl. Urteil des LAG Thüringen vom 10.04.2001, Az. 5 Sa 403/00, S. 32 m.w.N.

[21] vgl. Kollmer, Rdnr. 51b m.w.N.

[22] siehe dazu im Einzelnen Wickler, in HMR, Teil 2 Rdnrn. 54 ff.

[23] Az. 5 Sa 102/00, NZA-RR 2001, 577 ff und Az. 5 Sa 403/00, NZA-RR 2001, 347 ff.

[24] Urteil vom 16.08.2001, Az. 6 Sa 415/01, NZA-RR 2002, 121; ZIP 2001, 2298 ff. und Urteil vom 26.01.2005, Az. 9 Sa 597/04

[25] Urteil vom 25.06.2002, Az. 18 (11) Sa 1295/01, NZA-RR 2003, 8 ff.

[26] Urteil vom 17.10.2002, Az. 3 Sa 78/02, NZA-RR 2003, 234 ff.

[27] vgl. Wittinger/Hermann, ZBR 2002, 337 ff.; BVerwG, Urteil vom 11.06.2002, Az. 2 WD 38.01, NVwZ-RR 2002, 851 ff. zum Soldatenrecht; BGH, Beschluss vom 01.08.2002, Az. III ZR 277/01, NJW 2002, 3172 ff.; OLG Stuttgart, Urteil vom 28.07.2003, Az. 4 U 51/03, NVwZ-RR 2003, 715 ff.

Einzelne Merkmale

Zu den einzelnen Merkmalen ist in Anlehnung an Wickler[28] Folgendes anzumerken[29]:

Es muss sich um *fortgesetzte Handlungen oder Unterlassungen* handeln, d.h. um eine ohne Anforderungen an eine bestimmte Dauer oder Frequenz unbestimmte Anzahl von nicht notwendig identischen oder gleich gelagerten Verhaltensweisen (zustimmend LAG Rheinland-Pfalz[30]: Es müsse jedenfalls für die juristische Sichtweise ein so genannter Fortsetzungszusammenhang zwischen den einzelnen Handlungen bestehen, wobei es dann keiner Mindestlaufzeit oder Handlungsfrequenz bedürfe, wenn die Wirkungen der Einzelhandlungen fortdauerten).

Hierin liegt eine von der Rechtsprechung zu Recht vorgenommene Abweichung von der Definition Leymanns[31] und anderen, die für statistische Untersuchungen eine 6 Monate während Mindestlaufzeit der Mobbing-Handlungen und eine wöchentliche Mindestfrequenz für erforderlich halten. Es können daher auch kürzere, heftige Handlungen oder Unterlassungen geeignet sein, das Vorliegen von Mobbing zu bejahen.

Dem folgenden Fallbeispiel 1 liegt der Sachverhalt zugrunde, der zu dem Urteil des Thüringer Landesarbeitsgerichts vom 15.02.2001 geführt hat und der sich vor allem aus der eidesstattlichen Erklärung des betroffenen Arbeitnehmers ergibt, die wie folgt auszugsweise zitiert wird (Herr *M.* ist die mobbende Person, Herr *F.* der Mobbing-Betroffene):

Fallbeispiel 1

«Beim Begrüßungsgespräch mit Herrn M. am 01.09.1998, 9:00 Uhr, im Aufenthaltsraum der Fleischerei in M. wurde ich mit:

‹Guten Tag Herr F., ich bin Herr M., der Warenbereichsleiter. Wie Sie sicherlich wissen, eilt mein Ruf mir voraus, ich habe bisher jedem das Arbeiten beigebracht und ich werde schnellstens Ihre Kotzgrenze finden', empfangen. (...)›

In der weiteren Arbeitswoche ging es mit Beschimpfungen wie folgt weiter:

‹Sie lahmes Arschloch›,

‹Können Sie denn überhaupt nichts richtig machen?›

‹Sie Erfurter Puffbohne können wohl überhaupt nichts›,

‹Ich mache Sie fertig›,

‹Sie haben wohl nicht alle Tassen im Schrank›,

---

[28] DB 2002, 477, 481

[29] vgl. dazu im Einzelnen auch Struck, in: Arentewicz/ Fleissner, a.a.O., S. 247 ff.

[30] Urteil vom 16.08.2001, Az. 6 Sa 415/01

[31] vgl. Leymann, *Mobbing – Psychoterror am Arbeitsplatz und wie man sich dagegen wehren kann*, S.22

21

‹Herr H. hat Ihnen wohl nur Müll gelernt, aber das ist ja normal bei Herrn H.' (…).›

In meinen Pausenzeiten wurde mir von Herrn M. nicht gestattet, diese zeitlich auszuschöpfen. Das Rauchen wurde mir auch untersagt. Es wurde mir noch nicht einmal eine vollständige Pause von insgesamt zweimal eine halbe Stunde bei einem 14-Stunden-Tag gewährt. Dies ging Dienstag bis Samstag der selben Woche. Es wurde von Herrn M. angewiesen, dass jeder Fleischer von früh bis abends da zu sein hat.

Aufgrund dieser seelischen Belastung stieg mein Blutdruck ständig stark an, wobei ich am Sonntag, den 04.09. beinahe einen Zusammenbruch hatte, worauf ich eine Krankschreibung erhielt. Ich bin aufgrund zu hohen Blutdrucks in ärztlicher Behandlung. Herrn M. hatte ich darüber informiert. Als ich am 06.10.1998 nach meiner Krankschreibung wieder in M. meine Arbeit gegen 6:00 Uhr aufnahm, war Herr M. äußerst freundlich zu mir und ich ging wieder meinen zugewiesenen Aufgaben nach. Zwischen 14:00 und 15:00 Uhr ging ich zu meiner Mittagspause. Ich setzte mich und schenkte mir einen Kaffee ein, als Herr M. hereintrat. Plötzlich begann Herr M. ein Gespräch anzufangen, ohne dass ich vorher etwas gesagt hatte. Es ging um meine Gesundheit und ob ich wieder arbeitsfähig wäre. Ich bejahte dies, fügte aber hinzu, dass ich wegen meines zu hohen Blutdrucks immer noch in Behandlung wäre. Da es gerade an der Tür klopfte, unterbrach Herr M. das Gespräch und es traten zwei Mitarbeiterinnen ein. (…) Die beiden Mitarbeiterinnen erkundigten sich, ob sie Feierabend machen könnten. Herr M. reagierte nicht auf diese Frage, sondern setzte das Gespräch mit mir wie folgt fort:

‹Herr F., sie haben doch nur simuliert und zu Hitlers Zeiten hat man solche Betrüger wie Sie an die Wand gestellt und erschossen. Herr F., zu Hitlers Zeiten haben sich Männer Finger abgeschnitten, um nicht in den Krieg zu müssen, solche hat Hitler auch an die Wand gestellt.›

Durch diese Äußerungen wurde ich sehr unruhig, was sich sicher durch mein Verhalten zeigte. Ich versuchte so gut wie möglich, meine Arbeit ohne Fehler zu erledigen. Es folgten durch Herrn M. weitere Spitzen, wie in meiner ersten Arbeitswoche (siehe wie oben ausgeführt) am selben Tag und dem darauf folgenden 07.10.1998. Nach diesen Äußerungen von Herrn M. habe ich total auf Durchgang geschaltet, um mir diese Sachen nicht mehr anhören zu müssen. Ich war fix und fertig. Diese ganzen Äußerungen auf mich bezogen gingen mir die ganze Zeit im Kopf herum und dadurch, dass ich sowieso schon durch die vorhergehenden Spitzen etwas angeschlagen war, bin ich darüber nicht fertig geworden.»

Am 08.10.1998 erhielt der Hausleiter der Filiale des Betriebes, in dem der Arbeitnehmer beschäftigt war, die telefonische Mitteilung, dass der Mitarbeiter F. einen Selbstmordversuch unternommen hatte. Er war bewusstlos in seiner Wohnung aufgefunden worden. Der sofort herbei gerufene Notarzt stellte fest, dass Herr F. eine Überdosis Schlaftabletten genommen hatte und dass er bei nur 2 Stunden verzögerter Entdeckung verstorben wäre.

Der vorstehende Sachverhalt zeigt, dass entgegen anders lautenden Definitionen auch kürzere, heftige Mobbing-Handlungen geeignet sein können, den Tatbestand des Mobbings zu erfüllen.

Bei Anwendung der einschränkenden Definition von Leymann u.a. hätte das Thüringer Landesarbeitsgericht seine Entscheidung vom 15.02.2001 nicht in dieser Form treffen bzw. jedenfalls nicht mit dem Vorliegen von Mobbinghandlungen begründen können. Zu Recht ist daher die Definition des Mobbings im arbeitsrechtlichen Sinne entsprechend weit zu fassen.

- Es muss sich um Verhaltensweisen handeln, die *aufeinander aufbauen oder ineinander übergreifen* (d.h. systemische Beziehungen eines nach dem Reißverschluss-Prinzip vorliegenden äußeren Zusammenhangs der gegenseitigen Ergänzung) bzw. es muss sich, wie das Landesarbeitsgericht Schleswig-Holstein[32] ausgeführt hat, aus einer Kette von Vorfällen ein System erkennen lassen (zustimmend LAG Hamm[33] und LAG Rheinland-Pfalz[34] betr. einen isolierten Einzelfall, bei dem keine Systematik zu erkennen war). An der erforderlichen Systematik fehlt es im Zweifel auch bei großem zeitlichen Abstand der einzelnen Handlungen, wenn diese Handlungen nicht bereits für sich genommen rechtlich relevante Mobbing-Handlungen darstellen (vgl. LAG Bremen[35] bei neun Vorfällen in 3 1/2 Jahren; ArbG Lübeck[36] bei zehn bis zwölf Vorfällen innerhalb von drei Jahren; LAG Berlin[37] bei 16 Handlungen in der Zeit zwischen September 1995 und Februar 1999, davon aber 7 innerhalb von einer Woche im November 1996: Ein inneres, trotz der großen zeitlichen Zwischenräume einen Zusammenhang begründendes «Band», ein «Roter Faden», sei nach Auffassung des Gerichts hier nicht ersichtlich gewesen).

Abweichend davon vertritt das Arbeitsgericht Berlin[38] unter Berufung auf das Urteil des LAG Thüringen vom 10.04.2001 die Auffassung, dass ein systematisches Vorgehen nicht Voraussetzung für die Annahme eines Mobbing-Sachverhalts sei. Ein vorgefasster Plan sei nicht erforderlich. Vielmehr sei eine Fortsetzung des Verhaltens unter schlichter Ausnutzung der Gegebenheiten ausreichend.

Für den Bereich der *Amtshaftungsansprüche* von Beamten hat das OLG Stuttgart[39] entschieden, dass ein Amtshaftungsanspruch wegen «Mobbing»

---

[32] Urteil vom 19.03.2002, Az. 3 Sa 1/02, NZA-RR 2002, 457 ff.

[33] Urteil vom 25.06.2002, Az. 18 (11) Sa 1295/01, NZA-RR 2003, 8 ff.

[34] Urteil vom 26.01.2005, Az. 9 Sa 597/04

[35] Urteil vom 17.10.2002, Az. 3 Sa 78/02, NZA-RR 2003, 234 ff.

[36] Urteil vom 07.09.2000, Az ÖD 2 Ca 1850b/00, AuA 2001, 138

[37] Urteil vom 06.03.2003, Az. 18 Sa 2299/02

[38] Urteil vom 08.03.2002, Az. 40 Ca 5746/01

[39] Urteil vom 28.07.2003, Az. 4 U 51/03

ausscheide, wenn das Opfer sich auf im Wesentlichen in mehrjährigem Abstand erteilte unterdurchschnittliche dienstliche Beurteilungen berufe. Es fehle dann an einem ausreichenden, die Beurteilungen verbindenden Fortsetzungszusammenhang, wenn mit den Beurteilungen eine länger andauernde, unredliche anprangernde Wirkung nicht verbunden sei. Insbesondere sei ein Fortsetzungszusammenhang und die für «Mobbing» erforderliche Systematik der Vorgehensweise dann zu verneinen, wenn die zu schlechten Beurteilungen aus der Sicht des Beamten oder objektiv jeweils unterschiedliche Ursachen hätten.

- Es müssen Verhaltensweisen vorliegen, die der *Schikane* (d.h. Ausübung eines Rechts mit dem Zweck, jemanden z.B. durch psychische Quälerei zu schädigen), der *Diskriminierung* (d.h. Ansehens-Schädigung, Herabsetzung, willkürliche Benachteiligung) oder der *Anfeindung* (Sammelbegriff für alle sonstigen feindlichen Angriffe mit dem Ziel der menschlichen Entwürdigung oder psychischen Zermürbung) dienen.

- Erforderlich ist ferner die im Regelfall nach Art und Ablauf bestehende *Förderlichkeit einer übergeordneten, von der Rechtsordnung nicht gedeckten Zielsetzung* (d.h. systemische Beziehungen eines nach dem Prinzip des gemeinsamen Nenners vorliegenden inneren Zusammenhangs der gegenseitigen Ergänzung).

  Beispiele: Befriedigung niederer Antriebe, wie Neid, Rache, Eifersucht, Minderwertigkeitsgefühle des Mobbers, Arroganz, schlichte Antipathie u.a. oder berufliche bzw. unternehmerische Zielsetzungen, wie die vorsätzliche Erschwerung von Arbeitsbedingungen oder das Herausdrängen von Mitarbeitern aus beruflichen Positionen bzw. dem Arbeitsverhältnis als solchem.

- Voraussetzung ist darüber hinaus die jedenfalls in der Gesamtheit dieses Verhaltens liegende *Verletzung des allgemeinen Persönlichkeitsrechts* des Adressaten oder anderer ebenso geschützter Rechte, wie *Gesundheit und Ehre* (sog. Prinzip der verhaltensumfassenden, d.h. den gesamten Mobbing-Prozess und nicht nur einzelne Verhaltensbestandteile erfassenden globalen Rechtsprüfung[40]).

Die Anwendung des von Wickler herausgearbeiteten *Grundsatzes der verhaltensumfassenden Beurteilung* durch die Rechtsprechung ist bei der Prüfung von Rechtsverletzungen im Zusammenhang mit Mobbing-Handlungen von außerordentlicher und zum Teil streitentscheidender Bedeutung. Zwar kann auch jede einzelne der beanstandeten Handlungen einer isolierten Prüfung auf das Vorliegen von Rechtsverletzungen unterzogen werden. Dies birgt jedoch, worauf das LAG Thüringen in seiner Entscheidung vom 10.04.2001[41] zutreffend hingewiesen hat, bei Vorliegen eines Mobbing-Komplexes aufgrund der Ausblendung der

---

[40] vgl. Wickler in: Arentewicz/Fleissner, a.a.O., S. 235 und in HMR, Teil 2 Rn. 41 ff.
[41] NZA-RR 2001, 347, 357

über die Einzelhandlung hinausgehenden Zusammenhänge die Gefahr fehlerhafter Entscheidungen. Die juristische Bedeutung der durch den Begriff des Mobbings gekennzeichneten Sachverhalte besteht nämlich insbesondere darin, der Rechtsanwendung Verhaltensweisen zugänglich zu machen, die bei isolierter Betrachtung der einzelnen Handlung die tatbestandlichen Voraussetzungen von Anspruchs-, Abwehr- oder Gestaltungsrechten nicht oder nicht in einem der Tragweite des Falles angemessenen Umfang erfüllen können.

In der Rechtsprechung der Arbeitsgerichte kommt es nach den Erfahrungen des Erstautors u.a. deshalb zum Teil zu Fehlentscheidungen, weil der Gesamtzusammenhang des Mobbing-Komplexes nicht richtig beachtet bzw. sogar ausgeblendet wird. Teilweise können Prozesse gar nicht richtig entschieden werden, wenn die Prozessvertreter nicht von vornherein auf den Mobbing-Sachverhalt und den Gesamtzusammenhang hinweisen bzw. die Gerichte derartige Zusammenhänge nicht adäquat berücksichtigen. Der dadurch entstehende, z.T. außerordentliche Arbeits- und Zeitaufwand aller Prozessbeteiligten muss im Interesse einer den verfassungsrechtlichen Grundwerten entsprechenden Rechtsprechung in Kauf genommen werden.

Insbesondere im Bereich des so genannten *billigen Ermessens* nach §§ 315 BGB, 106 GewO besteht geradezu ein Einfallstor für Mobbing-Handlungen, die vor allem dann zum Erfolg führen und richterlich nicht geahndet werden können, wenn durch den Sachvortrag im Gerichtsverfahren nicht von vornherein die Weichen richtig gestellt werden. Die Vorschrift des § 315 BGB hat insbesondere Bedeutung für das im Arbeitsverhältnis dem Arbeitgeber zustehende *Direktionsbzw. Weisungsrecht*, das grundsätzlich den sich aus § 315 BGB ergebenden Grenzen unterliegt, wie jetzt in § 106 GewO ausdrücklich klar gestellt worden ist. Auf der Grundlage dieses Weisungsrechts bestimmt der Arbeitgeber Inhalt, Ort und Zeit der Arbeitsleistung, soweit diese Arbeitsbedingungen nicht durch den Arbeitsvertrag, Bestimmungen einer Betriebsvereinbarung, eines anwendbaren Tarifvertrages oder gesetzliche Vorschriften festgelegt sind. Dies gilt gem. § 106 GewO auch hinsichtlich der Ordnung und des Verhaltens der Arbeitnehmer im Betrieb. Der Arbeitgeber kann dem Arbeitnehmer auch einen Wechsel in der Art der Beschäftigung auferlegen oder auch den Arbeitsbereich verkleinern bzw. Arbeitsaufgaben in den Grenzen billigen Ermessens entziehen[42]. Der Arbeitgeber hat dabei, auch wenn er an billiges Ermessen gebunden ist, einen Entscheidungsspielraum. Was billigem Ermessen entspricht, ist unter Berücksichtigung der Interessen beider Parteien und des in vergleichbaren Fällen Üblichen festzusetzen[43].

Im Arbeitsrecht unterliegen neben dem allgemeinen Weisungsrecht des Arbeitgebers u.a. folgende Bereiche den Grundsätzen des billigen Ermessens:

---

[42] vgl. ErfK, § 611 BGB Rdnr. 275 m.w.N.
[43] vgl. Palandt/Heinrichs, § 315 Rdnr. 10

- Ausgestaltung des Bereitschaftsdienstes in Krankenhäusern,
- Festsetzung der konkreten Urlaubszeit durch den Arbeitgeber,
- Widerruf von Leistungszusagen,
- Wahlrecht des Arbeitnehmers hinsichtlich arbeitsfreier Tage u.a..

Bereits diese Aufzählung zeigt, dass unter dem Vorwand des billigen Ermessens Mobbing-Handlungen ungeahndet bleiben können, wenn diese nicht gründlich genug gegenüber den Gerichten aufgedeckt werden.

Lässt man den *Grundsatz der verhaltensumfassenden Beurteilung* außer Acht und beschränkt sich in einem Rechtsstreit auf die Darstellung einzelner Sachverhaltskomplexe, weil man meint, man werde den Prozess auch bereits unter Zugrundelegung allgemeiner Maßstäbe unter Außerachtlassung der Mobbing-Problematik gewinnen, kann der Prozess gerade unter dem Gesichtspunkt der §§ 315 BGB, 106 GewO sehr schnell und unerwartet verloren gehen. Dies gilt beispielsweise im Klinikbereich im Verhältnis Chefarzt/Oberarzt oder Assistenzarzt[44].

Die Instanzgerichte neigen gerade in diesem Bereich dazu, bei als Unrecht empfundenen Weisungen bzw. Maßregelungen durch vorgesetzte Chefärzte oder bei entsprechenden Maßnahmen der Klinik selbst auf Betreiben der Chefärzte die dagegen gerichteten Klagen abzuweisen, ohne die sachliche Rechtfertigung der erhobenen Vorwürfe überhaupt zu prüfen, wie das folgende Fallbeispiel 2 zeigt[45]:

Fallbeispiel 2

Es geht in diesem Beispielsfall um das Verhältnis eines Chefarztes zu einem Oberarzt in einer deutschen Klinik. Der Chefarzt warf dem Oberarzt diverses Fehlverhalten bei der Durchführung von Operationen oder anderen Behandlungen vor und erwirkte, dass die Klinikleitung den Oberarzt im Rahmen einer vorläufigen Regelung gem. § 52 Abs. 8 MBG (Gesetz über die Mitbestimmung der Personalräte – Mitbestimmungsgesetz Schleswig-Holstein) von der eigenständigen Operationstätigkeit in einer auswärtigen Dependance der Klinik entbunden hat und ihn zukünftig auch nicht mehr zum oberärztlichen Rufbereitschaftsdienst einteilte. Diese Maßnahme empfand der Oberarzt als ungerechtfertigt, weil er der festen Überzeugung war, sich nichts habe zuschulden kommen lassen. Die finanziellen Einbußen durch diese Maßnahmen waren ganz

---

[44] vgl. allgemein zur Thematik des Mobbings in Krankenhäusern Flintrop, Deutsches Ärzteblatt 2001, Heft 12, S. B 625 ff.; Fleissner, UNBEQUEM, Ausgabe 43, Dezember 2000, S. 21 ff.; Arentewicz, in: Arentewicz/Fleissner, a.a.O., S. 271 ff.; General-Anzeiger-Online-Ausgabe der Zeitungsgruppe Ostfriesland GmbH vom 08.10.2003, www.ga-online.de, zum Selbstmord eines Oberarztes in einer deutschen Klinik: *Selbstmord in der Klinik: War Mobbing das Motiv?*

[45] vgl. dazu im Einzelnen Struck, in: Arentewicz/ Fleissner, a.a.O., S. 250 ff. in Anlehnung an die nicht veröffentlichten Urteile des ArbG Kiel vom 22.08.2001, Az. 4 Ca 1075/ a/01 und vom 27.11.2002, Az. 4 Ca 3338 a/ol, sowie des Berufungsurteils des LAG Schleswig-Holstein vom 09.09.2003, Az. 5 Sa 28/03

erheblich aufgrund der nicht mehr gegebenen Zusatzeinkünfte für Operationen in der Dependance der Klinik und für die Teilnahme am Rufbereitschaftsdienst.

Der Oberarzt klagte daraufhin gegen die Klinik beim Arbeitsgericht und ließ im Prozess vortragen, dass kein einziger der gegen ihn erhobenen Vorwürfe gerechtfertigt sei. Obwohl es zum Teil zu Komplikationen bei Operationen gekommen war, hätten diese nämlich auch bei sorgfältigem ärztlichem Vorgehen nicht vermieden werden können, und auch übliche Nachblutungen bei Patienten usw. rechtfertigten insgesamt keinen Vorwurf eines Fehlverhaltens. Der Oberarzt beschränkte sich bei seinem Vortrag in dem Prozess auf die sachliche Widerlegung der konkret erhobenen Vorwürfe, da er der Auffassung war, das Gericht müsse diesen Vorwürfen nachgehen und die Klinik dann, wenn sich herausstellen würde, dass die Vorwürfe in der Sache zu Unrecht erhoben worden waren, verurteilen, die Maßnahmen rückgängig zu machen. Er hatte zum Beweis für die Richtigkeit seiner Behauptungen Zeugen benannt und sich auch auf die Einholung eines Sachverständigengutachtens berufen. Diese Einschätzung erwies sich allerdings als Irrtum, denn das Arbeitsgericht Kiel wies die Klage in einer nicht veröffentlichten, zwischenzeitlich rechtskräftigen Entscheidung[46] ab, ohne die sachliche Rechtfertigung der erhobenen Vorwürfe zu prüfen. Die Anordnung der Klinik, den Kläger künftig nicht mehr zur oberärztlichen Rufbereitschaft heranzuziehen, folge – so das Arbeitsgericht – aus dem *arbeitsvertraglichen Weisungsrecht*. Dieses Weisungsrecht unterliege aber grundsätzlich billigem Ermessen gemäß § 315 BGB. Dabei mache es im Rechtlichen keinen Unterschied, ob es sich um die Weisung des Arbeitgebers zur Leistung von Rufbereitschaft oder um die Nichtheranziehung zur Rufbereitschaft handele. Es halte sich aber u.a. im Rahmen billigen Ermessens, wenn ein leitender Abteilungsarzt einen ihm nachgeordneten Assistenzarzt nicht mehr alleine zum Bereitschaftsdienst einteile, weil er aufgrund einer nachvollziehbaren Würdigung eines Vorfalls kein Vertrauen mehr zu dessen fachlichen Fähigkeiten habe, wie bereits das Hessische Landesarbeitsgericht in einem Urteil aus dem Jahre 1994 entschieden habe[47]. Es sei nicht ermessensfehlerhaft, wenn ein Chefarzt angesichts des gegebenen Beurteilungsspielraumes bei der Beurteilung des Könnens der ihm nachgeordneten Ärzte auch nur *subjektiv* von seinem Standpunkt aus aufgrund des Geschehensablaufs bezüglich eines Patienten Tatsachen als gegeben ansehe und daraus den Schluss ziehe, dem nachgeordneten Assistenzarzt allein das Wohlergehen von Patienten nicht weiter anvertrauen zu können.

<u>Auf die Frage, ob der nachgeordnete Assistenzarzt tatsächlich ärztliche Kunstfehler begangen habe, komme es nicht an.</u> Im vorliegenden Fall stellte das Gericht fest, dass dem dortigen Kläger objektiv bei einer Operation ein Fehler

---

[46] Urteil vom 22.08.2001, Az. 4 Ca 1075 a/01

[47] Urteil vom 13.05.1994, ZTR 1995, S. 29

passiert sei, der eine neue Operation erforderlich machte. Ob dieser Fehler, wie der Oberarzt vortrug, durch eine anatomische Variante des betreffenden Patienten verursacht wurde und auch bei üblichen und sorgfältigen Untersuchungen nicht zu vermeiden gewesen wäre, musste laut Arbeitsgericht tatsächlich nicht überprüft werden. Vielmehr sei von der Beurteilung des verantwortlichen Klinikdirektors auszugehen, dass hier bei sorgfältiger bzw. noch sorgfältigerer Voruntersuchung eine zweite Operation hätte verhindert werden können. Es sei für das Gericht auf die Einschätzung des Klinikdirektors abzustellen, so dass es nicht darauf ankomme, ob tatsächlich ein (vermeidbarer) ärztlicher Operationsfehler gegeben war.

Es lässt sich an dieser Stelle bereits erkennen, welches «Machtinstrumentarium» einem Chefarzt hier zur Verfügung gestellt wird, was auch eine Erklärung dafür sein könnte, dass Mobbing im Klinikbereich keinesfalls immer juristisch adäquat geahndet werden kann.

Bei einem weiteren Patienten hatte der Oberarzt eine Behandlungsmethode angewandt, die nach seiner Auffassung sachgerecht war und auch zu keinerlei Komplikationen geführt habe. Wiederum war der Chefarzt anderer Meinung und warf dem Oberarzt vor, dass das von ihm angewandte Verfahren ärztlicherseits nicht angezeigt gewesen sei und er auch nicht – wie es erforderlich gewesen wäre – Rücksprache mit ihm gehalten habe. Auch hier teilte das Arbeitsgericht mit, dass es nicht um die objektive Klärung gehen könne, ob dieses Verfahren üblich und richtig bei Operationen dieser Art sei. Abzustellen sei vielmehr auf die Beurteilung des Klinikdirektors.

Insgesamt sei festzustellen, dass der Klinikdirektor aufgrund seiner auf sachlichen Kriterien beruhenden subjektiven Feststellung den Eindruck habe gewinnen können, der Kläger sei für alleinverantwortliche Tätigkeiten nicht geeignet. Das Gericht stellt dann nochmals klar, dass es hierbei nicht darauf ankomme, ob dem Kläger tatsächlich objektiv aufgetretene Behandlungs- bzw. Operationsfehler vorzuwerfen seien. Die Klage wurde daher ohne Beweisaufnahme, d.h. ohne die angebotene Zeugenvernehmung und ohne die angebotene Einholung von Sachverständigengutachten, abgewiesen.

Nur dann, wenn es gelingt, die isolierte Einzelbetrachtung zu überwinden und die hier beanstandeten Maßnahmen in den Gesamtzusammenhang einer ggf. vorliegenden umfangreichen Mobbing-Kampagne zu stellen, können derartige Handlungen überhaupt als Mobbing-Handlungen entlarvt und mit der Begründung von Willkür und Missbrauch entsprechend juristisch geahndet werden.

In einem weiteren Prozess gegen die endgültigen arbeitsrechtlichen Begrenzungen seines Tätigkeitsbereiches trug der betreffende Kläger nunmehr vor, dass über die beanstandeten Einzelanweisungen hinaus weitere umfangreiche schikanierende Dienstanweisungen erteilt worden seien und

▪ er von der sog. Chefarztbeteiligung ausgeschlossen worden sei,

- ihm ferner nicht mehr gestattet worden sei, an Weiterbildungsmaßnahmen teilzunehmen,

- sein Operationsspektrum gravierend eingeschränkt worden sei,

- er als Oberarzt auf der von ihm betreuten Station abgesetzt worden sei,

- ihm zu Unrecht Abrechnungsbetrug unterstellt und verboten worden sei, Patienten ambulant zu betreuen,

- er bei Transplantationen nicht mehr habe entscheiden dürfen

- er schließlich auch noch zwei unbegründete Abmahnungen erhalten habe,

- er nicht mehr an Oberarztkonferenzen habe teilnehmen dürfen,

- den Schlüssel zum Sekretariat des Chefarztes habe abgeben müssen

- und ferner der Chefarzt bereits zeitlich vor den hier geschilderten Maßnahmen verkündet habe, er wolle sich von ihm trennen.

Bei Zugrundelegung dieses vom Kläger vorgetragenen Sachverhalts wäre ggf. genau das eingetreten, was das LAG Thüringen in seiner Mobbing-Definition als *«von der Rechtsordnung nicht gedeckte Zielsetzung»* bezeichnet hat, d.h. weil man ein Kündigungsrecht nicht hatte, wurde Mobbing eingesetzt mit der Zielsetzung, den betreffenden Mitarbeiter aus dem Arbeitsverhältnis herauszudrängen. Nur bei Aufzeigen dieser Sachzusammenhänge kann dargelegt werden, dass der Arbeitgeber bei Ausübung seines Weisungsrechts ggf. nicht nach billigem Ermessen gehandelt hat, als er die vordergründig rechtlich zulässigen beruflichen Einschränkungen vornahm. Nur unter diesen Voraussetzungen wären die Maßnahmen ggf. als sachfremd und willkürlich und vor dem Hintergrund der Mobbing-Handlungen im Gesamtzusammenhang als rechtswidrig zu beurteilen. Ausschließlich eine globale bzw. verhaltensumfassende Beurteilung kann daher im Ergebnis vermeiden, dass das billige Ermessen im Rahmen der §§ 315 BGB, 106 GewO nicht auch noch mit richterlicher Hilfe als Einfallstor für Mobbing-Handlungen benutzt werden kann.

Das ArbG Kiel hat ungeachtet dessen die Klage gegen den Arbeitgeber und den vorgesetzten Chefarzt auf Schadensersatz und Schmerzensgeld sowie auf Verurteilung des Arbeitgebers, den Kläger wieder mit seinen bisherigen Tätigkeiten zu betrauen, abgewiesen[48]. Das ArbG hat die o.g. Handlungen nicht als Mobbing-Handlungen qualifiziert, weil sie sich nach seiner Auffassung nicht unter die von Leymann definierten 45 Mobbing-Handlungen subsumieren ließen. Zwar erkannte das ArbG an, dass der ebenfalls beklagte Chefarzt den Kläger systematisch von bestimmten Maßnahmen abgezogen habe und dass es für den Kläger als aufstrebendem Wissenschaftler und Herzchirurg kränkend sei, von den für ihn üblichen oder wichtigen Tätigkeiten ausgeschlossen zu sein. Der beklagte Chefarzt habe jedoch ausführlich begründet, welche Um-

---

[48] nicht veröffentlichtes Urteil vom 27.11.2002, Az. 4 Ca 3338 a/o1

stände ihn dazu veranlassten, die hier strittigen Maßnahmen anzuordnen bzw. umzusetzen. Selbstverständlich sei es theoretisch möglich, dass der beklagte Chefarzt hierfür arzthaftungsrechtliche und medizinisch indizierte Gründe nur vorschiebe, um seine eigene Mobbing-Kampagne zu verschleiern. Angesichts des weit reichenden Verantwortungsrahmens eines Chefarztes sei ihm jedoch zuzubilligen, dass er die aus seiner Sicht subjektiv erforderlichen, aber objektiv nachvollziehbaren Anordnungen treffe. Die vorgeworfenen Handlungen könnten daher weder einzeln betrachtet noch als fortgesetzte systematische Kampagne einen Mobbing-Vorwurf begründen.

Das LAG Schleswig-Holstein hat dieses Urteil bestätigt[49]. Auch das LAG nahm an, dass es auf die Frage, ob der Kläger objektiv Behandlungsfehler begangen habe, entgegen der Auffassung des Klägers nicht ankomme. Ausschlaggebend sei vielmehr allein die subjektive Beurteilung des Chefarztes, die weder in sich widersprüchlich noch offensichtlich falsch und auch nicht erkennbar von sachwidrigen Motiven getragen worden sei.

Grundsätzlich erkannte das LAG an, dass die Ausübung des Direktionsrechts (hier: Entzug bestimmter Oberarztkompetenzen) dann gegen das Billigkeitsgebot gem. § 315 BGB verstoße, wenn es durch systematische Mobbing-Handlungen getragen werde. Die kraft Weisungsrecht erfolgte Zuweisung bzw. der Entzug bestimmter Tätigkeiten seien in solchen Fällen rechtswidrig, so dass der Arbeitnehmer auf vertragsgerechte, der Billigkeit entsprechende Beschäftigung klagen könne.

Das Vorliegen eines Mobbing-Sachverhalts wurde jedoch im konkreten Fall vom LAG verneint. Auf Grund des unstreitigen Sachverhalts sowie der im streitigen Sachverhalt wechselseitig erhobenen Vorwürfe und letztlich auch auf Grund der Diktion der gewechselten Schriftsätze sei es dem Gericht nicht möglich, eine eindeutige Täter-Opfer-Situation zu Lasten des Klägers auszumachen. Ein wechselseitiger Eskalationsprozess, der keine klare Täter-Opfer-Beziehung zulässt, stehe aber regelmäßig der Annahme eines Mobbing-Sachverhalts entgegen[50] *(vgl. dazu Fragen 3 und 27)*. Eine Täter-Opfer-Konstellation scheide immer in Fällen des gegenseitigen Anfeindens oder der wechselseitigen Eskalation aus. Bei der Prüfung eines Mobbing-Sachverhalts sei mithin stets auch das Vorverhalten des vorgeblichen Mobbingopfers gegenüber dessen Vorgesetzten oder Kollegen zu berücksichtigen, frei nach dem Sprichwort «Wie man in den Wald hineinruft, so schallt es heraus». Letztlich entspreche der Entzug der strittigen Oberarzttätigkeiten auch deshalb billigem Ermessen, weil es grundsätzlich Sache des öffentlichen Arbeitgebers sei, wie er auf zu Tage getretene Konfliktlagen reagieren wolle, um den Geschäfts- bzw. Klinikbetrieb aufrechtzuerhalten. Der öffentliche Arbeitgeber sei daher bei Störungen des Betriebsfriedens nicht verpflichtet, den «Schuldigen» zu suchen, um diesen «zur Rechenschaft» zu ziehen.

---

[49] nicht veröffentlichtes Berufungsurteil vom 09.09.2003, Az. 5 Sa 28/03

[50] vgl. LAG Thüringen, Urteil vom 10.04.2001, Az. 5 Sa 403/2000

Eine ähnliche Problematik ergibt sich im *öffentlichen Dienst* bei periodischen oder Bedarfsbeurteilungen, die im Zusammenhang mit Mobbing-Sachverhalten nach Erfahrung des Erstautors sehr oft extrem negativ ausfallen und in vielen Fällen eine Fortsetzung des Mobbings, beispielsweise des Vorgesetzten, darstellen. Auch hier ergeben sich, ähnlich wie im Rahmen der Vorschriften der §§ 315 BGB, 106 GewO, Möglichkeiten, in sehr «feinsinniger» Art und Weise das Mobbing fortzusetzen, ohne dass dies immer mit Erfolg gerichtlich angefochten werden kann. Auszugehen ist nämlich von dem verwaltungsrechtlichen Grundsatz, dass dienstliche Beurteilungen wegen der den gesetzlichen Vorschriften immanenten Beurteilungsermächtigung des Dienstherrn von den Gerichten nur beschränkt überprüfbar sind.[51] Es ist zwar anerkannt, dass eine dienstliche Beurteilung aufzuheben ist, wenn der Dienstherr gegen seine selbstverständliche Pflicht verstoßen hat, den Beamten gerecht, unvoreingenommen und möglichst objektiv zu beurteilen. In diesem Zusammenhang hat das Bundesverwaltungsgericht aber Folgendes ausgeführt[52]:

«Ständige dienstliche Zusammenarbeit und die Führungsaufgaben eines Vorgesetzten bringen naturgemäß auch die Möglichkeit von Konflikten mit sich. Entsprechend können grundsätzlich weder eine kritische Einschätzung der Arbeitsweise und des sonstigen dienstlichen Verhaltens des beurteilten Beamten durch den beurteilenden Vorgesetzten noch das Bestehen dienstlich veranlasster Spannungen bereits Anlass geben, eine Voreingenommenheit des Vorgesetzten anzunehmen. Dadurch und auch durch gelegentlich erregte oder sonst emotional gefärbte Reaktionen wird grundsätzlich noch nicht die Erwartung in Frage gestellt, der Vorgesetzte wolle und könne seine Pflichten einschließlich derjenigen zur sachlichen und gerechten dienstlichen Beurteilung erfüllen. Dies gilt auch für einzelne unangemessene, saloppe, ungeschickte oder missglückte Formulierungen in einer Beurteilung».

Auch diese Grundsätze der Rechtsprechung zeigen, dass es im Einzelfall oft schwierig ist, das Diskriminierende und Schikanierende herauszuarbeiten und damit die Voreingenommenheit des Beurteilers so darzulegen, dass die Beurteilung aufzuheben ist. Auch in diesem Zusammenhang kann ein günstiges Ergebnis allenfalls durch eine globale Beurteilung und Gesamtwürdigung aller Umstände erzielt werden.

Der *Grundsatz der verhaltensumfassenden Beurteilung* in Form einer Gesamtschau lässt sich auch durch das folgende, weitere Fallbeispiel 3 verdeutlichen:

---

[51] vgl. Bundesverwaltungsgericht, Urteil vom 23.4.1998, Az. 2 C 16.97, DVBl 1998, 1076 f.

[52] BVerwG, a.a.O., S. 1077

Fallbeispiel 3

Grundlage ist der Sachverhalt, der der Entscheidung des LAG Baden-Württemberg vom 27.07.2001 zugrunde lag[53].

Der Tenor der Entscheidung lautet wie folgt:

«*Der Verfügungsbeklagten* (d.h. dem Arbeitgeber) *wird untersagt, in der Zeit bis zum 31.12.2001 mehr als 3 Besprechungen mit der Verfügungsklägerin* (d.h. der Arbeitnehmerin) *anzuberaumen und durchzuführen, die – auch – der Überprüfung dienen, ob und inwieweit die Verfügungsklägerin ihr gestellte Aufgaben innerhalb hierfür gesetzter zeitlicher Vorgaben erledigt hat.*

Für jeden Fall der Zuwiderhandlung gegen die vorstehende Verpflichtung wird der Verfügungsbeklagten ein Ordnungsgeld bis zu DM 500.000,00 und für den Fall der Uneinbringlichkeit Ordnungshaft bis zu 6 Monaten, zu vollziehen an einem ihrer organschaftlichen Vertreter, angedroht.»

Geschehen war hier Folgendes:

Der Arbeitnehmerin wurde in einer Besprechung am 13.06.2001 vom Arbeitgeber erklärt, dass man sich ein Bild von ihrer Leistung machen wolle und daher künftig wöchentliche Kontrollmaßnahmen/Kontrollbesprechungen durchführen werde, wobei noch am 13.06.2001 die nächste diesem Zweck dienende Besprechung auf den 25.06.2001 und am 26.06.2001 eine weitere diesem Zweck dienende Besprechung auf den 11.07.2001 festgesetzt wurde. Das Gericht wies zunächst darauf hin, dass die Anordnung und Durchführung von Leistungskontrollen auch in Form von Besprechungen an sich durch das *Direktionsrecht* des Arbeitgebers gedeckt seien. Im vorliegenden Fall kam das Landesarbeitsgericht allerdings deshalb zu einem gegenteiligen Ergebnis, weil es feststellte, dass hier das Direktionsrecht nicht aus sachlichen Gründen, sondern allein als *Reaktion auf eine vorherige zulässige Rechtsausübung* der Arbeitnehmerin ausgeübt wurde und auch weiterhin ausgeübt werden sollte:

Vorangegangen war nämlich ein gegen die Arbeitnehmerin von Kollegen und Vorgesetzten seit Ende 1998 und seit Frühjahr 2001 verstärkt betriebenes Mobbing, und zwar u.a. durch folgende Handlungen:

- Die Stelle der Arbeitnehmerin wurde am «schwarzen Brett» der Firma ausgeschrieben;

- Teambesprechungen wurden an Tagen durchgeführt, an denen die Arbeitnehmerin infolge ihrer Teilzeitbeschäftigung nicht anwesend war;

- die Arbeitnehmerin wurde von Kollegen und Arbeitgeber wegen ihrer Teilzeitbeschäftigung als «Handicap» bezeichnet;

- die Arbeitnehmerin wurde von geselligen Veranstaltungen, wie der Weihnachtsfeier u.a., ausgeschlossen;

---

[53] Az.: 5 Sa 72/01, PersR 2002, 9; abgedruckt auch bei Wickler in HMR, Anhang 4

ferner kam es zu Verhaltensweisen wie:

- demonstratives Zuhalten der Nase oder demonstratives Wegblicken beim Vorbeigehen an der Arbeitnehmerin;
- zeitweise Nichterwiderung des Grußes und Vermeidung jeglicher Kommunikation mit dieser sowie
- die Aufforderung, sich eine andere Stelle zu suchen.

Das Landesarbeitsgericht folgerte aus diesen gegen die Arbeitnehmerin gerichteten Verhaltensweisen aufgrund einer vorgenommenen *Gesamtschau* (hierbei handelt es sich um das bereits erörterte Prinzip der *globalen Beurteilung bzw. den Grundsatz der verhaltensumfassenden Beurteilung)*, dass die Arbeitnehmerin systematisch von Kollegen und Vorgesetzten angefeindet, schikaniert und diskriminiert wurde, um sie zu isolieren und letztlich von ihrem Arbeitsplatz zu entfernen.

Am 07.06.2001 unterbreitete der Arbeitgeber schließlich der Arbeitnehmerin ein Angebot zur Aufhebung des Arbeitsverhältnisses mit Wirkung zum 31.08.2001, das die Arbeitnehmerin ablehnte. Vielmehr ließ sie den Arbeitgeber mit Anwaltsschreiben vom 11.06.2001 auffordern, die gesundheitsbeeinträchtigenden Diskriminierungen zu unterbinden. Unmittelbar nachdem dieses Schreiben eingegangen war, wurden die oben geschilderten Leistungskontrollen angeordnet, und das Landesarbeitsgericht wertete diese Anordnung dergestalt, dass sie sich nahtlos in die vorstehend geschilderten Verhaltensweisen einreihe. Die Vorgeschichte mache im verstärkten Maße den mit den Leistungskontrollen verfolgten eigentlichen Zweck deutlich, nämlich die Arbeitnehmerin mit – isoliert gesehen – an sich nicht rechtswidrigen Mitteln zu schikanieren und zu diskriminieren und auf diese Weise so zu zermürben, bis sie von selbst aufgibt.

Das Landesarbeitsgericht sah hier zunächst einen Verstoß gegen § 612 a BGB. Die Vorschrift des § 612 a BGB betrifft das sog. <u>Maßregelungsverbot</u> und hat folgenden Wortlaut:

«Der Arbeitgeber darf einen Arbeitnehmer bei einer Vereinbarung oder einer Maßnahme nicht benachteiligen, weil der Arbeitnehmer in zulässiger Weise seine Rechte ausübt.»

Diese zulässige Rechtsausübung sah das Gericht zum einen in der Ablehnung des Aufhebungsangebots und zum anderen in dem Anwaltsschreiben, mit dem das Unterbinden der gesundheitsbeeinträchtigenden Diskriminierung verlangt wurde.

Die Benachteiligung der betreffenden Arbeitnehmerin sah das Gericht darin, dass diese durch die angekündigte und bereits begonnene Leistungskontrolle in Form von in kurzen zeitlichen Abständen stattfindenden Besprechungen gegenüber anderen vergleichbaren Mitarbeitern schlechter gestellt wurde, wobei hierbei erkennbar bezweckt worden sei, die Arbeitnehmerin mürbe zu machen und damit letztlich zur Aufgabe ihres Arbeitsplatzes bei dem Arbeitgeber zu bewegen.

Dieser Fall zeigt deutlich, dass man zu einer richtigen Beurteilung in Mobbing-Fällen oft nur bei einer *Gesamtschau* der einzelnen Vorgänge kommt, denn jede einzelne Maßnahme für sich wäre evtl. noch keine Rechtsverletzung bzw. nicht justiziabel, und auch die hier letztlich beanstandete Maßnahme des Arbeitgebers, Leistungskontrollen durchzuführen, ist als solche nicht bereits rechtswidrig, sondern grundsätzlich vom Direktionsrecht des Arbeitgebers gedeckt. Nur eine *Gesamtschau* kann in vielen Fällen bewirken, dass einzelne, isoliert gesehen nicht rechtswidrige Mittel und Maßnahmen dann insgesamt doch als rechtswidrig angesehen werden (vgl. zu entsprechenden Erwägungen einer notwendigen Gesamtschau bei der Beurteilung der gesundheitlichen Folgen von Mobbing-Handlungen Groeblinghoff[54] und unten *Frage 35)*.

3. Wann liegt kein Mobbing vor?

Kein rechtlich relevantes Mobbing liegt nach allgemeiner Auffassung bei *sozialadäquatem Verhalten* vor, d.h. einem Verhalten, das im gesellschaftlichen Umgang noch als üblich bezeichnet wird und deshalb hinzunehmen ist, auch wenn dies im Einzelfall menschlich missbilligenswert sein mag[55] (vgl. in diesem Zusammenhang auch das Urteil des LAG Schleswig-Holstein, 3 Sa 542/03 vom 01.04.2004 zur Problematik des Mobbings eines Arbeitgebers gegenüber einem Betriebsratsmitglied: Für die Bejahung eines Mobbing-Sachverhalts sei erforderlich, dass den Vorfällen, aus denen sich Mobbing ableiten lassen solle, eine verwerfliche Motivation des Mobbenden entnehmen lasse. Es entspreche jedoch einer typischen arbeitsrechtlichen Konfliktsituation, dass der Kläger als engagierter Betriebsratsvorsitzender weit mehr im Angriffsfeld des Arbeitgebers gestanden habe als seine Arbeitskollegen, die zum größten Teil – auch ggf. zu beanstandende – Weisungen des Arbeitgebers widerstandslos ausgeführt hätten. Mit einer derartigen Rolle müsse sich jedoch ein Mitarbeiter, der sich für die Wahl zum Betriebsrat zur Verfügung stelle und dem Arbeitgeber in gewissen Punkten «den Kampf ansagen will», abfinden, ohne dass eine derartige Kampfsituation zwischen Betriebsratsmitglied und Arbeitgeber – auf welchem Niveau auch immer – als verwerfliche, dem Begriff des Mobbings zuzurechnende Auseinandersetzung eingeordnet werden könne; vgl. auch LAG Thüringen[56]: Bei der Gesamtschau der Mobbing-Bewertung sei das zwar belastende, aber als sozialadäquat hinzunehmende Handeln gegenüber schikanösem und diskriminierenden Verhalten abzugrenzen. Dabei könne vom Leitbild des einsichtig handelnden Durchschnittsarbeitgebers ausgegangen werden. Sozialadäquat müsse aber auch die Reaktion des Arbeitnehmers auf belastendes Arbeitgeberverhalten sein).

---

[54] in: Arentewicz/ Fleissner, a.a.O., S. 169 f.

[55] vgl. Kollmer, Rdnr. 129

[56] Urteil vom 10.06.2004, Az. 1 Sa 148/01, S. 59

Entsprechendes gilt bei *rechtlich erlaubtem Verhalten*. Dies darf aber nicht zu einem «Zirkelschluss» führen, denn in vielen Fällen kommt es gerade darauf an, ob sich ein grundsätzlich erlaubtes Verhalten nicht im Einzelfall aufgrund besonderer Umstände doch als Mobbing-Verhalten darstellt (vgl. das in *Frage 2* zitierte <u>Fallbeispiel 3</u>[57] sowie die Ausführungen und Beispielsfälle in *Frage 4*). Ferner liegt kein Mobbing vor bei

- wechselseitigen Eskalationsprozessen im Sinne gegenseitiger Persönlichkeitsrechtsverletzungen, die keine klare Einordnung einer Täter-Opfer-Beziehung zulassen (vgl. Hänsch[58] sowie Wickler[59]; aus eigener Sicht zu weitgehend LAG Schleswig-Holstein[60]: Auf Grund des unstreitigen Sachverhalts sowie der im streitigen Sachverhalt wechselseitig erhobenen Vorwürfe und letztlich auch auf Grund der Diktion der gewechselten Schriftsätze sah sich das LAG nicht in der Lage, eine eindeutige Täter-Opfer-Situation zu Lasten des Klägers auszumachen. Eine Täter-Opfer-Konstellation scheide immer in Fällen des gegenseitigen Anfeindens oder der wechselseitigen Eskalation aus. Bei der Prüfung eines Mobbing-Sachverhalts sei mithin stets auch das Vorverhalten des vorgeblichen Mobbingopfers gegenüber dessen Vorgesetzten oder Kollegen zu berücksichtigen, frei nach dem Sprichwort «Wie man in den Wald hineinruft, so schallt es heraus», vgl. oben <u>Fallbeispiel 2</u>).

  Ob es sich hierbei tatsächlich um ein *Definitionsproblem* oder ggf. um ein *Rechtsfolgenproblem* handelt, siehe die Ausführungen zu *Frage 27*.

- vereinzelt auftretenden Reibungen, Auseinandersetzungen oder sonstigen Konflikten am Arbeitsplatz (Beispiel: Wutanfälle eines Vorgesetzten, solange es bei einzelnen «Ausrutschern» und einmaligen Kränkungen bleibt, vgl. LAG Rheinland-Pfalz[61] betr. einen isolierten Einzelfall, bei dem die Vorgesetzte der Klägerin, nachdem die Klägerin einen Unfall erlitten hatte, geäußert haben soll, die Klägerin habe sich hoffentlich «ihr verlogenes Mundwerk aufgeschlagen»; vgl. auch Kollmer, Rdnr. 21 und Urteil des LAG Thüringen[62]: Mobbing könne nur angenommen werden, wenn systematische und zielgerichtete Anfeindungen gegen den Arbeitnehmer vorlägen. Daran fehle es, wenn es in der Entwicklung einer im Wesentlichen psychisch bedingten Konfliktsituation zu einer Eskalation komme, auf die der Arbeitgeber mit einem nicht mehr sozialadäquaten Exzess reagiere (hier: Suspendierung von der Arbeitsleistung und nachfolgende Versetzung) sowie bei

---

[57] bezogen auf die Entscheidung des LAG Baden-Württemberg vom 27.07.2001 (Az.: 5 Sa 72/01)

[58] in: Berscheid/ Kunz/ Brand, a.a.O., Rdnr. 909

[59] in HMR, Teil 2 Rn.49

[60] Urteil vom 09.09.2003, Az. 5 Sa 28/03

[61] Urteil vom 26.01.2005, Az. 9 Sa 597/04

[62] Urteil vom 10.06.2004, Az. 1 Sa 148/01

- einzelnen Kommunikations-Störungen (vereinzelte Hänseleien oder Necke-
reien, vereinzelte Unhöflichkeiten oder Bosheiten[63]).

Es gibt keine Wohlfühl-Garantie am Arbeitsplatz und kein Recht, von allen und jedem in Ruhe gelassen zu werden. Ferner gibt es keinen Zwang zur Kommuni-kation, wenn beispielsweise Kollegen andere Kollegen wie «Luft» behandeln[64]. Das LAG Schleswig-Holstein hat in einer Entscheidung vom 19.03.2002[65] aus-geführt, dass es dem Zusammenarbeiten mit anderen Menschen immanent sei, dass sich Reibungen und Konflikte ergeben, ohne dass diese Ausdruck des Ziels seien, den Anderen systematisch in seiner Wertigkeit gegenüber Dritten oder sich selbst zu verletzen.

Über Einzelheiten lässt sich dabei allerdings streiten, wie das folgende <u>Fallbei-spiel 4</u> in Anlehnung an die Entscheidung des LAG Schleswig-Holstein, a.a.O., zeigt:

Fallbeispiel 4

Die Klägerin hatte behauptet,

- ein Geburtstagskuchen, den sie mitgebracht hatte, sei von ihrer Vorgesetzten nicht weiter verteilt, sondern in der Küche in eine Ecke gestellt worden und vertrocknet:

Hierzu stellte das LAG Schleswig-Holstein, a.a.O., fest, dass sich ein vorsätz-liches Verhalten der Vorgesetzten nicht habe beweisen lassen und dieser Vor-trag daher unberücksichtigt bleiben müsse;

- die Vorgesetzte habe ihr ohne Grund eine Pampers aus der Hand gerissen (bei der Klägerin handelte es sich um eine Pflegekraft in einem Alten- und Pflegeheim).

Dazu das Gericht: Selbst bei Wahrunterstellung spreche dies nicht für eine systematische Diskriminierung. Vielmehr deute der geschilderte Ablauf darauf hin, dass die Vorgesetzte die Klägerin lediglich zu schnellerer Arbeit habe an-spornen wollen, wenn auch die – strittige – Art überzogen gewesen sein mag;

- wegen der Urlaubsplanung angesprochen, habe die Vorgesetzte erwidert: *«Ich bespreche gar nichts mehr mit dir. Was machst du hier schon? Was tust du hier schon für uns?»*

Dazu das Gericht: Die Klägerin hätte, sofern eine innerbetriebliche Klärung nicht erzielt werden konnte, die Personalvertretung bemühen oder notfalls ge-richtliche Hilfe in Anspruch nehmen können;

- die Klägerin sehe aus *wie Pinocchio*. Das habe die Vorgesetzte auch auf der

---

[63] vgl. Wickler in HMR, Teil 2 Rn. 57 a
[64] vgl. Berkowsky, in: MünchArbR, Bd. 2, Rdnr. 238
[65] NZA-RR 2002, 457 ff.

Station erzählt, woraufhin gelacht und gespottet worden sei.

Dazu das Gericht: Eine derartige Äußerung sei – wenn bewiesen – mit Sicherheit rücksichtslos und unangemessen gewesen, könne aber nicht eine tiefgreifende Verletzung der Klägerin begründen, die zu einem Schmerzensgeldanspruch führt;

▪ die Vorgesetzte habe heimlich die Dienstzeiten auf dem Dienstplan ausradiert und abgeändert. Als sie, die Klägerin, am nächsten Morgen zum Frühdienst erschienen sei, sei sie empfangen worden mit den Worten: *«Was willst du denn hier, du hast Spätdienst»*.

Dazu das Gericht: Dass Änderungen in den Dienstplänen gelegentlich versehentlich nicht dem Betroffenen mitgeteilt würden, könne als fehlerhafte Arbeitsleistung des Vorgesetzten vorkommen, sei jedoch nicht als Bestandteil eines systematischen Vorgehens erkennbar.

Vor diesem Hintergrund ist die Schlussfolgerung zu ziehen, dass ein als Mobbing empfundenes Verhalten von der betroffenen Person an vorgesetzter Stelle als solches angesprochen und als schädigend klassifiziert werden muss mit der Bitte, den Konflikt durch klärende Gespräche lösen zu helfen. Der Vergleich, wie eine wohlwollende, verantwortlich handelnde Führungskraft im Gegensatz zu einem böswilligen Vorgesetzten vermutlich in einer derartigen Situation zu reagieren pflegt, erlaubt die sachgerechte Beurteilung des Folgeverhaltens hinsichtlich eines möglichen systematischen Mobbingzusammenhangs *(vgl. Frage 8)*.

Das LAG Nürnberg hat in einem Urteil vom 02.07.2002[66] Bemerkungen wie «Sie sind nicht hier um zu denken, sondern um zu arbeiten» und «Das muss doch endlich in Ihre Birne reingehen» zwar als «nicht sehr geschmackvoll» angesehen. Sie erreichten nach Auffassung des Gerichts jedoch die Grenze der Pflichtverletzung gegenüber dem Arbeitnehmer noch nicht.

Auch das LAG Hamm hat in einem Urteil vom 25.06.2002[67] dargelegt, dass kurzfristigen Konfliktsituationen mit Vorgesetzten oder Arbeitskollegen in der Regel schon die notwendige systematische Vorgehensweise fehle. Entsprechendes gilt laut LAG Bremen[68] für zeitlich weit auseinander liegende Handlungen (im konkreten Fall neun Vorfälle in 3 1/2 Jahren; vgl. auch die weiteren, in *Frage 2* erörterten Beispielsfälle).

Es ist daher im Ergebnis für die Frage, ob rechtlich relevante Mobbing-Handlungen vorliegen, wie ausgeführt, stets erforderlich, *alle Umstände des Einzelfalls in einer Gesamtschau* zu würdigen.

---

[66] Az. 6 (3) Sa 154/01, NZA-RR 2003, 121 ff.
[67] Az. 18 (11) Sa 1295/01, NZA-RR 2003, 8 ff.
[68] Urteil vom 17.10.2002, Az. 3 Sa 78/02, NZA-RR 2003, 234 ff.

Daraus folgt im Hinblick auf die Verletzung des allgemeinen Persönlichkeitsrechts sowie der Gesundheit und der Ehre als Maßstab für rechtlich relevante Mobbing-Handlungen folgendes Schema:

Rechtlich erlaubtes Verhalten

↓

Sozial adäquates Verhalten

↓

Verletzung des allgemeinen Persönlichkeitsrechts, der Gesundheit und der Ehre durch

↓

Anfeindung – Schikane – Diskriminierung

Nur wenn die beiden unteren Ebenen des vorgenannten Schemas erreicht sind, liegt rechtlich relevantes Mobbing vor (vgl. auch Hänsch[69], die die Feststellung der Verletzung des allgemeinen Persönlichkeitsrechts zutreffend als Eintrittsschwelle und Durchlaufstation bei der Prüfung mobbingtypischer Rechtsverletzungen und der Bekämpfung dieser Rechtsverletzungen bezeichnet).

4.   Gibt es typische Mobbing-Handlungen?

Ja. Es gibt eine Reihe von typischen Mobbing-Handlungen, deren Vorliegen allerdings nur als Indiz, keinesfalls jedoch bereits als Beweis für die Annahme rechtlich relevanter Mobbing-Handlungen zugrunde gelegt werden kann.

Beispielhaft seien die 45 Handlungen genannt, die Leymann in *«Mobbing – Psychoterror am Arbeitsplatz und wie man sich dagegen wehren kann»* dargestellt hat, und zwar auf S. 33 f. wie folgt:

a)   *Angriffe auf die Möglichkeiten, sich mitzuteilen:*

-   Der Vorgesetzte schränkt die Möglichkeiten ein, sich zu äußern.

-   Man wird ständig unterbrochen.

-   Kollegen schränken die Möglichkeiten ein, sich zu äußern.

-   Anschreien oder lautes Schimpfen.

-   Ständige Kritik an der Arbeit.

-   Ständige Kritik am Privatleben.

---

[69] a.a.O., Rdnr. 912

- Telefonterror.

- Mündliche Drohungen.

- Schriftliche Drohungen.

- Kontaktverweigerung durch abwertende Blicke oder Gesten.

- Kontaktverweigerung durch Andeutungen, ohne dass man etwas direkt ausspricht.

b) *Angriffe auf die sozialen Beziehungen:*

- Man spricht nicht mehr mit dem/der Betroffenen.

- Man lässt sich nicht ansprechen.

- Versetzung in einen Raum weitab von den Kollegen.

- Den Arbeitskollegen/innen wird verboten, den/die Betroffene/n anzusprechen.

- Man wird «wie Luft» behandelt.

c) *Auswirkungen auf das soziale Ansehen:*

- Hinter dem Rücken des Betroffenen wird schlecht über ihn gesprochen.

- Man verbreitet Gerüchte.

- Man macht jemanden lächerlich.

- Man verdächtigt jemanden, psychisch krank zu sein.

- Man will jemanden zu einer psychiatrischen Untersuchung zwingen.

- Man macht sich über eine Behinderung lustig.

- Man imitiert den Gang, die Stimme oder Gesten, um jemanden lächerlich zu machen.

- Man greift die politische oder religiöse Einstellung an.

- Man macht sich über das Privatleben lustig.

- Man macht sich über die Nationalität lustig.

- Man zwingt jemanden, Arbeiten auszuführen, die das Selbstbewusstsein verletzen.

- Man beurteilt den Arbeitseinsatz in falscher und kränkender Weise.

- Man stellt die Entscheidungen des/der Betroffenen in Frage.

- Man ruft ihm/ihr obszöne Schimpfworte oder andere entwürdigende Ausdrücke nach.

- Sexuelle Annäherungen oder verbale sexuelle Angebote.

d) *Angriffe auf die Qualität der Berufs- und Lebenssituation:*

- Man weist dem Betroffenen keine Arbeitsaufgaben zu.

- Man nimmt ihm jede Beschäftigung am Arbeitsplatz, so dass er sich nicht einmal selbst Aufgaben ausdenken kann.

- Man gibt ihm sinnlose Arbeitsaufgaben.

- Man gibt ihm Aufgaben weit unter seinem eigentlichen Können.

- Man gibt ihm ständig neue Aufgaben.

- Man gibt ihm «kränkende» Arbeitsaufgaben.

- Man gibt dem Betroffenen Arbeitsaufgaben, die seine Qualifikation übersteigen, um ihn zu diskreditieren.

e) *Angriffe auf die Gesundheit:*

- Zwang zu gesundheitsschädlichen Arbeiten.

- Androhung körperlicher Gewalt.

- Anwendung leichter Gewalt, zum Beispiel um jemandem einen «Denkzettel» zu verpassen.

- Körperliche Misshandlung.

- Man verursacht Kosten für den/die Betroffene/n, um ihm/ihr zu schaden.

- Man richtet physischen Schaden im Heim oder am Arbeitsplatz des/der Betroffenen an.

- Sexuelle Handgreiflichkeiten.

Hierbei handelt es sich um die häufigsten Angaben in ca. 300 Interviews, die Leymann Anfang der achtziger Jahre durchgeführt hat, um herauszufinden, was beim Mobbing konkret geschieht. Daneben gibt es weitere typische Mobbing-Handlungen, die bei Esser/Wolmerath[70] als «*Katalog der 100+... Mobbinghandlungen*» zusammengefasst wurden, die jedoch ebenfalls keine abschließende Aufzählung aller denkbaren Mobbing-Handlungen darstellen (aus eigener Sicht zu eng daher in diesem Zusammenhang das nicht veröffentlichte Urteil des ArbG Kiel[71], in dem das Gericht die dort beanstandeten Handlungen insbesondere deshalb nicht als Mobbing-Handlungen qualifiziert hat, weil sie sich nach seiner Auffassung nicht unter die von Leymann definierten 45 Mobbing-Handlungen subsumieren ließen).

Stets ist in diesem Zusammenhang jedoch zu beachten, dass es sich bei den meisten der dort genannten mobbing-typischen Handlungen um solche handelt, die – wie andere Verhaltensweisen auch – je nach Einzelfall (noch) ein sozialadäquates bzw. rechtlich erlaubtes Verhalten darstellen können oder auch (bereits) eine rechtlich untersagte Mobbing-Handlung, z.B. ständiges Äußern von Kritik, Erteilung einer Ermahnung oder Abmahnung, Umsetzung, Versetzung,

---

[70] a.a.O., S. 26 ff.

[71] Urteil vom 27.11.2002, Az. 4 Ca 3338 a/o1

unhöfliche Umgangsformen, Nachgehen eines Diebstahlsverdachts durch den Arbeitgeber, Erteilen von Weisungen usw.

Aussagen wie die in den Leitsätzen des LAG Nürnberg[72]:

«Fehlerhafte Weisungen des Vorgesetzten, wie die Arbeitsleistung zu erbringen ist, stellen keine Pflichtwidrigkeiten dar. Der Arbeitgeber ist auch nicht aus Gründen der Fürsorgepflicht gegenüber dem Arbeitnehmer gehalten, die sachliche Richtigkeit der Weisungen des Vorgesetzten zu überprüfen.»

sind daher in dieser Allgemeinheit nicht zutreffend, geben zu Missverständnissen Anlass und führen ggf. zu einem «Zirkelschluss», auch wenn der konkrete Fall im Ergebnis richtig entschieden wurde (vgl. auch das Urteil des LAG Schleswig-Holstein[73]: Es handle sich bei den Auseinandersetzungen zwischen den Parteien im Wesentlichen um rechtliche, justiziable Auseinandersetzungen. Zu einem Großteil hätten sich die Parteien um den Umfang des Weisungsrechtes des Arbeitgebers gegenüber dem Kläger sowie die arbeitsvertraglichen Grenzen dieses Direktionsrechtes gestritten. Während der Arbeitgeber gemeint habe, im Rahmen der aus seiner Sicht gebotenen Flexibilität bei der Abwicklung von Aufträgen als Arbeitgeber kaum Grenzen des Weisungsrechtes zu haben, hätten der Kläger und seine Betriebsratsmitglieder – erstmals für den Arbeitgeber – Widerstand geleistet, den der Arbeitgeber bisher nicht gekannt und gemeint habe, nicht tolerieren zu müssen. Bei derartigen rechtlichen Auseinandersetzungen handle es sich um im Arbeitsleben – zunächst noch – normale Konflikte, die unter Zuhilfenahme der Arbeitsgerichte geklärt würden. Insoweit sei eine verwerfliche Motivation des Arbeitgebers nicht feststellbar.)

Entsprechendes gilt für die Aussage des ArbG Duisburg[74]:

«Die Ausübung des Direktionsrechts durch den Arbeitgeber ist nicht bereits als Mobbing anzusehen».

Zu prüfen ist vielmehr, ob diese nur grundsätzlich zutreffenden Aussagen jeweils auch im konkreten Fall zutreffend sind oder ob nicht im Einzelfall Umstände vorliegen, die das grundsätzlich gerechtfertigte Verhalten doch als rechtswidrige Mobbing-Handlung erscheinen lassen, wie die z.T. bereits zitierten bzw. auch die folgenden Beispielsfälle zeigen:

ArbG München, Urteil vom 25.09.2001, Az. 1 Ca 1562/01, NZA-RR 2002, 123 ff.:

Die Äußerung *«In der Sitzung reden Sie nicht, sondern sind Sie still»* könne eine Mobbing-Handlung sein oder aber eine vom Direktionsrecht des Arbeitgebers umfasste berechtigte Weisung;

---

[72] Urteil vom 02.07.2002, Az. 6 (3) Sa 154/01, NZA-RR 2003, 121
[73] Urteil vom 01.04.2004, Az. 3 Sa 542/03
[74] Urteil vom 29.06.2000, Az. 1 Ca 1152/00, NZA-RR 2001, 304 f.

LAG Baden-Württemberg, Urteil vom 27.07.2001, Az. 5 Sa 72/01:

Die Anordnung des Arbeitgebers, wöchentliche Kontrollmaßnahmen/ Kontrollbesprechungen durchzuführen, sei grundsätzlich vom Direktionsrecht des Arbeitgebers gedeckt, könne aber im Einzelfall auch als Mobbing-Handlung angesehen werden und den Zweck verfolgen, den Arbeitnehmer mit – isoliert gesehen – an sich nicht rechtswidrigen Mitteln zu schikanieren und zu diskriminieren und auf diese Weise so zu zermürben, bis er von selbst aufgibt;

LAG Thüringen, Urteil vom 10.04.2001, Az. 5 Sa 403/00, NZA-RR 2001, 347 ff.:

Die Versetzung eines Arbeitnehmers kann grundsätzlich zulässig sein, war hier jedoch auf Grund der Gesamtumstände als Mobbing-Handlung zu qualifizieren, wobei es sich um eine Versetzung auf einen 6 Gehaltsstufen niedriger bewerteten Arbeitsplatz handelte.

Mit ähnlicher Begründung entschied das LAG Kiel[75], dass sich auch eine vertraglich grundsätzlich zulässige Umsetzung unter Umständen als Verletzung des allgemeinen Persönlichkeitsrechts erweisen könne. Eine solche Rechtsverletzung liege vor, wenn sich die Zuweisung einer bestimmten Beschäftigung nicht bloß als Reflex einer rechtlich erlaubten Vorgehensweise darstelle, sondern diese Maßnahme zielgerichtet als Mittel der Zermürbung und Diskriminierung des Arbeitnehmers eingesetzt werde, um diesen selbst zur Aufgabe seines Arbeitsplatzes zu bewegen. Im konkreten Fall sah das LAG aber keinen unzulässigen Eingriff in das allgemeine Persönlichkeitsrecht, weil der Arbeitgeber den betreffenden Kläger gerade nicht umgesetzt habe, um ihn zu bestrafen oder zu diskriminieren. Dies werde schon daraus deutlich, dass unstreitig zuvor zahlreiche Konfliktgespräche mit den beteiligten Arbeitnehmern, teilweise unter Hinzuziehung des Personalrats, geführt worden seien.

ArbG Kiel, Urteil vom 16.01.1997, Az.: 5d Ca 2306/96:

Mehrere arbeitsrechtliche Abmahnungen gegen einen Arbeitnehmer können grundsätzlich rechtmäßig sein. Hier wurde jedoch der Umstand, dass 9 Abmahnungen wegen vermeintlicher Pflichtverletzungen innerhalb von 9 Tagen ausgesprochen wurden, davon allein 5 Abmahnungen an einem Tag und 4 weitere Abmahnungen an einem anderen Tag, als Verstoß gegen die Fürsorgepflicht, das Übermaßverbot sowie den Grundsatz der Verhältnismäßigkeit angesehen und als sog. Rundumschlag gewertet, der geeignet sei, den Arbeitnehmer unter einen erheblichen psychologischen Druck zu setzen, dass dieser letztendlich seine berufliche Tätigkeit aufgebe oder ihr, der Beklagten, bei nächster Gelegenheit – und Fehler mache jeder – die Möglichkeit zur fristlosen Kündigung gebe. Dies sei als Mobbing zu qualifizieren und daher eine unzulässige Rechtsausübung, da sie von sachfremden Zwecken bestimmt sei, und zwar unabhängig davon, ob die in den Abmahnungen erteilten Rügen zu Recht erhoben worden seien.

---

[75] Urteil vom 12.02.2002, Az. 5 Sa 409 c/01, DB 2003, 1056

42

In der Praxis ist es oft schwierig abzugrenzen, ob noch rechtlich erlaubtes oder sozial adäquates Verhalten vorliegt bzw. bereits eine rechtlich relevante Verletzung des allgemeinen Persönlichkeitsrechts gegeben ist. Die Abgrenzung ist insbesondere deshalb schwierig, weil beinahe jeder Mobber für seine Handlungsweise eine vermeintliche Rechtfertigung findet bzw. sucht und vorschiebt, wie die vorstehend geschilderten Beispiele zeigen. Mobber verhalten sich daher oft nach außen hin sozialadäquat, korrekt und keinesfalls ohne weiteres erkennbar – allenfalls erahnbar – rechtswidrig[76]. Wickler[77] bezeichnet dies zutreffend als *«Maskierung illegitimer Interessen»*. Mobbing liegt aber nur dann vor, wenn auch bei vordergründiger Wahrnehmung berechtigter Interessen (z.B. Ausübung des Direktionsrechts bezüglich Ort, Inhalt und Zeit der Arbeitsleistung, Abmahnung, Versetzung, Kündigung) keine Gründe vorliegen, die den in diesem Verhalten liegenden Eingriff rechtfertigen[78] (vgl. zur Abmahnung LAG Nürnberg[79]: Mit der Abmahnung übe der Arbeitgeber ein ihm zustehendes Rügerecht im Hinblick auf die Erbringung der Arbeitsleistung aus. Er begehe damit zunächst keinen Verstoß gegen seine Pflichten aus dem Arbeitsvertrag. Dies gelte grundsätzlich auch, wenn sich die Abmahnung als unberechtigt herausstelle[80]. Eine Verletzung der Fürsorgepflicht liege zumindest dann nicht vor, wenn ein verständiger Arbeitgeber die Rüge im Zeitpunkt des Ausspruchs als berechtigt habe ansehen dürfen; er habe dann in Wahrung berechtigter eigener Interessen gehandelt. Entsprechendes gelte für eine ausgesprochene Kündigung, Versetzung oder Streichung einer Stellenzulage; vgl. zum sog. Abmahnungsmobbing auch den Beschluss des LAG Rheinland-Pfalz[81]: Die Erteilung von 5 Abmahnungen an einem Tag gehe letztlich auch auf die Rechtsprechung der Gerichte für Arbeitssachen zurück. Erteile der Arbeitgeber dem Arbeitnehmer eine Abmahnung und erhebe in dem Abmahnschreiben eine Reihe von unterschiedlichen Vorwürfen, dann sei die Entfernung der gesamten Abmahnung schon dann vorzunehmen, wenn auch nur einer dieser Vorwürfe unzutreffend sei. Wenn angesichts dieser Rechtsprechung der Arbeitgeber dann bei einer Reihe von unterschiedlichen Vorwürfen auch jeweils unterschiedliche Abmahnungen in verschiedenen Schreiben erteile, könne ihm dies hinsichtlich seiner generellen Vorgehensweise nicht zum Vorwurf gemacht werden; vgl. auch LAG Berlin[82]: Der Arbeitgeber müsse in der Regel und insbesondere dann, wenn er von einer seelischen Erkrankung des Arbeitnehmers nichts wisse, nicht damit rechnen, dass eine Abmahnung, die er selbst, der Arbeitgeber, für berechtigt halte, den Arbeitnehmer krank machen oder eine bestehende Krankheit verstärken könne. Dies sei nur

---

[76] vgl. Berkowsky, in: MünchArbR, Bd. 2, Rdnr. 238

[77] in HMR, Teil 2 Rn. 50

[78] vgl. Wickler, DB 2002, 477, 481

[79] Urteil vom 02.07.2002, Az. 6 (3) Sa 154/01, NZA-RR 2003, 121 ff.

[80] so ausführlich auch LAG Köln, Urteil vom 07.01.1998, Az. 2 Sa 1014/97

[81] Beschluss vom 19.02.2004, Az. 2 Ta 12/04, NZA-RR 2004, 232 ff.

[82] Urteil vom 07.11.2002, Az. 16 Sa 938/02

dann anders, wenn der Arbeitgeber wisse oder zumindest ohne weiteres wissen könnte, dass die in der Abmahnung enthaltenen Vorhaltungen unberechtigt sind.)

Ähnlich hat das LAG Berlin in einem Urteil vom 15.07.2004[83] entschieden: In diesem Zusammenhang sei bedeutsam, dass der Arbeitgeber (oder ein für ihn handelnder Vorgesetzter der klagenden Arbeitnehmerin) das selbstverständliche Recht habe, konkrete Arbeitsweisen und Arbeitsergebnisse zu beanstanden, wenn diese der vertraglich geschuldeten Leistung der Arbeitnehmerin nicht entsprächen. Wolle ein Arbeitgeber sich wegen Unzufriedenheit mit der Arbeitsleistung des Arbeitnehmers von diesem trennen, müsse er solche Beanstandungen sogar sehr konkret (und sogar möglichst schriftlich) vorbringen und den Arbeitnehmer darüber hinaus unter Kündigungsandrohung abmahnen, wenn er eine verhaltens- oder personenbedingte Kündigung im Kündigungsschutzprozess rechtfertigen wolle. Denn unter der Geltung des Kündigungsschutzgesetzes sei eine Kündigung wegen Schlechtleistung im Allgemeinen nicht wirksam, wenn der Arbeitnehmer nicht mehrfach zuvor unmissverständlich darauf hingewiesen worden ist, dass der Arbeitgeber die Leistungen des Arbeitnehmers nicht als ordnungsgemäß anerkennt. Gerade wegen des rechtlichen Erfordernisses einer oder mehrerer Abmahnungen vor Ausspruch einer Kündigung könne es aber auch leicht vorkommen, dass Arbeitnehmerverhalten beanstandet oder abgemahnt werde, welches sich bei genauer Betrachtung als noch vertragsgemäß erweise. Der Arbeitnehmer, der wegen unberechtigter Rügen und Beanstandungen krank geworden sei und deshalb Schadenersatz verlange, müsse deshalb nicht nur die Rechtswidrigkeit der Rügen und Beanstandungen darlegen, sondern darüber hinaus auch, dass der Arbeitgeber bzw. der betreffende Vorgesetzte die Rechtswidrigkeit seiner Rügen/Beanstandungen bei gehöriger Überlegung hätte erkennen können und dass er außerdem hätte erkennen können, dass durch diese rechtswidrigen Rügen/Beanstandungen eine Krankheit beim Arbeitnehmer ausgelöst wird. Das Verschulden des Arbeitgebers bzw. des für ihn Handelnden müsse sich nicht nur auf die einzelne «Tathandlung», sondern auch auf die Erkrankung beziehen.[84] Bedenklich erscheint in diesem Zusammenhang ein Urteil des LAG Schleswig-Holstein[85]: Dem Kläger sei einerseits zuzugestehen, dass die Vielzahl der ausgesprochenen, sämtlichst aus der Personalakte später entfernten Abmahnungen zermürbenden Charakter für ihn gehabt hätten, unter Umständen auch hätten haben sollen. Andererseits hätte es angesichts des Inhaltes einiger Abmahnungen, Beanstandungen und Aufforderungen auch nicht jedes Mal einer rechtlichen Auseinandersetzung bedurft. Mit gebotener Distanz zu den teilweise ihm gegenüber erhobenen Vorwürfen hätte der Kläger durchaus diverse «Abmahnungen» nicht gerichtlich anzugreifen brauchen, da bereits deren Wortlaut für den Kläger und gegen den Arbeitgeber, mithin für die Unwirk-

---

[83] 16 Sa 2280/03, EzA Schnelldienst 23/2004, S. 8

[84] vgl. dazu insbesondere BAG 8 AZR 348/01 vom 18.4.2002, DB 2002, 2050

[85] Urteil vom 01.04.2004, Az. 3 Sa 542/03

samkeit der arbeitsrechtlichen Maßnahme, gesprochen habe. Es gebe durchaus eine Vielzahl von Arbeitnehmern, die bei Erhalt einer Abmahnung nicht unverzüglich rechtliche Auseinandersetzungen einleiteten, vielmehr erst den weiteren Verlauf der arbeitsvertraglichen Entwicklung abwarteten. So hätte auch der Kläger vorgehen und ggf. nur selektiv die arbeitsrechtlichen Maßnahmen angreifen können, die geeignet gewesen seien, den Bestand seines Arbeitsverhältnisses ernsthaft zu gefährden. Das gelte umso mehr, als er als Betriebsratsmitglied besonderen Kündigungsschutz gehabt habe.

Das LAG Berlin entschied in einem weiteren Urteil[86], dass bei Maßnahmen eines Arbeitgebers aus Anlass einer Betriebsänderung die Rechtswidrigkeit der Maßnahme nicht ausreiche, um Schadensersatzansprüche wegen Mobbings anzuerkennen, wenn aus den gemachten Fehlern nicht zu schließen sei, dass der Arbeitnehmer damit gezielt zermürbt werden sollte. Es müsse erkennbar sein, dass die Maßnahmen gegen die Person des Arbeitnehmers gerichtet gewesen seien und nicht bloß den Inhalt oder den Bestand dessen Arbeitsverhältnisses betroffen hätten (vgl. ähnlich LAG Hamm[87]: Das LAG wies im Hinblick auf eine Änderung in der Arbeitsorganisation der Beklagten zu Lasten der Klägerin darauf hin, dass es Aufgabe der Klägerin gewesen wäre, darzulegen, warum gerade durch die ihr unrechtmäßigerweise zugewiesenen Bereiche kausal welcher durch wen schuldhaft verursachter Schaden entstanden sein soll. Dabei hätte auch berücksichtigt werden müssen, dass es bei der Frage, welche Aufgaben einem Redakteur zugewiesen werden können, unterschiedliche Rechtsauffassungen geben könne, die im Irrtumsfalle nicht ohne weiteres sofort zu einem haftungsrelevanten Fehlverhalten führten. Wenn die Beklagtenseite in rechtlichen Auseinandersetzungen eine bestimmte, vertretbare Position einnehme, könne ihr daraus nicht zugleich der Vorwurf schuldhafter Pflichtverletzungen gemacht werden.)

Hinsichtlich der Frage, ob die <u>Freistellung</u> eines Arbeitnehmers gegen seinen Willen einen rechtswidrigen Eingriff in sein allgemeines Persönlichkeitsrecht und damit ggf. eine Mobbing-Handlung darstellt, hat das LAG Thüringen in seinem Urteil vom 10.06.2004[88] wie folgt differenziert: Das LAG bewertete die Freistellung der dortigen Klägerin sowie weiterer Mitarbeiterinnen von der Arbeit gegen ihren Willen als einen schwerwiegenden Eingriff in ihr Persönlichkeitsrecht. Die Freistellung sei ohne jede Vorwarnung und ohne Anhörung erfolgt. Den Freigestellten wie der Klägerin sei keine Gelegenheit gegeben worden, ihren Standpunkt zu erläutern und eine Abänderung der Entscheidung zu erreichen. Besonders angesichts der gravierenden Folgen sei es völlig unangemessen gewesen, eine Entscheidung derart 'übers Knie zu brechen'. Der Eingriff in das Persönlichkeitsrecht auch der Klägerin stehe aber als solcher isoliert zu

---

[86] Urteil vom 17.01.2003, Az. 6 Sa 1735/02
[87] Urteil vom 21.12.2004, Az. 13 (5) Sa 659/04, S. 13
[88] Az. 1 Sa 148/01, S. 87

allem vorangegangenen Geschehen. Die Klägerin teile ihr Schicksal mit Arbeitskolleginnen, für die ein Mobbing-Kontext ausgeschlossen werden könne. Das den Beklagten unterstellte Motiv, die Klägerin durch Mobbing-Verhalten aus dem Arbeitsverhältnis zu drängen, müsste auf alle Freigestellten zutreffen, wenn es plausibel sein sollte. Nur dann wäre anzunehmen, dass die Freistellung den Höhepunkt einer systematisch vollzogenen Anfeindung darstelle. Dies sei hier jedoch nicht der Fall. Die einmalige Verletzung des Persönlichkeitsrechts der Klägerin sei daher kein Mobbing.

Bei der Abgrenzung, ob konkrete Handlungen Mobbinghandlungen darstellen, können *Kontrollfragen* förderlich sein, bei denen ein hypothetischer Vergleich mit einem intakten Arbeits- oder Mitarbeiterverhältnis vorgenommen wird, in dem <u>nicht die Person</u>, sondern <u>das Problem</u> eliminiert werden soll. Wickler[89] nennt dies auch das <u>Prinzip der Plausibilitäts-Kontrolle</u>. Danach würden zum einen die in Frage kommenden Handlungen an einem die koexistenzielle Toleranz nicht in Frage stellenden, auf die Lösung von Sach- und Beziehungsproblemen gerichteten Normverhalten eines Arbeitgebers gemessen werden, der gegenüber dem in Frage stehenden Mobbing-Opfer eine neutrale, nicht auf Eliminierung der psychischen Stabilität oder der sozialen Geltung gerichtete Haltung einnimmt (<u>tatgegenstandsbezogene Plausibilitäts-Kontrolle</u>). Gemessen an einem solchen Verhaltensstandard seien z.B. in einem intakten Beschäftigungsverhältnis, in dem nicht eine Person, sondern ein Problem bekämpft werden soll, vorgesetztenseitige oder arbeitgeberseitige Überreaktionen («Kanonen auf Spatzen»), persönlichkeitsbelastende Sonderbehandlungen, Fehlerprovokation und Fehlersuche («an den Haaren herbeigezogene» Vorwürfe), (beharrliche) Missachtung der vom Mobbing-Opfer zu seinem Schutz erwirkten Gerichtsurteile und ähnliche tendenziell feindseligen persönlichkeitsbelastenden Verhaltensweisen nicht plausibel.

Zu Recht weist Wickler[90] darauf hin, dass zum anderen auch die bei isolierter Betrachtung möglicherweise bestehende Plausibilität von Rechtsmaßnahmen oder schlicht kommunikativen Verhaltensweisen spätestens dann oder erst recht erschüttert wird, wenn diese Rechtsmaßnahmen oder Verhaltensweisen in einer nicht erklärbaren Häufigkeit bzw. Intensität auftreten, was unter normalen, die koexistenzielle Toleranz nicht in Frage stellenden, auf die Lösung von Sach- und Beziehungsproblemen gerichteten personalen Beziehung nicht der Fall wäre (<u>tathäufigkeits- und tatintensitätsbezogene Plausibilitäts-Kontrolle</u>). In diesen Fällen liege in der fortgesetzten Wiederholung von die persönliche Integrität des Adressaten belastenden Handlungen, insbesondere wenn diese sich als Sonderbehandlung darstellen, ein i.d.R. unumstößlicher Hinweis auf eine mobbingtypische Schädigungsrichtung. Als Faustregel kann laut Wickler gelten:

---

[89] in HMR, Teil 2, RdNr. 50
[90] a.a.O.

«Je öfter und intensiver das in Frage stehende Mobbing-Opfer gegen seine Person gerichteten, belastenden Rechtsmaßnahmen oder gegen seine Person gerichteten, belastenden kommunikativen Verhaltensweisen ausgesetzt ist, umso eher ist die Annahme eines auf Persönlichkeitsbekämpfung gerichteten Mobbing-Zusammenhangs gerechtfertigt.»

Zu Recht weist Wickler ferner darauf hin, dass ein zwar persönlich belastendes, aber außerhalb eines feindlich-schikanösen System-Zusammenhangs liegendes Sozialverhalten sich unter normalen Umständen nicht bei jeder sich bietenden Gelegenheit wiederholt. Das Gleiche gelte für persönlichkeitsbelastende Rechtsakte. Auch bei einer ständigen Wiederholung von Irrtümern und Versehen mit persönlichkeitsbelastenden Folgen für das in Frage stehende Mobbing-Opfer dränge es sich vielmehr auf, dass es sich bei der Berufung des Täters auf eine formal rechtskonforme Erklärung seines Verhaltens um eine <u>Maskierung illegitimer Interessen</u> handelt, dass also in Wirklichkeit eine nur der Schädigung dienliche feindliche Zweckbestimmung den Hintergrund des Verhaltens bildet.

Daher ist in Anlehnung an Wickler[91] im Zweifel zu fragen, wie sich in der konkreten Lage ein verständig denkender, auf die Aufrechterhaltung und Förderung der Arbeitsvertragsbeziehungen Wert legender und an der Lösung von Sachproblemen orientierter, rechtstreu handelnder und von entsprechenden Motiven geleiteter Arbeitgeber bzw. Vorgesetzter verhalten würde, und zwar im Sinne eines sog. *abgestuften Konfliktmanagements.*

Im Klinikbereich (vgl. den oben in *Frage 2* geschilderten Fall[92]) könnte dies beispielsweise bedeuten, dass eine Komplikation bei einer Operation nicht gleich zum Anlass genommen wird, dem betreffenden Arzt bestimmte Tätigkeiten vollständig zu entziehen oder ihm eine Abmahnung zu erteilen. Vielmehr könnte der Vorgang rein problemorientiert in einer Fallbesprechung, ggf. unter Heranziehung von Literatur, besprochen werden, um gemeinsam über eine Problemdefinition und Problemlösung zur Vermeidung ähnlicher Komplikationen in künftigen Fällen nachzudenken. Geht der Arbeitgeber nicht problemorientiert vor, sondern unterzieht er den betreffenden Arbeitnehmer einer Sonderbehandlung im Vergleich zu anderen Arbeitnehmern im Sinne einer Ungleichbehandlung, reagiert er mit überzogenen Maßnahmen, begeht er eine systematische Fehlersuche oder konfrontiert den Arbeitnehmer mit an den Haaren herbeigezogenen Vorwürfen usw.[93], so kann dies im Gesamtzusammenhang für die Annahme eines Mobbing-Sachverhalts sprechen.

Auf <u>mobbende Arbeitnehmer</u> bezogen lautet die Kontrollfrage dahingehend, wie sich verständig denkende Arbeitnehmer unter Beachtung der für betriebliche Aufgabenerfüllung, Zusammenarbeit und Verbundenheit notwendigen Mindest-

---

[91] DB 2002, 477, 482 m.w.N.

[92] ArbG Kiel, Urteil vom 27.11.2002, Az. 4 Ca 3338 a/o1

[93] vgl. im Einzelnen dazu Hänsch, a.a.O., Rdnr. 921 m.w.N.

erfordernisse der Kommunikation im Umgang mit Arbeitskollegen verhalten würden.

5. Auf Grund welcher Rechtsgrundlagen ist Mobbing arbeitsrechtlich verboten?

Rechtlicher Ausgangspunkt sind die Wertmaßstäbe des *Grundgesetzes* als Mindeststandard von Wertorientierungen auch in einem Unternehmen, insbesondere die Wertmaßstäbe, die in Art. 1 Abs. 1 GG und Art. 2 GG normiert worden sind. Das Bundesverfassungsgericht hat aus diesen Wertmaßstäben die Rechtsfigur des *allgemeinen Persönlichkeitsrechts* entwickelt. Das Bundesarbeitsgericht hat mehrfach entschieden, dass dieses allgemeine Persönlichkeitsrecht auch im beruflichen Bereich zu beachten ist[94]. Hinzu kommt der Schutz der Ehre und der Gesundheit. Das arbeitsrechtliche Verbot von Mobbing-Handlungen folgt aus § 823 BGB i.V.m. Art. 1 und 2 GG oder ggf. auch i.V.m. Vorschriften des StGB, falls Straftatbestände erfüllt sind *(vgl. Frage 9)*.

Auch Arbeitnehmer sind in der Konsequenz des von der Verfassung vorgegebenen Wertesystems verpflichtet, das durch Art. 1 und 2 GG geschützte Recht auf Achtung der Würde und der freien Entfaltung der Persönlichkeit der anderen bei ihrem Arbeitgeber beschäftigten Arbeitnehmer nicht durch Eingriffe in die Persönlichkeits- und Freiheitssphäre zu verletzen[95].

Darüber hinaus ergibt sich diese Verpflichtung der Arbeitnehmer auch als mittelbare Folgewirkung ihrer gegenüber dem Arbeitgeber selbst zu erfüllenden arbeitsvertraglichen Nebenpflichten, insbesondere alles zu unterlassen, was das Vermögen des Arbeitgebers durch eine von ihnen im Kreis seiner Beschäftigten begangene Verletzung des allgemeinen Persönlichkeitsrechts schädigen kann[96].

Hinzu kommen *vertragliche Anspruchsgrundlagen* im Verhältnis Arbeitgeber/ Arbeitnehmer. Aus der den Wertorientierungen des Grundgesetzes entsprechenden Anwendung des § 242 BGB (Treu und Glauben) bei der Erfüllung eines Arbeitsvertrages ergeben sich für den Arbeitgeber Rücksichts-, Schutz- und Förderpflichten gegenüber dem Arbeitnehmer[97]. Danach ist der Arbeitgeber grundsätzlich verpflichtet, die bei ihm Beschäftigten nicht nur nicht selbst durch Eingriffe in deren allgemeines Persönlichkeitsrecht zu verletzen, sondern diese auch vor solchen Eingriffen durch andere Beschäftigte oder außen stehende Dritte (auf die er einen Einfluss hat) zu schützen, einen menschengerechten Arbeitsplatz zur Verfügung zu stellen und die Arbeitnehmerpersönlichkeit zu

---

[94] vgl. BAG, Urteil vom 29.10.1997, NZA 1998, 307 ff.

[95] vgl. LAG Thüringen, Urteil vom 15.02.2001, Az. 5 Sa 102/01, NZA-RR 2001, 577 ff. und LAG Hamm, Urteil vom 25.06.2002, Az. 18 (11) Sa 1295/01, NZA-RR 2003, 8 ff.

[96] vgl. zur sog. vertraglichen Rücksichtnahmepflicht des Arbeitnehmers BAG, Urteil vom 03.07.2003, Az. 2 AZR 235/02, S. 7

[97] vgl. auch § 241 Abs. 2 BGB

fördern. Daraus leitet das Thüringer LAG die *Verpflichtung des Arbeitgebers zu unternehmensorganisatorischen Vorkehrungen zur Verhinderung von Verletzungen des allgemeinen Persönlichkeitsrechts* ab[98] (vgl. auch LAG Berlin[99], das als mögliche Anspruchsgrundlage eine sog. positive Forderungsverletzung der Fürsorgepflicht des Arbeitgebers ansieht).

Zu beachten ist auch das sog. *Schikaneverbot* gem. § 226 BGB, wonach die Ausübung eines Rechtes unzulässig ist, wenn sie nur den Zweck haben kann, einem Anderen Schaden zuzufügen.

Eine Spezialvorschrift in diesem Zusammenhang ist *§ 75 Abs. 2 BetrVG*. Danach haben Arbeitgeber und Betriebsrat die freie Entfaltung der Persönlichkeit der im Betrieb beschäftigten Arbeitnehmer zu schützen und zu fördern.

Besondere Verpflichtungen hat der Arbeitgeber nach den Vorschriften des *Arbeitsschutzgesetzes* (ArbSchG), das dazu dient, Sicherheit und Gesundheit der Beschäftigten bei der Arbeit durch Maßnahmen des Arbeitsschutzes zu wahren und zu verbessern. Gemäß § 3 ArbSchG ist der Arbeitgeber verpflichtet, die erforderlichen Maßnahmen des Arbeitsschutzes unter Berücksichtigung der Umstände zu treffen, die Sicherheit und Gesundheit der Beschäftigten bei der Arbeit beeinflussen. Gemäß § 4 Nr. 1 ArbSchG ist die Arbeit so zu gestalten, dass eine Gefährdung für Leben und Gesundheit möglichst vermieden und die verbleibende Gefährdung möglichst gering gehalten wird. Nach Nr. 4 dieser Vorschrift sind Maßnahmen mit dem Ziel zu planen, Technik, Arbeitsorganisation, sonstige Arbeitsbedingungen, soziale Beziehungen und Einfluss der Umwelt auf den Arbeitsplatz sachgerecht zu verknüpfen.

Gemäß § 22 Abs. 3 Nr. 2 ArbSchG kann die zuständige Behörde im Einzelfall anordnen, welche Maßnahmen der Arbeitgeber und die verantwortlichen Personen zur Abwendung einer besonderen Gefahr für Leben und Gesundheit der Beschäftigten zu treffen haben.

Im *Beamtenrecht* sind die Vorschrift des § 48 des Beamtenrechtsrahmengesetzes (BRRG) sowie die entsprechenden Vorschriften der Beamtengesetze der Länder einschlägig, die eine umfassende Fürsorge- und Treuepflicht des Dienstherrn normieren. Die §§ 35 I 2, 36 Satz 3 BRRG sowie die entsprechenden Vorschriften der Landesbeamtengesetze bestimmen in besonderem Maße die Pflichten des Vorgesetzten gegenüber seinen Untergebenen, und zwar dahingehend, dass er im Umgang mit Ihnen zu einem korrekten, achtungs- und vertrauenswürdigen Auftreten verpflichtet ist, wobei er sich insbesondere eines angemessenen Umgangstons zu befleißigen hat[100].

---

[98] vgl. Urteil des LAG Thüringen vom 15.02.2001, S. 11

[99] Urteil vom 01.11.2002, Az. 19 Sa 940/02, NZA-RR 2003, 232 ff.

[100] vgl. BGH, Beschluss vom 01.08.2002, Az. III ZR 277/01, NJW 2002, 3172, 3173; Wittinger/ Hermann, ZBR 2002, 337ff.

6. Gibt es besondere Rechtsgrundlagen zum Schutz von Frauen vor Mobbing-Handlungen?

Zu erwähnen ist in diesem Zusammenhang das Gesetz zum Schutz der Beschäftigten vor sexueller Belästigung am Arbeitsplatz *(Beschäftigtenschutzgesetz – BeschSchG)*, dessen Ziel die Wahrung der Würde von Frauen und Männern durch den Schutz vor sexueller Belästigung am Arbeitsplatz ist. Gemäß § 2 BeschSchG haben Arbeitgeber und Vorgesetzte die Beschäftigten vor sexueller Belästigung am Arbeitsplatz zu schützen und auch vorbeugende Maßnahmen zu ergreifen. Gemäß § 3 des Gesetzes haben die betroffenen Beschäftigten das Recht, sich im Falle sexueller Belästigungen bei den zuständigen Stellen des Betriebes zu beschweren. Der Arbeitgeber oder Dienstvorgesetzte hat die Beschwerde zu prüfen und geeignete Maßnahmen zu treffen, um die Fortsetzung einer festgestellten Belästigung zu unterbinden. Zum Abmahnungserfordernis in derartigen Fällen vgl. die <u>Fallbeispiele 19 – 22</u> in *Frage 23*.

Besteht das Mobbing-Verhalten darin, dass Arbeitnehmer aufgrund ihres Geschlechts vom Arbeitgeber benachteiligt werden, gilt das Verbot der geschlechtsbezogenen Benachteiligung gemäß *§ 611 a BGB*.

Gemäß *§ 4 Nr. 8 ArbSchG* sind mittelbar oder unmittelbar geschlechtsspezifisch wirkende Regelungen, z.B. Sondervorschriften für Frauen, nur zulässig, wenn dies aus biologischen Gründen zwingend geboten ist.

Gemäß *§ 75 Abs. 1 BetrVG* haben Arbeitgeber und Betriebsrat darüber zu wachen, dass alle im Betrieb tätigen Personen nach den Grundsätzen von Recht und Billigkeit behandelt werden, insbesondere, dass jede unterschiedliche Behandlung u.a. wegen des Geschlechts oder ihrer sexuellen Identität unterbleibt.

Auch das Gesetz zum Schutze der erwerbstätigen Mutter *(Mutterschutzgesetz – MuSchG)* kann in Mobbing-Fällen besonderen Schutz gewähren. Gemäß § 3 Abs. 1 MuSchG dürfen werdende Mütter nicht beschäftigt werden, soweit nach ärztlichem Zeugnis Leben oder Gesundheit von Mutter oder Kind bei Fortdauer der Beschäftigung gefährdet ist. Die Voraussetzungen für ein derartiges Beschäftigungsverbot können auch dann vorliegen, wenn psychisch bedingter Stress Leben oder Gesundheit von Mutter oder Kind gefährdet. Voraussetzung ist, dass der gefährdende Stress gerade durch die Fortdauer der Beschäftigung verursacht oder verstärkt wird[101]. Die Pflicht zur Fortzahlung der Vergütung folgt in diesen Fällen aus § 11 MuSchG. Liegen diese Voraussetzungen nicht vor, d.h. besteht eine ausschließlich durch die Schwangerschaft als solche bedingte Stresssituation, kommt nur eine Arbeitsunfähigkeit infolge Erkrankung, nicht aber ein arbeitsplatzbedingtes Beschäftigungsverbot in Betracht[102] (zur Beweislast in derartigen Fällen *vgl. Frage 30)*.

---

[101] BAG, Urteil vom 21.03.2001, Az. 5 AZR 352/99, NZA 2001, 1017 ff.

[102] BAG, a.a.O., S. 1020

7. Gibt es besondere Vorschriften zum Schutz anderer Personengruppen vor Benachteiligungen?

Ja. Bedeutsam ist in diesem Zusammenhang insbesondere das Benachteiligungsverbot für *schwerbehinderte Menschen (§ 81 Abs. 2 Sozialgesetzbuch – SGB IX).* Danach dürfen Arbeitgeber schwerbehinderte Beschäftigte nicht wegen ihrer Behinderung benachteiligen.

Gemäß *§ 4 Nr. 6 ArbSchG* sind spezielle Gefahren für besonders schutzbedürftige Beschäftigtengruppen zu berücksichtigen.

Gemäß *§ 75 BetrVG* haben Arbeitgeber und Betriebsrat darüber zu wachen, dass alle im Betrieb tätigen Personen nach den Grundsätzen von Recht und Billigkeit behandelt werden, insbesondere, dass jede unterschiedliche Behandlung von Personen wegen ihrer Abstammung, Religion, Nationalität, Herkunft, politischen oder gewerkschaftlichen Betätigung oder Einstellung oder wegen ihres Geschlechts oder wegen ihrer sexuellen Identität unterbleibt.

Von Bedeutung sind in diesem Zusammenhang auch einige *EU-Richtlinien.* So untersagt beispielsweise die EU-Richtlinie 2000/78/EG[103], die bis zum 2. Dezember 2003 in nationales Recht umgesetzt werden sollte, ausdrücklich die Diskriminierung wegen der Religion oder der Weltanschauung, einer Behinderung, des Alters oder der sexuellen Ausrichtung in Beschäftigung und Beruf.

Die EU-Richtlinie 2000/43/EG[104], die bis zum 19. Juli 2003 in nationales Recht umzusetzen war, dient der Bekämpfung der Diskriminierung aufgrund der Rasse oder der Herkunft.

In diesen Zusammenhang gehört auch die EU-Richtlinie 2002/73/EG des Europäischen Parlaments und des Rates vom 23.September 2002 zur Änderung der Richtlinie 76/207/EWG des Rates zur Verwirklichung des Grundsatzes der Gleichbehandlung von Männern und Frauen hinsichtlich des Zugangs zur Beschäftigung, zur Berufsbildung und zum beruflichen Aufstieg sowie in Bezug auf die Arbeitsbedingungen[105].

Die Umsetzung dieser Richtlinien kann sicherlich einen Beitrag zur Verhinderung von Mobbing gegenüber den dort genannten besonderen Personengruppen leisten. Die Regierungskoalitionen haben am 15. Dezember 2004 den Entwurf eines Antidiskriminierungsgesetzes vorgestellt. Der Gesetzentwurf[106] sieht neben arbeitsrechtlichen Regelungen und der Einrichtung einer Antidiskrimini-

---

[103] Richtlinie 2000/78/EG des Rates vom 27. November 2000 zur Festlegung eines allgemeinen Rahmens für die Verwirklichung der Gleichbehandlung in Beschäftigung und Beruf [ABl. EG Nr. L 303 S. 16]

[104] Richtlinie des Rates 2000/43/EG vom 29. Juni 2000 zur Anwendung des Gleichbehandlungsgrundsatzes ohne Unterschied der Rasse oder der ethnischen Herkunft, [ABl. EG Nr. L 180 S. 22]

[105] ABl. EG Nr. L 269 S. 15

[106] Bundestags-Drucksache 15/4538

rungsstelle des Bundes auch differenzierte Diskriminierungsverbote im Rechtsverkehr zwischen Privatleuten vor.

Der federführende Bundestagsausschuss hat am 7. März 2005 eine öffentliche Anhörung durchgeführt. Nach Auswertung der Anhörung wurden die Regelungen jetzt präzisiert (vgl. das Infopapier zum Entwurf für ein Antidiskriminierungsgesetz des Bundesministeriums für Justiz vom 18. März 2005).

Der Schwerpunkt der Richtlinien und damit auch des Antidiskriminierungsgesetzes liegt im Diskriminierungsschutz in Beschäftigung und Beruf. Um Benachteiligungen in Beschäftigung und Beruf wirksam begegnen zu können, wird ein Benachteiligungsverbot normiert, das alle Diskriminierungsmerkmale aus Art. 13 EU-Vertrag (Geschlecht, Rasse oder ethnische Herkunft, Religion oder Weltanschauung, Alter, Behinderung und sexuelle Identität) berücksichtigt. Die bisherigen Vorschriften über die Gleichbehandlung wegen des Geschlechts, die das Arbeitsrecht im BGB betreffen, werden in das Antidiskriminierungsgesetz übernommen.

Tarifvertragsparteien, Arbeitgeber, Beschäftigte und deren Vertretungen sollen daran mitwirken, Benachteiligungen zu verhindern oder zu beseitigen.

Der Entwurf entspricht den Vorgaben der Richtlinien. Nicht jede unterschiedliche Behandlung ist hiernach eine verbotene Benachteiligung. So erlauben die Richtlinien z.B. die Festsetzung eines Höchstalters für die Einstellung auf Grund der spezifischen Ausbildungsanforderungen eines bestimmten Arbeitsplatzes oder auf Grund der Notwendigkeit einer angemessenen Beschäftigungszeit vor dem Eintritt in den Ruhestand. Spezifische Fördermaßnahmen zum Ausgleich bestehender Nachteile (z.B. Frauenförderung, Maßnahmen für Behinderte) bleiben ebenfalls zulässig.

Beschäftigte, die von einer Diskriminierung betroffen sind, haben folgende Rechte:

Sie können sich bei den zuständigen Stellen (z.B. beim Arbeitgeber, einem Vorgesetzten oder der Arbeitnehmervertretung) beschweren.

Benachteiligte haben Anspruch auf Ersatz des ihnen entstanden materiellen und immateriellen Schadens.

Wer seine Rechte in Anspruch nimmt, darf deswegen keinen Nachteil erleiden.

Diese Rechte sind als individuelle Ansprüche der Beschäftigten ausgestaltet, die notfalls vor dem Arbeitsgericht eingeklagt werden können. Betroffene Arbeitnehmerinnen und Arbeitnehmer können sich aber auch an den Betriebsrat wenden. Bei groben Verstößen des Arbeitgebers gegen das Benachteiligungsverbot können auch der Betriebsrat oder eine im Betrieb vertretene Gewerkschaft vor dem Arbeitsgericht auf Unterlassung oder auf Duldung oder Vornahme einer Handlung klagen.

Die praktische Bedeutung des vorgesehenen Antidiskriminierungsgesetzes für Mobbing-Fälle dürfte, worauf Benecke[107] zutreffend hinweist, nur gering sein, da Mobbing am Arbeitsplatz meist Ursachen hat, die nicht in Diskriminierungskriterien liegen. In den Fällen, in denen Mobbing ausnahmsweise gleichzeitig eine Diskriminierung im Sinne des Gesetzentwurfs beinhaltet, haben die Betroffenen nicht unerhebliche Vorteile, so dass Benecke[108] von einer „Zweiklassengesellschaft" von Mobbing-Opfern spricht.

Die arbeitsrechtlichen Vorschriften gelten unter Berücksichtigung ihrer besonderen Rechtsstellung entsprechend für alle Beamtinnen und Beamten sowie Richter/innen des Bundes und der Länder.

8. Wie kann man sich rechtlich gegen Mobbing-Handlungen zur Wehr setzen?

Grundsätzlich wird empfohlen, den Arbeitgeber, insbesondere wenn dieser nicht identisch ist mit dem Mobbing-Täter, über die Mobbing-Handlungen ebenso wie über dadurch ggf. verursachte gesundheitliche Beeinträchtigungen rechtzeitig in Kenntnis zu setzen und ihn damit «bösgläubig» zu machen. Ferner sollte der Arbeitgeber gebeten bzw. aufgefordert werden, die Mobbing-Handlungen zu unterbinden, um ihm Gelegenheit zu geben, seinen Verpflichtungen im Rahmen der ihn treffenden Organisations- und Schutzpflichten nachzukommen. Ein Teil der nachfolgenden Ansprüche setzt sogar zwingend voraus, dass der Arbeitgeber zuvor von der Mobbing-Problematik in Kenntnis gesetzt und vergeblich aufgefordert worden ist, die Mobbing-Handlungen zu unterbinden (vgl. Fragen 10, 17, 18 und 19). Aus Beweisgründen sollte dies möglichst schriftlich oder über den Betriebsrat bzw. Personalrat erfolgen.

Beispielhaft sollen im Folgenden drei Varianten von möglichen Schreiben an den Arbeitgeber bei bereits eingetretenen gesundheitlichen Beeinträchtigungen dargestellt werden, wie sie z.B. vom Hamburger Verein KLIMA e.V. empfohlen werden, wobei der Inhalt der Schreiben aber jeweils der konkreten Situation angepasst werden sollte:

Variante 1

Sehr geehrter Arbeitgeber,

von mir als unerträglich empfundene Spannungen am Arbeitsplatz haben zu meiner derzeitigen Erkrankung geführt. Um meine Arbeitskraft möglichst schnell wieder einsetzen zu können, möchte ich bereits während der Zeit meiner

---

[107] *Mobbing*, Rdnrn. 485 ff.

[108] a.a.O., Rdnr. 490

Krankschreibung gesundheitsförderliche konfliktlösende Gespräche zum gegenseitigen Nutzen verabreden. Sollte sich meine Erkrankung als bedauerliche Folge von ungeklärten Missverständnissen am Arbeitsplatz herausstellen, könnten wir uns für die Zukunft Verständigungsmaßnahmen überlegen.

Mit freundlichen Grüßen

Variante 2

Sehr geehrter Arbeitgeber,

da meine aktuelle Erkrankung auf von mir als unerträglich empfundenen Spannungen am Arbeitsplatz beruht, möchte ich bereits während der Zeit meiner Krankschreibung gesundheitsförderliche konfliktlösende Gespräche führen.

Ich fühle mich in meiner Arbeitsleistung extrem beeinträchtigt und verschiedenen Schikanen ausgesetzt und habe mich deshalb an die Konfliktlösungsinitiative KLIMA e. V. gewendet. Hier wurde mir geraten, mein Problem nicht nur offen im Rahmen meiner Mitwirkungspflicht anzusprechen, sondern auch darauf zu vertrauen, dass Sie als Arbeitgeber im eigenen Interesse dafür Sorge tragen werden, die Ursachen der Konflikteskalation zu beheben. Bisher mögen Sie gutgläubig davon ausgegangen sein, es gäbe untereinander keine ernsthaften Probleme, aber jetzt mache ich Sie schriftlich darauf aufmerksam, dass ich wegen ausgeuferter Arbeitsplatzkonflikte erkrankt bin.

Aus diesem Grunde wende ich mich an Sie mit der dringenden Bitte, mit mir in Gegenwart einer Person meines Vertrauens von KLIMA e. V. über die Einzelheiten zu sprechen, damit Sie korrigierend im Sinne der Ihnen obliegenden Fürsorgepflicht als Arbeitgeber eingreifen und den gegen mich gerichteten und als Mobbing empfundenen Maßnahmen ein Ende setzen.

Durch KLIMA e. V. bin ich auf das rechtskräftige Urteil des Thüringer Landesarbeitsgerichts vom 10.04.2001 (Aktenzeichen 5 Sa 403/00) verwiesen worden. Danach ist der Arbeitgeber verpflichtet, das allgemeine Persönlichkeitsrecht der bei ihm beschäftigten Arbeitnehmer nicht selbst durch Eingriffe in deren Persönlichkeits- oder Freiheits-Sphäre zu verletzen, diese vor Belästigungen durch Mitarbeiter oder Dritte, auf die er einen Einfluss hat, zu schützen, einen menschengerechten Arbeitsplatz zur Verfügung zu stellen und die Arbeitnehmerpersönlichkeit zu fördern.

Ich bin sehr daran interessiert, meine Arbeitskraft in Zukunft wieder uneingeschränkt zum Wohle des Arbeitgebers einsetzen zu können. Es würde mich sehr freuen, wenn sich meine Erkrankung nur als bedauerliche Folge von ungeklärten Missverständnissen am Arbeitsplatz herausstellt und eine Wiederholung durch die Verabredung von Verständigungsmaßnahmen ausgeschlossen wird.

Mit freundlichen Grüßen

Variante 3

Sehr geehrter Arbeitgeber,

da meine aktuelle Erkrankung auf von mir als unerträglich empfundenen Spannungen am Arbeitsplatz beruht, möchte ich bereits während der Zeit meiner Krankschreibung gesundheitsförderliche konfliktlösende Gespräche führen.

Ich fühle mich in meiner Arbeitsleistung extrem beeinträchtigt und verschiedenen Schikanen ausgesetzt und habe mich deshalb an die Konfliktlösungsinitiative KLIMA e. V. gewendet. Hier wurde mir geraten, mein Problem nicht nur offen im Rahmen meiner Mitwirkungspflicht anzusprechen, sondern auch darauf zu vertrauen, dass Sie als Arbeitgeber im eigenen Interesse dafür Sorge tragen werden, die Ursachen der Konflikteskalation zu beheben. Bisher mögen Sie gutgläubig davon ausgegangen sein, es gäbe untereinander keine ernsthaften Probleme, aber jetzt mache ich Sie schriftlich darauf aufmerksam, dass ich wegen ausgeuferter Arbeitsplatzkonflikte erkrankt bin.

Aus diesem Grunde wende ich mich an Sie mit der dringenden Bitte, mit mir in Gegenwart einer Person meines Vertrauens von KLIMA e. V. über die Einzelheiten zu sprechen, damit Sie korrigierend im Sinne der Ihnen obliegenden Fürsorgepflicht als Arbeitgeber eingreifen und den gegen mich gerichteten und als Mobbing empfundenen Maßnahmen ein Ende setzen.

Vorsorglich möchte ich auf das rechtskräftige Urteil des Thüringer Landesarbeitsgerichts vom 10.04.2001 (Aktenzeichen 5 Sa 403/00) verweisen. Danach ist der Arbeitgeber verpflichtet, das allgemeine Persönlichkeitsrecht der bei ihm beschäftigten Arbeitnehmer nicht selbst durch Eingriffe in deren Persönlichkeits- oder Freiheits-Sphäre zu verletzen, diese vor Belästigungen durch Mitarbeiter oder Dritte, auf die er einen Einfluss hat, zu schützen, einen menschengerechten Arbeitsplatz zur Verfügung zu stellen und die Arbeitnehmerpersönlichkeit zu fördern.

Zur Einhaltung dieser Pflichten kann der Arbeitgeber als Störer nicht nur dann in Anspruch genommen werden, wenn er selbst den Eingriff begeht oder steuert, sondern auch dann, wenn er es unterlässt, Maßnahmen zu ergreifen oder seinen Betrieb so zu organisieren, dass eine Verletzung des Persönlichkeitsrechts ausgeschlossen wird. Unzulässig sind insbesondere Maßnahmen, die zielgerichtet als Mittel der Zermürbung eines Arbeitnehmers eingesetzt werden, um diesen selbst zur Aufgabe seines Arbeitsplatzes zu bringen. Diese Verpflichtung leitet das Landesarbeitsgericht Thüringen auch in einem Parallelurteil vom 5.02.2001 (Az.: 5 Sa 102/00) aus der so genannten Drittwirkung der Grundrechte der Art. 1 und 2 des Grundgesetzes ab.

Ich bin sehr daran interessiert, meine Arbeitskraft in Zukunft wieder uneingeschränkt zum Wohle des Arbeitgebers einsetzen zu können. Es würde mich sehr freuen, wenn sich meine Erkrankung nur als bedauerliche Folge von ungeklär-

ten Missverständnissen am Arbeitsplatz herausstellt und eine Wiederholung durch die Verabredung von Verständigungsmaßnahmen ausgeschlossen wird.

Mit freundlichen Grüßen

Zu unterscheiden sind die rechtlichen Handlungsmöglichkeiten des Mobbing-Betroffenen gegen den – selbst mobbenden oder das Mobbing duldenden – Arbeitgeber und die rechtlichen Handlungsmöglichkeiten des Mobbing-Betroffenen sowie des Arbeitgebers gegen die mobbende Person.

Rechtliche Handlungsmöglichkeiten des Mobbing-Betroffenen gegen den – selbst mobbenden oder das Mobbing duldenden – Arbeitgeber:

- Anspruch auf Unterlassung der Mobbing-Handlungen, ggf. durch einstweilige Verfügung, auf Beseitigung bzw. Unterbindung der Beeinträchtigung sowie auf Widerruf ehrverletzender Äußerungen bzw. falscher Tatsachenbehauptungen *(vgl. Frage 14).*
- Schadensersatzansprüche *(vgl. Fragen 15 und 16).*
- Geldentschädigungs- und Schmerzensgeldansprüche *(vgl. Frage 17).*
- Eigenkündigung und Schadensersatz gem. § 628 Abs. 2 BGB *(vgl. Frage 18).*
- Zurückbehaltung der Arbeitsleistung gem. § 273 BGB (Leistungsverweigerungsrecht) unter Fortzahlung der Vergütung *(vgl. Frage 20).*
- Erstattung einer Strafanzeige und Stellen eines Strafantrags *(vgl. Frage 9).*

Rechtliche Handlungsmöglichkeiten gegen den mobbenden Arbeitnehmer:

Handlungsmöglichkeiten des Arbeitgebers, vgl. Frage 22:

- Kritikgespräch, Ermahnung, Abmahnung, Umsetzung, Versetzung, Kündigung.
- Anspruch auf Unterlassung der Mobbing-Handlungen.
- Schadensersatzanspruch wegen Verstoßes gegen die arbeitsrechtliche Treuepflicht (sog. Mobberregress).

Handlungsmöglichkeiten des Mobbing-Betroffenen:

- Anspruch auf Unterlassung der Mobbing-Handlungen, ggf. durch einstweilige Verfügung, auf Beseitigung der Beeinträchtigung sowie auf Widerruf ehrverletzender Äußerungen bzw. falscher Tatsachenbehauptungen *(vgl. Frage 25).*
- Schadensersatzansprüche *(vgl. Frage 26).*
- Geldentschädigungs- und Schmerzensgeldansprüche *(vgl. Frage 26).*
- Erstattung einer Strafanzeige und Stellen eines Strafantrags *(vgl. Frage 9).*

9. Macht sich eine mobbende Person durch ihr Verhalten strafbar?

Die als Mobbing bezeichneten Verhaltensweisen werden grundsätzlich auch vom geltenden Strafrecht erfasst.

Es können beispielsweise die Straftatbestände

- der vorsätzlichen oder fahrlässigen Körperverletzung (§§ 223, 229 des Strafgesetzbuches – StGB),
- der Körperverletzung im Amt (§ 340 StGB),
- der Beleidigung (§ 185 StGB),
- der üblen Nachrede (§ 186 StGB),
- der Verleumdung (§ 187 StGB),
- der Beleidigung trotz Wahrheitsbeweises (§ 192 StGB),
- der Verletzung der Vertraulichkeit des Wortes (§ 201 StGB),
- der Verletzung des Briefgeheimnisses (§ 202 StGB),
- der falschen Verdächtigung (§ 164 StGB),
- der Verfolgung Unschuldiger (§ 344 StGB),
- der Nötigung (§ 240 StGB),
- der sexuellen Nötigung (§ 177 StGB),
- der Bedrohung (§ 241 StGB),
- der politischen Verdächtigung (§ 241 a StGB),
- der Sachbeschädigung (§ 303 StGB),
- der Datenveränderung (§ 303 a StGB),
- des Diebstahls (§ 242 StGB),
- der Urkundenfälschung (§ 267 StGB)
- der unterlassenen Hilfeleistung (§ 323 c StGB)
- der Misshandlung oder entwürdigenden Behandlung Untergebener (§§ 30, 31 WStG) oder
- der Straftaten gegen Betriebsverfassungsorgane und ihre Mitglieder (§ 119 BetrVG)

erfüllt sein, und zwar durch Handeln oder Unterlassen, z.B. bei einer entsprechenden Garantenpflicht des Arbeitgebers gem. § 13 StGB.

In *Selbstmordfällen* ist sogar der Tatbestand

- der vorsätzlichen oder fahrlässigen Tötung gem. §§ 212, 222 StGB oder

- der Körperverletzung mit Todesfolge gem. § 227 StGB

denkbar[109]. Zweifelhaft und in der Praxis schwer nachweisbar ist dabei in der Regel die subjektive Seite: So hat das OLG Oldenburg in einer Entscheidung vom 18.01.2005[110] betr. den Freitod eines Oberarztes ausgeführt, dass im vorliegenden Fall möglicherweise von einer Ursächlichkeit der Verhaltensweisen des angezeigten Chefarztes für den Freitod des Oberarztes ausgegangen werden könne, wofür insbesondere dessen Abschiedsbrief spreche, so dass der von den Angehörigen erhobene Vorwurf, der Beschuldigte habe – zur äußeren Tatseite – den Verstorbenen in den Tod getrieben, nicht ganz fernliegend sein möge. Nicht hinreichend wahrscheinlich für einen Schuldvorwurf im strafrechtlichen Sinne beweisbar seien jedoch die inneren Vorgänge beim Beschuldigten, dass er also – zur inneren Tatseite – hätte erkennen können und müssen, dass sein von den Angehörigen geschildertes äußeres Verhalten den Oberarzt dermaßen stark beeinträchtigen würde, dass dieser keinen Ausweg mehr gesehen und deswegen den Freitod gewählt habe.

Hinsichtlich der Voraussetzungen des Tatbestands der Körperverletzung in Form einer Gesundheitsbeschädigung gem. § 223 StGB hat das OLG Düsseldorf[111] ausgeführt, dass eine bloße psychische Einwirkung, die lediglich das seelische Wohlbefinden berühre, keine Gesundheitsbeschädigung sei, sofern nicht darüber hinausgehend die Nerven in einen krankhaften Zustand versetzt würden. Insoweit reichten Angst, Schrecken und Erregung allein nicht aus, vielmehr müsse bei psychischen Beeinträchtigungen ein medizinisch relevanter Krankheitszustand in einem nicht nur unerheblichen Umfang eingetreten sein. In einer Anmerkung zu diesem Urteil weist Pollähne auf ein Urteil des OLG Karlsruhe vom 24.01.2001[112] hin, mit der die Revision eines Stalkers gegen ein Urteil des LG Konstanz vom 03.07.2000[113] verworfen wurde. Dort beruhte die Verurteilung des Stalkers nach § 223 BGB auf folgenden Feststellungen:

«Durch dieses Verhalten des Angeklagten wurde X erheblich an ihrer Gesundheit geschädigt, sie hatte massive Schlafprobleme, Alpträume, hatte Magenbeschwerden, konnte nichts essen, verlor Gewicht und konnte sich nicht mehr konzentrieren. Sie war nahe der Hysterie und brach immer wieder in Tränen aus und musste sich in medizinische und psychotherapeutische Behandlung begeben.»

Wollen Betroffene gegen die mobbende Person strafrechtlich vorgehen, müssen nachstehende Verfahrensschritte unternommen werden[114]:

---

[109] vgl. dazu Wickler in HMR, Teil 1, Rn. 18 f. m.w.N. und Honsa/ Paasch, Rdnrn. 310 ff.

[110] Az. 2 Ws 72/04, S. 64

[111] Beschluss vom 23.05.2002, Az. 2 a Ss 97/02, StV 10/2003, 563 ff.

[112] Az. 3 Ws 225/00

[113] 7 Ns 14/00 - 33 Js 10382/99

[114] vgl. dazu auch Stock, in: Arentewicz/ Fleissner, a.a.O., S. 183, 184 ff.

- Erstattung einer *Strafanzeige* bei Staatsanwaltschaft, Polizei oder dem zuständigen Amtsgericht gem. § 158 Abs.1 der Strafprozessordnung (StPO), und zwar mündlich oder schriftlich, bei Antragsdelikten gem. § 158 Abs. 2 StPO bei der Staatsanwaltschaft oder dem Amtsgericht mündlich oder schriftlich, bei der Polizei nur schriftlich.

- *Stellen eines Strafantrags:* Bei so genannten Antragsdelikten, insbesondere den Beleidigungsdelikten (vgl. § 194 StGB), der vorsätzlichen und fahrlässigen Körperverletzung (vgl. § 230 StGB), der Verletzung der Vertraulichkeit des Wortes sowie des Briefgeheimnisses (vgl. § 205 StGB), des Diebstahls geringwertiger Sachen (vgl. § 248 a StGB), der Datenveränderung (vgl. § 303 a StGB), der Sachbeschädigung (vgl. § 303 c StGB) und den Straftaten gegen Betriebsverfassungsorgane und ihre Mitglieder (§ 119 Abs.2 BetrVG), wird die Tat grundsätzlich bis auf Ausnahmefälle bei Vorliegen eines besonderen öffentlichen Interesses an der Strafverfolgung nur auf Antrag verfolgt. Die Antragsfrist beträgt grundsätzlich drei Monate und beginnt gem. § 77 b Abs. 2 StGB mit Ablauf des Tages, an dem der Berechtigte von der Tat und der Person des Täters Kenntnis erlangt.

Zu bedenken ist, dass es sich bei einer Reihe der hier genannten Delikte um so genannte *Privatklagedelikte* handelt (vgl. die Aufzählung in § 374 StPO), bei denen eine Anklage von der Staatsanwaltschaft nur dann erhoben wird, wenn dies im *öffentlichen Interesse* liegt (§ 376 StPO), was erfahrungsgemäß relativ selten bejaht wird. Anderenfalls erfolgt eine Einstellung des Verfahrens, verbunden mit dem Hinweis auf die Möglichkeit der Erhebung einer Privatklage durch den Geschädigten. Wegen der damit verbundenen Mühen und Kosten sowie einem zuvor z.T. durchzuführenden Sühneversuch (§ 380 StPO) sowie der Möglichkeit des Strafrichters, das Verfahren wegen geringer Schuld gem. § 383 Abs. 2 Satz 1 StPO einzustellen, sollte im Einzelfall nach entsprechender juristischer Beratung sorgfältig abgewogen werden, ob diese Vorgehensweise tatsächlich sinnvoll ist. Im Ergebnis führen nämlich nur ca. 6 % aller Privatklagen zu einer Verurteilung des Täters[115]. Ca. 90 % der von der Staatsanwaltschaft auf den Privatklageweg Verwiesenen verzichten daher aus den o.g. Gründen auf die Erhebung einer Privatklage[116].

Darüber hinaus hat die Erfüllung von Straftatbeständen aber auch eine *zivilrechtliche Bedeutung*, da die einschlägigen strafrechtlichen Vorschriften als so genannte Schutzgesetze im Sinne des § 823 Abs.2 BGB angesehen werden, deren Verletzung eine Schadensersatzpflicht begründet. Die Erfüllung von Straftatbeständen muss im Übrigen nicht unbedingt in einem Strafprozess, sondern kann auch im Rahmen eines Zivilprozesses festgestellt werden (vgl. ArbG Dresden[117]: Der Vorgesetzte habe in dem dort entschiedenen Fall damit rechnen

---

[115] vgl. Esser/Wolmerath, S. 296

[116] vgl. Pfeiffer, in: Karlsruher Kommentar, Einleitung, Rdnr. 182

[117] Urteil vom 07.07.2003, Az. 5 Ca 5954/02, Kurzwiedergabe in AuR 2004, 114

müssen, dass die fortwährenden Anfeindungen gegenüber der Klägerin zu deren psychischer Destabilisierung mit krankheitswerten Folgeerscheinungen führen könne. Daraus leitet das Arbeitsgericht eine Schadensersatz- und Schmerzensgeldverpflichtung des Vorgesetzten wegen der erlittenen Gesundheitsschäden ab und bejaht damit im Ergebnis indirekt die Voraussetzungen einer fahrlässigen Körperverletzung gem. § 229 StGB, vgl. das entsprechende <u>Fallbeispiel 12</u> in *Frage 17)*.

Mobbing kann auch *disziplinarrechtlich* geahndet werden. Für das Soldatenrecht[118] gilt, dass ein Vorgesetzter, der Untergebene körperlich misshandelt oder entwürdigend behandelt, nicht nur eine Wehrstraftat gem. §§ 30, 31 WStG begeht, sondern auch eine schwerwiegende Dienstpflichtverletzung (vgl. BVerwG[119]: Der Senat verhängte gegen den betreffenden Vorgesetzten ein Beförderungsverbot für die Dauer von zwei Jahren).

Das Bayerische Verwaltungsgericht Ansbach kürzte in einem Urteil vom 18.03.2003 dem Bürgermeister einer oberfränkischen Stadt seine Bezüge für die Dauer von vier Jahren um ein Siebtel mit der Begründung, er habe geradezu einen Drang, «Mitarbeiter zu mobben und schlechtest zu behandeln». Die vierjährige Gehaltsreduzierung sei als eine Art «Erziehungszeit» anzusehen. Wenn er sich weiterhin daneben benehme und Mitarbeiter schikaniere, müsse er sogar mit der Entfernung aus dem Dienst rechnen[120].

---

[118] vgl. dazu im Einzelnen Honsa/ Paasch, Rdnrn. 166 ff.

[119] Urteil des 2. Wehrdienstsenats vom 11.06.2002, Az. BVerwG 2 WD 38.01, NVwZ-RR 2002,851

[120] vgl. den Artikel in der Süddeutschen Zeitung vom 19.03.2003

10. Können sich Arbeitnehmer bei Mobbing-Sachverhalten beschweren?

Ja. Mobbing-Betroffene haben ebenso wie jeder andere Arbeitnehmer gemäß *§ 84 BetrVG* das Recht, sich bei der zuständigen Stelle des Betriebes zu beschweren, wenn sie sich vom Arbeitgeber oder von Arbeitnehmern des Betriebes benachteiligt oder ungerecht behandelt oder in sonstiger Weise beeinträchtigt fühlen. Dieses Recht wird dem Arbeitnehmer im Übrigen unabhängig von der Existenz eines Betriebsrates zuerkannt.

Besteht ein Betriebsrat, kann der Arbeitnehmer ein Mitglied des Betriebsrats zur Unterstützung oder Vermittlung hinzuziehen (§ 84 Abs. 1 Satz 2 BetrVG). Der Arbeitgeber hat den Arbeitnehmer über die Behandlung der Beschwerde zu bescheiden und, soweit er die Beschwerde für berechtigt erachtet, ihr abzuhelfen. Hilft der Arbeitgeber der Beschwerde nicht ab, kann der Arbeitnehmer Klage vor dem Arbeitsgericht erheben[121]. <u>Wegen der Erhebung einer Beschwerde dürfen dem Arbeitnehmer gem. § 84 Abs. 3 BetrVG keine Nachteile entstehen</u> *(vgl. Frage 40)*

Gemäß *§ 85 Abs. 1 BetrVG* hat auch der Betriebsrat Beschwerden von Arbeitnehmern entgegenzunehmen und, falls er sie für berechtigt erachtet, beim Arbeitgeber auf Abhilfe hinzuwirken. Dabei kann der Betriebsrat von dem Arbeitgeber eine der Situation oder der Schwere der Mobbing-Handlung angemessene Reaktion verlangen, und zwar von der Entschuldigung des Mobbers oder der Wiedergutmachung über die förmliche Rüge bis hin zu den in *Fragen 8 und 22* dargestellten Sanktionsmöglichkeiten des Arbeitgebers. Ferner kann er gem. § 85 Abs. 2 BetrVG die Einigungsstelle anrufen, wenn zwischen ihm und dem Arbeitgeber Meinungsverschiedenheiten über die Berechtigung einer Beschwerde bestehen. Die Einigungsstelle entscheidet dann verbindlich. Die Frage, ob die Einigungsstelle angerufen wird, liegt allerdings im Ermessen des Betriebsrats. Der Betroffene kann den Betriebsrat daher nach allgemeiner Auffassung nicht dazu zwingen[122].

In Einrichtungen des *öffentlichen Dienstes* folgt das Beschwerderecht aus § 171 Abs. 1 BBG bzw. gegenüber dem Personalrat aus § 68 Abs. 1 Nr. 3 BPersVG bzw. den entsprechenden Bestimmungen der Landespersonalvertretungsgesetze, in der *evangelischen Kirche* aus § 35 Abs.3 c des Mitarbeitervertretungsgesetzes (MVG) und in der *katholischen Kirche* aus § 26 Abs. 3 Nr. 2 der Mitarbeitervertretungsordnung (MAVO). Im *Beamtenrecht* kann und muss ein Beamter im Rahmen des sog. Remonstrationsrechts gem. § 56 Abs. 2 BBG Bedenken gegen die Rechtmäßigkeit dienstlicher Anordnungen unverzüglich bei seinem unmittelbaren Vorgesetzten geltend machen. Wird die Anordnung aufrechterhalten, so

---

[121] vgl. Schaub, § 234 V 6 m.w.N.

[122] vgl. Fitting/Kaiser/Heither/Engels, § 75 Rdnr. 21a

hat sich der Beamte, wenn seine Bedenken gegen ihre Rechtmäßigkeit fortbestehen, an den nächst höheren Vorgesetzten zu wenden.

In Betrieben mit Gleichstellungs- oder Frauenbeauftragten können auch diese eingeschaltet werden.

Bei *sexuellen Belästigungen* am Arbeitsplatz durch den Arbeitgeber, Vorgesetzte oder andere Beschäftigte bzw. sonstige Dritte haben die betroffenen Beschäftigten gemäß § 3 BeschSchG das Recht, sich bei den zuständigen Stellen des Betriebes oder der Dienststelle zu beschweren.

Entsprechendes gilt für *schwerbehinderte Arbeitnehmer*, die sich gemäß § 95 Abs. 1 Nr. 3 SGB IX bei der zuständigen Schwerbehindertenvertretung beschweren können, falls eine solche besteht.

Die Einlegung einer Beschwerde ist dem Mobbing-Betroffenen als erste rechtliche Maßnahme insbesondere dann zu empfehlen, wenn die von Vorgesetzten oder Arbeitskollegen ausgehenden Mobbing-Handlungen dem Arbeitgeber noch nicht bekannt sind oder nicht erkennbar von ihm unterstützt bzw. gebilligt werden. Zum einen kann dadurch erreicht werden, dass der Arbeitgeber Maßnahmen zur Unterbindung der Mobbing-Handlungen ergreift (vgl. *Frage 22*). Zum anderen verlangt die Rechtsprechung in vielen Fällen, dass der betroffene Arbeitnehmer vor Geltendmachung von Schadensersatz- oder sonstigen Ansprüchen den Arbeitgeber informiert und ihm Gelegenheit gibt, die Angelegenheit zu prüfen und mögliche Abhilfemaßnahmen zu ergreifen[123] (vgl. auch den Beschluss des LAG Rheinland-Pfalz vom 19.02.2004[124]: Es hätte von der dortigen Antragstellerin im Prozesskostenhilfeverfahren erwartet werden können, dass sie im Laufe des Arbeitsverhältnisses ihren Arbeitgeber um Schutz bitte vor den im Tonfall entgleisenden Vorwürfen ihres direkten Vorgesetzten; *vgl. ferner Fragen 8, 17, 18, 19)*.

Das *Arbeitsschutzgesetz* sieht in diesem Zusammenhang in § 17 Abs. 2 ein besonderes Beschwerderecht vor, das eine zuvor erfolglose Beschwerde gegen den Arbeitgeber voraussetzt. Sind Beschäftigte auf Grund konkreter Anhaltspunkte der Auffassung, dass die vom Arbeitgeber getroffenen Maßnahmen und bereitgestellten Mittel nicht ausreichen, um die Sicherheit und den Gesundheitsschutz bei der Arbeit zu gewährleisten, und hilft der Arbeitgeber darauf gerichteten Beschwerden von Beschäftigten nicht ab, können sich diese an die zuständige Behörde wenden, ohne dadurch Nachteile befürchten zu müssen *(vgl. Frage 40)*.

---

[123] vgl. für den Fall von Schmerzensgeldansprüchen ArbG Bochum, Urteil vom 15.08.2000, Az. 2 Ca 1256/00

[124] Az. 2 Ta 12/04, NZA-RR 2004, 232 ff.

11. Müssen bzw. können Betriebsrat oder Personalrat auch ohne Beschwerde bei Kenntnis von Mobbing-Sachverhalten tätig werden?

Ja. Gemäß *§ 75 Abs. 1 BetrVG* hat der Betriebsrat ebenso wie der Arbeitgeber unabhängig von etwaigen Beschwerden ganz generell darüber zu wachen, dass alle im Betrieb tätigen Personen nach den Grundsätzen von Recht und Billigkeit behandelt werden, insbesondere dass jede unterschiedliche Behandlung von Personen wegen ihrer Abstammung, Religion, Nationalität, Herkunft, politischen oder gewerkschaftlichen Betätigung oder Einstellung oder wegen ihres Geschlechts oder wegen ihrer sexuellen Identität unterbleibt. Dazu gehört auch die menschengerechte Gestaltung der Arbeit, also auch das «Nicht-gemobbt-werden»[125].

Ferner haben Arbeitgeber und Betriebsrat gemäß § 75 Abs. 2 BetrVG die freie Entfaltung der Persönlichkeit der im Betrieb beschäftigten Arbeitnehmer zu schützen und zu fördern.

Entsprechendes gilt gemäß *§ 68 Abs. 1 Nr. 2 BPersVG* bzw. nach den entsprechenden Bestimmungen der Landespersonalvertretungsgesetze für die Personalräte bzw. für die Kirchen gem. *§ 35 MVG bzw. § 26 MAVO.*

Hat ein Arbeitnehmer durch gesetzwidriges Verhalten oder durch grobe Verletzung der in § 75 Abs. 1 BetrVG enthaltenen Grundsätze, insbesondere durch rassistische oder fremdenfeindliche Betätigungen, den Betriebsfrieden wiederholt ernstlich gestört, kann der Betriebsrat nach *§ 104 Abs. 1 BetrVG* vom Arbeitgeber auch ohne Beschwerde des Arbeitnehmers die Entlassung oder Versetzung verlangen. Zu beachten ist jedoch, dass sich dieses Recht nur auf Arbeitnehmer im Sinne des BetrVG bezieht, so dass beispielsweise leitende Angestellte oder Organe des Arbeitgebers hiervon nicht erfasst sind[126]. Weigert sich der Arbeitgeber, die beantragte Maßnahme durchzuführen, kann der Betriebsrat das Arbeitsgericht anrufen[127].

Eine dem § 104 Abs. 1 BetrVG entsprechende Regelung findet sich im Personalvertretungsrecht nicht. Ungeachtet dessen ist anzunehmen, dass dem Personalrat in entsprechenden Fällen aufgrund der sich aus *§ 105 BPersVG* ergebenden Verpflichtung von Dienststellenleiter und Personalrat, für eine sachliche und gerechte Behandlung der Angelegenheiten der Beschäftigten zu sorgen, und im Hinblick auf die beiden abverlangte Friedenspflicht gemäß *§ 66 Abs. 2 BPersVG* sowie das Gebot der vertrauensvollen Zusammenarbeit gem. *§ 2 Abs. 1 BPersVG* ein Recht zusteht, entsprechende Personalmaßnahmen beim Dienst-

---

[125] vgl. Kollmer, Rdnr. 112

[126] vgl. LAG Nürnberg, Beschluss vom 22.01.2002, Az. 6 TaBV 13/01, NZA-RR 2002, 524 f.

[127] vgl. § 104 Abs.1 Satz 2 BetrVG

stellenleiter anzuregen bzw. zu verlangen. <u>Allerdings steht dem Personalrat anders als dem Betriebsrat ein gerichtliches Antragsrecht nicht zu</u>.

Verletzt der Arbeitgeber selbst seine betriebsverfassungsrechtlichen Pflichten in grober Art und Weise, kann der Betriebsrat oder eine im Betrieb vertretene Gewerkschaft gemäß *§ 23 Abs. 3 BetrVG* beim Arbeitsgericht beantragen, dem Arbeitgeber aufzugeben, eine bestimmte Handlung zu unterlassen, die Vornahme einer bestimmten Handlung zu dulden oder eine bestimmte Handlung vorzunehmen. Bei Zuwiderhandlungen droht dem Arbeitgeber ein Ordnungsgeld bis zu € 10.000,00.

Verletzt der Betriebsrat oder eines seiner Mitglieder die ihm auferlegten Amtspflichten oder verstößt er selbst gegen die Grundsätze des *§ 75 Abs.1 BetrVG* (z.B. durch absichtliche Untätigkeit), so kann hierin eine grobe Pflichtverletzung im Sinne des *§ 23 Abs. 1 BetrVG* liegen mit der Folge einer Auflösung des Betriebsrats oder des Ausschlusses eines Mitglieds des Betriebsrats auf Betreiben mindestens eines Viertels der wahlberechtigten Arbeitnehmer, des Arbeitgebers oder einer im Betrieb vertretenen Gewerkschaft[128]. In Betracht kommt auch der Ausschluss einzelner Mitglieder des Betriebsrats, wenn diese sich selbst an Mobbinghandlungen aktiv beteiligen.

12. Welche Handlungsmöglichkeiten haben Betriebsrat bzw. Personalrat?

Mobbing-Sachverhalte stellen erhebliche Anforderungen an Betriebs- und Personalräte. Dabei erfordert eine effektive Mobbing-Bekämpfung die konstruktive Zusammenarbeit aller Beteiligten, d.h. von Betriebs- und Personalräten, dem Arbeitgeber, Führungskräften, Interessenvertretungen, Frauen- bzw. Gleichstellungsbeauftragten, Arbeitsschutzexperten, Weiterbildungsstellen, Sozialdienst, dem medizinischen Dienst und den Beschäftigten.

Zu den Handlungsmöglichkeiten von Betriebs- und Personalräten (vgl. § 80 BetrVG) gehören insbesondere (vgl. auch Bundesanstalt für Arbeitsschutz und Arbeitsmedizin, *Wenn aus Kollegen Feinde werden...*, S. 25 ff. und den dort abgedruckten Entwurf einer <u>Musterbetriebsvereinbarung</u> auf S. 43 ff.):

▪ die Erforschung der Stimmung am Arbeitsplatz und Befragung der Mitarbeiter;

▪ die Aufklärung aller Beschäftigten im Unternehmen über das Phänomen Mobbing und die möglichen präventiven Maßnahmen, die jeder einzelne am Arbeitsplatz leisten kann;

---

[128] vgl. Esser/Wolmerath, S. 289 f.

- die Errichtung von Konflikt- und Mobbing-Ansprechstellen, z.B. in Form eines (betrieblichen) Mobbing-Beauftragten, sowie Durchführung von Schlichtungsgesprächen mit den Beteiligten;

- die Anregung und Durchführung von Qualifizierung und Schulungen insbesondere von Betriebs- und Personalräten sowie Vorgesetzten;

- den Gesundheitsschutz aktiv und engagiert betreiben (Beantragung von Maßnahmen, die den Gesundheitsschutz und die Arbeitssituation verbessern sowie ggf. Errichtung von Gesundheits-Zirkeln);

- der Abschluss von Betriebs-/Dienstvereinbarungen (vgl. die in der Zeitschrift ArbuR 1996, 443, auszugsweise zitierte Anti-Mobbing-Betriebsvereinbarung zwischen dem Gesamtbetriebsrat und der Unternehmensleitung der Volkswagen AG und dazu Stetz[129]; vgl. ferner die Dienstvereinbarung «Konfliktbewältigung am Arbeitsplatz» vom 31.03.2003 zwischen dem Senat der Freien Hansestadt Bremen und dem Gesamtpersonalrat[130] und die bei Honsa/ Paasch[131] zitierten weiteren Dienstvereinbarungen). Einschlägig für die Erzwingbarkeit einer derartigen Betriebsvereinbarung nach dem Betriebsverfassungsgesetz ist § 87 Abs. 1 Nr. 1 BetrVG (Mitbestimmung zu Fragen der Ordnung des Betriebes und des Verhaltens der Arbeitnehmer im Betrieb; vgl. auch BAG, Urteil vom 08.11.1994[132], AP Nr. 24 zu § 87 BetrVG 1972 Ordnung des Betriebes; vgl. zum Personalvertretungsrecht §§ 73, 75 Abs. 3 Ziffer 11 und 15 BPersVG). Darüber hinausgehende Vereinbarungsgegenstände, wie die Einrichtung einer Mobbing-Sprechstunde oder die Durchführung von Supervisionen u.a., sind jedoch nach zum Teil vertretener Auffassung freiwillige Bestandteile und daher nicht erzwingbar (vgl. auch LAG Hamburg, Beschluss vom 15.07.1998[133] zur Unzuständigkeit einer Einigungsstelle zum Thema «Mobbing»; a.A. zu Recht Benecke[134]. Das ArbG Köln ließ diese Frage in einem Beschluss vom 21.11.2000[135] offen: Das Arbeitsgericht hatte über die Frage zu entscheiden, ob nach Ablehnung des Abschlusses einer vom Betriebsrat vorgelegten Betriebsvereinbarung zum Thema Mobbing seitens des Arbeitgebers eine Einigungsstelle einzusetzen war. Das Arbeitsgericht gab dem Antrag des Betriebsrats statt und setzte die Einigungsstelle «Mobbing» ein. Zur Begründung führte das Gericht aus, dass die Einigungsstelle zum Thema «Schutz vor Mobbing und sexueller Belästigung am Arbeitsplatz» nicht offensichtlich unzuständig sei, da insoweit zum Schutz des Persönlichkeitsrechts der

---

[129] in: Arentewicz/Fleissner, a.a.O., S. 111 ff.; Arentewicz, in: Arentewicz/Fleissner, a.a.O., S. 91 ff.

[130] Amtsblatt der Freien Hansestadt Bremen 2003, Nr. 23, vom 09.04.2003

[131] Rdnrn. 326 ff.

[132] AP Nr. 24 zu § 87 BetrVG 1972 Ordnung des Betriebes.

[133] Az. 5 TaBV 4/98, NZA 1998, 1245

[134] NZA-RR 2003, 225, 232

[135] Az. 12 BV 227/00, AiB 2002, 374

Mitarbeiter ein Mitbestimmungsrecht nach § 87 Abs. 1 Nr. 1 BetrVG bestehe, das nicht durch das Beschwerdeverfahren der §§ 84, 85 BetrVG ausgeschlossen sei. Das Arbeitsgericht erwähnte auch den vorgenannten Beschluss des LAG Hamburg vom 15.07.1998, in dem das LAG Hamburg eine Einigungsstelle zum Thema «Mobbing» als offensichtlich unzuständig erklärt hatte. Das Arbeitsgericht Köln ließ dahinstehen, ob es grundsätzlich der Auffassung des LAG Hamburg folge. Der im konkreten Fall vorgelegte Entwurf des Betriebsrats strebe nämlich nach Ansicht des Arbeitsgerichts Regelungen an, die nicht im Konflikt mit dem Beschwerdeverfahren des BetrVG oder des § 3 BeschSchG stünden.

Dieser Auffassung hat sich das LAG Düsseldorf in einem Beschluss vom 22.07.2004[136] angeschlossen und sich gegen die Auffassung des LAG Hamburg in dem oben zitierten Beschluss vom 15.07.1998 gewandt. Nach Auffassung des LAG Düsseldorf sei die in dem betreffenden Verfahren angestrebte Einigungsstelle nicht offensichtlich unzuständig im Sinne des § 98 Abs. 1 Satz 1 ArbGG, so dass dem Antrag des Betriebsrats, einen Vorsitzenden der im Betrieb der Arbeitgeberin einzurichtenden Einigungsstelle «Betriebsvereinbarung über partnerschaftliches Verhalten am Arbeitsplatz sowie zur Verbesserung der Informations- und Unternehmenskultur» zu bestellen, stattgegeben wurde.

- Über § 87 Abs. 1 Nr. 7 BetrVG (Mitbestimmung zu Regelungen über den Gesundheitsschutz) i.V.m. §§ 3 und 5 ArbSchG kann der Betriebsrat ggf. auch die nach Nr. 1 freiwilligen Maßnahmen erzwingen, denn Mobbing ist, wie mittlerweile allgemein anerkannt ist, gesundheitsgefährdend[137]. Über diesen Weg sind daher auch präventive Maßnahmen mitbestimmungspflichtig (vgl. zum Personalvertretungsrecht § 75 Abs. 3 Ziffer 11 BPersVG). In diesen Zusammenhang gehört auch die sog. *Integrationsvereinbarung* gem. § 83 SGB IX zwischen Arbeitgeber, Schwerbehindertenvertretung und Betriebs- bzw. Personalrat sowie ggf. weiterer Vertretungen gem. § 93 SGB IX. Gem. § 83 Abs. 2a Nr. 5 SGB IX können darin insbesondere auch Regelungen zur Durchführung der betrieblichen Prävention (betriebliches Eingliederungsmanagement) und zur Gesundheitsförderung getroffen werden.

- Ferner gehört dazu das Ausschöpfen der eigenen rechtlichen Möglichkeiten nach dem Betriebsverfassungsgesetz, Personalvertretungsgesetz, Arbeitsschutzgesetz u.a. (z.B. Möglichkeiten des § 104 Abs. 1 BetrVG bzw. § 77 Abs. 2 BPersVG sowie nach § 23 Abs. 3 BetrVG, vgl. im Einzelnen *Frage 11*). Gem. § 99 Abs. 2 Nr. 6 BetrVG kann der Betriebsrat bei einer Einstellung oder Versetzung eines Arbeitnehmers seine Zustimmung verweigern, wenn die durch Tatsachen begründete Besorgnis besteht, dass der für die

---

[136] Az. 5 Ta BV 38/04

[137] vgl. Wolmerath/Esser, AiB 2000, 388, 391; ebenso Benecke, NZA-RR 2003, 225, 232

personelle Maßnahme in Aussicht genommene Bewerber oder Arbeitnehmer den Betriebsfrieden durch gesetzwidriges Verhalten oder durch grobe Verletzung der in § 75 Abs. 1 BetrVG enthaltenen Grundsätze, insbesondere durch rassistische oder fremdenfeindliche Betätigung, stören werde. Eine entsprechende Bestimmung für das Personalvertretungsrecht findet sich in § 77 Abs. 2 Ziffer 3 BPersVG. Begehen *Ausbilder* Mobbinghandlungen, kann der Betriebsrat deren Abberufung gemäß § 98 Abs. 2 BetrVG verlangen, wenn sie die persönliche, insbesondere die berufs- und arbeitspädagogische Eignung im Sinne des Berufsbildungsgesetzes nicht besitzen oder ihre Aufgaben vernachlässigen. Eine entsprechende Vorschrift im BPersVG fehlt.

- Seit 01.05.2004 gibt es das sog. *betriebliche Eingliederungsmanagement.* § 84 Abs. 2 SGB IX regelt die Pflicht des Arbeitgebers zur Einleitung eines Eingliederungsverfahrens, sobald ein Arbeitnehmer innerhalb eines Jahres länger als sechs Wochen ununterbrochen oder wiederholt arbeitsunfähig war. Dies ist gerade bei mobbingbedingten Erkrankungen häufig *(vgl. dazu Frage 1).* Für diesen Fall ist der Arbeitgeber verpflichtet, mit dem Arbeitnehmer, der Interessenvertretung (Betriebs- und Personalrat sowie sonstigen Vertretungen gem. § 93 SGB IX), bei schwerbehinderten Menschen auch der Schwerbehindertenvertretung, die Möglichkeiten zu klären, wie die Arbeitsunfähigkeit möglichst überwunden werden und mit welchen Leistungen oder Hilfen erneuter Arbeitsunfähigkeit vorgebeugt und der Arbeitsplatz erhalten werden kann (betriebliches Eingliederungsmanagement). Soweit erforderlich wird auch der Werks- oder Betriebsarzt hinzugezogen. Der Betriebsrat oder die sonstige Interessenvertretung gem. § 93 SGB IX und die Schwerbehindertenvertretung haben darüber zu wachen, dass der Arbeitgeber seine Verpflichtungen erfüllt (§§ 93, 84 Abs. 2 Satz 7 SGB IX) und bei dem Eingliederungsmanagement mitzuwirken (§ 84 Abs. 2 Satz 1 und 6 SGB IX). Beide können die Durchführung des Eingliederungsmanagements verlangen und dieses Recht im arbeitsgerichtlichen Beschlussverfahren durchsetzen.

- Auch die Vermittlung von professioneller Hilfe (Psychologen, Konfliktberater, Mediatoren, Supervisoren, Rechtsanwälte, Gewerkschaftssekretäre u.a.) kann einen wichtigen Beitrag zur Mobbing-Bekämpfung leisten.

13. Haben Betriebs- bzw. Personalrat einen Anspruch auf Teilnahme an einer Schulungsveranstaltung zum Thema «Mobbing» sowie auf Kostenübernahme durch den Arbeitgeber?

Grundsätzlich ja.

Die Teilnahme eines Betriebsratsmitglieds an einer Schulungsveranstaltung zum Thema «Mobbing» kann nach § 37 Abs. 6 Satz 1 BetrVG erforderlich sein, verbunden mit einer Kostenübernahmeverpflichtung des Arbeitgebers gemäß § 40 Abs. 1 BetrVG. Für diesen Fall muss der Betriebsrat jedoch nach der Rechtsprechung des *Bundesarbeitsgerichts* eine betriebliche Konfliktlage darlegen, aus der sich für ihn ein Handlungsbedarf zur Wahrnehmung einer gesetzlichen Aufgabenstellung ergibt und zu deren Erledigung er das auf der Schulung vermittelte Wissen benötigt[138].

Fallbeispiel 5

Ähnlich hat das ArbG Kiel in einem Beschluss vom 27.02.1997[139] entschieden und angenommen, ein Schulungsbedarf des Betriebsrats bestehe nicht erst dann, wenn im Betrieb «gemobbt» wird, sondern bereits dann, wenn konkrete Anhaltspunkte für Mobbing-Tendenzen sichtbar würden. Letztere sah das Gericht hier als gegeben an und stellte fest, dass unter dem Leistungs- und Zeitdruck farbige, schwerbehinderte und ältere Mitarbeiter durch diskriminierende Äußerungen *(«Ihr seid zu alt», «Ihr seid zu teuer», «Was will der Bimbo»)*, Zurechtweisen von Mitarbeitern im lauten Ton vor versammelter Mannschaft oder gar im Beisein von Gästen beleidigt und so unter Druck gesetzt würden. Damit habe der Betriebsrat genügend konkrete Anhaltspunkte für eine Konfliktsituation dargelegt, die sich bei unkontrolliertem Fortgang zu Mobbing entwickeln könne. Das Gericht verpflichtete daher den Arbeitgeber, die für ein Betriebsratsmitglied entstandenen Seminarkosten für ein 5-tägiges Seminar von DM 1722,70 sowie die entstandenen Fahrtkosten von DM 261,00 und 80 % der Unterbringungs- und Verpflegungskosten in Höhe von DM 537,60 (20 % ersparte Aufwendungen wurden in Abzug gebracht) zu tragen.

Fallbeispiel 6

Ähnlich entschied das ArbG München in einem rechtskräftigen Urteil vom 16.10.2001[140]. Der Betriebsrat begründete die Notwendigkeit der Schulung ihres Betriebsratsvorsitzenden in einem Seminar «Betriebsklima Mobbing» wie folgt: Laufend werde er von den Arbeitnehmern auf Mobbingfälle ange-

---

[138] vgl. Beschluss des BAG vom 15.01.1997, Az. 7 ABR 14/96, NZA 1997, 781

[139] Az. H 5 d BV 41/96, NZA-RR 1998, 212 ff.

[140] Az. 33 BV 157/01

sprochen. Beschäftigte, die wegen einer Erkrankung zu Hause blieben, würden vom Arbeitgeber als «Krankmacher» bezeichnet. Ein Arbeitnehmer sei beispielsweise gefragt worden, ob es ihm Spaß mache, immer krank zu sein. Einem Kellner sei von Vorgesetzten und Kollegen vorgeworfen worden, er sei zu blöd und mit Äußerungen wie *«Hat man in deinem Land das so gelernt?»* belästigt. Im täglichen Umgang seien Begriffe wie «Arschloch», «Wichser» und dergleichen an der Tagesordnung, auch im Verhältnis zwischen Vorgesetzten und Mitarbeitern. Außerdem würden einzelne Mitarbeiter bei der Einteilung der Dienstpläne bevorzugt behandelt werden. Ebenso verhalte es sich bei der Tischzuweisung der Kellner. Manche erhielten immer die umsatzstärkeren Tische, was sich wegen der Umsatzbeteiligung positiv auf deren Bezahlung auswirke. Demgegenüber behauptete der Arbeitgeber, in seinem Betrieb werde nicht gemobbt, so dass der Antrag des Betriebsrats zurückzuweisen sei.

Das ArbG München gab dem Betriebsrat Recht und verpflichtete den Arbeitgeber dazu, die entstandenen Seminar- und Fahrtkosten zu erstatten.

Das Gericht vertrat abweichend von den o.g. Urteilen sogar die von uns als zutreffend erachtete Auffassung, dass für die Teilnahme an einem Seminar, welches das Thema «Mobbing» zum Inhalt hat, *keine konkrete Konfliktlage* dargelegt werden müsse. Vielmehr benötige der Betriebsrat ein Grundwissen, um im Konfliktfall unverzüglich in einer sowohl für den Arbeitnehmer als auch für den Arbeitgeber angemessenen Weise auf auftretende Mobbingvorfälle reagieren zu können. Bereits das Erkennen von Mobbinghandlungen bereite Schwierigkeiten. Hinzu kämen noch die Beurteilung der Glaubwürdigkeit der Betroffenen sowie die Abgrenzung von Mobbingfällen zu anerkanntem Verhalten am Arbeitsplatz. Überdies habe der Betriebsrat nach § 75 BetrVG darüber zu wachen, dass die im Betrieb tätigen Arbeitnehmer gerecht behandelt würden und ihre freie Persönlichkeitsentfaltung geschützt werde. Ebenso habe er nach § 85 BetrVG die Beschwerden von Arbeitnehmern entgegenzunehmen.

Bei ihrer Entscheidung setzten sich die Richter auch ausführlich mit dem oben zitierten Beschluss des BAG vom 15.01.1997 auseinander. Nach Auffassung der Münchener Richter sei es inkonsequent, wenn das BAG verlange, dass erst bei Auftreten einer betrieblichen Konfliktlage eine Schulung erforderlich sei. Vielmehr erfordere die Behebung von Konfliktlagen ein sofortiges Handeln des Betriebsrats. Hierzu sei der Betriebsrat aber nicht in der Lage, wenn er sich erst angesichts einer aktuellen Mobbingsituation die erforderlichen Kenntnisse verschaffen müsse. Es sei offensichtlich, dass dem gemobbten Arbeitnehmer nicht damit geholfen werden könne, wenn der Betriebsrat ihm mitteile, dass er ihm derzeit nicht helfen könne, da er sich das erforderliche Wissen für die Konfliktlösung erst in einem Seminar aneignen müsse und dieses noch Monate dauern könne. Aufgrund der im Betriebsverfassungsgesetz vom Betriebsrat geforderten sofortigen Kompetenz zur Konfliktlösung ergebe sich somit, dass er das erforderliche Grundwissen präsent haben müsse. Dies wiederum sei nur durch eine sach- und fachgerechte Schulung mindestens eines Betriebsratsmitglieds möglich.

Auch das ArbG Bremen hat in einem Beschluss vom 17.12.2003, 9 BV 81/03, entschieden, dass der Betriebsrat grundsätzlich dann einen Kostenerstattungsanspruch bei Seminarteilnahme zum Thema «Mobbing und Diskriminierung am Arbeitsplatz» habe, wenn er den Beschluss fasse, sich inhaltlich mit der Problematik auseinandersetzen zu wollen. Das Arbeitsgericht widersprach damit ausdrücklich der Auffassung des BAG in seinem Beschluss vom 15.01.1997. Diese Auffassung begründete das ArbG Bremen mit den Ergebnissen einer wissenschaftlichen Untersuchung[141], in der insbesondere darauf hingewiesen werde, dass Prävention ein wesentlicher Faktor zur Verhinderung von Mobbing sei. Betriebsräte könnten daher nicht darauf verwiesen werden, zunächst das Eintreten entsprechender Fälle abzuwarten. Vielmehr entspräche es gerade einer interessengerechten Wahrnehmung ihrer Aufgaben nach dem Betriebsverfassungsgesetz, wenn sie diesen Gedanken der Prävention aufgriffen.

Demgegenüber hat das LAG Rheinland-Pfalz in einem Beschluss vom 13.10.2004[142] unter Berufung auf die Entscheidung des BAG vom 15.01.1997 entschieden, dass der Arbeitgeber nicht zur Erstattung der durch die Teilnahme von Betriebsratsmitgliedern am Seminar *«Mobbing - Diskriminierung am Arbeitsplatz»* entstandenen Kosten verpflichtet sei, wenn eine betriebliche Konfliktlage, aus der sich ein Handlungsbedarf für den Betriebsrat ergäbe und zu dessen Erledigung das auf der Schulung vermittelte Wissen notwendig sei, im Betrieb noch nicht bestehe.

Das LAG vertrat die Auffassung, die betreffende Schulung habe sich mit einem speziellen Thema befasst, bei dem nicht davon ausgegangen werden könne, dass der Betriebsrat dieses Wissen unabhängig von der jeweiligen betrieblichen Lage zur sachgerechten Bewältigung seiner gesetzlichen Aufgabenstellung stets benötige.

Diese vom LAG vertretene Auffassung ist u.E. aus den vom ArbG München in der o.g. Entscheidung genannten Gründen nicht zutreffend.

Unter Umständen kann die Freistellung eines Betriebsratsmitglieds zur Teilnahme an einem Mobbing-Seminar auch im Wege einer *einstweiligen Verfügung* durchgesetzt werden, wenn es dem Betriebsrat nicht zuzumuten ist, eine Gerichtsentscheidung im Hauptsacheverfahren im Hinblick auf die Freistellung abzuwarten (vgl. ArbG Detmold, Beschluss vom 30.04.1998[143]; einschränkend LAG Köln, Beschluss vom 20.11.2003[144], wonach die Durchführung von Schulungsmaßnahmen für Betriebsratsmitglieder im Wege der einstweiligen Verfügung durch den Betriebsrat in aller Regel nicht erzwungen werden kann).

---

[141] Der Mobbing-Report, Repräsentativstudie für die Bundesrepublik Deutschland, Herausgeber: Bundesanstalt für Arbeitsschutz und Arbeitsmedizin, Dortmund/ Berlin/ Dresden, 4. Aufl. 2003

[142] NZA-RR 2005, S. 376 f.

[143] Az. 3 BV Ga 3/98, AiB 1998, 405 ff.

[144] Az. 5 TaBV 69/03, EzA Schnelldienst 5/2004, S. 13

Für Personalratsmitglieder gilt Entsprechendes, und zwar gem. § 46 Abs. 6 i.V.m. § 44 BPersVG.

Widersetzt sich der Arbeitgeber dem Schulungsbegehren des Betriebsrats erst kurz vor Seminarbeginn, kommt eine Strafbarkeit nach § 119 Abs. 1 Nr. 2 BetrVG wegen Behinderung der Betriebsratstätigkeit in Betracht[145].

14. Haben Mobbing-Betroffene gegen den Arbeitgeber Anspruch auf Unterlassung der Mobbing-Handlungen sowie auf Beseitigung der Beeinträchtigung?

Ja. Arbeitnehmern steht sowohl gegen den mobbenden Kollegen/Vorgesetzten als auch gegen den mobbenden oder das Mobbing duldenden bzw. schuldhaft nicht verhindernden Arbeitgeber ein *Unterlassungsanspruch* gemäß §§ 12, 862, 1004 Abs. 1 Satz 2 BGB analog, § 823 BGB oder auch § 612 a BGB zu[146]. Durch diesen Anspruch werden das allgemeine Persönlichkeitsrecht und alle absoluten Rechtsgüter, insbesondere Leben und Gesundheit sowie Ehre, gegen rechtswidrige Angriffe geschützt. Dieser Anspruch erfordert zu seiner gerichtlichen Durchsetzung, dass eine Wiederholungsgefahr besteht. Diese wird bei systematischem, also dauerhaftem Mobbing, regelmäßig vorliegen. Handelt der Mobber einer entsprechenden gerichtlichen Verpflichtung zuwider, so kann er auf Antrag des Mobbing-Betroffenen für jeden Fall der Zuwiderhandlung zu einem Ordnungsgeld von bis zu 250.000,00 € oder zu Ordnungshaft von einem Tag bis zu sechs Monaten verurteilt werden (vgl. § 890 ZPO).

Ferner können Arbeitnehmer sowohl von dem mobbenden Kollegen/ Vorgesetzten als auch von dem Arbeitgeber die *Beseitigung* bereits eingetretener Verletzungen verlangen. Hierbei handelt es sich insbesondere um

- den Widerruf ehrverletzender Äußerungen oder unrichtiger Tatsachenbehauptungen (z.B. das Verbreiten unwahrer Gerüchte über den Mobbing-Betroffenen). In Betracht kommen auch

- den Anspruch auf Rücknahme und Entfernung einer erteilten Abmahnung aus der Personalakte, wenn der Arbeitgeber darin nicht nur objektive Leistungsmängel bezeichnet, sondern den Arbeitnehmer auch noch beleidigt, überzogen abwertet oder verleumdet bzw. gegen das sog. Übermaßverbot verstößt[147], oder

---

[145] vgl. Wolmerath, AiB 1998, 407

[146] vgl. LAG Baden-Württemberg, Urteil vom 27.07.2001, Az. 5 Sa 72/01; LAG Hamm, Urteil vom 25.06.2002, Az. 18 (11) Sa 1295/01, NZA-RR 2003, 8 ff.

[147] vgl. ArbG Kiel, Urteil vom 16.01.1997, Az. 5 d Ca 2306/96

- den Anspruch des Arbeitnehmers auf vertragsgemäße (d.h. persönlichkeitsrechts-verletzungsfreie) Beschäftigung gem. §§ 611, 242 BGB i.V.m. Art. 1, 2 GG[148].

Bei Verletzung von Organisations- und Schutzpflichten durch den Arbeitgeber oder seine Organe, deren Verschulden er sich über die Vorschriften der §§ 31, 89 BGB zurechnen lassen muss, hat der Betroffene gegen diesen einen An-spruch auf Unterbindung der Fortsetzung der Mobbing-Handlungen als vertrag-lichen Erfüllungsanspruch, ggf. auch im Wege einer einstweiligen Verfügung[149].

Diese Grundsätze gelten auch im *Beamtenrecht* auf Grund der beamtenrechtli-chen Fürsorge- und Schutzpflichten des Dienstherrn, ggf. in Verbindung mit dem allgemeinen Folgenbeseitigungsanspruch[150].

Problematisch und schwierig ist in diesem Zusammenhang allerdings die *richti-ge Antragstellung* im Prozess. Stets ist darauf zu achten, dass die Anträge hin-reichend bestimmt sind, wie folgende <u>Fallbeispiele</u> zeigen[151]:

Fallbeispiel 7

In dem Verfahren, das dem Urteil des LAG Niedersachsen vom 03.05.2000[152] zugrunde lag, hatte die dortige Klägerin u.a. beantragt, *die Beklagte* (d.h. die Arbeitgeberin) *zu verurteilen, es bei Meidung eines der Höhe nach in das Er-messen des Gerichtes gestellten Ordnungsgeldes zu unterlassen, das Persön-lichkeitsrecht oder die Gesundheit der Klägerin, insbesondere durch Vorge-setzten-Mobbing (sog. Bossing) zu verletzen oder sie sonst wegen ihres Alters zu benachteiligen.*

Das LAG hat diesen Antrag zu Recht als *unzulässig* abgewiesen, da er nicht hinreichend bestimmt war gemäß § 253 Abs. 2 Nr. 2 ZPO. Danach muss der Unterlassungsantrag konkret gefasst sein und die zu unterlassende Verlet-zungshandlung so genau wie möglich bestimmen. Die begehrte Unterlassung einer Verletzung von Persönlichkeitsrechten oder der Gesundheit beschreibe aber pauschal lediglich eine Selbstverständlichkeit, nicht aber wie erforderlich die präzise Handlung, die unterbleiben solle (vgl. auch Sächsisches LAG, Ur-teil vom 17.02.2005[153]: Der Antrag, *festzustellen, dass die Beklagten der Klä-gerin auch zukünftig wegen der beim Vollzug ihres Arbeitsverhältnisses erfolg-ten systematischen Verletzung ihres allgemeinen Persönlichkeitsrechts und ihrer Gesundheit (Mobbing) zum Schadensersatz als Gesamtschuldner ver-pflichtet sind,* sei wegen Verstoßes gegen den Bestimmtheitsgrundsatz unzulässig.

---

[148] vgl. LAG Thüringen, Urteil vom 10.04.2001, Az. 5 Sa 403/2000 und Hänsch, a.a.O., Rdnr. 936

[149] vgl. Hänsch, a.a.O., Rdnr. 932

[150] vgl. Wittinger/Hermann, ZBR 2002, 337ff.

[151] vgl. LAG Niedersachsen, Urteil vom 03.05.2000, Az.: 16a Sa 1391/99, NZA-RR 2000, 517 ff.; ArbG Bielefeld, Urteil vom 05.03.2002, 5 Ca 2555/01; LAG Berlin, Urteil vom 14.11.2002, Az. 16 Sa 970/02

[152] NZA-RR 2000, 517ff.

[153] Az.: 2 Sa 751/03, EzA Schnelldienst 12/2005, S.12

Statt eines Unterlassens kann auch ein *konkretes Handeln* des Arbeitgebers gefordert werden.

Auch hier ist jedoch die richtige Antragstellung z.T. problematisch, wie ein Urteil des Arbeitsgerichtes Bielefeld vom 05.03.2002[154] zeigt:

Fallbeispiel 8

Die Parteien stritten in dem Verfahren um die Frage, wie die Klägerin, eine Redakteurin, im Betrieb der Beklagten, einem Zeitungsverlag, zu beschäftigen war. Nachdem die Klägerin behauptet hatte, aufgrund einer innerbetrieblichen Umstrukturierung und Umsetzung sei ihr die Grundlage ihrer journalistischen Tätigkeit entzogen worden, beantragte sie, *die Beklagte zu verpflichten, ihr als Redakteurin in einer der beiden Lokalredaktionen der Beklagten einen konkreten, eigenverantwortlich zu bearbeitenden Arbeitsbereich zuzuweisen und sie insbesondere über alle Belange dieses Arbeitsbereiches zu informieren sowie ihr die dazugehörende Post, Termine und die eingehenden Telefonate zur selbstständigen Bearbeitung zu übermitteln.*

Trotz Anerkenntnis des Klagantrags durch die Beklagte erließ das Gericht kein Anerkenntnisurteil, sondern wies die Klage als unzulässig ab. Zu Recht hat das Gericht dargelegt, dass in einem gerichtlichen Urteilsverfahren jeweils vom Kläger immer ein *bestimmter Klagantrag zur Sache* zu stellen sei. Der Antrag müsse den Streitgegenstand und den Umfang der Prüfungs- und Entscheidungsbefugnis des Gerichts klar umreißen. Der Antrag müsse aus sich heraus verständlich sein im Rahmen des dem Kläger an Bestimmtheit der Formulierung Zumutbaren. Das Gericht meinte hier, dass sich aus dem Antrag der Klägerin nicht konkret genug ermitteln lasse, zu welchen genauen Handlungen die Beklagte verurteilt werden solle. So werde aus dem Klagantrag nicht deutlich, was unter dem Begriff «eigenverantwortlich zu bearbeitender Arbeitsbereich» zu verstehen sei. Letztendlich habe jeder Arbeitnehmer eine gewisse eigene Verantwortung für seine Tätigkeiten zu tragen. Aus dem Klagantrag werde nicht klar, ob und gegebenenfalls welche Eigenverantwortung die Klägerin bei ihren Tätigkeiten darüber hinaus übertragen bekommen haben will.

Auch der Begriff des «Arbeitsbereichs» in dem Klagantrag sei nicht bestimmt genug. So werde z.B. nicht klar, ob die Klägerin begehre, bestimmte Aufgaben in örtlicher oder in sachlicher Hinsicht übertragen zu bekommen.

Des Weiteren sei unklar, was die Klägerin damit meine, dass sie «über alle Belange des Arbeitsbereichs» informiert werden möchte. Daraus werde nicht deutlich, welche konkreten Informationen die Klägerin von der Beklagten begehrt. Insbesondere sei nicht klar, ob die Klägerin lediglich die Informationen erhalten möchte, die Mitarbeiter der Beklagten (ggf. welche?) bereits hätten oder ob sie beanspruche, dass die Beklagte darüber hinaus in gewissem Um-

---

[154] Az. 5 Ca 2555/01

fang (ggf. welchem?) sich Informationen beschaffen solle, um sie an die Klägerin weiter zu leiten.

Zu Recht meint das Gericht schließlich, mit einem stattgebenden Urteil könnte nach alledem keine Zwangsvollstreckung betrieben werden, da jeweils nicht klar sei, welche konkreten Handlungen begehrt würden bzw. ob und in welchem Maße die Beklagte gegen eine Verpflichtung aus dem Urteil verstoßen würde.

Fallbeispiel 9

Mit ähnlicher Begründung hat das Landesarbeitsgericht Berlin in einem Urteil vom 14.11.2002[155] einen Feststellungsantrag als unzulässig abgewiesen, der wie folgt lautete:

«... festzustellen, dass die Beklagte verpflichtet ist, gegenüber Vorgesetzten arbeitsrechtliche Konsequenzen zu ergreifen für den Fall, dass diese gegenüber dem Kläger Übergriffe vornehmen.»

Diesem Feststellungsantrag fehle das nach § 256 ZPO stets erforderliche besondere «Feststellungsinteresse». Wenn das Urteil so, wie der Kläger formuliert habe, verkündet werden würde, würde eine inhaltlich vollkommen unbestimmte Verpflichtung der Beklagten festgestellt. Es sei nämlich weder ersichtlich, was «Übergriffe» im Sinne des Klagantrags sein sollten, noch ergebe der Antrag, welche Vorgesetzte konkret gemeint seien, noch sei schließlich klar, was der Kläger unter «arbeitsrechtlichen Konsequenzen» verstehe. Ein Urteil mit dem vom Kläger gewünschten Inhalt wäre nicht geeignet, auch nur einen einzigen Streitpunkt zwischen den Parteien für die Zukunft zu klären.

Ein zulässiger und vom Gericht auch für ausreichend konkret und begründet erachteter Klagantrag findet sich im Tenor der Entscheidung des LAG Baden-Württemberg vom 27.07.2001[156], der wie folgt lautet *(vgl. das Fallbeispiel 3 in Frage 2):*

«Der Verfügungsbeklagten (d.h. dem Arbeitgeber) wird untersagt, in der Zeit bis zum 31.12.2001 mehr als 3 Besprechungen mit der Verfügungsklägerin (d.h. der Arbeitnehmerin) anzuberaumen und durchzuführen, die – auch – der Überprüfung dienen, ob und inwieweit die Verfügungsklägerin ihr gestellte Aufgaben innerhalb hierfür gesetzter zeitlicher Vorgaben erledigt hat.»

---

[155] Az. 16 Sa 970/02
[156] Az.: 5 Sa 72/01

15. Haben Mobbing-Betroffene gegen den Arbeitgeber Anspruch auf Schadensersatz?

Arbeitnehmer können gegen den Arbeitgeber, wenn es sich bei ihm um eine natürliche Person handelt und dieser gleichzeitig die mobbende Person ist oder er seine Organisations- und Schutzpflichten verletzt, einen Anspruch auf Schadensersatz wegen schuldhafter Pflichtverletzung (Verletzung vertraglicher Pflichten – vgl. § 241 Abs. 2 BGB – sowie des allgemeinen Persönlichkeitsrechts, Verletzung der Gesundheit, Ehre u.a.) gemäß § 280 BGB oder wegen unerlaubter Handlung gemäß §§ 823 ff BGB geltend machen. In Betracht kommt ferner eine Schadensersatzpflicht des Arbeitgebers wegen Verletzung seiner Pflichten aus § 75 BetrVG (vgl. *Frage 11*), da diese Vorschrift als sog. Schutzgesetz i.S. des § 823 II BGB anzusehen ist. Entsprechendes gilt, wenn der Arbeitgeber eine juristische Person ist (GmbH, AG), bei einem schuldhaften Mobbing-Verhalten von Organen der Gesellschaft (Geschäftsführer einer GmbH oder Vorstandsmitglieder einer AG). Das Verschulden der Organe gilt nach den Zurechnungsnormen der §§ 31, 89 BGB sowohl bei unerlaubten Handlungen als auch bei bestehenden Schuldverhältnissen, z.B. Arbeitsverträgen, als eigenes Verschulden der juristischen Person, d.h. des Arbeitgebers.

Ansonsten haftet der Arbeitgeber, wenn beispielsweise ein *Vorgesetzter* in Ausübung seiner Funktion Mobbing-Handlungen begeht und keine Verletzung der Organisations- und Schutzpflichten durch den Arbeitgeber selbst vorliegt, in Verbindung mit den Zurechnungsnormen der §§ 278, 831 BGB (vgl. zu § 278 BGB bei Handlungen von Vorgesetzten LAG Niedersachsen[157] sowie LAG Nürnberg[158] zur Haftung einer Stadt für Handlungen eines Stadtkämmerers gegenüber einem Untergebenen).

Werden die Mobbing-Handlungen durch einen *Arbeitskollegen* begangen und kann dem Arbeitgeber keine Verletzung seiner Organisations- und Schutzpflichten vorgeworfen werden, entfällt grundsätzlich eine Haftung des Arbeitgebers[159].

Zum sog. Mobberregress des Arbeitgebers gegen die mobbende Person *vgl. Frage 22.*

---

[157] Urteil vom 03.05.2000, Az. 16 a Sa 1391/99, NZA-RR 10/2000, 517

[158] Urteil vom 02.07.2002, Az. 6 (3) Sa 154/01, NZA-RR 2003, 121 ff.

[159] vgl. Schaub, § 108 Rn. 59; Benecke, NZA-RR 2003, 225, 228

16. Wofür kann Schadensersatz verlangt werden?

Als konkrete *Schadenspositionen* kommen beispielsweise in Betracht

- Arzt- und Arzneimittelkosten einschließlich Kosten für ärztliche Atteste sowie sonstige Heilungskosten (Mehraufwand für eine Kur, Therapiekosten, Fahrtkosten zu Behandlungsterminen bei Ärzten und Gutachtern einschließlich Ausgleich für Parkgebühren),

- Schadensersatz für Urlaubsansprüche, die wegen einer durch Mobbing verursachten Erkrankung nicht in natura gewährt werden konnten und deshalb verfallen sind,

- entgangenes Urlaubsgeld,

- während des Bezugs von Krankengeld nicht gezahlte Zuschüsse zu vermögenswirksamen Leistungen,

- die Differenz zwischen dem gezahlten Krankengeld und der wegen der Arbeitsunfähigkeit entfallenden Nettovergütung oder Ausgleich für Soll- und Überziehungszinsen,[160]

- Detektivkosten,[161]

sowie

- die Erstattung der Gerichts- und Anwaltskosten, Letztere allerdings nur für den Fall des Obsiegens in zweiter und dritter Instanz. Erstinstanzlich ist für das arbeitsgerichtliche Verfahren in § 12 a Abs. 1 ArbGG geregelt, dass kein Anspruch der obsiegenden Partei auf Erstattung der Kosten für die Zuziehung eines Prozessbevollmächtigten oder Beistandes besteht. Ob diese Regelung bei Mobbing-Sachverhalten immer sachgerecht ist, erscheint jedoch zweifelhaft und ist in der Rechtsprechung bisher, soweit ersichtlich, nicht problematisiert worden. Hinsichtlich der *gesetzlichen Gebühren* gilt auch in Mobbingfällen grundsätzlich die Vorschrift des § 12 a Abs. 1 ArbGG. Dies kann aber im Hinblick auf einen von der Verfassung geforderten effektiven Mobbingschutz vernünftigerweise nicht für außerhalb der gesetzlichen Gebühren vereinbarte Pauschalhonorare oder Honorare nach Zeitaufwand gelten, wenn diese angemessen sind und anderenfalls eine fachkompetente Vertretung durch einen Rechtsanwalt, z.B. Fachanwalt für Arbeitsrecht, an der Honorarfrage scheitern würde, weil sich die Vertretung eines Mobbing-Betroffenen bei umfangreichen und komplizierten Sachverhalten unter Zugrundelegung der gesetzlichen Gebühren als betriebswirtschaftliches Ver-

---

[160] vgl. ArbG München, Urteil vom 25.09.2001, Az. 8 Ca 1562/01, NZA-RR 2002, 123 ff.; LAG Hamm, Urteil vom 25.06.2002, Az 18 (11) Sa 1295/01, NZA-RR 2003, 8 ff.; LAG Berlin, Urteil vom 01.11.2002, Az. 19 Sa 940/02, NZA-RR 2003, 232 ff. und LAG Nürnberg, Urteil vom 02.07.2002, Az. 6 (3) Sa 154/01, NZA-RR 2003, 121 ff.

[161] vgl. dazu Wickler in HMR, Teil 2, Rn. 134

lustgeschäft darstellen würde. In derartigen Fällen sollte daher der entsprechende Mehraufwand der jeweiligen Klägerin bzw. des jeweiligen Klägers im Vergleich zu den gesetzlichen Gebühren als zu erstattender Schaden anerkannt werden (anders aber die herrschende Meinung, nach der die Regelung in § 12 a Abs. 1 Satz 1 ArbGG auch in Mobbingfällen dazu führt, dass ein gemobbter Arbeitnehmer die durch Einschaltung eines Rechtsanwalts zur erstinstanzlichen Rechtsverfolgung angefallenen Kosten auch bei Obsiegen nicht von seinem Schädiger ersetzt verlangen kann[162]).

▪ Zu erstatten sind ferner, wie das LAG Nürnberg in einem Urteil vom 02.07.2002[163] zutreffend festgestellt hat, Aufwendungen für Fahrten zu seinen anwaltlichen Vertretern und zu Verhandlungen vor dem Arbeitsgericht, wenn der Prozess gewonnen wird. Zu den erstattungsfähigen Kosten zählen nämlich auch die notwendigen Reisekosten der obsiegenden Partei. Diese Kostenerstattung ist nicht durch § 12 a ArbGG ausgeschlossen[164].

Problematisch und bisher, soweit ersichtlich, gerichtlich nicht entschieden ist die Frage, ob ein Schadensersatzanspruch auf Übernahme der *Kosten eines Mediationsverfahrens[165]* durch den Arbeitgeber besteht. Wird eine Mediation deshalb erforderlich oder auch nur sinnvoll, weil es dem Arbeitgeber zuvor nicht gelungen ist, die Konfliktsituation am Arbeitsplatz mit betriebsinternem Personaleinsatz zu bereinigen, und auch offensichtlich keine geeigneten Präventionsmaßnahmen getroffen wurden, erscheint es sachgerecht, die Kosten des Mediationsverfahrens dem Arbeitgeber als Schadensersatz aufzuerlegen. In diesem Zusammenhang sei auf die grundsätzlichen Ausführungen von Montada[166] hingewiesen, in denen er zusammenfassend zur Frage der Kosten Folgendes ausführt:

«Die Reduktion der emotionalen und gesundheitlichen Belastungen bei den direkt vom Konflikt Betroffenen und der Folgelasten (Krankheit und Ineffizienz; Zuschlag, 1997) in den Organisationen und Betrieben, sowie bei den Versicherungsträgern, würde eine Übernahme der Kosten für die Mediation durch die Arbeitgeber rechtfertigen. Damit hätten Arbeitgeber eine Handhabe, die Mediation als eine Facette ihrer Unternehmenskultur zu propagieren. Wegen der durch ein konstruktives Mediationsverfahren zu erwartenden Gewinne an Selbsterkenntnis, Kommunikationskompetenz, Kompetenzen der Problem- und Konfliktanalyse, auch an Weisheit, was die Relativierung von normativen Überzeugungen anbelangt, würde diese Kultur auch konfliktpräventive Wirkungen entfalten.»

---

[162] vgl. Wickler in HMR Teil 2, Rn. 134 f.

[163] Az. 6 (3) Sa 154/01, a.a.O.

[164] einhellige Auffassung, vgl. etwa Germelmann/ Matthes/ Prütting/ Müller-Glöge, § 12a RdNr. 20

[165] vgl. zur Mediation bei Mobbing grundsätzlich Fleissner, in: Arentewicz/ Fleissner, a.a.O., S 397 ff. und Kolodej, Mediation bei Mobbing, S. 80 ff.

[166] in: Arentewicz/ Fleissner, a.a.O., S. 377, 394

Diese – zunächst unjuristischen – Ausführungen müssten bei verfassungskonformer Auslegung der Schadensersatzvorschriften unter Berücksichtigung der Fürsorgeverpflichtung des Arbeitgebers sowie seiner Pflicht zu unternehmensorganisatorischen Vorkehrungen zur Verhinderung von Verletzungen des allgemeinen Persönlichkeitsrechts (vgl. *Frage 5*) dazu führen, dass Mediationskosten jedenfalls dann, wenn diese aufgrund von Arbeitsplatzkonflikten entstanden sind,

- die vom Arbeitgeber selbst verursacht wurden

oder

- die auf nicht vorhandene oder ungeeignete Präventionsmaßnahmen zurückzuführen sind

und

- die der Arbeitgeber nicht selbst mit innerorganisatorischen Maßnahmen bzw. eigenem Personal lösen kann oder will,

vom Arbeitgeber und nicht – und zwar auch nicht anteilig – vom jeweils als Mobbingopfer betroffenen Arbeitnehmer zu übernehmen sind. Diese Regelung dürfte auch der Rechtswirklichkeit entsprechen, d.h. faktisch werden bereits heute jedenfalls auf freiwilliger Basis die Mediationskosten in derartigen Fällen üblicherweise von den Arbeitgebern übernommen.

Selbstverständlich kann es sich als sinnvoll erweisen, dass der Arbeitnehmer bei subjektiv empfundenem, aber vom Arbeitgeber in Abrede gestelltem Mobbing zur Konfliktlösung und der damit verbundenen Sicherung seines Arbeitsplatzes die Kosten für ein von ihm gewünschtes Mediationsverfahren ganz oder teilweise übernimmt. Wenn sich dabei dann aber herausstellen sollte, dass man den Arbeitnehmer tatsächlich aus dem Betrieb *«wegekeln»* wollte, weil überhaupt kein Interesse mehr an einer weiteren Mitarbeit bestand, könnte unter anderem dann auch für diese Kosten aufgrund eines ggf. erwiesenen Mobbing-Sachverhalts ein Schadensersatzanspruch geltend gemacht werden.

Zum Schadensersatz im Falle der *Beendigung des Arbeitsverhältnisses* vgl. *Frage 18*. In diesem Zusammenhang kann dem Arbeitnehmer auch ein Anspruch auf Erstattung der von ihm aufgewendeten Bewerbungskosten zustehen (z.B. Kosten für Inserate, Bewerbungsfotos, Fahrtkosten, Porto- und Fotokopierkosten u.a.). Bei einem gekündigten Ausbildungsverhältnis können erhöhte Kosten wegen notwendiger Teilnahme an überbetrieblichen Ausbildungsmaßnahmen oder für nicht durch den neuen Ausbildungsbetrieb erstattete Prüfungsgebühren hinzukommen.

17. Haben Mobbing-Betroffene Anspruch auf eine Geldentschädigung oder auf Schmerzensgeld gegen den Arbeitgeber?

Ja, wenn der Arbeitgeber selbst mobbt, seine Organisations- und Schutzpflichten verletzt oder sich das Verhalten des Mobbers zurechnen lassen muss.

Zu beachten ist, dass einem Mobbing-Betroffenen u.U. sowohl ein Geldentschädigungsanspruch als auch ein Schmerzensgeldanspruch zustehen kann.

Ein Geldentschädigungsanspruch besteht bei einer schweren, eine Genugtuung erfordernden Verletzung des allgemeinen Persönlichkeitsrechts. Bei diesem Anspruch, der von einem Schmerzensgeldanspruch zu unterscheiden ist, handelt es sich um ein eigenständiges, auf den Schutzauftrag aus Art. 1 und 2 GG zurückgehendes und seine Grundlage in § 823 Abs. 1 BGB i.V.m. diesen Vorschriften findendes Rechtsinstitut, bei dem anders als beim konventionellen Schmerzensgeld nicht der Schadensausgleich, sondern die Genugtuung des Opfers, vor allem aber die Prävention im Vordergrund steht[167].

Zu Recht weist Wickler[168] darauf hin, dass auch durch Mobbing begangene Persönlichkeitsrechtsverletzungen einen Standardfall einer schweren, eine Genugtuung erfordernden Verletzung des allgemeinen Persönlichkeitsrechts darstellen, bei dem die durch den Eingriff erfolgten Beeinträchtigungen nicht auf andere Weise befriedigend auszugleichen sind und das Opfer von dem Täter nach § 823 Abs. 1 BGB, Art. 1 und 2 GG Zahlung einer Geldentschädigung beanspruchen kann. Auch hier ist unter Präventionsgesichtspunkten eine deutliche Erhöhung der zuzubilligenden Geldentschädigung erforderlich.

Diese Grundsätze gelten auch im Bereich von *beamtenrechtlichen Dienstverhältnissen* im Sinne einer der vertraglichen Haftung im privatrechtlichen Dienstverhältnis entsprechenden Haftung des Diensterrn auf Zahlung einer Geldentschädigung wegen mobbingbedingter Persönlichkeitsrechtsverletzung, worauf Wickler[169] ebenfalls zu Recht hinweist.

Hinsichtlich der Bemessung des Geldentschädigungsanspruchs vertritt Wickler die als zutreffend erachtete Auffassung, dass unter Berücksichtigung der von ihm[170] aufgeführten Kriterien bei einjährigem schweren Mobbing eine Geldentschädigung im Bereich von 20.000,00 € angemessen sei.

Darüber hinaus steht dem Mobbing-Betroffenen ein Schmerzensgeldanspruch wegen mobbingbedingter Verletzung seiner Gesundheit zu. In diesem Zusam-

---

[167] vgl. Wickler in HMR, Teil 2 RdNr. 95 m.w.N.

[168] a.a.O., RdNr. 96

[169] Wickler, a.a.O., RdNr. 102

[170] in HMR, Teil 2 Rn. 103 ff., 108

menhang hat das ArbG Dresden in seinem Urteil vom 07.07.2003[171] eine zutreffende Differenzierung vorgenommen und der dortigen Klägerin sowohl eine Geldentschädigung als auch ein Schmerzensgeld zuerkannt (vgl. auch Wickler[172], der das Nebeneinanderbestehen von Geldentschädigungsanspruch wegen Persönlichkeitsrechtsverletzung und Schmerzensgeldanspruch wegen Gesundheitsverletzung als logische Konsequenz der Rechtsprechung des BVerfG und des BGH und der auf diese Rechtsprechung abstellenden Auffassung des Gesetzgebers bezeichnet).

Das LAG Rheinland-Pfalz hat in einem Urteil vom 16.08.2001[173] dem dortigen Kläger erstmals in der Rechtsprechung Schmerzensgeld zuerkannt, das allerdings mit lediglich DM 15.000,00 angesetzt wurde, während das ArbG Ludwigshafen dem Kläger in der ersten Instanz noch ein Schmerzensgeld von DM 51.900,00 zuerkannt hatte.

Der Anspruch wurde hier geltend gemacht und anerkannt gegen die mobbende Person, einem Vorstandsmitglied der Bank (Organ), sowie im Rahmen einer gesamtschuldnerischen Haftung auch gegen den Arbeitgeber, und zwar auf deliktischer Grundlage über die Zurechnungsnorm des § 31 BGB, wie das Fallbeispiel 10 auf der Grundlage des dort entschiedenen Sachverhalts zeigt:

Fallbeispiel 10

Mobbing-Betroffener war hier ein hauptamtliches Vorstandsmitglied einer Volksbank. Nach einer Fusion zweier Volksbanken wurde der Kläger im Jahre 1994 zunächst von seiner Funktion als Teilmarktleiter entbunden, und zwar mit der Begründung, die bisher von ihm ausgeübte Funktion entfalle. Einige Wochen später wurde die Sekretärin des Klägers ohne dessen Zustimmung an die Hauptgeschäftsstelle einer der Banken versetzt, was damit begründet wurde, dass angeblich ein grobes Missverhältnis zwischen dem Aufgabengebiet und der Bezahlung der Mitarbeiterin bestünde.

Der Kläger wurde sodann in die Kundenberatung versetzt, in der er alle Sparten des Standardgeschäfts zu betreuen hatte, wobei ihm eine entsprechende Änderungskündigung ausgesprochen wurde. Diese Änderungskündigung wurde vom LAG im Jahre 1996 mit der Begründung für unwirksam erachtet, dass dem Kläger nur eine seinem bisherigen Tätigkeitsbereich als Teilmarktleiter entsprechende Funktion zugewiesen werden dürfe.

Ende 1995 waren dem Kläger andere Aufgaben übertragen worden, und zwar die außendienstbezogene Tätigkeit eines Leiters Vertrieb für vermögende und Privatkunden. Auch diese Maßnahme wurde vom ArbG und vom LAG als nicht mit dem Direktionsrecht eines Arbeitgebers vereinbar bezeichnet und

---

[171] Az. 5 Ca 5954/02, Kurzwiedergabe in AuR 2004, 114

[172] in HMR, Teil 2 Rd.Nr. 109

[173] Az. 6 Sa 415/01, ZIP 2001, 2298 ff.

damit für rechtswidrig erklärt.

Im Jahre 1997 schließlich wurden dem Kläger mehrere Monate lang überhaupt keine Aufgaben mehr zugewiesen, wobei man mit Schreiben vom 02.09.1997 die Rückgabe der Schlüssel verlangte. Er wurde dann im Oktober 1997 zur Wiederaufnahme seiner Tätigkeit einbestellt. Gleichzeitig teilte man ihm mit, dass man davon ausgehe, dass er aufgrund der monatelangen Nichtbeschäftigung seinen Erholungsurlaub für 1997 nicht mehr in Anspruch nehmen werde. Erst nach Einschaltung eines Anwalts wurde dann seitens der Bank Ende 1997 mitgeteilt, dass der Jahresurlaub genommen werden könne.

Mit Schreiben vom 06.01.1998 ging beim Kläger ein Vermerk ein, in dem u.a. Tätigkeitsnachweise von ihm abgefordert wurden, die bei der Sekretärin seines Vorgesetzten einzureichen seien. Außerdem habe er künftig Schulungsmaßnahmen für Mitarbeiter durchzuführen.

Am 05.06.1998 forderte der Vorgesetzte vom Kläger, den Zeiteintrag in den vorzunehmenden Tätigkeitsnachweisen in Abständen von maximal einer halben Stunde zu gliedern. Außerdem solle der Kläger bei Kunden- und Mitarbeitergesprächen und Telefonaten den Namen des Gesprächspartners und den Grund des Gesprächs jeweils festhalten.

Daraufhin rief der Kläger erneut das ArbG an, das ebenso wie das LAG in zweiter Instanz die Anordnung der Erstellung von täglichen Tätigkeitsnachweisen und Durchführung von Mitarbeiterschulungen für rechtswidrig erachtete.

Am 07.04.2000 ließ der Vorgesetzte des Klägers diesem einen schriftlichen Vermerk zukommen, in dem Intensivgespräche zur Wissensbestandaufnahme angeordnet wurden, da er befürchte, dass der Kläger nun endgültig den Anschluss an die schnelllebigen Entwicklungen im Bankenbereich verloren habe.

Mit Schreiben vom 19.05.2000 wurde dem Kläger dann Folgendes mitgeteilt:

«Sie haben sicher Verständnis dafür, dass ich auf Ihren Redebeitrag nach dem Studium Ihrer Notizen verzichtet habe. Es hat mich gefreut, dass Sie fleißig mitgeschrieben haben und so nachvollziehen können, wie bereits in der Vergangenheit und auch künftig eine Bank gesteuert werden muss.

Ihre Ausarbeitungen als Führer eines Marktbereiches sind eine einzige Katastrophe und zeigen, dass Sie restlos überfordert sind.

Die von Ihnen seit Jahren praktizierte Ausgrenzung hat nun dazu geführt, dass Sie zu einer beachtlichen Gefahr für unser Unternehmen geworden sind, da Sie in keinster Weise mehr für Ihre Position qualifiziert sind. Bedingt durch Ihre bisherige Haltung müssen wir 4 Mitarbeiter/innen aus Kostengründen zusätzlich abbauen. Dies haben Sie zu vertreten und dies ist auch so festzuhalten.

Ich will nicht sagen, dass Sie die Volksbank durch Ihre Führung ruiniert haben, so dass diese fusionieren musste. Aber ich muss alles daran setzen, um zu verhindern, dass der Marktbereich West unter Ihrer Führung ein Stolperstein für die Zukunft der Volksbank ist. Ggf. werde ich Gutachter einschalten, die Ihre Fähigkeiten und Ausarbeitungen überprüfen. Es ist an der Zeit, Gefahren von der Volksbank abzuhalten (...)»

Einige Tage nach Erhalt dieses Schreibens attestierte ein Facharzt für Allgemeinmedizin beim Kläger erhebliche Anzeichen einer «psychosomatischen Belastungssituation», die schon des Öfteren zu Störungen der Durchblutung von Herz- und Gehirn führten. Vor Weiterungen und Ausdehnungen der negativen Einflüsse an seinem Arbeitsplatz wurde aus ärztlicher Sicht dringend gewarnt, und zwar mit der Begründung, dass aus solchen Situationen erfahrungsgemäß eine Verschlechterung der gesundheitlichen Situation resultiere, nicht selten mit katastrophalen Folgen bis zu tödlichem Ausgang.

Betreffend den Arbeitsplatz des Klägers wurde vom Arbeitgeber angeordnet, dass der Blickschutz im Schalterraum der Bank weggeräumt wurde, so dass der Kläger ständig den Blicken der Kunden und anderen Mitarbeitern ausgesetzt war.

Es lagen hier nach Auffassung des LAG Rheinland-Pfalz sämtliche Mobbing-Merkmale vor, die der Definition des LAG Thüringen entsprechen. Es seien hier entsprechend der Definition die Arbeitsbedingungen als Mittel der Zermürbung und Entwürdigung eingesetzt worden. Es sei festzuhalten, dass die Arbeitsumgebung des Klägers, so wie sie in dem Arbeitsvertrag festgeschrieben wurde, permanent ausgehöhlt werden sollte, und dies nicht etwa durch eine einzelne Aktion, sondern durch planmäßiges Vorgehen. Durch monatelange Nichtbeschäftigung habe man den Kläger aus seinem Arbeitsbereich herausdrängen wollen, und die Anordnung der Bank im Jahre 1998, wonach der Kläger tägliche Tätigkeitsnachweise mit Eintragungen im Halbstunden-Takt und unter Personen-Benennung bei der Sekretärin seines Vorgesetzten vorlegen sollte, belege, wie wenig Einfühlungsvermögen und Rücksichtnahme gegenüber dem Kläger geübt worden sei. Eine derartige Kontrolle bezeichnete das LAG zu Recht als Schikane. Das Entfernen der Trennwand im Schalterraum sah das Gericht als Dokumentation des persönlichen Niedergangs des Klägers, der jetzt auch nicht nur den Mitarbeitern der Bank, sondern auch den Kunden gegenüber verdeutlicht worden sei. Das LAG warf der Bank insbesondere vor, dass es zur Lösung der Frage, mit welchen Aufgaben man den Kläger betrauen konnte oder durfte, im Hinblick auf die vorgenommenen organisatorischen Änderungen der Führung von Gesprächen mit dem Kläger bedurft hätte und nicht der von der Bank an den Tag gelegten Verhaltensweisen. Diese sah das Gericht völlig zu Recht als schwere Mobbing-Handlungen an und sprach dem Kläger, wie oben erwähnt, ein Schmerzensgeld von DM 15.000,00 zu. Die Funktion des Geldes in diesem Zusammenhang sei symbolisch und stelle einen Wiedergutmachungsversuch dar. Unter Berücksichtigung der Intensität der «Schmerzen im geistigen Bereich», dem Maß der Schuld und dem Anlass sowie der Begleitumstände der Verletzungshandlung hielt das Gericht DM 15.000,00 für angemessen, weil die Verletzungshandlungen über

Jahre hinweg dauerten bzw. nachwirkten, eine breitere Öffentlichkeit davon Kenntnis erhalten habe und im Jahre 2000 eine deutliche Verschärfung des Vorgehens seitens der Beklagten zu erkennen gewesen sei. Demgegenüber hätten die vom Kläger angeführten Gesundheitsbeeinträchtigungen nicht als besonders gewichtig bewertet werden können.

Diese rechtskräftige Entscheidung des LAG Rheinland-Pfalz ist im Hinblick auf die erstmalige Gewährung von Schmerzensgeld bei Mobbing-Sachverhalten ebenso bedeutsam wie im Hinblick auf die Übernahme der Mobbing-Definition des LAG Thüringen. Gegen das Urteil des LAG Rheinland-Pfalz ist zwar seinerzeit Revision eingelegt, dann aber wieder zurück genommen worden, so dass das BAG jedenfalls in diesem Verfahren nicht wie erwartet Gelegenheit hatte, sich grundsätzlich mit der Rechtsfrage des Mobbings und der Höhe des Schmerzensgeldes auseinanderzusetzen.

Auch das ArbG Berlin hat einer Arbeitnehmerin in einem Urteil vom 08.03.2002[174] neben Schadensersatz ein Schmerzensgeld in Höhe von € 8.000,00 zuerkannt. Diesem Fallbeispiel 11 liegt folgender Sachverhalt zugrunde:

Fallbeispiel 11

Die Klägerin war seit 1992 bei der Beklagten, die ein privates Seniorenheim betreibt, als Sekretärin beschäftigt. Sie erlitt am 19.01.2001 einen Nervenzusammenbruch und war bis zur Verkündung des Urteils am 08.03.2002 durchgängig arbeitsunfähig erkrankt.

Die Klägerin erhielt während ihrer Arbeitsunfähigkeit in der Zeit vom 13.02.2001 bis zum 08.03.2001 drei schriftliche Abmahnungen wegen angeblicher Pflichtverletzungen aus dem Jahre 2000, wonach sie ihrer Pflicht zur sorgfältigen und zeitnahen Arbeit nicht genügt habe, was erst jetzt festgestellt worden sei.

In einem Schreiben vom 22.02.2001 teilte der Prozessbevollmächtigte der Klägerin der Beklagten mit, dass die bei seiner Mandantin aufgetretene Erkrankung auf ein «nicht geeignetes Arbeitsklima» zurückzuführen sei. Darüber hinaus schilderte er verschiedene Vorkommnisse und wies darauf hin, dass die Geschäftsführerin der Beklagten gegen die Fürsorgepflicht verstoße.

Sodann erhielt die Klägerin am 15.03.2001 zwei weitere Abmahnungen. In der einen hieß es u.a.:

«Die letzte Arbeitsunfähigkeitsmeldung ist vom 23.02.2001. Mit dieser AU sind Sie bis zum 02.03.2001 krankgeschrieben. Seitdem liegt weder uns noch Ihrer Krankenversicherung eine weitere Krankmeldung vor.»

In einer weiteren Abmahnung vom selben Tag beanstandete die Geschäftsführerin der Beklagten unerlaubtes Fernbleiben der Klägerin seit dem 05.03.2001

---

[174] Az.: 40 Ca 5746/01

und drohte zugleich im Fall fehlender Nachricht bis zum 19.03.2001 mit einer fristlosen Kündigung wegen beharrlicher Arbeitsverweigerung.

Mit Schreiben vom 18.07.2001 kündigte die Beklagte das Arbeitsverhältnis fristlos, vorsorglich fristgerecht zum 31.10.2001. Die Kündigung sei im Hinblick darauf gerechtfertigt, dass sämtliche Vorwürfe der Klägerin unzutreffend und in verleumderischer Weise erhoben worden seien.

Die Klägerin verlangte Entfernung der Abmahnungen aus der Personalakte sowie Schadensersatz und Schmerzensgeld, was sie wie folgt begründete:

Sie sei ursächlich aufgrund des von der Geschäftsführerin der Beklagten gegen sie betriebenen Mobbings erkrankt. Die Geschäftsführerin der Beklagten habe sie in persönlich herabwürdigender Weise wiederholt angegriffen, und zwar gehäuft in der Zeit seit Ende 2000. Dass Mobbing an der Tagesordnung gewesen sei, lasse sich durch die Arbeitsumstände im Allgemeinen, aber auch durch konkret gegen sie, die Klägerin, gerichtete Maßnahmen, belegen. So sei das «Herunterputzen» von Kollegen, die Bezeichnung als *doof»*, *«bescheuert»*, *«blöde Ossis»* usw. an der Tagesordnung gewesen. Über ihre Kollegin Frau M. habe die Geschäftsführerin der Beklagten geäußert, sie solle lieber im KaDeWe Büstenhalter verkaufen gehen. Im September 2000 habe die Geschäftsführerin der Beklagten die Benutzung der Personaltoilette verboten sowie die Benutzung der Toiletten im Seniorenwohnheim angeordnet, nachdem Frau T. Kaffeereste im Handwaschbecken des Toilettenraumes entsorgt habe. Außerdem sei ein Kaffee- und Teekochverbot ausgesprochen worden, von dem lediglich gegenüber der Heimleitung, Frau Z., eine Ausnahme gemacht worden sei.

Anlässlich der Weihnachtsfeier 1999 habe die Geschäftsführerin der Beklagten lautstark und wörtlich gegenüber der Krankenpflegerin, Frau M.-T., geäußert, die Heimbewohner sähen aus wie *«frisch gefickte Eichhörnchen»*. Während der Urlaubsabwesenheit des Zeugen M. hätte sich die Geschäftsführerin der Beklagten in der Zeit von Oktober - November 1999 unerlaubt Zugang zu dessen Wohnung verschafft.

Bezogen auf konkrete Maßnahmen ihr gegenüber trägt die Klägerin vor:

Des Weiteren habe ein Vorfall am 27.12.2000 stattgefunden. Sie, die Klägerin, habe unstreitig am 17.12.2000 einen Aushang gefertigt, in welchem auf eine Veranstaltung am Heiligen Abend hingewiesen worden sei. Der Beginn sollte nach dem Aushang um 17.00 Uhr sein. Dies habe die Geschäftsführerin – ebenfalls unstreitig – zweifach unterzeichnet.

Am 27.12.2000 habe die Geschäftsführerin gemeint, die Veranstaltung hätte erst um 18.00 Uhr beginnen sollen. Sie habe sie, die Klägerin, in Anwesenheit der Frau M. und in Hörweite der Frau H., die sich in einem Nebenzimmer befunden habe, angebrüllt und sie als *«doof»* bezeichnet. Die Geschäftsführerin habe außerdem angeordnet, dass sie ab sofort allein in der 3. Etage in einer für

84

sie bereits in der Vergangenheit eingerichteten Kammer von 4 qm Größe ihren Dienst abzuleisten habe.

Am 28.12.2000 habe die Geschäftsführerin der Beklagten sie rüde angefahren, sie möge eine von Frau H. begonnene Einweisung in ein EDV-Textprogramm unterlassen und sich außerhalb der Arbeitszeit im Umgang mit dem PC weiterbilden.

All diese Umstände hätten ihre schwere psychische Erkrankung verursacht. Sie leide unter Depressionen mit Schlafstörungen, Herzunruhe und sozialen Ängsten.

Das ArbG verurteilte die Beklagte, die Abmahnungen aus der Personalakte zu entfernen und sprach der Klägerin <u>Schadensersatz</u> sowie <u>Schmerzensgeld</u> zu. Der Kündigungsschutzklage der Klägerin gab das ArbG statt und stellte fest, dass das zwischen den Parteien bestehende Arbeitsverhältnis weder fristlos noch fristgerecht beendet worden sei.

Die Kündigung sei unwirksam, weil die Klägerin insbesondere nicht in verleumderischer Weise gemäß § 187 StGB behauptet habe, von der Geschäftsführerin der Beklagten gemobbt worden zu sein. Das Gericht kam vielmehr zur Überzeugung, dass die Angaben der Klägerin über die diskriminierende Behandlung durch die Geschäftsführerin der Beklagten zutreffend seien.

Insgesamt stehe aufgrund der durch die mündliche Verhandlung gewonnenen Überzeugung des Gerichts fest, dass die Geschäftsführerin der Beklagten die Klägerin tatsächlich ständig herabgewürdigt habe. Die durch die Beweisaufnahme geklärten Vorfälle belegten, dass die Geschäftsführerin der Beklagten die Grenzen des Persönlichkeitsrechts der Klägerin wiederholt überschritten habe.

Die Geschäftsführerin der Beklagten achte nicht die Grenzen des Persönlichkeitsrechts ihrer Arbeitnehmer im Allgemeinen und der Klägerin im Besonderen. Zum Teil gehe sie bis an die Grenze des Persönlichkeitsrechts, zum Teil auch darüber hinaus. So habe sie im Allgemeinen unstreitig ein Verbot ausgesprochen, die Personaltoiletten zu benutzen, sowie ein Verbot verhängt, während des Arbeitstages Kaffee oder Tee zu kochen. Der Anlass hierfür sei ein geringfügiger gewesen: Eine Kollegin der Klägerin habe Kaffeesatz in das Handwaschbecken geschüttet. Dies zum Anlass zu nehmen, gegenüber sämtlichen Arbeitnehmern, mit Ausnahme der Heimleiterin, die genannten Verbote zu verhängen, erscheine unverhältnismäßig.

Im Zusammenhang mit den Abmahnungen hat sich das ArbG mit jeder einzelnen Abmahnung befasst und diese als rechtswidrig angesehen. Das ArbG konnte es daher ausdrücklich dahingestellt lassen, ob allein in der Übersendung einer Vielzahl von Abmahnungen, die innerhalb kürzester Zeit ausgesprochen werden und unterschiedliche Vertragsverletzungen aus einem längeren Zeitraum betreffen, eine Verletzung der Fürsorgepflicht und des Übermaßverbotes auf Seiten des Arbeitgebers liegen kann, wie das ArbG Kiel in einer Entscheidung vom 16.01.1997[175] (vgl. *Frage 4*) vertreten hatte.

Hinsichtlich der Mobbing-Definition schloss sich das ArbG Berlin der Definition des Thüringer LAG in seinem Urteil vom 10.04.2001 an und vertrat im Übrigen die Auffassung, dass ein systematisches Vorgehen nicht Voraussetzung für die Annahme eines Mobbing-Sachverhalts sei. Ein vorgefasster Plan sei nicht erforderlich. Vielmehr sei eine Fortsetzung des Verhaltens unter schlichter Ausnutzung der Gegebenheiten ausreichend (vgl. zur Mobbing-Definition *Frage 2*).

Nach diesen Maßstäben habe im vorliegenden Fall die Geschäftsführerin der Beklagten gegenüber der Klägerin Mobbing betrieben.

Die Mobbing-Handlungen seien auch mit Beginn der Arbeitsunfähigkeit der Klägerin nicht beendet gewesen. Auch nach Beginn der Arbeitsunfähigkeit der Klägerin habe nämlich die Geschäftsführerin der Beklagten zahlreiche Schreiben und Abmahnungen übermittelt, obwohl der Prozessbevollmächtigte der Klägerin mit Schreiben vom 22.02.2001 ausdrücklich darauf hingewiesen habe, dass der Grund der Erkrankung der Klägerin in dem schlechten Arbeitsklima zu suchen sei.

Aufgrund der vorgelegten Arztatteste werde belegt, dass die Mobbing-Handlungen kausal zu dem Nervenzusammenbruch der Klägerin am 19.01.2001 und der fortdauernden Arbeitsunfähigkeit aufgrund einer Depression geführt hätten.

In Bezug auf die Höhe des Schmerzensgeldanspruchs hielt die Kammer einen Betrag von € 8.000,00 für angemessen, um die von der Klägerin erlittenen Schmerzen auszugleichen. Zu Lasten der Klägerin sei zu berücksichtigen, dass Vorerkrankungen bestanden hätten und die Klägerin aufgrund der unstreitigen Todesfälle innerhalb ihrer Familie bereits belastet gewesen sei. Auf der anderen Seite sei zu berücksichtigen, dass die Geschäftsführerin der Beklagten entgegen der ihr obliegenden Fürsorgepflicht die Klägerin auch nach Beginn ihrer Arbeitsunfähigkeit mit weiteren Schreiben konfrontiert habe, obwohl sie darauf hingewiesen worden sei, dass dies dem Gesundheitszustand der Klägerin abträglich sei. Bei diesen Schreiben handle es sich auch nicht um berechtigte arbeitsrechtliche Maßnahmen.

Diese Schlussfolgerung des Gerichts ist allerdings deshalb zweifelhaft, weil das ArbG es dann nicht hätte dahingestellt lassen dürfen, ob hier ein sog. «Abmahnungs-Mobbing» vorliegt. Eine ungerechtfertigte Abmahnung stellt nämlich grundsätzlich kein Mobbing-Verhalten dar, wenn nicht zusätzliche Gesichtspunkte hinzukommen (vgl. dazu oben *Frage 4*). Hier erscheint jedoch das Gesamtverhalten des Arbeitgebers durchaus vergleichbar mit der Fallkons-

---

[175] Az. 5d Ca 2306/96

tellation, wie sie der Entscheidung des ArbG Kiel vom 16.01.1997 zugrunde gelegen hat, worauf das ArbG Berlin dann aber auch hätte hinweisen müssen.

In der *Berufungsinstanz* wurde dieses Urteil allerdings vom LAG Berlin mit Urteil vom 01.11.2002[176] aufgehoben und die Klage abgewiesen. Zur Begründung führte das LAG aus, dass nach dem Ergebnis der Beweisaufnahme die von der Klägerin beanstandeten Einzelhandlungen durch die Geschäftsführerin des Arbeitgebers ebenso wenig bewiesen seien wie die Kausalität zwischen Handlung und Schaden und das Verschulden des Arbeitgebers bzw. seiner Geschäftsführerin.

Einen erheblich höheren Schmerzensgeldanspruch hat das ArbG Dresden einer Arbeitnehmerin in einer Entscheidung vom 07.07.2003[177] zuerkannt. Die 5. Kammer des Dresdner ArbG verurteilte den Freistaat Sachsen und den Vorgesetzten der Klägerin als Gesamtschuldner zur Zahlung von € 40.000,00 (Geldentschädigung von € 25.000,00 wegen schwerer Persönlichkeitsrechtsverletzung und Schmerzensgeld in Höhe von € 15.000,00 wegen des erlittenen Gesundheitsschadens), zum Ersatz der mobbingbedingten Gehaltseinbußen in Höhe von ca. € 22.000,00 und zur Zahlung von Schadensersatz auch wegen künftiger Gehaltseinbußen. Damit gab sie den Anträgen der Klägerin auf Geldentschädigung, Schmerzensgeld und Schadensersatz in vollem Umfang statt.

Folgender Sachverhalt lag der Entscheidung in diesem weiteren <u>Fallbeispiel 12</u> zugrunde:

Fallbeispiel 12

Die 37-jährige, verheiratete und zwei minderjährigen Kindern zum Unterhalt verpflichtete Klägerin ist diplomierte Mineralogin und bewarb sich beim sächsischen Landesamt für Umwelt und Geologie im Oktober 1999 auf eine ausgeschriebene Stelle als Sachbearbeiterin.

Der Einsatz sollte im Bereich der staatlichen Umweltbetriebsgesellschaft im Wege der Abordnung erfolgen. Bereits während des Bewerbungsverfahrens stellte sich heraus, dass die staatliche Umweltbetriebsgesellschaft einen anderen Bewerber favorisierte, die Besetzung der ausgeschriebenen Stelle durch das Landesamt mit der Klägerin aber nicht verhindern konnte. Zu den abgelehnten Bewerbern gehörte auch die Lebensgefährtin des künftigen Vorgesetzten der Klägerin und Beklagten zu 2).

Am 03.01.2000 begannen nach den Angaben der Klägerin die ersten Schikanen.

- Zunächst sei die Tätigkeitsbeschreibung nachträglich reduziert worden.

- Des Weiteren seien Gerüchte unter den Mitarbeitern gestreut worden, die

---

[176] Az.: 19 Sa 940/02, NZA-RR 2003, 232 ff.

[177] Az.: 5 Ca 5954/02, Kurzwiedergabe in AuR 2004, 114

Klägerin würde ihre Kompetenzen überschreiten, sie pflege einen unmöglichen Umgang mit den Mitarbeitern und schreie Mitarbeiter an.

- Gleich am ersten Arbeitstag sei sie von der morgendlich für alle Mitarbeiter des Geschäftsbereichs stattfindenden und der täglichen Einsatzbesprechung dienenden Kaffeerunde mit der fadenscheinigen Begründung bestehender Platznot ausgegrenzt und ihr des Weiteren ein mit erheblichen Lärmbelästigungen verbundener Arbeitsplatz zugewiesen worden.

- Nachdem sie nach einer Erkrankung am 31.01.2000 an ihren Arbeitsplatz zurückgekehrt sei, sei sie von ihrem Vorgesetzten mit den Worten empfangen worden: *«Ich habe Sie nicht gewollt und ich will Sie hier auch nicht.»*

- Eine ordnungsgemäße Einarbeitung in ihren Aufgabenbereich sei zu keinem Zeitpunkt erfolgt.

- Sie sei zunächst hauptsächlich mit Hilfsarbeiten, etwa dem Wegräumen von Chemikalien, betraut worden.

- Bereits zugewiesene Aufgaben seien ihr ohne Angabe von Gründen wieder entzogen worden.

- Ihre Arbeitsbedingungen seien systematisch erschwert worden. Ihr Laptop, den sie zur kontinuierlichen Datenerfassung benötigt habe, sei plötzlich verschwunden und einem anderen Mitarbeiter übergeben worden, ohne dass der Arbeitgeber eine Notiz hinterlassen habe. Aufwendig von ihr durchgeführte Untersuchungen hätten von ihr wegen Auswechselns von Probenzuleitungen ohne ihr Wissen wiederholt werden müssen.

- Ihr sei unterstellt worden, sie hätte Messwerterfassungen zerstört, keine produktive Tätigkeit erbracht und ständig krankgemacht.

- Wichtige Informationen zur Teilnahme an Lehrgängen seien ihr einfach vorenthalten worden.

- Hinsichtlich der auch ihren Arbeitsbereich betreffenden Planung von Laborumbauten sei ihr von ihrem Vorgesetzten der Plan des neuen Labors mit der Bemerkung vorgezeigt worden: *«Sie können die Pläne für das kleine Labor einsehen. Sollten Sie Änderungsvorschläge haben, sage ich Ihnen gleich, warum wir es nicht so machen.»*

- Als sie nach einem arbeitsfreien Tag zurückgekommen sei, sei sie mit einem nicht mehr existierenden Arbeitsplatz konfrontiert worden. Ihr Labor sei ohne jegliche Vorinformation ausgeräumt und verlagert worden.

Nach einem Jahr der von ihr empfundenen Schikane, der Diskriminierung, sich ständig wiederholender Anfeindungen durch ihren unmittelbaren Vorgesetzten, gefördert durch das Dulden des Geschäftsbereichsleiters und trotz ständig erbetener Hilfe, die ihr nicht gewährt wurde, konnte die Klägerin dem psychischen Druck nicht mehr standhalten. Die Klägerin war seit dem 07.02.2001 wegen eines ausgeprägten depressiven Syndroms arbeitsunfähig erkrankt und nach längerem stationärem Klinikaufenthalt auf regelmäßige psychotherapeutische Behandlung und starke Antidepressiva und Antiepileptika angewiesen.

Vor Beschäftigungsbeginn hatte die Klägerin weder psychische Probleme noch psychosomatische Beschwerden gehabt. Eine Wiedergenesung der Klägerin war zum Zeitpunkt der Verkündung des Urteils nicht absehbar.

In ihrer Klage hat die Klägerin über einen Zeitraum von ca. einem Jahr 29 Verhaltensweisen, bestehend aus Rechtsmaßnahmen und Kommunikationshandlungen, aufgezählt und die Auffassung vertreten, dass diese in keinem einzelnen Fall durch anzuerkennende arbeitgeberseitige Interessen berechtigt gewesen seien. Diese fortgesetzten Verhaltensweisen hätten ausschließlich der Schikane, der Diskriminierung sowie Anfeindung gedient. Insgesamt 20 der aufgezeigten Fälle wertete das Gericht als rechtlich relevantes Mobbing.

Die 5. Kammer des ArbG Dresden hat nach durchgeführter Beweisaufnahme und Anhörung der gemobbten Klägerin nicht nur den Mobber, sondern auch den sich gegenüber dem Mobbing tatenlos verhaltenden Arbeitgeber, den Freistaat Sachsen als Inhaber der staatlichen Umweltbetriebsgesellschaft, in der die Klägerin gemobbt wurde, als Gesamtschuldner zur Zahlung einer Geldentschädigung, Schmerzensgeld und zum Ersatz entgangener und künftiger Gehaltsansprüche verurteilt.

Dieses Urteil wurde in der Berufungsinstanz vom Sächsischen LAG mit Urteil vom 17.02.2005[178] aufgehoben und die Klage abgewiesen.

Den Antrag, *festzustellen, dass die Beklagten der Klägerin auch zukünftig wegen der beim Vollzug ihres Arbeitsverhältnisses erfolgten systematischen Verletzung ihres allgemeinen Persönlichkeitsrechts und ihrer Gesundheit (Mobbing) zum Schadensersatz als Gesamtschuldner verpflichtet sind,* hielt das LAG wegen Verstoßes gegen den Bestimmtheitsgrundsatz für unzulässig. Offen sei bereits, was mit dem Wort «Vollzug» gemeint sei. Eine «systematische» Verletzung von Rechten oder Rechtsgütern sei ohne Angabe der Umstände, aus welchen sich auf eine Systematik schließen lassen soll, nicht hilfreich. Feststellungsanträge der vorliegenden Art sollten die Grundlage für den künftigen Ersatz noch später aus dem schädigenden Ereignis resultierender materieller oder immaterieller Einbußen sein. Dafür müsse das zum Ersatz verpflichtende Ereignis so präzise bezeichnet werden, dass die Parteien künftig nicht erneut über den Anspruchsgrund streiten müssen. Mit einem nicht präzisen Urteil wäre keiner Partei geholfen, auch der Klägerin nicht. Damit bedürfe es im Ergebnis der Angabe der Verletzungshandlung sowohl hinsichtlich des allgemeinen Persönlichkeitsrechts als auch hinsichtlich der Gesundheit, woran es hier fehle. Der Klammerzusatz «Mobbing» helfe für sich nicht weiter. Dabei handle es sich zwar um einen Begriff, der sich in der Alltagssprache durchge-

---

[178] Az.: 2 Sa 751/03, EzA Schnelldienst 12/2005, S. 12 und
http://www.justiz.sachsen.de/lag/docs/2Sa751-03.pdf

setzt habe. Er sei aber aus mehreren selbständig tragenden Gründen derart kon-
turlos, dass er nicht Inhalt des Urteilstenors werden dürfe, selbst wenn ein als
«Mobbing» zu qualifizierendes Verhalten an sich eine Verurteilung zu einem
bestimmten anderen Gegenstand tragen könne. Bei dem Wort «Mobbing»
handle es sich im Übrigen um ein englisches Wort. Aufgrund der Regelung in
§ 184 GVG, wonach die Gerichtssprache deutsch sei, habe sich das Gericht
den Parteien gegenüber auch in deutscher Sprache zu äußern. Dies verbiete es,
das Wort «Mobbing» in den Tenor einer Entscheidung eines deutschen Gerichts aufzunehmen.

Im Übrigen hielt das LAG die Klage für unbegründet. Mangels als «Mobbing»
zu qualifizierender Verhaltensweisen fehle es bereits an einer Verletzung des
allgemeinen Persönlichkeitsrechts, zumal an einem schwerwiegenden Eingriff.
Ein Anspruch auf Geldentschädigung wegen einer etwaigen Verletzung des
allgemeinen Persönlichkeitsrechts der Klägerin bestehe darüber hinaus wegen
Subsidiarität der Anspruchsgrundlage allein deshalb nicht, weil hier andere
Rechtsschutzmöglichkeiten zu Gebote stünden, wie z.B. ein Anspruch auf vertragsgemäße Beschäftigung, der gerichtlich durchsetzbar sei, oder ggf. ein Zurückbehaltungsrecht gem § 273 BGB.

Ob gegen den Arbeitgeber Ansprüche auf Schadensersatz oder Schmerzensgeld wegen Verletzung der Gesundheit bestanden, ließ das LAG letztlich dahinstehen. Derartige Ansprüche wären nach Auffassung des LAG nämlich jedenfalls aufgrund der auf das Arbeitsverhältnis der Parteien anwendbaren Regelung in § 70 (Ausschlussfrist) BAT-O untergegangen. Nach Abs. 1 dieser
Regelung verfallen Ansprüche aus dem Arbeitsverhältnis, wenn sie nicht innerhalb einer Ausschlussfrist von sechs Monaten nach Fälligkeit vom Angestellten schriftlich geltend gemacht werden, soweit tarifvertraglich nichts anderes bestimmt ist. Fällig waren etwaige Ansprüche der Klägerin nach Auffassung des LAG spätestens mit ihrer Einweisung zur stationären Behandlung am
02.03.2001. Spätestens zu diesem Zeitpunkt habe die Klägerin Kenntnis von
dem Schadensereignis gehabt, auf das sie ihre Forderungen gründe. Das Gel-
tendmachen von Forderungen durch Schreiben der Prozessbevollmächtigten
der Klägerin vom 06.02.2002 wahre die am 02.09.2001 abgelaufene Ausschlussfrist nicht.

Auch Ansprüche auf Schadensersatz oder Schmerzensgeld gegen den Beklagten zu 2., den Vorgesetzten der Klägerin, hielt das LAG für unbegründet, da
keine schuldhafte Verletzung der durch § 823 BGB sowie den früheren § 847
BGB geschützten Rechtsgüter vorliege. Es fehle im Übrigen bereits an einer
klaren «Täter-Opfer-Konstellation». Die sofort nach Dienstantritt begonnene
und über mehr als ein Jahr praktizierte Auflistung einzelner Vorkommnisse,
Verhaltensweisen und Gesprächsfetzen in buchhalterischer Manier deute eher
darauf hin, dass die Klägerin selbst keine sonderlich friedfertige Einstellung
gehabt habe. Sie habe von vornherein Munition gesammelt, um sie gegen diejenigen zu verschießen, mit denen sie zusammenzuarbeiten hatte. Dabei greife

sie auf nach Auffassung des LAG überwiegend völlig untergeordnete Vorkommnisse aus einem im Zweifel allein fachlich ereignisreichen Arbeitsalltag zurück. Die penible Dokumentation von – überwiegend – Belanglosigkeiten spreche für eine Überempfindlichkeit im Umgang mit Vorgesetzten und damit für eine lediglich «gefühlte» Opferrolle.

Die streitgegenständlichen Ansprüche bestünden (unabhängig von dem Vorstehenden und selbständig tragend) jedenfalls auch mangels Ursächlichkeit der inkriminierten Verhaltensweisen für die Erkrankung der Klägerin nicht. Das von der Klägerin selbst vorgelegte psychiatrische Attest vom 28.12.2001 rede u. a. davon, dass «bei vorhandener Disposition zu depressiver Reaktion» sehr häufig exogene Faktoren als auslösende Momente eine entscheidende Rolle spielten. Das spreche gegen die Annahme, die Klägerin sei erst im Betrieb «krank gemacht» worden, und sei mithin widersprüchlich. Widersprüchliche Behauptungen seien jedoch keinem Beweis zugänglich[179], weshalb der wiederholte Antrag, eine sachverständige Begutachtung vornehmen zu lassen, nicht zu erledigen gewesen sei.

Das ArbG Koblenz verurteilte in dem folgenden Fallbeispiel 13 den Arbeitgeber sowie einen Chefarzt in einem Urteil vom 12.10.2004[180] an die Klägerin als Gesamtschuldner € 12.000,00 Schmerzensgeld zu zahlen.

Fallbeispiel 13

Die Klägerin war als Oberärztin der anästhesistischen Abteilung im Krankenhaus der Beklagten zu 2) beschäftigt. Der Beklagte zu 1) war Chefarzt der Chirurgie. Das Arbeitsverhältnis endete durch eine von der Klägerin fristlos am 31.10.2003 erklärte Eigenkündigung.

Die Parteien stritten u.a. über einen von der Klägerin gegen die Beklagten als Gesamtschuldner geltend gemachten Anspruch auf Zahlung von Schmerzensgeld. Die Klägerin erhob den Vorwurf fortgesetzten, schon im Oktober 1991 einsetzenden, von der Beklagten zu 2) geduldeten und aktiv unterstützten schikanösen Verhaltens des Beklagten zu 1).

Insgesamt trug die Klägerin 36 Vorfälle zwischen 1991 und Oktober 2003 vor, die nach ihrer Auffassung den Vorwurf des anhaltenden Mobbing-Verhaltens der Beklagten begründen. Zur letztmaligen, allerdings mit im Einzelnen streitigen Umständen verbundenen Zusammenarbeit der Klägerin mit dem Beklagten zu 1) kam es bei einer Operation am 02.10.2003. Ab dem 04.10.2003 bis zur von ihr zum 31.10.2003 ohne Einhaltung der Kündigungsfrist erklärten Kündigung ihres Arbeitsverhältnisses mit der Beklagten zu 2) war die Klägerin arbeitsunfähig erkrankt. Die Klägerin trug vor, aufgrund der von beiden Beklagten zu verantwortenden fortgesetzten Schikanen hätten sich bei ihr über

---

[179] vgl. BAG vom 13.06.2002 – 2 AZR 589/01 – EzA § 1 KSchG Betriebsbedingte Kündigung Nr. 1
[180] Az. 10 Ca 4246/03

mehrere Jahre hinweg ein psychisches Trauma mit posttraumatischer Belastungsstörung sowie eine schwere Tinnitus-Erkrankung entwickelt.

Das ArbG führte aus, dass die Verletzung des allgemeinen Persönlichkeitsrechts eines Arbeitnehmers nicht nur durch eine punktuelle Verletzungshandlung erfolgen könne, sondern auch durch ständige, für sich allein genommen nicht unbedingt schwere einzelne Beeinträchtigungen, die erst in der Gesamtschau zu einer schwerwiegenden negativen Auswirkung auf die Person des Betroffenen führten. Aus dem Persönlichkeitsrecht des Arbeitnehmers folge ein allgemeines Schikaneverbot als Nebenpflicht aus dem Arbeitsverhältnis[181].

Dem vom ArbG zuerkannten Schmerzensgeldanspruch stehe nicht entgegen, dass die Beklagten durchaus plausibel haben vortragen können, die Klägerin habe sich nicht allein in ihrer Opferrolle eingefunden, sondern aktiv und nicht selten lautstark an der Gestaltung und Entwicklung der arbeitsvertraglichen und kollegialen Beziehungen der Parteien mitgewirkt. Allenfalls komme dem eigenen Verhalten der Klägerin nach den von ihr hingenommenen und keineswegs gerechtfertigten Angriffen in ihr Persönlichkeitsrecht Einfluss zu bei der Bewertung der Intensität der Beeinträchtigungen.

Der Beklagte zu 1) habe die Klägerin wiederholt verbal beleidigt: Am 17.06.1999, am 22.02.2000 mit der lautstarken Anweisung, die Klägerin solle aus «seinem Saal verschwinden», am 08.06.2000 mit der lautstark im OP während der Operation vorgetragenen Erklärung, die Klägerin habe «wohl eine Fortbildung nötig», mit seinem Schreiben vom 15.06.2000 und der darin enthaltenen Formulierung, die Klägerin werde ihm «zugemutet», sowie am 16.04.2003. Er habe die Klägerin darüber hinaus wiederholt und in Gegenwart von Mitarbeitern der Beklagten zu 2) angeschrieen und zum Teil lautstark zurechtgewiesen. Auch mit diesen Überlegenheitsgesten habe der Beklagte zu 1) seine Geringschätzung der Klägerin offen und für das jeweils im Übrigen beteiligte Personal der Beklagten zu 2) in sehr einfach verständlicher Form zum Ausdruck gebracht, ohne sachliche Rechtfertigungen für sein Vorgehen erläutern zu können. Das Anschreien eines Mitarbeiters diene unabhängig von dessen Empfänglichkeit für derartige Signale der Disziplinierung und Einschüchterung. Das Anschreien der Klägerin sei geeignet gewesen, sie zu demütigen, erst recht mit seiner Wiederholung, und Machtverhältnissen auf drastische Weise Ausdruck zu verleihen. Nichts Anderes gelte für einen nach Auffassung des Gerichts unwürdigen Geschehensablauf am 05.09.2000. Der Beklagte zu 1) habe die Klägerin einbestellt, zurechtgewiesen und schließlich aus der chirurgischen Ambulanz regelrecht hinausgeworfen. Als die Klägerin sich geweigert habe, diesem Rauswurf nachzukommen und die vom Beklagten zu 1) geöffnete Tür wieder geschlossen gehalten habe, habe der Beklagte zu 1) darauf bestanden, die Tür gewaltsam und gegen den Widerstand der Klägerin, deren

---

[181] vgl. ErfK/Dieterich, 5. Aufl., Art. 2 GG, RdNr. 85 und ErfK/Preis, § 611 BGB, RdNr. 765 ff. m.w.N.

Hand auf der Türklinke gelegen habe, zu öffnen. Dabei habe sich die Klägerin ein Hämatom mit einer Kapselprellung des Handgelenks zugezogen und sei vom 06. - 14.09.2000 arbeitsunfähig erkrankt gewesen. Dieser Vorfall bleibe beschämend, auch wenn der Beklagte zu 1) die Tür zur chirurgischen Ambulanz nicht «mit voller Wucht gegen den Unterarm der Klägerin geschlagen» haben sollte, selbst wenn die Klägerin ihrerseits schreiend auf die Vorhaltungen des Beklagten zu 1) reagiert haben sollte. Zur offenen Anfeindung der Klägerin sei es gekommen, als der Beklagte zu 1) der Klägerin in nicht hinnehmbarer Form unbedingt seinen Willen habe aufzwingen müssen.

Der Beklagte zu 1) habe es ferner verstanden, die Klägerin seit Februar 2000 für die Dauer der Vakanz der Chefarztstelle in der anästhesistischen Abteilung des Krankenhauses von der Narkosetätigkeit bei chirurgischen Operationen zunehmend und ab dem 08.05.2000 sogar weitestgehend fernzuhalten. Da die Klägerin seit 1984 Oberärztin der anästhesistischen Abteilung und die Narkosetätigkeit während chirurgischer Operationen wesentlicher Teil der Arbeitstätigkeit der Klägerin gewesen sei, verstehe sich der ausgrenzende, diskriminierende Charakter dieser Maßnahme nach dem Verständnis der Kammer von selbst.

Der Einwand der Beklagten, es sei der Klägerin eine ausreichende Anzahl von Betätigungsfeldern verblieben, ändere nichts daran, dass der Beklagte zu 1) persönlich aktiv in die beruflichen Betätigungsmöglichkeiten der Klägerin eingegriffen und sie demonstrativ an der Ausübung einer für ihr Berufsbild prägenden Tätigkeit gehindert habe.

Nach allem sah das Gericht ein insgesamt schikanöses, auf Dauerhaftigkeit angelegtes Verhalten des Beklagten zu 1) der Klägerin gegenüber als erwiesen. Es ergäbe sich deshalb das Gesamtbild einer groben Missachtung und eines schweren Eingriffs in das Persönlichkeitsrecht der Klägerin mit einem aus § 823 Abs. 1 BGB resultierenden Anspruch auf Schmerzensgeld.

Dieser bestehe auch gegen die Beklagte zu 2) als Arbeitgeberin, die sich vorwerfen lassen müsse, ihre vertraglichen Schutzpflichten gegenüber der Klägerin verletzt zu haben. Der Beklagte zu 1) sei zwar nicht Vorgesetzter der Klägerin gewesen. Die Beklagte zu 2) habe allerdings aus diversen Schreiben der Klägerin und auch aus einer Beschwerde einer anderen Mitarbeiterin von der Ausgrenzung und Demütigung der Klägerin erfahren, ohne dies zum Anlass zur Wahrnehmung ihrer Schutzpflichten genommen zu haben. Aktiv verletzt habe die Beklagte zu 2) ihre vertragliche Nebenpflicht gegenüber der Klägerin, als dieser am 14.06.2000 verweigert wurde, für ihre Rechte als Anästhesistin bei chirurgischen Operationen einzutreten. Beachtlich sei in diesem Zusammenhang auch der Inhalt der von der Beklagten zu 2) mit Datum vom 04.07.2000 erteilten Abmahnung, mit der die Beklagte zu 2) ersichtlich Partei gegen die Klägerin ergriffen habe, obwohl diese jedenfalls am 14.06.2000 um Unterstützung bei der sich anbahnenden Auseinandersetzung mit der chirurgischen Abteilung gebeten hätte. Aktiv beteiligt an der Kränkung der Klägerin habe sich die Beklagte zu 2) auch mit dem Inhalt ihrer Abmahnung vom 27.03.2001 und dem dortigen Hinweis, die Klägerin habe sich «als Notärztin versucht». Selbst wenn die Klägerin einen Verstoß gegen ihre Dienstpflichten begangen haben sollte, habe kein Anlass bestanden, diesen mit einer ehrkränkend formulierten Abmahnung auszustatten, nachdem die Klägerin bis 2000 langjährig und erfolgreich am notärztlichen Dienst der Beklagten teilgenommen habe.

Im Ergebnis hielt das Gericht ein Schmerzensgeld von € 12.000,00 für angemessen.

Zu beachten ist aber, dass *nicht jede Verletzung des Persönlichkeitsrechts* einen Anspruch auf Geldentschädigung zur Folge hat, wobei nicht immer zwischen Geldentschädigung und Schmerzensgeld differenziert wird. Ein solcher Anspruch entsteht vielmehr nur, wenn die Schwere des Eingriffs in das Persönlichkeitsrecht nach dem Grad des Verschuldens, Grad und Schwere der Beeinträchtigung sowie Anlass und Beweggrund des Handelns eine Genugtuung durch Zubilligung eines Schmerzensgeldes erfordern und wenn die Persönlichkeitsrechtsverletzung nicht in anderer Weise befriedigend ausgeglichen werden kann.[182] Vergleiche auch:

ArbG Kassel[183]: Kein Anspruch auf Schmerzensgeld für den Fall eines Anspruchs auf Widerruf einer herabwürdigenden Tatsachenbehauptung;

ArbG Bochum[184]: Kein Anspruch auf Schmerzensgeld, wenn der Betroffene sich zwecks Abhilfe der Mobbing-Handlungen weder an den Arbeitgeber noch an den Betriebsrat wendet und von seinem betriebsverfassungsrechtlichen Beschwerderecht keinen Gebrauch macht;

ArbG Lübeck[185]: Kein Schmerzensgeld für den Fall eines Anspruchs auf Entfernung einer ehrverletzenden Aktennotiz und einer Abmahnung aus der Personalakte;

LAG Berlin[186]: Kein Verschulden des Vorgesetzten, wenn der Arbeitnehmer starke querulatorische Züge aufweise: Einen solchen Arbeitnehmer während der täglichen Arbeit stets (objektiv) rechtlich fehlerfrei zu behandeln, sei einem durchschnittlichen Vorgesetzten kaum möglich, wenn nicht ständig ein arbeitsrechtlich (und womöglich psychologisch) besonders geschulter Mitarbeiter zur Verfügung stehe und um Rat gefragt werden könne. Zu beachten ist aber in diesem Zusammenhang der zutreffende Hinweis von Groeblinghoff[187], dass

---

[182] vgl. BAG, Urteil vom 18.12.1984, Az. 3 AZR 389/83, EzA BGB § 611 Persönlichkeitsrecht Nr.2 = NZA 1985, 811; BGH, Urteil vom 30.01.1996, BGHZ 132, 27; ebenso LAG Bremen, Urteil vom 28.04.2000, Az. 3 Sa 284/99

[183] Urteil vom 24.11.1999, Az. 5 Ca 174/99

[184] Urteil vom 15.08.2000, Az. 2 Ca 1256/00

[185] Urteil vom 07.09.2000, Az ÖD 2 Ca 1850b/00

[186] Urteil vom 14.11.2002, Az. 16 Sa 970/02

[187] in: Arentewicz/Fleissner, a.a.O., S. 159, 168 f.

wegen mangelnder Fachkenntnis häufig eine ärztlich/ psychotherapeutische Stigmatisierung hinzukommt, wenn sich die Betroffenen im Verlauf eines Mobbing-Vorgangs fast zwangsläufig psychisch auffällig benehmen. Sie werden dann als primär psychisch krank erlebt und eingestuft, und im falschen Umkehrschluss wird ihnen obendrein unterstellt, dass man mit ihnen – nämlich angeblich aufgrund ihrer zuvor unterstellten primären psychischen Erkrankung – nicht zusammen arbeiten konnte und kann, und zwar mit allen weiteren gesundheitlichen sowie rechtlichen Folgen. Hier wird man also streng nach Ursache und Wirkung zu unterscheiden haben[188];

Sächsisches LAG[189]: Ein Anspruch auf Geldentschädigung wegen sog. mobbingbedingter Verletzung des allgemeinen Persönlichkeitsrechts bestehe (wegen Subsidiarität der Anspruchsgrundlage) nicht, wenn und soweit andere Rechtsschutzmöglichkeiten zu Gebote stünden (z.b. Anspruch auf vertragsgemäße Beschäftigung, Zurückbehaltungsrecht).

Seit August 2002 können Arbeitnehmer auch Schmerzensgeldansprüche gegen ihren Arbeitgeber nicht nur dann geltend machen, wenn der Arbeitgeber selbst mobbt, sondern auch, wenn er nicht alles tut, um Körper- bzw. Gesundheitsverletzungen durch Mobbing oder Verletzungen der sexuellen Selbstbestimmung in seinem Unternehmen zu verhindern oder dagegen vorzugehen. Dies folgt aus der Einführung des § 253 Abs. 2 BGB mit Wirkung zum 01.08.2002, wonach auch Vertragsverletzungen wie zum Beispiel Verletzung der Schutzpflichten gegenüber Arbeitnehmern erstmals Schmerzensgeldansprüche begründen können, allerdings nur bei Vorliegen der dortigen Tatbestandsmerkmale, d.h. z.B. einer Körperverletzung, Gesundheitsverletzung, Verletzung der Freiheit oder der sexuellen Selbstbestimmung. Anders als nach der früheren Rechtslage muss der Arbeitgeber jetzt auch Schmerzensgeld für Mobbinghandlungen eines Arbeitnehmers zahlen, wenn diese zu Gesundheitsschäden führen und die Voraussetzungen des § 278 BGB vorliegen, und zwar ohne Exkulpationsmöglichkeiten, was in der Regel bei Handlungen von Vorgesetzten zu bejahen ist (vgl. Benecke[190] und oben *Frage 15*).

Eine analoge Anwendung bei Verletzung des allgemeinen Persönlichkeitsrechts wird bisher unter Hinweis auf die Gesetzesmaterialien[191] abgelehnt, weil das allgemeine Persönlichkeitsrecht bewusst nicht mit in den Katalog des § 253 Abs. 2 BGB aufgenommen wurde. Es bleibt insoweit bei einer Haftung des Arbeitgebers nach § 823 BGB i.V.m. Art. 1, 2 GG, ggf. i.V.m. §§ 831, 31 BGB[192]. Wie schwierig es in der Praxis sein kann, entsprechende Ansprüche gegen einen

---

[188] vgl. auch Wickler in HMR, Teil 2 Rn. 51, Fn. 258 m.w.N.

[189] Urteil vom 17.02.2005, Az.: 2 Sa 751/03, EzA Schnelldienst 12/2005, S.12

[190] NZA-RR 2003, 225, 230

[191] BT-Drucks. 14/7752 S. 24 f.

[192] vgl. auch Rieble/ Klumpp, ZIP 2002, 369, 376 f.; Benecke, a.a.O., S. 230; a.A. ArbG Dresden, a.a.O., das auch insoweit § 253 Abs. 2 für anwendbar hält

Arbeitgeber in Form einer juristischen Person durchzusetzen, zeigt das Urteil des LAG Thüringen vom 10.06.2004[193]: Danach hafte der Arbeitgeber dann, wenn es sich um eine juristische Person handle, gem. § 823 Abs. 1 BGB i. V. m. den §§ 30, 31 BGB, 89 BGB analog unmittelbar nur, wenn eines seiner Vorstandsmitglieder durch eigenes Handeln Rechte der Klägerin verletzt habe. Eine Rechtsverletzung durch Organmitglieder der Beklagten durch Unterlassen setzte voraus, dass diese gegen eine Pflicht zum Handeln verstoßen hätten und die Vornahme der Handlung den Schaden verhindert hätte. Selbst wenn man annehmen wollte, dass eine deliktische Garantenpflicht des Arbeitgebers bestehe, seinen Betrieb so zu organisieren, dass Mobbing verhindert oder unterlassen werde[194], hätten die Organmitglieder der Beklagten eine solche Rechtspflicht hier nicht verletzt. Eine Pflicht zum Tätigwerden würde die Kenntnis der Organmitglieder von Mobbinghandlungen voraussetzen, die im vorliegenden Fall nach Auffassung des LAG nicht vorgelegen habe.

Für das Mobbing-Verhalten von Vorgesetzten, die nicht gleichzeitig Organe sind, haftet der Arbeitgeber bei Verletzung des allgemeinen Persönlichkeitsrechts für immaterielle Schäden, wenn nicht gleichzeitig einer der Tatbestände des § 253 Abs. 2 BGB vorliegt, nur nach § 831 BGB, also nur dann, wenn er bei der Auswahl und Überwachung der zur Ausführung der Verrichtung bestellten Personen die im Verkehr erforderliche Sorgfalt außer Acht gelassen hat. Auch hier zeigt das Urteil des LAG Thüringen[195] die Schwierigkeiten bei der praktischen Durchsetzung derartiger Ansprüche auf: Anhaltspunkte dafür, dass die Vorgesetzten der dortigen Beklagten nicht sorgfältig ausgewählt worden seien, seien nicht vorgetragen und auch nicht ersichtlich gewesen. Für die Überwachung der Verrichtungsgehilfen könnten sich die Beklagten auf den sog. dezentralisierten Entlastungsbeweis berufen. Danach reiche es in Großunternehmen, in denen der «Geschäftsherr» i. S. des § 831 Abs. 1 BGB an der Leitung und Beaufsichtigung gehindert sei, aus, wenn die Überwachung einem höheren Angestellten übertragen werde, der seinerseits sorgfältig ausgewählt, angeleitet und überwacht worden sei. Die Beklagten hätten solche höheren Angestellten bestellt, nämlich die Personalleiterin der Beklagten zu 2) und die Personalverantwortliche der Beklagten zu 1). Für eine Überwachung dieser leitenden Angestellten habe mangels Kenntnis der Geschäftsherren von Verletzungshandlungen in der betreffenden Filiale keine Veranlassung bestanden.

Daraus ergibt sich folgendes Haftungs-Schema:

I.   Der Arbeitgeber bzw. bei juristischen Personen seine Organe (Geschäftsführung, Vorstand) mobben selbst oder verletzen ihre Organisations- und Schutzpflichten (vgl. *Frage 15)*:

---

[193] Az. 1 Sa 148/01, S. 62 ff.

[194] Wickler, AuR 2004, 98; ablehnend: Rieble/Klumpp, FA, 2002, 309

[195] a.a.O., S. 62 ff.

1. Vorliegen einer Gesundheitsverletzung u.a.:
   Die Schmerzensgeldhaftung des Arbeitgebers folgt aus §§ 280, 253 Abs. 2 BGB

2. Verletzung des allgemeinen Persönlichkeitsrechts:
   Die Haftung des Arbeitgebers folgt aus § 823 BGB i.V.m. Art. 1, 2 GG

II. Der Arbeitgeber bzw. seine Organe mobben nicht selbst und verletzen auch nicht ihre Organisations- und Schutzpflichten

1. Ein Vorgesetzter begeht die Mobbing-Handlungen:

   a) Vorliegen einer Gesundheitsverletzung u.a.:
   Die Haftung des Arbeitgebers folgt aus §§ 280, 253 Abs. 2, 278 BGB

   b) Verletzung des allgemeinen Persönlichkeitsrechts:
   Die Haftung des Arbeitgebers folgt aus § 823 BGB i.V.m. Art. 1, 2 GG i.V.m. § 831 BGB.

2. Ein Arbeitskollege begeht die Mobbing-Handlungen:
   Der Arbeitgeber haftet i.d.R. nicht, da es an einer vertraglichen oder deliktischen Zurechnungsnorm fehlt.

Wegen der Sonderregelungen im Beamtenrecht *vgl. Frage 15.*

18. Dürfen Mobbing-Betroffene das Arbeitsverhältnis kündigen und vom Arbeitgeber Schadensersatz verlangen?

Ja. Das Recht, das Arbeitsverhältnis selbst fristlos gemäß § 626 BGB zu kündigen und – wenn die Kündigung durch vertragswidriges Verhalten des Arbeitgebers veranlasst worden ist – gemäß § 628 Abs. 2 BGB von diesem Schadensersatz zu verlangen, kann dem Arbeitnehmer in besonders schweren Fällen zustehen. Erforderlich ist stets ein Auflösungsverschulden des Arbeitgebers mit dem Gewicht eines wichtigen Grundes[196], wobei sich der Arbeitgeber das Verschulden seiner Organe oder der Vorgesetzten nach den Vorschriften der §§ 31, 89 bzw. 278 BGB zurechnen lassen muss. Diese Voraussetzungen können bei Mobbing vorliegen. Dabei ist die Zweiwochenfrist des § 626 Abs. 2 BGB einzuhalten[197]. Kenntnis von den für die Kündigung maßgebenden Tatsachen im Sinne des § 626 Abs. 2 BGB liegt bei Mobbing-Sachverhalten bei Kenntnis des jeweils letzten Teilakts des Gesamtkomplexes, bei mobbingbedingten Erkrankungen spätestens bei Vorliegen und Kenntnis eines ärztlichen Attests vor, in dem die Ursächlichkeit der Mobbinghandlungen für die Erkrankung bestätigt

---

[196] vgl. BAG, Urteil vom 08.08.2002, Az. 8 AZR 574/01, EzA § 628 BGB Nr. 21

[197] LAG Hessen, Urteil vom 23.03.2001, Az. 9/2 Sa 761/00, NZA-RR 2002, 581, 582 und ArbG Nürnberg, Urteil vom 17.04.2003, Az. 8 Ca 7045/02

wird[198] (vgl. ArbG Koblenz, Urteil vom 12.10.2004[199]: Auch bei Pflichtverletzungen, die zu einem Gesamtverhalten zusammengefasst werden könnten, beginne die zweiwöchige Ausschlussfrist des § 626 Abs. 2 BGB mit dem letzten Vorfall, der zum Anlass für die Kündigung genommen werde[200]). In Fällen, in denen aus schweren Pflichtverletzungen ein fortwirkender Vertrauensverlust entstehe, seien für den Fristbeginn diese tatsächlich bereits abgeschlossenen, aber fortwirkenden Vorgänge maßgebend[201] *(vgl. ferner die Ausführungen unter Frage 41).*

Ist die ausgesprochene fristlose Kündigung unwirksam, weil z.B. wegen einer langwierigen Erkrankung des Arbeitnehmers auch das Einhalten der Kündigungsfrist (z.B. ein Monat zum Ende des Kalendermonats) zumutbar wäre, da der Arbeitnehmer die Arbeit bis zum Ablauf der Kündigungsfrist ohnehin nicht wieder hätte aufnehmen müssen, entfällt nach der Rechtsprechung auch ein Schadensersatzanspruch gemäß § 628 Abs. 2 BGB[202]. Der Arbeitnehmer müsste daher in diesen Fällen fristgerecht unter Einhaltung der Kündigungsfrist kündigen und die ihm entstandenen Schäden in Höhe der Differenz zwischen Arbeitsentgelt und Krankengeld nach den allgemeinen Regeln geltend machen *(vgl. Fragen 8, 15 und 16).*

Die außerordentliche Kündigung erfordert darüber hinaus regelmäßig, dass der Arbeitnehmer – wie bei der Ausübung des Leistungsverweigerungsrechts – erfolglos unter Fristsetzung von dem Arbeitgeber die Unterlassung bzw. Unterbindung des Mobbings verlangt hat und der Arbeitgeber den Kündigungsgrund zumindest grob fahrlässig nicht behoben hat[203]. Nach der Rechtsprechung des BAG[204] sind die Schadensersatzansprüche gemäß § 628 Abs. 2 BGB begrenzt auf die Höhe der Vergütung bis zum Ablauf der Kündigungsfrist, beinhalten jedoch auch einen angemessenen Ausgleich für den Verlust des durch das Kündigungsschutzgesetz vermittelten Bestandsschutzes. Die Bemessung des Ausgleichs orientiert sich dabei an den Abfindungsregelungen der §§ 9, 10 KSchG. Dieser Anspruch tritt kumulativ zum Anspruch auf Ersatz des Vergütungsausfalls hinzu, ebenso wie zum Anspruch auf eine immaterielle Entschädigung (Schmerzensgeld) wegen erheblicher Verletzung des allgemeinen Persönlichkeitsrechts[205].

---

[198] vgl. LAG Hessen, a.a.O.

[199] Az. 10 Ca 4246/03

[200] BAG AP-Nr. 4 zu § 626 BGB Ausschlussfrist

[201] ErfK/ Müller-Glöge, 5. Aufl., § 626 BGB, RdNr. 267 ff. m.w.N.

[202] vgl. LAG Hessen, a.a.O.

[203] vgl. Benecke, NZA-RR 2003, 225, 231 m.w.N.

[204] vgl. BAG, Urteil vom 26.06.2001, Az. 8 AZR 739/00, NZA 2002, 325 und BAG, Teil-Urteil vom 17.01.2002, Az.: 2 AZR 494/00, EzA § 628 BGB Nr. 20

[205] vgl. Urteil des BAG, 8 AZR 269/03 vom 22.04.2004, EzA § 628 BGB 2002, Nr. 4

19. Müssen Mobbing-Betroffene bei Eigenkündigung mit einer Sperrzeit durch die Bundesagentur für Arbeit rechnen?

Nach Auffassung der Sozialgerichte und auch der Bundesagentur für Arbeit werden Mobbing und sexuelle Belästigung am Arbeitsplatz grundsätzlich als wichtiger Grund für die unverschuldete Beendigung des Arbeitsverhältnisses durch den Arbeitnehmer angesehen. Allerdings gilt dies nur für Mobbinghandlungen von einigem Gewicht und wenn der davon ausgehende psychische Druck so stark ist, dass dem Arbeitnehmer die weitere Fortsetzung seines Arbeitsverhältnisses nicht mehr zugemutet werden kann[206].

Liegen diese Voraussetzungen nicht vor, riskieren die betroffenen Arbeitnehmer bei einer fristgerechten oder auch fristlosen Eigenkündigung, dass für bis zu zwölf Wochen kein Arbeitslosengeld oder Arbeitslosenhilfe gezahlt wird, was gemäß § 128 Abs. 1 Ziffer 4 SGB III auch eine Minderung der Anspruchsdauer mindestens um die Dauer der Sperrzeit zur Folge hat und gem. § 49 Abs.1 Nr. 3 SGB V auch zum Ruhen eines eventuell bestehenden Anspruchs auf Krankengeld führt (*sog. Sperrzeit*, § 144 Abs. 1 Nr. 1 SGB III; vgl. LSG Rheinland-Pfalz, Urteil vom 28.03.2002[207]: Zwar hatte der dortige Kläger glaubhaft und nachvollziehbar psychosomatische Beschwerden auf Grund einer Konfliktsituation am Arbeitsplatz dargelegt. Da der Kläger sich jedoch nicht veranlasst gesehen habe, sich wegen seiner Magenbeschwerden, allgemeiner Nervosität und Schlafproblemen in ärztliche Behandlung zu begeben, hätten sich der Leidensdruck und die gesundheitlichen Probleme offensichtlich aber zum Zeitpunkt des Ausspruchs seiner fristgerechten Kündigung noch in einem hinnehmbaren Rahmen gehalten. Auch eine massive Verletzung seines allgemeinen Persönlichkeitsrechts wurde vom Gericht verneint, so dass der Kläger mit seiner Kündigung zumindest bis zu einer konkreten Aussicht auf einen Anschlussarbeitsplatz hätte warten müssen. Wegen einer besonderen Härte im Einzelfall verkürzte das Gericht die Sperrzeit jedoch von 12 auf 6 Wochen).

Die Revision des Klägers beim BSG[208] führte allerdings zu einer Zurückverweisung der Sache an das LSG. Das BSG führte aus, es fehlten ausreichende Feststellungen des LSG zur Beurteilung, ob der Kläger für die Lösung seines Beschäftigungsverhältnisses einen wichtigen Grund gehabt habe. Vgl. dazu ausführlich die Ausführungen zum Urteil des LSG Rheinland-Pfalz vom 28.03.2002 und des BSG vom 21.10.2003 in der Anlage 2).

---

[206] vgl. BSG, Urteil vom 25.04.1990, Az 7 RAr 16/89; SG Wiesbaden, Urteil vom 15.10.1998, Az. S 11 AL 499/98; vgl. auch die Durchführungsanweisungen der Bundesagentur für Arbeit zu § 144 SGB III (Sperrzeit), Ziffer 1.72 Abs. 1

[207] Az. L 1 AL 57/01

[208] vgl. BSG, Urteil vom 21.10.2003, Az. B 7 AL 92/02 R

Es empfiehlt sich in diesem Zusammenhang, für möglichst umfassende Beweise zu sorgen, um die zuständige Agentur für Arbeit von der Verhängung einer Sperrzeit abzuhalten (z.B. ärztliche Atteste, Korrespondenz, schriftliche Zeugenaussagen, Mobbing-Tagebuch u.a.; vgl. dazu auch den von der Bundesagentur für Arbeit zur Verfügung gestellten «Fragebogen zur Beendigung des Beschäftigungsverhältnisses bei Arbeitsaufgabe auf ärztlichen Rat» und MacKenzie[209]. Ferner kann eine Abstimmung mit der Agentur für Arbeit und der Krankenkasse vor Ausspruch der beabsichtigten Kündigung sinnvoll sein.

Eine Sperrzeit droht den betroffenen Arbeitnehmern auch dann, wenn sie den Arbeitgeber nicht zuvor darauf hingewiesen haben, dass sie von Mobbing betroffen sind, und ihm eine angemessene Frist gesetzt haben, das Mobbing zu unterbinden. Im Rahmen der Obliegenheit, den Versicherungsfall Arbeitslosigkeit zu vermeiden, besteht ggf. sogar die Pflicht des Arbeitnehmers, sich aus dem bestehenden Arbeitsverhältnis um eine neue Beschäftigung zu bemühen[210] (vgl. auch die Durchführungsanweisungen der Bundesagentur für Arbeit zu § 144 SGB III (Sperrzeit), Ziffer 1.72 Abs. 1).

20. Dürfen Mobbing-Betroffene die Arbeitsleistung zurückbehalten und Fortzahlung der Vergütung verlangen?

Ja. Dem Mobbing-Opfer steht u.U. auch ein Zurückbehaltungsrecht hinsichtlich der Arbeitsleistung gemäß § 273 Abs. 1 BGB zu, und zwar unter der Voraussetzung, dass es zur Beseitigung der Beeinträchtigung erforderlich und angemessen ist. Dass diese Vorgehensweise über § 273 BGB allerdings sehr riskant sein kann und rechtlich daher nicht unbedingt bzw. nur in Ausnahmefällen zu empfehlen ist, wenn die Beweislage eindeutig ist und dem Arbeitgeber unter Hinweis auf die Missstände zuvor Gelegenheit gegeben wurde, diese abzustellen, zeigen zwei LAG-Entscheidungen[211].

Bei dem folgenden <u>Fallbeispiel 14</u> handelt sich um den Sachverhalt, der dem Urteil des LAG Niedersachsen vom 03.05.2000 zugrunde lag:

Fallbeispiel 14

Die dortige Klägerin war seit 1973 bei der Beklagten als Verkäuferin in Göttingen tätig. Die Beklagte betrieb bundesweit einige hundert vergleichbare Verkaufsstellen im Rahmen einer Filialkette. Seit 1979 war die Klägerin aus familiären Gründen teilzeitbeschäftigt. Die Arbeitszeit wurde in Form eines Jahresstundenvolumens vereinbart, und zwar ab 1991 wie folgt:

---

[209] in: Arentewicz/Fleissner, a.a.O., 466 ff.

[210] vgl. LSG Rheinland-Pfalz, Urteil vom 28.06.2001, Az. 1 AL 110/00

[211] LAG Niedersachsen, Urteil vom 03.05.2000, Az. 16a Sa 1391/99, NZA-RR 2000, 517 ff., sowie LAG Frankfurt/Main, Urteil vom 26.08.1997, Az. 7 Sa 535/97, ArztR 1998, 146

«Mit Wirkung zum 01.06.1991 beträgt Ihre Arbeitszeit 1400 Stunden im Jahr. Der Arbeitszeiteinsatz ist variabel und wird zwischen Ihnen und Ihrem Vorgesetzten direkt abgestimmt...»

Die Arbeitszeit der Klägerin wurde festgelegt auf monatliche Einsatzpläne, die jeweils im Vormonat erstellt wurden. Bis 1997 war sie überwiegend halbtags mit einer Arbeitszeit von 4,5 Stunden tätig. Ende 1997 wies das Arbeitszeitkonto der Klägerin 132 Minusstunden aus. Anfang 1998 stellte die Beklagte eine neue Filialleiterin ein, die ca. 35 Jahre alt war und aus den neuen Bundesländern stammte. Diese verlangte von der Klägerin zunächst den Abbau der Minus-Stunden durch entsprechende Nacharbeit, was die Klägerin nicht akzeptierte. Im Übrigen kam es zu Auseinandersetzungen hinsichtlich der Festlegung der Arbeitszeiten bis zu einem gerichtlichen Verfahren, in dem die Parteien dann einen Vergleich mit folgendem Wortlaut schlossen:

«1. Die Einsatzzeiten und ggf. erforderlichen Änderungen werden zwischen der Filialleitung und der Klägerin zunächst besprochen und in einem schriftlichen Einsatzplan dokumentiert; kommt eine Einigung nicht zustande, setzt die Filialleitung die Einsatzzeiten im Rahmen billigen Ermessens (§ 315 BGB) und unter Berücksichtigung der gesetzlichen Bestimmungen (Beschäftigungsförderungsgesetz, Arbeitszeitgesetz) fest...»

Ungeachtet dieses Vergleichs kam es im Anschluss daran zu Auseinandersetzungen wegen der weiteren Arbeitszeitplanung für Januar 1999. Die Klägerin teilte der Filialleiterin mit, sie sei an allen Dienstagen und Donnerstagen ab 13:00 Uhr und mittwochs und freitags bis 14:00 Uhr einsatzbereit. Die beklagte Arbeitgeberin war mit diesem Arbeitszeitvorschlag nicht einverstanden. Sie erstellte vielmehr einen Personaleinsatzplan für Januar 1999, der für alle Mitarbeiterinnen in der Filiale wechselnd freie, halbe bzw. ganze Arbeitstage vorsah. Nach einem Streitgespräch zwischen der Klägerin und der Filialleiterin am 23.12.1998 erkrankte die Klägerin dann, wie auch schon zuvor, diesmal jedoch vom 23.12.1998 bis 14.02.1999.

Nachdem sie bereits am 06.10.1998 vom MDK untersucht worden war, erfolgte auf Veranlassung der Beklagten eine erneute Untersuchung am 19.01.1999. Nach einem zu diesem Zeitpunkt erstellten Gutachten bestanden zum Untersuchungszeitpunkt *reaktive Depressionen*, die ursächlich auf Spannungen am Arbeitsplatz zurückzuführen waren.

Die Klägerin arbeitete sodann vom 15.02.1999 bis 17.02.1999. Es entspann sich jedoch erneuter Streit zwischen den Parteien über den Dienstplan für Februar 1999, woraufhin die Klägerin wiederum vom 22.02. bis zum 15.03.1999 erkrankte. Nach einer weiteren Untersuchung durch den medizinischen Dienst sollte sie dann am 08.03.1999 die Arbeit wieder aufnehmen. Die Beklagte übermittelte ihr mit einem Schreiben den Einsatzplan für den Monat März 1999. Daraufhin schrieb der Rechtsanwalt der Klägerin an die Beklagte und widersprach dem Einsatzplan, da dieser nicht wie im Arbeitsvertrag vereinbart zwischen dem Vorgesetzten und der Klägerin direkt abgestimmt worden sei, insbesondere unter Abwägung der beiderseitigen Interessen kein Einvernehmen erzielt worden sei, und machte für die Klägerin bis auf weiteres ein *Leistungsverweigerungsrecht gemäß § 273 BGB* geltend.

Mit Schreiben vom 10.03.1999 berief sich die Klägerin ergänzend zur Begründung des Leistungsverweigerungsrechts auch auf den ungelösten Arbeitsplatzkonflikt.

Da eine einvernehmliche Abstimmung der Einsatzpläne nach dem Prozessvergleich nicht stattgefunden habe, trat die Klägerin von dem Prozessvergleich zurück. Im Übrigen berief sie sich darauf, dass das Verhalten der Filialleiterin schikanös sei. Diese praktiziere ihr gegenüber *Mobbing*, Arbeitsanweisungen würden im Befehlston gegeben, der morgendliche Gruß nicht erwidert, Kontaktverweigerung durch abwertende Blicke praktiziert. Ferner würde sie, die Klägerin, im Befehlston zu herabsetzenden Arbeiten wie dem Reinigen der Toilette herangezogen. In diesem Zusammenhang ist aber darauf hinzuweisen, dass die Filialleiterin schriftliche Putzpläne erstellt und sich auch selbst eingeteilt hatte.

Zusammenfassend trug die Klägerin über ihren Rechtsanwalt vor, dass Personalprobleme vorprogrammiert seien durch den faktisch vorhandenen Ost-West-Konflikt sowie nicht ausreichende Führungsqualitäten der in der ehemaligen DDR aufgewachsenen Filialleiterin. Diese fürchte die Klägerin als Konkurrentin und suche Fehler der Klägerin, um ihr zu zeigen, wer der Boss sei. Es bestehe Grund zu der Annahme, dass die Klägerin gerade wegen ihrer langjährigen Betriebszugehörigkeit und ihres Alters benachteiligt werde. Ihre Arbeitsunfähigkeiten seien auf das schikanöse Verhalten zurückzuführen. Die Klägerin verlangte daher von der Beklagten *Schadensersatz* für die daraus resultierenden Schäden. Wegen Verletzung ihrer arbeitgeberseitigen Schutzpflichten bestünde auch ein Leistungsverweigerungsrecht. Ferner verlangte sie *Schmerzensgeld* für die gesundheitlichen Beeinträchtigungen.

Das ArbG hat über diesen Fall am 21.07.1999, d.h. ca. vier Monate später, zum Nachteil der Klägerin entschieden, und auch das LAG Niedersachsen wies die Klage am 03.05.2000, d.h. nach ungefähr 14 Monaten seit Geltendmachung des Zurückbehaltungsrechts, als unbegründet ab. Dies hatte zur Folge, dass die Klägerin aufgrund der hier gewählten Vorgehensweise insgesamt für 14 Monate keine Vergütung erhielt, da sie nicht krank war, andererseits ihre Arbeitsleistungen zu Unrecht verweigert hatte und damit keinen Entgeltanspruch hatte und, da sie nach wie vor im Arbeitsverhältnis stand, auch kein Arbeitslosengeld erhielt.

Das LAG erkannte zunächst grundsätzlich an, dass im Arbeitsverhältnis ein Zurückbehaltungsrecht an der Arbeitsleistung auch besteht, wenn der Arbeitgeber mit erheblichen Nebenpflichten nicht nachkommt. Dazu gehörten auch die Verletzung der Fürsorgepflicht bzw. der sich aus § 618 BGB ergebenden

Arbeitsschutzpflichten.

Aus dieser Vorschrift leitet das LAG ab, dass der Arbeitgeber im Rahmen der Fürsorgepflicht auf das Wohl und berechtigte Interesse des Arbeitnehmers Rücksicht nehmen muss, und er muss den Arbeitnehmer auch vor Gesundheitsgefahren psychischer Art schützen. Es bestehe insoweit auch ein Anspruch auf Schutz vor systematischen Anfeindungen und vor schikanösem oder diskriminierendem Verhalten durch Kollegen oder durch Vorgesetzte, wobei der Arbeitgeber sich gemäß § 278 BGB auch das Verhalten der Personen zurechnen lassen müsse, die als Vorgesetzte in seinem Namen handelten.

Soweit die Klägerin ihr Zurückbehaltungsrecht damit begründet hatte, dass der Arbeitgeber vertragswidrig und einseitig die Arbeitszeiten zugewiesen hatte, hat sich das LAG dieser Begründung nicht angeschlossen. Im Ergebnis sei vielmehr die Einteilung der Arbeitszeiten durch den Arbeitgeber vertragskonform und kollektivrechtlich nicht zu beanstanden gewesen und habe billigem Ermessen gemäß § 315 BGB entsprochen. Insoweit ist in der Tat allgemein anerkannt, dass dann, wenn die Leistungspflicht des Arbeitnehmers im Arbeitsvertrag nur rahmenmäßig bestimmt ist, die Bestimmung von Zeit, Ort und Art der Leistungspflicht im Wege des Direktionsrechts durch den Arbeitgeber erfolgt, wobei regelmäßig ein weiter Rahmen zur einseitigen Gestaltung der Arbeitsbedingungen besteht. In diesem Zusammenhang wurde oben (vgl. *Frage 2)* bereits auf die Problematik des § 315 BGB und das Direktionsrecht des Arbeitgebers hingewiesen.

Hier liegt, wie ausgeführt, ein *Einfallstor für Mobbinghandlungen*, und zwar dann, wenn es nicht gelingt, konkret und im Einzelfall darzulegen, aus welchen Gründen die jeweiligen Maßnahmen billigem Ermessen widersprechen. Der Klägerin war es hier nicht gelungen, konkrete Einzelfälle einer billigem Ermessen widersprechenden Arbeitszeitzuweisung vorzutragen, so dass allein darauf das Zurückbehaltungsrecht nicht gestützt werden konnte.

Im Ergebnis gestand das LAG der Klägerin aber auch kein Zurückbehaltungsrecht zu, soweit sie sich auf die schikanöse Behandlung durch die Filialleiterin und den ungelösten Arbeitsplatzkonflikt berufen hatte. Das Zurückbehaltungsrecht steht nämlich, worauf das LAG zu Recht hingewiesen hat, unter dem Vorbehalt des Grundsatzes von *Treu und Glauben* und wird auch durch den Grundsatz der *Verhältnismäßigkeit* beschränkt.

Im Ergebnis hielt das LAG die Ausübung des Zurückbehaltungsrecht hier für unverhältnismäßig. Zwar war die Zurückhaltung der Arbeitsleistung grundsätzlich geeignet, Druck auf die Beklagte zur Lösung des Arbeitsplatzkonfliktes auszuüben; sie war jedoch nach Auffassung des LAG nicht erforderlich. Das Gebot der Erforderlichkeit im Rahmen der Übermaßprüfung verlange, dass kein milderes Mittel zur Verfügung steht, welches vergleichbar wirksam wäre.

Erforderlich wäre danach die Zurückhaltung der Arbeitsleistung gewesen, wenn die Klägerin einseitig einer schikanösen Behandlung durch die Filialleitung ausgesetzt gewesen wäre und sie die Eskalation am Arbeitsplatz nicht mit verursacht hätte. Dann wäre es allein Sache der Beklagten gewesen, durch geeignete Maßnahmen im Rahmen der Fürsorgepflicht den Konflikt zu lösen.

Hier hatte die Klägerin aber nach Auffassung des Gerichtes in erheblichem Umfang an der Entstehung des Konfliktes mitgewirkt und auch zu der nachfolgenden verbalen Eskalation in der Göttinger Filiale beigetragen.

Die Klägerin hatte nach Auffassung des LAG zunächst die Reichweite des Direktionsrechtes der Beklagten bzw. der für sie handelnden Filialleiter verkannt und einseitige Festlegungen der Arbeitszeiten nicht hingenommen. Zudem hatte sie das auf der Grundlage einer Betriebsvereinbarung berechtigte Begehren der Filialleiterin, die 132 Minus-Stunden aus 1997 nachzuarbeiten, nicht akzeptiert. Damit habe die Klägerin aber den Grundstein für die nachfolgenden Querelen gelegt. Es sei nicht erkennbar, dass die Situation sich gleichermaßen zugespitzt hätte, wenn die Klägerin sich ihrerseits vertragsgerecht verhalten hätte.

Das Gericht warf der Klägerin vor, dass auch der schriftsätzliche vorprozessuale Vortrag ihres Anwalts schon zu einem Zeitpunkt, als das Zurückbehaltungsrecht noch nicht ausgeübt war, mit ursächlich für die Eskalation des Konfliktes gewesen sei. Aus dem behaupteten Ost-West-Konflikt die Unfähigkeit abzuleiten, in Freiheit aufgewachsenen westdeutschen Arbeitnehmern vorzustehen, sei eklatant diskriminierend und zeige, dass die Klägerin nicht bereit gewesen sei, die Vorgesetzten-Stellung der Filialleiterin zu akzeptieren.

Der Ausübung des Zurückbehaltungsrechtes hätte deshalb der Versuch vorausgehen müssen, durch die notwendige und gebotene Korrektur des eigenen Verhaltens sowohl im Hinblick auf die Festlegung der Arbeitszeiten als auch im Hinblick auf die diskriminierenden Vorwürfe wegen der Herkunft der Filialleiterin die Situation zu befrieden. Dies sei unterblieben, so dass die Gehaltsansprüche der Klägerin für den gesamten Zeitraum von 14 Monaten nach Auffassung des Gerichts nicht bestanden haben, und aus den gleichen Gründen hat das Gericht die übrigen Schadensersatz- und Schmerzensgeldansprüche abgewiesen.

Der Arbeitnehmer geht hier sogar das Risiko einer Abmahnung und danach einer Kündigung des Arbeitsverhältnisses ein, wie das folgende Fallbeispiel 15, der Frankfurter «Rattengiftfall» aus dem Jahre 1997, zeigt[212]:

Fallbeispiel 15

Der Kläger stellte beim Trinken seiner Milch einen erdigen Geschmack fest. Er führte diesen Umstand darauf zurück, dass die Milch mit Rattengift, welches von einem Kammerjäger im Betrieb der Beklagten in Köderboxen ausge-

---

[212] LAG Frankfurt am Main, Urteil vom 26.08.1997, Az. 7 Sa 535/97, ArztR 1998, 146

legt worden war, versetzt worden sein musste. Die darauf hin eingeleitete kriminaltechnische Untersuchung ergab allerdings keinen eindeutigen Nachweis, dass die Milch mit Rattengift versetzt worden war, da die Menge des Untersuchungsmaterials zu gering war. Der Kläger erschien dann nach einer Erkrankung trotz Wiedergenesung nicht zur Arbeit und bat seinen Arbeitgeber mit folgender Begründung um eine Versetzung:

«Seit dem spektakulären Zwischenfall vom September 1994 hat sich das schon nicht gute Arbeitsverhältnis zwischen den Kollegen und mir drastisch zugespitzt. Täglich kostet mich das schon Überwindung zum Dienst zu kommen, aber auch, weil hinter meinem Rücken schlecht geredet und mit unredlichen Tricks versucht wird, in jeder Art und Weise mir das Zusammenarbeiten so unerträglich wie möglich zu machen. Aus diesen und weiteren Gründen möchte ich Sie hiermit um eine baldmöglichste Versetzung bitten.....»

Der Kläger erschien dann auch in den nächsten Tagen nicht zur Arbeit. Der Arbeitgeber reagierte mit einer Abmahnung und sprach danach, als der Kläger weiterhin nicht zur Arbeit erschien, eine fristlose Kündigung aus. Der Kläger war der Ansicht, die Kündigung sei unwirksam, da ihm ein *Zurückbehaltungsrecht* zugestanden und die Beklagte gegen ihre Fürsorgepflicht verstoßen habe. Seine Arbeitskollegen hätten Köderdosen mit Rattengift regelmäßig in sein Sichtfeld gelegt und gemutmaßt, er hätte sich das Gift selber beigebracht. Dieses Verhalten seiner Kollegen sei seinen Vorgesetzten bekannt gewesen.

Das LAG erachtete die Kündigung im Ergebnis für gerechtfertigt und führte aus, dass ein Zurückbehaltungsrecht nur bestanden hätte, wenn der Kläger den Arbeitgeber konkret auf die Verletzungshandlung hingewiesen und ihm die Gelegenheit auch in zeitlicher Hinsicht eingeräumt hätte, die Missstände abzustellen. Der Vortrag des Klägers sei im Ergebnis zu unpräzise. Er hätte vielmehr konkret vortragen müssen, welche Arbeitskollegen wann und mit welchen Worten schlecht über ihn geredet haben, mit welchen genauen Tricks durch wen die Zusammenarbeit unerträglich gemacht wurde sowie wann und wo Rattengift in seine Nähe gebracht wurde. Ohne einen solchen konkreten Vortrag könne die Beklagte nicht tätig werden und für Abhilfe sorgen. Auch die Behauptung des Klägers, seine Vorgesetzten seien informiert, sei nicht substanziiert, da nicht erkennbar sei, wann der Kläger welchen Vorgesetzten über welche Tatsachen informiert haben könnte.

Diese Fälle zeigen, wie schwierig es im Einzelfall sein kann, die jeweils richtigen Maßnahmen zu treffen und dann auch richtig umzusetzen, und zwar selbst bei anwaltlicher Beratung. Auch zu forsche und über das Ziel hinaus schießende Anwaltsschreiben oder Schriftsätze können daher im Ergebnis genau das Gegenteil dessen erreichen, was erreicht werden soll. Es wird daher in diesem Zusammenhang empfohlen, außergerichtlich zunächst zu versuchen, durch einen sachlich geprägten Vortrag auf die einzelnen Konflikte hinzuweisen und den Arbeitgeber um Abhilfe zu bitten bzw. konfliktlösend tätig zu werden und erst dann, wenn diese Versuche nachweisbar dokumentiert worden sind und im Ergebnis trotzdem scheitern, weitere Maßnahmen einzuleiten. Die Folgen von Fehlern in diesem Zusammenhang sind zumeist teuer und für die Betroffenen alles andere als eine Hilfe. Unter Umständen besteht für den Arbeitgeber sogar das Recht, in einem Kündigungsschutzverfahren einen Auflösungsantrag gem § 9 Abs. 1 Satz 2 KSchG gegen Zahlung einer angemessenen Abfindung zu stellen, wenn Gründe vorliegen, die eine den Betriebszwecken dienliche weitere Zusammenarbeit zwischen Arbeitgeber und Arbeitnehmer nicht erwarten lassen *(vgl. dazu Fragen 21 und 40)*.

Bei *sexueller Belästigung* am Arbeitsplatz sind die belästigten Beschäftigten kraft ausdrücklicher gesetzlicher Regelung (§ 4 Abs. 2 BeschSchG) berechtigt, ihre Tätigkeit am betreffenden Arbeitsplatz unter Fortzahlung der Vergütung einzustellen, soweit dies zu ihrem Schutz erforderlich ist, wenn der Arbeitgeber oder Dienstvorgesetzte keine oder offensichtlich ungeeignete Maßnahmen zur Unterbindung der sexuellen Belästigung ergreift.

21. Besteht bei Mobbing-Sachverhalten in einem Kündigungsschutzprozess das Recht, gem. § 9 Abs. 1 KSchG einen Auflösungsantrag gegen Zahlung einer angemessenen Abfindung zu stellen?

§ 9 Abs. 1 KSchG lautet:

Stellt das Gericht fest, dass das Arbeitsverhältnis durch die Kündigung nicht aufgelöst ist, ist jedoch dem Arbeitnehmer die Fortsetzung des Arbeitsverhältnisses nicht zuzumuten, so hat das Gericht auf Antrag des Arbeitnehmers das Arbeitsverhältnis aufzulösen und den Arbeitgeber zur Zahlung einer angemessenen Abfindung zu verurteilen. Die gleiche Entscheidung hat das Gericht auf Antrag des Arbeitgebers zu treffen, wenn Gründe vorliegen, die eine den Betriebszwecken dienliche weitere Zusammenarbeit zwischen Arbeitgeber und Arbeitnehmer nicht erwarten lassen. Arbeitnehmer und Arbeitgeber können den Antrag auf Auflösung des Arbeitsverhältnisses bis zum Schluss der letzten mündlichen Verhandlung in der Berufungsinstanz stellen.

Die Voraussetzungen eines derartigen Auflösungsantrags sind *zugunsten des Arbeitnehmers* bejaht worden vom LAG Berlin in einer Entscheidung vom 27.03.2001 (Az. 3 Sa 2666/00):

Danach könne die Fortsetzung des Arbeitsverhältnisses dem Arbeitnehmer nach § 9 Abs. 1 Satz 1 KSchG unzumutbar sein, wenn für ihn die durch Tatsachen belegte Besorgnis bestehe, er werde bei Rückkehr vom Arbeitgeber oder seiner Vertreter in einer für ihn nicht hinnehmbaren Weise unkorrekt behandelt werden.

Ähnlich hat das BAG in einem Urteil vom 27.03.2003[213] entschieden: Unzumutbarkeit für den Arbeitnehmer könne vorliegen, wenn durch unzutreffende, ehrverletzende Behauptungen des Arbeitgebers über die Person oder das Verhalten des Arbeitnehmers das Vertrauensverhältnis zwischen den Arbeitsvertragsparteien unheilbar zerrüttet oder das Kündigungsschutzverfahren über eine offensichtlich sozialwidrige Kündigung seitens des Arbeitgebers mit einer derartigen Schärfe geführt worden sei, dass der Arbeitnehmer mit einem schikanösen Verhalten des Arbeitgebers und der anderen Mitarbeiter rechnen müsse, wenn er in den Betrieb zurückkehre.

Der *Arbeitgeber* darf im Rahmen eines von ihm gestellten Auflösungsantrags gem. § 9 Abs. 1 Satz 2 KSchG Spannungen zwischen dem gekündigten Arbeitnehmer und Kollegen oder Vorgesetzten nicht ohne Beachtung der Verursachungsanteile zu Lasten des Arbeitnehmers lösen. Weder kann die bloße Weigerung von Arbeitskollegen, mit dem gekündigten Arbeitnehmer weiter zusammenzuarbeiten, die Auflösung nach § 9 Abs. 1 Satz 2 KSchG rechtfertigen, noch kann dem Arbeitgeber gestattet sein, sich auf Auflösungsgründe zu berufen, die von ihm selbst oder von Personen, für die er einzustehen hat, provoziert worden sind. Wenn die dem Arbeitgeber zuzurechnenden Anteile an der Verursachung der Spannungen überwiegen, ist der von ihm gestellte Auflösungsantrag nicht gerechtfertigt. Vielmehr ist es dann Sache des Arbeitgebers, auf die Mitarbeiter einzuwirken und für ein möglichst spannungsfreies Zusammenwirken zum Wohle des Betriebes zu sorgen[214]. Sollte sich allerdings herausstellen, dass die Verursachungsanteile des gekündigten Arbeitnehmers an der Konfliktsituation deutlich überwiegen und dass auch das vom Arbeitgeber zu verlangende Konfliktmanagement nicht zu einer Besserung führt oder führen kann, kommt ein Auflösungsantrag des Arbeitgebers in Betracht[215] (zu Auflösungsgründen bei Beleidigungen, sonstigen ehrverletzenden Äußerungen oder persönlichen Angriffen des Arbeitnehmers gegen den Arbeitgeber, Vorgesetzte oder Kollegen durch bewusst unzutreffende Behauptungen eines Mobbing-Sachverhalts vgl. *Frage 40*).

Das LAG Berlin hielt in einem Urteil vom 08.12.1999[216] den Auflösungsantrag des Arbeitgebers deswegen für gerechtfertigt und löste das Arbeitsverhältnis gegen Zahlung einer Abfindung in Höhe von 118.000,00 DM (10 Monatsbruttogehälter) gem. § 9 Abs. 1 KSchG auf, weil der Kläger, ein angestellter Arzt, außerhalb des Rechtsstreits Dienstaufsichtsbeschwerden gegen zwei Krankenschwestern, den Personalleiter und seinen Stellvertreter sowie gegen den Verwaltungsleiter des Krankenhauses erhoben hatte, und zwar unmittelbar vor der beabsichtigten Beweisaufnahme durch das Gericht. Dadurch sei das Arbeitsver-

---

[213] Az. 2 AZR 9/02
[214] vgl. BAG, Urteil vom 10.10.2002, Az. 2 AZR 240/01, EzA § 9 KSchG n.F. Nr.46
[215] vgl. BAG, a.a.O.
[216] Az. 15 Sa 1174/99

hältnis in so hohem Maße belastet worden, dass von einer tiefgreifenden Zerrüttung des Vertragsverhältnisses auszugehen sei, die für die Zukunft eine gedeihliche und dem Betriebszweck dienliche Zusammenarbeit zwischen Arbeitnehmer und Arbeitgeber ausgeschlossen erscheinen lasse. Der Umstand, dass sich der Arbeitgeber darüber hinaus zur Rechtfertigung des Auflösungsantrages darauf berufen habe, der Kläger habe für seinen Fall die Presse eingeschaltet, sei nicht zu berücksichtigen. Der Kläger habe unbestritten vorgetragen, dass von seiner Seite aus ein Einschalten der Presse nicht initiiert worden sei. Er habe den Journalisten der Zeitung «Die Welt», die über den Prozess berichtet hatte, in einer Mobbing-Selbsthilfegruppe kennen gelernt. Auf Anfrage habe er dem Journalisten, der sich mit dem Thema Mobbing beschäftige, gestattet, seinen Fall und seinen Prozess als Zuschauer begleiten zu dürfen. Das Gericht wertete aber die Dienstaufsichtsbeschwerde gegen die Krankenschwestern als versuchte Einflussnahme und Einschüchterung von Zeugen im Rechtsstreit, da die Dienstaufsichtsbeschwerde vom Kläger einen Tag vor dem ersten Verhandlungstermin in der Berufungsinstanz verfasst worden war. Dass sich der Kläger darüber hinaus in der Dienstaufsichtsbeschwerde weitere dienst-, ggf. auch strafrechtliche Schritte vorbehalten habe, könne nur als Versuch der Einschüchterung der Zeuginnen verstanden werden. Mit dieser Dienstaufsichtsbeschwerde habe der Kläger bei weitem seine Möglichkeit, im Rechtsstreit und auch außerhalb des Rechtsstreits im Arbeitsverhältnis angemessen und sachgerecht seine Interessen zu vertreten, überschritten. Entsprechendes gelte für die weiteren Dienstaufsichtsbeschwerden gegen den Personalleiter und den Verwaltungsleiter. Mit seinen Dienstaufsichtsbeschwerden versuche der Kläger, sein eigenes Fehlverhalten, das das Gericht festgestellt habe, zu verschleiern, und werfe seinerseits dem Pflegepersonal, dem Personalleiter und dessen Stellvertreter sowie dem Verwaltungsdirektor Pflichtenverstöße vor. Es erscheine dem Gericht unmöglich, dass bei dieser Situation eine gedeihliche Zusammenarbeit im Krankenhaus zwischen dem Kläger und dem Pflegepersonal sowie der Verwaltungsleitung zu erwarten sei. Deswegen sei das Arbeitsverhältnis des Klägers beim Beklagten aufzulösen.

Auf Grund überzogener Äußerungen im Rahmen der Prozessführung löste das LAG Hamburg in einem Urteil vom 08.12.1999[217] *(vgl. unten Frage 38, Fallbeispiel 30)*, das Arbeitsverhältnis auf Antrag des Arbeitgebers gemäß § 9 Abs. 1 Satz 2 KSchG gegen Zahlung einer Abfindung von DM 40.000,00 (11 Brutto-Monatseinkommen bei einer Betriebszugehörigkeit von fast 10 Jahren) auf, da dem Arbeitgeber die Fortsetzung des Arbeitsverhältnisses nicht mehr zumutbar sei. Zwar seien an die Auflösungsgründe strenge Anforderungen zu stellen, weil auch die Auflösung auf Antrag des Arbeitgebers eine Ausnahme von dem vom Gesetz als Regel erstrebten Fortbestehen des Arbeitsverhältnisses sei. Dies besage allerdings nicht, dass deshalb nur solche Auflösungsgründe in Betracht

---

[217] Az. 3 Sa 17/97

kommen könnten, die zur Unzumutbarkeit der Fortsetzung des Arbeitsverhältnisses im Sinne eines wichtigen Grundes nach § 626 Abs. 1 Satz 1 BGB führten, weil der Arbeitgeber in einem solchen Fall sich durch eine außerordentliche Kündigung ohne Abfindung vom Arbeitnehmer trennen könnte[218]. Da gerade auch das Prozessverhalten der Parteien während des Kündigungsschutzprozess ein Umstand sei, der für die Auflösung des Arbeitsverhältnisses in Betracht zu ziehen sei, müsse jedenfalls die Partei, die an dem Arbeitsverhältnis festhalten wollte, eine Prozessführung einhalten, die durch die Wahrnehmung berechtigter Interessen nicht überschritten werde[219].

Diese Grenze der Wahrnehmung berechtigter Interessen im Rahmen der gerichtlichen Auseinandersetzung mit der Beklagten habe die Klägerin vorliegend in einer solchen Weise überschritten, dass die Beklagte zu Recht geltend mache, dass damit Gründe im Sinne von § 9 Abs. 1 Satz 2 KSchG vorliegen, die eine den Betriebszwecken dienliche weitere Zusammenarbeit nicht erwarten lasse. Zwar sei es noch durch die Wahrnehmung berechtigter Interessen gedeckt, wenn die Klägerin vorprozessual und auch im vorliegenden Rechtsstreit die Behauptung aufgestellt habe, der stellvertretende geschäftsführende Direktor des Instituts der Beklagten habe ihr beim Verlassen des Vorzimmers zum Dienstzimmer des geschäftsführenden Direktors vorsätzlich die Tür in den Rücken gestoßen und sie dabei am Rücken verletzt. Dies gelte jedenfalls, so lange nicht abschließend geklärt sei, dass die Verletzung der Klägerin am Rücken entweder gar nicht von einem Stoß durch die vom Vorgesetzten geschlossene Tür herrühre, oder aber jedenfalls, dass dieser die Klägerin nicht vorsätzlich mit der Tür in den Rücken gestoßen habe.

Die Grenzen der Wahrnehmung berechtigter Interessen habe die Klägerin aber ganz wesentlich überschritten, indem sie im weiteren Verlauf des Rechtsstreits u.a. bezüglich des Leiters der Rechtsabteilung der Beklagten den Vorwurf des kollusiven Zusammenwirkens mit einem Zeugen gemacht habe, indem sie behauptet habe, der Zeuge habe gegenüber einem anderen Zeugen die Richtigkeit der Beschuldigungen der Klägerin im Zusammenhang mit dem Vorfall vom 04.04.1996 gesprächsweise eingeräumt. Indem die Klägerin damit behauptet habe, trotz dieses Geständnisses des Zeugen habe der Leiter der Rechtsabteilung der Beklagten im Rechtsstreit weiterhin wahrheitswidrig vorgetragen, dass die entsprechenden Behauptungen der Klägerin unwahr seien, habe die Klägerin diesen im Ergebnis eines versuchten Prozessbetruges beschuldigt. Die Klägerin habe diese äußerst schwerwiegenden Behauptungen ohne jeden Anhaltspunkt «in den blauen Himmel hinein» aufgestellt. Ein solcher willkürlicher Vortrag, mit dem ein anderer Beschäftigter des Arbeitgebers, gegen den ein Kündigungsschutzprozess geführt werde, mutwillig einer erheblichen Straftat beschuldigt werde, sei in keiner Weise durch die Wahrnehmung berechtigter Interessen ab-

---

[218] BAG vom 14.05.1987 - 2 AZR 294/86 - EzA § 9 KSchG n.F. Nr. 20 unter B II 1
[219] BAG vom 25.11.1982 - 2 AZR 21/91 - EzA § 9 KSchG n.F. Nr. 15 unter B I 3 a

gedeckt. Ein Arbeitgeber müsse auch im Rahmen einer rechtlichen Auseinandersetzung nicht hinnehmen, dass eine Arbeitnehmerin, die sich im Wege der Kündigungsschutzklage gegen eine Kündigung wehre, andere bei ihm beschäftigte Arbeitnehmer entsprechenderweise ohne jede ersichtliche Grundlage einer erheblichen Straftat bezichtige. Ein solches Verhalten rechtfertige die Besorgnis, dass es zu Wiederholungen komme. Es zeige, dass die Klägerin bereit sei, in Konfliktsituationen mit völlig unberechtigten und haltlosen Vorwürfen gegenüber anderen Beschäftigten zu reagieren. Es stelle damit einen Sachverhalt dar, der eine den Betriebszwecken dienliche weitere Zusammenarbeit zwischen Arbeitgeber und Arbeitnehmer nicht mehr erwarten lasse.

In ähnlicher Weise entschied das Hessische LAG in einem Urteil vom 24.08.2001[220] *(vgl. unten Frage 38, Fallbeispiel 31)*. Auf Antrag des Arbeitgebers wurde das Arbeitsverhältnis gemäß § 9 Abs. 1 KSchG zum 31.12.1998 gegen Zahlung einer Abfindung in Höhe von DM 102.174,00 (ein Monatsgehalt pro Beschäftigungsjahr) aufgelöst, da nach Auffassung des LAG Gründe vorlagen, die eine den Betriebszwecken dienliche weitere Zusammenarbeit zwischen Arbeitgeber und Arbeitnehmer nicht erwarten ließen. Zum Zeitpunkt der letzten mündlichen Verhandlung habe der Kläger durch die Art der Prozessführung die Grundlage für eine den Betriebszwecken dienliche weitere Zusammenarbeit zerstört. So habe der Kläger der Beklagten schriftsätzlich vorgeworfen, sie betreibe eine *«ergebnisorientierte Prozessmanipulation»*. Er werde seit Jahren gepresst und mit Meinungs- und Gedankenterror verfolgt. Ihr Verhalten sei blindwütig und existenzvernichtend. Man habe ihn als *«Verlagsjuden»* auserkoren.

Diese Äußerungen gingen nach Auffassung des LAG erheblich über die Wahrnehmung berechtigter Interessen im Rahmen eines Prozesses hinaus. Selbst wenn zu Gunsten des Klägers unterstellt werde, dass ein mögliches schadensersatzpflichtiges Verhalten der Beklagten vorliege, rechtfertige dies nicht entsprechende beleidigende Äußerungen des Klägers. Dies gelte insbesondere unter Berücksichtigung des Betriebszwecks, der im Rahmen der Prognoseentscheidung zu berücksichtigen sei. Im Betrieb der Beklagten seien ca. 50 Mitarbeiter beschäftigt, wobei insbesondere angesichts der Größe des Betriebes und der Art der Zusammenarbeit in einem Verlagsunternehmen beleidigende Äußerungen gegenüber Vorgesetzten und Kollegen ein erhebliches Gewicht hätten.

Das LAG Schleswig-Holstein hat in einem Urteil vom 18.10.2001[221] einem Auflösungsantrag des Arbeitgebers mit der Begründung stattgegeben, eine den Betriebszwecken gedeihliche weitere Zusammenarbeit sei nicht zu erwarten, weil der Kläger seinen Kollegen und Vorgesetzten vorgeworfen habe, Mobbing gegen ihn zu betreiben, ohne dass er hierfür ausreichende Tatsachen vorgetragen

---

[220] Az. 14 Sa 1396/00
[221] Az. 5 Sa 300/01

habe. Substanziiert habe der Kläger lediglich einzelne Vorkommnisse vorgetragen, aus denen sich ergeben könne, dass er nach seinem Vorbringen in Einzelfällen durch seine Vorgesetzten möglicherweise zu Unrecht kritisiert oder unrichtig behandelt worden sei. Fortgesetzte, aufeinander aufbauende Verhaltensweisen seiner Vorgesetzten ergäben sich daraus aber nicht. Das weitere Vorbringen des Klägers sei teilweise unsubstanziiert, teilweise schon nach seinem eigenen Vorbringen nicht geeignet, den Vorwurf des Mobbings zu rechtfertigen. Gegen eine weitere gedeihliche Zusammenarbeit spreche insbesondere, dass der Kläger nicht nur seine Vorgesetzten, sondern schriftsätzlich durch seine Prozessbevollmächtigten auch seine Kollegen ausdrücklich des Mobbing bezichtigt habe, obwohl diese Vorwürfe keinerlei Substanz hätten.

Das LAG Schleswig-Holstein hat in einem weiteren Urteil vom 29.09.2004[222] einen Auflösungsgrund des Arbeitgebers in einem Fall bejaht, in dem sich nach Überzeugung der Kammer das Mobbing-Thema im Zusammenhang mit der langjährigen Bearbeitung durch den Kläger in seiner Funktion als Sachbearbeiter im Arbeitsschutz beim Landesamt für Gesundheit und Arbeitssicherheit bei ihm «verselbständigt» habe und für ihn nicht mehr kontrollierbar zum Selbstzweck geworden sei. Bei Kritik seines Vorgesetzten und Ausübung des Weisungsrechts durch diesen habe der Kläger sofort den Spieß umgedreht und sich in die Opferrolle gesetzt. Durch diese, nach Überzeugung der Kammer, mittlerweile von ihm nicht mehr steuerbare Reaktion habe sich der Kläger für Weisungen und konstruktive Kritik seines Arbeitgebers unerreichbar gemacht. Das beklagte Land müsse aber Kontrolle und Weisungsbefugnis ausüben können, ohne dass es gleich mit Mobbing-Vorwürfen überzogen werde. Da der Kläger im Laufe der Jahre im Zusammenhang mit der berechtigten Ausübung des Weisungsrechts seines Vorgesetzten für sich persönlich – möglicherweise schon mit Krankheitswert – in die Opferrolle geraten sei, die ihn solchen Arbeitgeberhandlungen gegenüber unzugänglich mache, sei eine den Betriebszwecken dienliche weitere Zusammenarbeit mit dem beklagten Land nicht mehr zu erwarten. Das Arbeitsverhältnis wurde daher vom LAG gegen Zahlung der sog. Regelabfindung in Höhe von 50% eines Brutto-Monatsgehalts pro Beschäftigungsjahr gem. §§ 9, 10 KSchG aufgelöst.

Fallbeispiel 16

In diesem in Anlehnung an das Urteil des ArbG Hamburg vom 12.1.2005[223] geschilderten Fall wollte sich eine Angestellte gegen empfundene Schikane mit Hilfe einer Mediation zur Wehr setzen, an der der Arbeitgeber zwar teilnahm, die er dann jedoch abbrach, als einiges an Fehlverhalten offenbar geworden und kritisiert worden war. Der Arbeitgeber bot ihr darauf hin einen Aufhebungsvertrag an. Nachdem die Angestellte dieses Angebot abgelehnt

---

[222] Urteil vom 29.09.2004, Az. 3 Sa 236/04
[223] AZ.: 13 Ca 485/03

und eine Schadensersatz- und Schmerzensgeldklage wegen Mobbing erhoben hatte, kündigte der Arbeitgeber das Arbeitsverhältnis fristlos, hilfsweise fristgerecht mit der Begründung, die Klägerin habe die Klage mit wissentlich und nachweisbar falschen Tatsachenbehauptungen erhoben, nur um bestimmten meist alltäglichen Vorfällen des Arbeitsverhältnisses einen «Mobbing-Anstrich» zu verleihen und auf diese Weise, durch vorsätzlichen Falschvortrag, eine «Mobbing-Klage» zu begründen. Die Klägerin erweise sich mit der Klagbegründung auch in gravierendem Maße als vertragsuntreu.

Hilfsweise stellte die Beklagte den Antrag, das Arbeitsverhältnis gegen Zahlung einer Abfindung aufzulösen, da eine Fortsetzung des Arbeitsverhältnisses für sie unzumutbar und eine den Betriebszwecken dienliche weitere Zusammenarbeit nicht zu erwarten sei.

Das ArbG entschied, dass die von der Beklagten ausgesprochene Kündigung des Arbeitsverhältnisses zwischen den Parteien rechtsunwirksam sei, und zwar insbesondere mangels vorheriger Abmahnung. Die Beklagte habe hier im Übrigen die von der Klägerin geltend gemachten Vorwürfe gegenüber den übrigen Mitarbeitern, soweit diese «mit wissentlich und nachweisbar falschen Tatsachenbehauptungen» geführt würden, nicht als einzelne Verhaltensweisen, sondern als «Gesamtverhalten» gerügt. Die Rechtsunwirksamkeit der von der Beklagten ausgesprochenen Kündigung ergebe sich daher auch daraus, dass die Klägerin das von der Beklagten als Kündigungssachverhalt geltend gemachte «Gesamtverhalten» im Rahmen der Wahrnehmung berechtigter Interessen im vorliegenden Verfahren geltend gemacht habe[224].

Allerdings hielt das ArbG den von der Beklagten hilfsweise gestellten Antrag auf Auflösung des Arbeitsverhältnisses unter Zahlung einer Abfindung für begründet. Die Gründe dafür, dass in Zukunft eine den Betriebszwecken dienliche Zusammenarbeit nicht mehr zu erwarten sei, leitete das Arbeitsgericht zum einen aus dem Prozessvortrag der Parteien her, und zwar aus der Auffassung der Beklagten zur Begründung der Kündigung sowie der Auffassung der Klägerin, dass einzelne Sachverhalte als Mobbing-Handlungen anzusehen seien, obwohl objektiv dafür keine Anhaltspunkte vorhanden seien, aufgrund derer diese Sachverhalte als Mobbing-Handlungen gewertet werden könnten. Zum anderen gelangte die Kammer nach dem Ergebnis der Erörterung in der mündlichen Verhandlung zu der Auffassung, dass eine Wiederaufnahme der Tätigkeit der Klägerin bei der Beklagten und somit eine Fortsetzung des Arbeitsverhältnisses ohne weitere begleitende Maßnahmen, wie z.B. ein Coaching oder eine Mediation, nicht vorstellbar erscheine. Dabei stellte das Gericht bereits in Frage, ob die Beklagte im Rahmen der Fürsorgepflicht des Arbeitgebers überhaupt verpflichtet werden könne, z.B. ein Coaching oder eine Mediation durch Externe durchführen zu lassen bzw. sich an einer Durchführung zu beteiligen. Im vorliegenden Fall komme hinzu, dass die Beklagte im

---

[224] vgl. auch Urteil des LAG Berlin vom 1.11.2002, NZA-RR 2003, 232

Rahmen ihrer Fürsorgepflicht angesichts dessen, dass sie sich bereits mit einer Mediation einverstanden erklärt und an dieser teilgenommen habe, nicht verpflichtet sei, auch noch weitere durch Externe zu begleitende Maßnahmen zu akzeptieren bzw. durchzuführen, die es erst ermöglichten, dass eine Wiederaufnahme der Tätigkeit der Klägerin möglich erscheine. Dies gelte insbesondere auch unter Berücksichtigung, dass die Klägerin den Abbruch der Mediation durch die Beklagte als eine Vertragspflichtverletzung werte und insoweit einen Schadensersatzanspruch geltend mache. Eine Wiederaufnahme der Tätigkeit allein begleitet durch interne Maßnahmen der Beklagten, wie z.B. eine Um- oder Versetzung der Klägerin, räumliche oder ggf. inhaltliche Trennung der Arbeitsbereiche der Klägerin von denen der anderen Mitarbeiter oder Vorgesetztenwechsel, stelle sich angesichts der sich aus dem Prozessvortrag der Parteien ergebenden Eskalation des Konflikts nicht als ausreichend dar. Gemäß § 9 Abs. 1 S. 1 KSchG i.V.m. § 10 KSchG sei in Anbetracht der Dauer der Betriebszugehörigkeit von 5 Jahren, des Lebensalters der Klägerin von über 50 Jahren und der Lage auf dem Arbeitsmarkt eine Abfindung von 5 Bruttomonatsvergütungen angemessen.

Es bleibt abzuwarten, ob diese Argumentation einer Überprüfung im Berufungsverfahren standhält. Zum einen ist fraglich, ob – wie das ArbG meint - die Auffassung der Beklagten zur Begründung der Kündigung ausschlaggebend für den Auflösungsantrag sein kann, da selbst das ArbG die Kündigung zu Recht für rechtswidrig gehalten hat. Hier ist zu beachten, dass sich die Reaktion der Beklagten in Form des Ausspruchs der Kündigung nach Klagerhebung nach Auffassung der Klägerin als Verstoß gegen das Maßregelungsverbot gem. § 612 a BGB darstellte. Diese Erwägungen müssen dann aber nach Auffassung der Autoren auch im Rahmen der Beurteilung des Auflösungsantrags gelten, da der Arbeitgeber u.E. nicht zunächst eine unwirksame Kündigung aussprechen und sich dann auf dieselben Gründe dafür berufen kann, das Arbeitsverhältnis sei wegen Unzumutbarkeit seiner Fortsetzung gegen Zahlung einer Abfindung aufzulösen. Damit würde der verfassungsrechtlich gewährleistete Mobbing-Rechtsschutz ggf. unterlaufen werden, da es dann jedem Arbeitgeber möglich wäre, durch ein derartiges Verhalten eine ansonsten nicht mögliche Auflösung des Arbeitsverhältnisses zu erreichen.

In diesem Zusammenhang sind auch die Grundsätze zu beachten, die das BVerfG in seinem Beschluss vom 22.10.2004[225] aufgestellt hat. Danach hat die Rechtsprechung bei ihrer Entscheidung über einen gestellten Auflösungsantrag die wechselseitigen Grundrechtspositionen des betroffenen Arbeitgebers und Arbeitnehmers zu berücksichtigen und abzuwägen. Dabei herrscht, wie das BVerfG[226]zutreffend ausführt, Einigkeit darüber, dass eine Auflösung des Arbeitsverhältnisses nach § 9 KSchG nur ausnahmsweise in Betracht kommt und

---

[225] NZA 2005, 41 ff.

[226] a.a.O., Seite 42

an die Auflösungsgründe strenge Anforderungen zu stellen sind. Zwar solle sich der Arbeitgeber zur Begründung seines Auflösungsantrags grundsätzlich auch auf solche Gründe berufen dürfen, mit denen er zuvor - erfolglos - die ausgesprochene Kündigung begründet hat. Der Arbeitgeber müsse in diesen Fällen allerdings zusätzlich greifbare Tatsachen dafür vortragen, dass der Kündigungssachverhalt, obwohl er die Kündigung nicht rechtfertigt, gleichwohl so beschaffen sei, dass er eine weitere gedeihliche Zusammenarbeit nicht erwarten lasse. Dabei dürften allerdings nur solche Tatsachen berücksichtigt werden, die der darlegungspflichtige Arbeitgeber vorgetragen und aufgegriffen habe.

Auch die Auffassung, die Klägerin habe einzelne Sachverhalte zu Unrecht als Mobbing-Handlungen angesehen, kann schwerlich als Indiz für eine Unzumutbarkeit der Fortsetzung des Arbeitsverhältnisses gewertet werden. Insoweit ist nämlich zu berücksichtigen, dass es sich hier um schwierige Wertungsfragen handelt, bei denen nicht nur die Parteien und ihre Prozessvertreter, sondern auch die Gerichte in einzelnen Instanzen zu unterschiedlichen Wertungen kommen können. Selbst innerhalb desselben Gerichts werden z.T. unterschiedliche Ansatzpunkte vertreten, worauf Benecke[227] zu Recht hinweist. Dann kann es aber einer Klagepartei kaum vorgeworfen werden, zu Unrecht eine fehlerhafte Würdigung eines Sachverhalts als "Mobbing-Handlung" vorgenommen zu haben, um daraus dann eine Unzumutbarkeit der Fortsetzung des Arbeitsverhältnisses abzuleiten.

Die Klage auf Schmerzensgeld sowie Schadensersatz wies das ArbG im Ergebnis als unbegründet ab.

Im Rahmen einer Gesamtabwägung verblieben zwar ausgehend vom Vortrag der Klägerin nach der Prüfung der einzelnen von ihr geltend gemachten Vorfälle einige Vorfälle bzw. Handlungen / Äußerungen des Vorgesetzten, die eine persönlichkeitsrechtsverletzende Eingriffsqualität aufweisen könnten. Dazu gehörten Äußerungen ihres Vorgesetzten wie *«Sie können doch nur schnell Motorrad fahren und nichts anderes»* oder *«Sie haben doch überhaupt keine Ausbildung und kein Diplom. Sie sind mir genauso zuwider wie die Väter meiner schulpflichtigen Kinder beim Elternsprechtag, die behaupten, dass sie etwas studiert haben. Wenn ich so etwas höre, dann kriege ich die Krätze.»* Angesichts dessen, dass die Beklagte in der Vergangenheit die Klägerin von einer sie angeblich mobbenden Arbeitskollegin räumlich getrennt, die Beklagte ein Mediationsverfahren akzeptiert und der Vorgesetzte der Klägerin zu ihrem Bewährungsaufstieg nach dem zugrunde liegenden Tarifvertrag positiv Stellung genommen habe, könne im Rahmen einer Gesamtabwägung die von der Klägerin geltend gemachte verwerfliche Motivation der Beklagten, sie auf kaltem Wege zur Aufgabe ihres Arbeitsplatzes zu bewegen, nicht festgestellt werden. Auch sei im vorliegenden Fall zu berücksichtigen, dass die Klägerin

---

[227] Mobbing, Rdnrn. 7 f.

114

in sprachlicher und inhaltlicher Hinsicht teilweise einen aggressiven Stil gewählt habe, wie einzelne Schreiben von ihr zeigten. Zwar würde ein derartiger Stil der Klägerin den Vorgesetzten nicht zu persönlichkeitsrechtsverletzenden Handlungen oder Äußerungen berechtigen. Bei der Beurteilung und Prüfung, ob es sich bei den geltend gemachten Handlungen oder Äußerungen des Vorgesetzten um kommunikative Übergriffe oder um Mobbing-Handlungen handle, sei dieser Aspekt aber bedeutsam und zu berücksichtigen. Im Übrigen begründe es noch keine vertragswidrige Mobbing-Handlung, wenn ein Arbeitgeber sein Interesse, sich von einem Arbeitnehmer trennen zu wollen, umsetze.

Zusammenfassend ist festzustellen, dass das Erheben von Mobbing-Vorwürfen durch einen Arbeitnehmer im Zusammenhang mit einer ausgesprochenen Kündigung nicht unproblematisch ist, sondern insbesondere dann, wenn die Vorwürfe nicht substanziiert genug vorgetragen werden, für den Arbeitnehmer äußerst riskant ist. Unter Berücksichtigung der oben zitierten Rechtsprechung besteht dabei die Gefahr, dass das Arbeitsverhältnis auf Antrag des Arbeitgebers vom Arbeitsgericht gegen Zahlung einer Abfindung aufgelöst wird, obwohl die ausgesprochene Kündigung des Arbeitsverhältnisses sich als sozialwidrig und damit als nicht gerechtfertigt erweist.

Zu Recht weist Wolmerath[228] darauf hin, dass jeder Beschäftigte im Zweifel Gefahr läuft, den Bestand seines Beschäftigungsverhältnisses zu gefährden, wenn er leichtfertig andere Personen des Mobbing bezichtigt bzw. seinen Vorwurf nicht durch entsprechende Sachverhaltsschilderungen belegt. Auf dieses Risiko sollten auch alle juristischen und sonstigen Berater den jeweils Betroffenen hinweisen, um diesem nicht durch ggf. falsche Beratung und durch allzu forsches Vorgehen weitere Schäden zuzufügen. Die jeweils im konkreten Einzelfall zu treffenden Entscheidungen bleiben aber selbst bei Beachtung der oben genannten Urteile schwierig, da man sich stets im Spannungsfeld zwischen dem grundsätzlich gewährleisteten Mobbing-Schutz und dem daraus resultierenden Recht, sich gegen Mobbing-Handlungen zur Wehr zu setzen, und dem leichtfertigen Erheben von Mobbing-Vorwürfen bewegt. Letzteres wird, wie die Entscheidung des LAG Schleswig-Holstein vom 18.10.2001 oder auch die vorgenannte Entscheidung des ArbG Hamburg vom 12.01.2005 zeigen, z.T. nämlich bereits dann angenommen, wenn der jeweils Betroffene sich in seiner Einschätzung, ob es sich um rechtlich relevante Mobbing-Handlungen handelt oder nicht, irrt und damit im Ergebnis zu Unrecht Mobbing-Vorwürfe erhebt. Eine derartige Einschränkung des Mobbing-Rechtsschutzes scheint den Autoren jedoch nicht gerechtfertigt. Maßstab muss in diesem Zusammenhang vielmehr das zumindest leichtfertige und damit selbstverständlich auch das vorsätzlich falsche Erheben von Mobbing-Vorwürfen sein, und zwar unter Einbeziehung der stets zu berücksichtigenden Wertungsspielräume oder auch der Beweisschwierigkeiten bei der Erhebung solcher Vorwürfe. Leichtfertiges Handeln liegt aber in der

---

[228] Mobbing im Fokus der Rechtsprechung, PersR 2004, 324, 339

Regel dann nicht vor, wenn jedenfalls Anhaltspunkte dafür vorhanden sind, dass eine Mobbing-Situation vorlag, und zwar unabhängig davon, ob sich die einzelnen Mobbing-Handlungen beweisen lassen (vgl. LAG Berlin[229] zum Begriff des vorsätzlichen Handelns in diesem Zusammenhang). Werden derartige Behauptungen im Rahmen eines Prozesses aufgestellt, um behauptete Ansprüche auf Schmerzensgeld und Schadensersatz zu stützen, handelt der Betroffene grundsätzlich gem. § 193 StGB im Rahmen der Wahrnehmung berechtigter Interessen, so dass auch daraus nur in Ausnahmefällen ein Auflösungsgrund abgeleitet werden kann[230].

Gerade im Zusammenhang mit krankheitsbedingten Kündigungen muss hier nach Auffassung der Autoren an den Begriff der «Leichtfertigkeit» ein strenger Maßstab angesetzt werden, wenn der gekündigte Arbeitnehmer sich darauf beruft, dass die krankheitsbedingten Fehlzeiten auf Mobbing durch Vorgesetzte oder andere Mitarbeiter zurückzuführen sind. Dieser Einwand wird, wie die Ausführungen zu den Fragen 38 und 40 zeigen, von der Rechtsprechung grundsätzlich anerkannt. Zu Recht hat das LAG Hamburg in dem in Frage 38 geschilderten Fallbeispiel 30 eine krankheitsbedingte Kündigung des Arbeitgebers für sozialwidrig gehalten, obwohl die Klägerin zu Unrecht geltend gemacht hatte, ihre Fehlzeiten seien gezielt durch vorsätzliches Mobbing von Seiten ihrer Vorgesetzten herbeigeführt worden. Ein solches gezieltes und vorsätzliches Mobbing sah das LAG Hamburg zwar nicht als erwiesen an, führte aber aus, es könne nicht ausgeschlossen werden, dass durch das vom LAG festgestellte z.T. unangemessene Verhalten verantwortlicher Mitarbeiter gegenüber der Klägerin deren Gesundheitszustand nicht unwesentlich negativ beeinflusst worden und entsprechend die negative Gesundheitsprognose jedenfalls auch auf diese Umstände mit zurückzuführen sei. Diese der betrieblichen Sphäre des Arbeitgebers zuzurechnenden Umstände führten unter Einbeziehung einer Interessenabwägung im Ergebnis zur Sozialwidrigkeit der betreffenden Kündigung[231]. Dennoch löste das LAG Hamburg im konkreten Fall das Arbeitsverhältnis auf Antrag des Arbeitgebers gegen Zahlung einer Abfindung auf. Diese Auflösung erfolgte aber zutreffender Weise nicht aufgrund der zu Unrecht erhobenen Mobbing-Vorwürfe, sondern aufgrund des Umstands, dass die Klägerin im Prozess die schwerwiegende Behauptung gegen den Leiter der Rechtsabteilung des Arbeitgebers, einen versuchten Prozessbetrug begangen zu haben, «in den blauen Himmel hinein» aufgestellt hatte. Der dort angewandte Maßstab ist anzuerkennen, zeigt aber in Verbindung mit der Entscheidung des LAG Schleswig-Holstein vom 18.10.2001, wie schwierig die Abgrenzung im Einzelfall ist.

---

[229] Urteil vom 01.11.2002, Az. 19 Sa 940/02, NZA-RR 2003, 232 ff
[230] vgl. LAG Berlin, a.a.O., zum Kündigungsgrund in derartigen Fällen
[231] LAG Hamburg, Urteil vom 08.12.1999, Az. 3 Sa 17/97

22. Wie kann bzw. muss der Arbeitgeber ggf. gegen eine mobbende Person vorgehen?

Siehe auch *Frage 8.*

Der Arbeitgeber hat die im Einzelfall angemessenen arbeitsrechtlichen Maßnahmen zu ergreifen, wie z.B. Ermahnung, Abmahnung, Umsetzung, Versetzung oder fristlose bzw. fristgerechte verhaltensbedingte Kündigung der mobbenden Person (vgl. ferner die bei Stetz[232] aufgeführten Maßnahmen nach der dortigen betrieblichen Arbeitsordnung: Belehrung, Verweis, Verwarnung und Geldbuße; vgl. auch den Katalog des § 4 Abs. 1 Nr. 1 BeschSchG). Nach dem Grundsatz der Verhältnismäßigkeit und aufgrund der ihm obliegenden Fürsorgepflicht kann der Arbeitgeber u.U. verpflichtet sein, nach einer Abmahnung und vor Ausspruch einer Kündigung zu prüfen, ob durch eine Umsetzung oder Versetzung der mobbenden Person oder ggf. auch des Mobbing-Betroffenen und die damit verbundene räumliche Trennung der Beteiligten eine Problemlösung möglich ist[233].

Fallbeispiel 17

Das LAG Schleswig-Holstein[234] wies die Klage eines Erziehers in einem Kindertagesheim ab, der nach einer längeren Konfliktsituation am Arbeitsplatz innerhalb des Kindertagesheims versetzt wurde, indem ihm eine neu geschaffene Stelle übertragen wurde, obwohl er behauptet hatte, seine Arbeitskollegin und nicht er sei an den entstandenen Konflikten schuld. Unter Berücksichtigung der unstreitig herrschenden Spannungen innerhalb des Teams habe die Umsetzung des Klägers nach Auffassung des LAG nicht die Grenzen des billigen Ermessens überschritten. Es sei grundsätzlich Sache des Arbeitgebers, zu entscheiden, wie er auf Konfliktlagen reagieren wolle, ohne dass es auf die Ursachen des Konfliktes ankäme. Insbesondere sei der Arbeitgeber im Falle von Auseinandersetzungen zwischen Mitarbeitern nicht gehalten, an Stelle einer geplanten Umsetzung einzelne Arbeitnehmer abzumahnen oder den «Schuldigen» zu versetzen. Er sei nicht einmal verpflichtet, den «Schuldigen» zu ermitteln. Vielmehr obliege es seiner freien unternehmerischen Entscheidung, die aus seiner Sicht zur Konfliktlösung und Wiederherstellung eines guten Betriebsklimas unter Berücksichtigung der betrieblichen Erfordernisse und der Interessen aller Arbeitnehmer geeigneten Maßnahmen zu ergreifen. Dabei seien nicht nur die Interessen der unmittelbar am Konflikt beteiligten Arbeitnehmer, sondern auch die Interessen der übrigen Arbeitnehmer, die von der Maßnahme (Umsetzung) betroffen sind, als auch die Prognose-Entscheidung des Arbeitgebers über die Erfolgsaussichten der betreffenden Maßnahme im

---

[232] in: Arentewicz/Fleissner, a.a.O., S. 118

[233] vgl. BAG, Urteil vom 27.09.1984, AP Nr. 8 zu § 2 KSchG 1969

[234] Urteil vom 12.02.2002, Az. 5 Sa 409 c/01, DB 2003, 1056

Hinblick auf die Konfliktlösung zu berücksichtigen. Im Rahmen des Direktionsrechts könne der Arbeitgeber dabei dem Arbeitnehmer auch neue Aufgaben zuweisen, sofern sie dem Berufsbild und den Merkmalen der Vergütungsgruppe entsprechen (ebenso LAG Schleswig-Holstein[235], vgl. dazu oben <u>Fallbeispiel 2</u>: Der in dem entschiedenen Fall strittige, nach Auffassung des Klägers durch Mobbing-Handlungen bedingte Entzug von Oberarzttätigkeiten entspreche insbesondere auch deshalb billigem Ermessen, weil es grundsätzlich Sache des öffentlichen Arbeitgebers sei, wie er auf zu Tage getretene Konfliktlagen reagieren wolle, um den Geschäfts- bzw. Klinikbetrieb aufrechtzuerhalten. Der öffentliche Arbeitgeber sei daher bei Störungen des Betriebsfriedens nicht verpflichtet, den «Schuldigen» zu suchen, um diesen «zur Rechenschaft» zu ziehen. Zutreffend weist demgegenüber Wickler[236] darauf hin, dass Maßnahmen wie Versetzungen etc. unter Zugrundelegung des Prinzips, dass das Recht dem Unrecht nicht zu weichen braucht – unbeschadet einer anderweitigen einvernehmlichen Regelung mit dem Mobbing-Betroffenen – nur dann angemessen sind, wenn sie die mobbenden Arbeitnehmer selbst betreffen bzw. eine klare Täter/Opfer-Trennung ausscheidet; vgl. auch das in Anlehnung an das Urteil des LAG Bremen vom 17.01.1995[237] gebildete *Fallbeispiel 25 in Frage 27)*. Jedenfalls überschreitet eine Versetzung des Mobbing-Opfers anstelle des Täters die Ermessensgrenzen, wenn die Opferstellung eindeutig ist, das Mobbing erheblich war und die «Umsetzung» mit einer Verschlechterung verbunden ist[238].

Auch eine vertraglich zulässige Umsetzung kann sich aber nach Auffassung des LAG Schleswig-Holstein u.U. als Verletzung des allgemeinen Persönlichkeitsrechts erweisen. Eine solche Rechtsverletzung liege vor, wenn die Zuweisung einer bestimmten Beschäftigung sich nicht bloß als Reflex einer rechtlich erlaubten Vorgehensweise darstelle, sondern diese Maßnahme zielgerichtet als Mittel der Zermürbung und Diskriminierung des Arbeitnehmers eingesetzt werde, um diesen selbst zur Aufgabe seines Arbeitsplatzes zu bewegen. Gemessen an diesen Voraussetzungen sei die Umsetzung des betreffenden Klägers vom Gruppenleiter zum Erzieher für psychomotorisches Turnen jedoch kein unzulässiger Eingriff in das allgemeine Persönlichkeitsrecht. Die Beklagte habe hier gerade nicht sozusagen «leichtfertig mit einem Federstrich» über die Köpfe der Betroffenen hinweg dem Kläger die Gruppenleitung entzogen und ihm Sonderaufgaben zugewiesen, um ihn zu bestrafen oder zu diskriminieren. Dies werde schon daran deutlich, dass sie zahlreiche Konfliktgespräche mit dem Kläger und den übrigen betroffenen Arbeitnehmern teilweise unter Hinzuziehung des Personalrats geführt habe.

---

[235] Urteil vom 09.09.2003, Az. 5 Sa 28/03

[236] DB 2002, 477, 483 in Fn. 55

[237] Az. 1 Sa 41/94

[238] so zutreffend Benecke, Mobbing, Rdnr. 299

Für das *Beamtenrecht* wird vertreten, dass der Grad der (Mit-)Verursachung sowie das etwaige Verschulden eines oder mehrerer Beteiligter im Rahmen der Ermessenserwägungen des Dienstherrn bei der Frage, wer versetzt oder umgesetzt werden soll, zu beachten ist[239].

Demgegenüber vertritt der VGH Mannheim[240] in dem nachfolgenden <u>Fallbeispiel 18</u> die Auffassung, dass es grundsätzlich bei Versetzungs- oder Umsetzungsverfügungen nicht darauf ankomme, wer die Spannungen verursacht oder verschuldet habe:

Fallbeispiel 18

Die Klägerin wandte sich gegen die vom Beklagten angeordnete Ausgliederung ihrer C4-Professur aus dem Anglistischen Seminar der Universität. Die Ausgliederung wurde im Wesentlichen damit begründet, dass am Anglistischen Seminar seit mehreren Jahren eine tiefgreifende Meinungsverschiedenheit zwischen der Klägerin und der ganz überwiegenden Zahl der dort tätigen Professoren und wissenschaftlichen Mitarbeiter bestünden, die trotz aller Bemühungen nicht hätten behoben werden können. Die Klägerin hielt diese Maßnahme u.a. deshalb für rechtswidrig, weil ihr ein unzulässiger Sanktions-Charakter zukomme. Sie sei ermessensfehlerhaft, weil der Beklagte es unterlassen habe, zuvor den Sachverhalt hinsichtlich der Ursachen der Meinungsverschiedenheiten am Anglistischen Seminar vollständig und richtig aufzuklären, und deshalb von einem unrichtigen Sachverhalt ausgegangen sei. Sie sei umgesetzt worden, obwohl ihr offensichtlich kein Verschulden an der entstandenen Konfliktsituation vorzuwerfen gewesen sei. Vielmehr sei sie einem gezielten und andauernden Mobbing ausgesetzt gewesen.

Das Verwaltungsgericht und auch der VGH Mannheim wiesen die Klage ab.

Der VGH führte in der Berufungsinstanz aus, die angegriffene Organisationsverfügung erweise sich auch insoweit als ermessensfehlerfrei, als der Beklagte ein dienstliches Bedürfnis und damit einen sachlichen Grund für die getroffene Maßnahme angenommen habe. Insbesondere sei er diesbezüglich von einem hinreichend feststehenden und zutreffend festgestellten Sachverhalt ausgegangen. Ein sachlicher Grund für die Umsetzung eines Beamten oder eine ihr vergleichbare, den Aufgabenbereich des Beamten ändernde organisatorische Maßnahme könne darin liegen, ein innerdienstliches Spannungsverhältnis zu beheben. Eine Störung der reibungslosen Zusammenarbeit innerhalb des öffentlichen Dienstes durch innere Spannungen, durch Trübung des Vertrauensverhältnisses, sei regelmäßig als Beeinträchtigung des täglichen Dienstbetriebes zu werten, um deren Abstellung der Dienstherr zu Recht bemüht sein werde. Schon die zwischen der Klägerin und den anderen am Anglistischen Seminar tätigen Professoren und wissenschaftlichen Mitarbeitern seit 1992 aufge-

---

[239] vgl. Wittinger/Hermann, ZBR 2002, 337, 340

[240] Beschluss des VGH Mannheim vom 17.09.2003, Az. 4 S 1636/01

tretenen erheblichen Spannungen hätten dem Beklagten hinreichend Anlass gegeben, im Interesse eines funktionierenden Dienstbetriebes eine die Streitbeteiligten trennende organisatorische Maßnahme zu treffen. Weiterer Aufklärung bedürfe es insoweit nicht. Unerheblich sei es dabei, wer diese Spannungen im Einzelnen verursacht oder verschuldet habe. Ermessensfehlerhaft wäre es nur, gerade denjenigen Streitbeteiligten umzusetzen, dem offensichtlich kein Verschulden an der Konfliktsituation vorzuwerfen sei. Aufgrund der Aktenlage könne hier aber nicht davon ausgegangen werden, dass die Klägerin offensichtlich kein Verschulden an dem Eintreten der Konfliktsituation treffe. Entscheidend und ausreichend sei es vielmehr, dass nach Lage der dem beschließenden Senat vorliegenden Akten insgesamt zwischen der Klägerin einerseits und zahlreichen Professoren und wissenschaftlichen Mitarbeiterin am Anglistischen Seminar andererseits seit 1992 objektiv ein schwerwiegendes Spannungsverhältnis entstanden sei, das im dienstlichen Interesse habe beendet werden müssen, um allen Beteiligten zukünftig eine dem Universitätsgesetz entsprechende Erfüllung der Aufgaben der Beigeladenen im Rahmen des Anglistischen Seminars zu ermöglichen. Die Maßnahme habe gegenüber der Klägerin getroffen werden können, denn nach Lage der Akten liege jedenfalls der objektive Verursachungsbeitrag und das entsprechende Verschulden in erheblichem Maße auch bei der Klägerin. Dies werde bereits dadurch deutlich, dass zahlreiche Schriftwechsel zwischen der Klägerin und den übrigen Beteiligten mit Beanstandungen und Beschwerden der Klägerin begonnen hätten, deren Berechtigung nicht erkennbar oder zumindest zweifelhaft gewesen sei. Im Übrigen habe die Klägerin erhebliche Beiträge zum Entstehen der dienstlichen Spannungssituation geleistet. Dem beklagten Dienstherrn sei bei einer derartigen Sachlage bei der Handhabung seines Ermessens ein weiter Spielraum eröffnet, welche der möglichen organisatorischen Alternativen er treffe, um die Konfliktsituation zu beseitigen. Der Beklagte sei deshalb nicht verpflichtet gewesen, für die Klägerin als Ersatz für die Zugehörigkeit zum Anglistischen Seminar etwa ein eigenes Institut zu errichten oder gar die anderen Streitbeteiligten aus dem Seminar auszuschließen. Angesichts des auf die Klägerin entfallenden erheblichen objektiven und schuldhaften Verursachungsbeitrags für den eingetretenen Konflikt sei der Beklagte daher berechtigt gewesen, den Konflikt durch die Ausgliederung der Professorenstelle der Klägerin zu entschärfen.

Auch der Einwand der Klägerin, die Ausgliederungsentscheidung sei deshalb ermessensfehlerhaft, weil der Beklagte unter Verletzung seiner ihm obliegenden Fürsorgepflicht der Klägerin gegenüber ein als «Mobbing» zu bezeichnendes Verhalten praktiziert oder ein entsprechendes Verhalten der Beigeladenen geduldet hätte, sei unbegründet. Die von der Klägerin genannten Sachverhalte hätten nicht die für die Ermessensfehlerhaftigkeit der Maßnahme erforderliche Annahme begründet, die Klägerin treffe offensichtlich kein Verschulden an der bis zum Jahre 1997 entstandenen Konfliktsituation, sie sei vielmehr das Opfer zahlreicher gegen sie gerichteter diskriminierender und ihre Persönlichkeitsrechte verletzender Maßnahmen im Sinne eines «Mobbing» geworden. Es bedürfe deshalb auch keiner Beweiserhebung hinsichtlich der Umstände, die zur Entstehung der schweren Konfliktsituation geführt hätten; auch habe der Beklagte im Verwaltungsverfahren insoweit hinreichende, am gesetzlichen Entscheidungsprogramm seiner Maßnahme orientierte Sachverhaltsermittlungen vorgenommen, wonach ein offensichtliches alleiniges Verschulden einer der an der Spannungssituation beteiligten Personen am Entstehen dieser Situation nicht feststellbar gewesen sei.

Beantragt der gemobbte Beamte selbst seine Versetzung gem. § 26 Abs. 1 BBG, kann die Fürsorgepflicht des Dienstherrn zu einer Ermessensreduzierung auf die gewünschte Entscheidung führen[241].

In Betracht kommt auch eine kurzfristige Suspendierung des Mobbing-Täters von der Arbeit als «Warnschuss», allerdings nur als Vorbereitung weiterer Maßnahmen und unter Fortzahlung der Vergütung[242].

Geboten sind auch unternehmensorganisatorische Vorkehrungen zur Verhinderung von Verletzungen des allgemeinen Persönlichkeitsrechts und anderer geschützter Rechtsgüter, wie Gesundheit und Ehre[243] durch Präventionsmaßnahmen (vgl. *Frage 24*), da sich anderenfalls eine Haftung des Arbeitgebers unter dem Gesichtspunkt des Organisationsverschuldens ergeben kann.

Wird der Arbeitgeber vom Mobbing-Betroffenen auf Schadensersatz oder Schmerzensgeld in Anspruch genommen, kann der Arbeitgeber gegen die mobbende Person im Wege des sog. *Mobberregresses* vorgehen (vgl. *Frage 8)* und seinerseits die ihm entstandenen Schäden gegen die mobbende Person geltend machen, z.B. diejenigen, die ihm durch krankheitsbedingte Fehlzeiten oder durch mobbingbedingte Minderproduktionen entstanden sind[244]. Entsprechendes gilt für die Sozialversicherungsträger, was von Wickler[245] als «unerschlossenes Feld» der Kostenreduzierung genannt wird, die aber vernünftigerweise in Zukunft ernsthaft betrieben werden sollte, zumal in einem entsprechenden Regressverfahren der Mobbing-Betroffene als Zeuge zur Verfügung stünde.

---

[241] Wittinger/ Hermann, a.a.O.

[242] vgl. Kollmer, Rdnrn. 78 a ff.

[243] vgl. LAG Thüringen vom 15.02.2001, NZA-RR 2001, 577 ff.

[244] vgl. Kollmer, Rdnr. 147

[245] in: Arentewicz/ Fleissner, a.a.O., S. 232

23. Muss der Arbeitgeber eine mobbende Person vor Ausspruch einer Kündigung abmahnen?

Das Thüringer LAG hat in seinem Urteil vom 15.02.2001[246] entschieden, dass die vom Arbeitgeber gegenüber einer mobbenden Person ausgesprochene fristlose Kündigung auch ohne vorangegangene Abmahnung rechtmäßig war, vgl. dazu auch das in *Frage 2* geschilderte *Fallbeispiel 1*. Für den Fall einer Kündigung unter dem Gesichtspunkt «autoritärer, menschenverachtender Führungsstil sowie Unfähigkeit zur Zusammenarbeit und zur sachlichen Kommunikation» sprach sich das Hessische LAG in einem Urteil vom 19.10.2004[247] gegen das Erfordernis einer Abmahnung aus: Die Beklagte hatte das Arbeitsverhältnis aus personen- und verhaltensbedingten Gründen sowie wegen einer Drucksituation außerordentlich fristlos, hilfsweise außerordentlich mit sozialer Auslauffrist von sechs Monaten gekündigt. Das LAG erachtete es für unzumutbar für die Beklagte, das Arbeitsverhältnis mit der Klägerin fortzusetzen. In der Zeit vom 31.03.2001 bis 31.03.2002 waren insgesamt 7 Mitarbeiterinnen der von der Klägerin geleiteten Kindertagesstätte durch eigene Kündigung oder durch auf ihre Veranlassung geschlossenen Aufhebungsvertrag ausgeschieden und in der Zeit von April bis Juni 2002 jedenfalls 7 Kinder aus dem Kindergarten abgemeldet worden.

Die mangelnde persönliche Eignung der Klägerin habe keiner vorherigen Abmahnung bedurft, da nicht erkennbar sei, dass die Klägerin in der Lage und willens gewesen wäre, ihr Verhalten zu ändern. Die von Mitarbeitern des Kindergartens und der Klägerin unterzeichneten Schreiben und das Abstreiten aller Vorfälle im Prozess durch die Klägerin sprächen dagegen.

Ähnlich lautet eine Entscheidung des LAG Hamm vom 22.10.1996[248] für den Fall einer sexuellen Belästigung am Arbeitsplatz:

Fallbeispiel 19

Vom LAG war zwar nicht die ausgesprochene fristlose Kündigung, wohl aber die hilfsweise ausgesprochene fristgerechte Kündigung des Arbeitsverhältnisses ohne vorherige Abmahnung für gerechtfertigt erachtet worden. Der betreffende Mitarbeiter hatte einer Arbeitskollegin mit dem Handrücken vor die Brust geschlagen, nachdem er ihr gegenüber bereits früher Bemerkungen sexuellen Inhalts gemacht hatte und sich die Arbeitskollegin derartige Äußerungen wiederholt verbeten hatte. Er sei daher vorgewarnt gewesen und habe gewusst, dass die Arbeitskollegin seine Bemerkungen sexuellen Inhalts ablehnte. Eine Abmahnung vor Ausspruch der Kündigung sei deshalb entbehrlich gewesen, weil der betreffende Mitarbeiter unter keinem Gesichtspunkt damit habe

---

[246] Az. 5 Sa 102/00, NZA-RR 2001, 577 ff.

[247] Az. 1 Sa 19/04

[248] Az. 6 Sa 730/96, NZA 1997, 769

rechnen können, dass die Arbeitskollegin sein vertragswidriges Verhalten billigen werde (vgl. ähnlich das BAG in einem Urteil vom 25.03.2004[249]: Habe der Kläger die sexuellen Handlungen und Aufforderungen gegen den Willen der Mitarbeiterin vorgenommen, so habe es schon deshalb keine Abmahnung vor Ausspruch einer Kündigung bedurft, weil aufgrund der eindeutigen gesetzlichen Regelung des § 2 BeschSchG dem Kläger klar sein musste, dass eine intensive, Belästigung einer Kollegin gegen ihren erkennbaren Willen ein Verstoß gegen seine arbeitsvertraglichen Verpflichtungen war. Der Kläger habe deshalb berechtigterweise nicht erwarten können, die Beklagte werde ihn zunächst auf die Einhaltung der vertraglichen Pflichten unter Androhung von rechtlichen Konsequenzen hinweisen).

In diesem Zusammenhang kann aber jeder Arbeitgeber nur vor einer voreiligen Fehlinterpretation dieser Rechtsprechung gewarnt werden. Allgemein ist nämlich vor Ausspruch einer Kündigung im Leistungs- oder Vertrauensbereich eine Abmahnung dann erforderlich, wenn ein steuerbares Verhalten in Rede steht und erwartet werden kann, dass arbeitsvertragsgemäßes Verhalten und das für die Durchführung des Arbeitsverhältnisses erforderliche Vertrauen wieder hergestellt werden kann. Davon ist insbesondere dann auszugehen, wenn der Arbeitnehmer mit vertretbaren Gründen annehmen konnte, dass sein Verhalten nicht vertragswidrig sei oder vom Arbeitgeber nicht als erhebliches, den Bestand des Arbeitsverhältnisses gefährdendes Fehlverhalten angesehen werden würde[250].

Der Arbeitgeber sollte daher nur in wirklich krassen Fällen auf das Erfordernis einer Abmahnung verzichten. Es gibt nämlich auch Urteile in weniger spektakulären Fällen, in denen die vom Arbeitgeber ausgesprochene Kündigung allein deshalb als rechtswidrig angesehen wurde, weil nicht zuvor abgemahnt worden war:

Fallbeispiel 20

Das LAG Sachsen-Anhalt hat in einem Urteil vom 27.01.2000[251] sowohl die fristlose als auch die hilfsweise fristgerecht ausgesprochene Kündigung des Arbeitgebers gegenüber einem mobbenden Vorgesetzten für rechtswidrig gehalten und dessen Kündigungsschutzklage stattgegeben, weil der Arbeitgeber diesen zuvor hätte abmahnen müssen und dies versäumt hatte. Obwohl der Vorgesetzte seine Untergebenen systematisch schikaniert und diskriminiert hatte (Betitelung des Untergebenen mit «dummes Schwein», «faules Schwein»; ständige Sticheleien und Verunsicherungen; trotz Kenntnis der zu hohen Cholesterinwerte brachte der Vorgesetzte ihn zielgerichtet durch Sticheleien dazu, den Kaffee in den Pausen gezuckert zu trinken; Schlagen mit der Hand auf den Hinterkopf; er drohte, ihn nach Hause zu schicken und nicht mehr als Fahrer des betriebseigenen LKWs einzusetzen u.a.), hielt das LAG auf Grund der

---

[249] 2 AZR 341/03, EzA § 626 BGB, 2002, Nr. 6
[250] vgl. BAG, Urteil vom 04.06.1997, SAE 98, 310 ff.
[251] Az. 9 Sa 473/99

konkreten Umstände (fast 25-jährige Beschäftigung des Klägers, davon 20 bzw. 9 Jahre zusammen mit den jetzt von ihm gemobbten Arbeitnehmern, Entschuldigung noch vor Ausspruch der Kündigung u.a.) es *nicht für ausgeschlossen, dass das Vertrauensverhältnis zwischen ihm und den Arbeitnehmern wieder hergestellt werden könnte, wenn er seine Verhaltensweise dauerhaft ändere, d.h. Beschimpfungen und Beleidigungen seiner Kollegen unterlasse und sich als Vorarbeiter eines sachlichen ruhigen Tones im Umgang mit den Kollegen bediene*[252]. Die Folgen dieser Auffassung für den Arbeitgeber waren gravierend, d.h. er musste den mobbenden Vorgesetzten nach dem Urteil weiter beschäftigen und das Gehalt rückwirkend für die letzten 14 Monate seit Ausspruch der Kündigung nachzahlen.

Fallbeispiel 21

Ähnlich entschied das LAG Nürnberg in seinem Urteil vom 16.12.1998[253] in einem Fall sexueller Belästigung am Arbeitsplatz: Auch hier hatte die Kündigungsschutzklage des vom Arbeitgeber gekündigten «Täters» im Ergebnis Erfolg, weil das Gericht eine vorherige Abmahnung, die nicht ausgesprochen worden war, für erforderlich hielt. Die Beklagte, d.h. der Arbeitgeber, hatte die ohne Abmahnung ausgesprochene Kündigung auf den Vorwurf gestützt, der Kläger habe Mitarbeiterinnen, insbesondere Frau H., sexuell belästigt, und u.a. folgende Anschuldigungen erhoben:

- Der Kläger habe Türeingänge so blockiert, dass sie nur durch körperliche Berührung mit dem Kläger und ein Vorbeizwängen an ihm den Raum habe verlassen können.
- Er habe in seiner Rolle als Vorgesetzter von Frau H. oft Aufgaben und deren Erledigung so gewählt, dass er die Möglichkeit gehabt habe, allein mit ihr sein zu können.
- Er habe Frau H. angeboten, bei der Prüfung von Bankkrediten weniger formal zu sein, falls dafür ihm gegenüber Frau H. zu Gegenleistungen bereit sei.
- Er habe Eifersucht auf Kunden von Frau H. bekundet.
- Der Kläger habe beständig beschämende und anzügliche Kommentare mit zum größten Teil sexistischem Inhalt verlautbart.

An Einzelvorwürfen – Frau H. betreffend – hat die Beklagte u.a. vortragen lassen:

- Schon während des Einstellungsgesprächs im Juni 1994 habe sich der Kläger Frau H. gegenüber anzüglich und entwürdigend verhalten, er habe die

---

[252] vgl. S. 14 der Urteilsgründe
[253] Az 5 Sa 710/98

124

Bürotür hinter sich geschlossen, Frau H. in aller Ruhe von Kopf bis Fuß betrachtet und ihr beständig auf die Brust gestarrt und habe sie gefragt: «Wie ernsthaft wollen Sie den Job?!».

- Bis September 1994 habe Frau H. keinen näheren Kontakt mit dem Kläger gehabt, von Oktober 1994 bis Sommer 1995 sei dieser Kontakt stärker geworden, da Frau H. zeitweise den Leiter der Kundenberater habe vertreten müssen. In diesem Zeitraum habe der Kläger bereits sehr häufig das Büro von Frau H. besucht und sie in ausschweifende Unterhaltungen verwickelt, wobei er wiederum auf die Brust von Frau H. gestarrt und sie von Kopf bis Fuß gemustert habe, während sie stand oder ging.

- Bei einem Vorfall im Juli 1995 habe der Kläger zur großen Überraschung von Frau H. unaufgefordert begonnen, ihren Nacken zu massieren; in der darauf folgenden Zeit habe der Kläger begonnen, vor dem Büro von Frau H. hin- und herzulaufen, wann immer sie männliche Kunden alleine in ihrem Büro empfangen habe. Auf die Frage, warum er das tue, habe der Kläger geantwortet, er sei auf alle Kunden und den Ehegatten von Frau H. eifersüchtig.

- Als ab April 1996 Frau H.s Ehegatte nach Bosnien abkommandiert worden sei, seien die ohnehin schon sehr langen aufgezwungenen Gespräche des Klägers mit Frau H. noch länger geworden, auch habe er persönliche Dinge wissen wollen und sehr persönliche Bemerkungen abgegeben.

- Habe der Kläger schon bisher öfter seine Hand auf diejenige von Frau H., ihren Arm oder Rücken gelegt, so habe er ab dieser Zeit damit begonnen, ihr physisch noch näher zu kommen.

- Bei geschäftlichen Einkäufen im Juli 1996 habe der Kläger darauf bestanden, dass Frau H. ihn begleite; im Geschäft angekommen, habe er sie aber plötzlich gebeten, Damenkleidung für ihn anzuziehen, was Frau H. abgelehnt habe.

- Vor seinem Urlaub im August 1996 habe der Kläger gesagt, dass er sie auch nach der Arbeit sehen, sie zu Hause besuchen und mit ihr zusammen sein möchte; er habe den Wunsch geäußert, mit Frau H. verheiratet zu sein.

- Im September 1996 habe er unerwartet Frau H. besucht, als sie beim Karateunterricht ihres Kindes zugegen gewesen sei; er habe gesagt, dass er sie nur habe sehen wollen. Im September 1996 habe der Kläger Frau H. auch den Ausgang aus dem Frühstücksraum versperrt und sie zu umarmen versucht, was Frau H. aber zu verhindern gelungen sei. Frau H. habe dem Kläger klar gemacht, dass sie gegen ihn vorgehen würde, wenn er weiter ein solches Verhalten zeige.

- Der Kläger habe auch versucht, das Eheleben von Frau H. negativ zu beeinflussen. So habe der Kläger die Kontaktaufnahme des Ehemannes von Frau H. zu ihr bezüglich seiner Heimkehr unmöglich gemacht.

Im Rahmen der aufgrund der Vorwürfe von Frau H. eingeleiteten Untersuchung seien zwei weitere Fälle der sexuellen Belästigung von Mitarbeiterinnen bekannt geworden.

Ungeachtet der Frage, inwieweit die erhobenen Vorwürfe den Tatbestand einer sexuellen Belästigung im Sinne des Beschäftigtenschutzgesetzes im Einzelnen erfüllten und durch einen einer Beweisaufnahme überhaupt zugänglichen Sachvortrag belegt seien, vermögen die geschilderten Sachverhalte nach Auffassung des LAG Nürnberg keinen Kündigungsgrund im Sinne des § 1 Abs. 1 und 2 KSchG abzugeben. Die erhobenen Vorwürfe seien nicht so schwerwiegend und lägen zum Teil schon so lange zurück, dass sie ohne Ausspruch einer vorherigen Abmahnung eine Kündigung rechtfertigen könnten. Das Abmahnungserfordernis sei bei jeder Kündigung zu prüfen, die wegen eines steuerbaren Verhaltens des Arbeitnehmers oder aus einem Grund in seiner Person ausgesprochen wurde, den er durch sein steuerbares Verhalten beseitigen, wenn also eine Wiederherstellung des Vertrauens erwartet werden konnte[254]. Eine Abmahnung sei vor Ausspruch einer Kündigung lediglich dann nicht zu fordern, wenn sie ihrer Funktion entsprechend nicht geeignet sei, die für die Fortsetzung des Arbeitsverhältnisses erforderlichen Grundlagen, wie z.B. das Vertrauen in die pflichtgemäße Erfüllung der sich aus dem Arbeitsvertrag ergebenden Pflichten, wiederherzustellen. Dies sei etwa dann der Fall, wenn die Pflichtverletzung so schwerwiegend sei, dass sie nicht nur zu einer Störung, sondern zu einer nicht wiederherstellbaren Zerstörung des Vertrauens in die Herbeiführung eines unbelasteten Arbeitsverhältnisses führe. Von einer solchen Fallgestaltung könne vorliegend indes nicht ausgegangen werden. Bei dem Vorwurf, er habe Frau H. im Jahr 1991 belästigt, sei zu berücksichtigen, dass der Vorfall – seine Richtigkeit unterstellt – zum Zeitpunkt des Kündigungsausspruches bereits 6 Jahre zurückliegen würde. Auch die von der Beklagten im Übrigen dargestellten Pflichtverletzungen des Klägers wären – ebenfalls ihre Richtigkeit unterstellt – nicht derart, dass eine Änderung des Verhaltens des Klägers und die Wiederherstellung der für die vom Kläger vertraglich geschuldeten Leistung erforderliche Eignung und Zuverlässigkeit nicht mehr zu erwarten wäre. Im Übrigen sei zu Gunsten des Klägers zu berücksichtigen, dass Frau H. im August 1996 ihm gegenüber ihre Zuneigung offenbart habe. Diesen Vortrag habe die Beklagte konkret nicht bestreiten lassen. Sie selbst mache sich diese Ausführungen des Klägers insoweit zu eigen und gehe in ihrem Schriftsatz vom 16.12.1997 davon aus, dass sich zwischen dem Kläger und der Mitarbeiterin H. zeitweilig ein Flirt entwickelt habe. Im Hinblick auf diese Umstände verlange der Ausspruch der streitgegenständlichen Kündigung jedenfalls eine vorausgehende Abmahnung.

---

[254] BAG, Urteil vom 04.06.1997, SAE 98, 310 ff.

Auch in einem bei Stetz[255] mitgeteilten Urteil ging es um einen Fall, in dem eine Mitarbeiterin sich wegen sexueller Belästigung durch wiederholte verbale Äußerungen, Gestik, Mimik und unerwünschte Körperkontakte beschwert hatte. Dem beschuldigten Arbeitskollegen wurde aufgrund der erheblichen Störung des Betriebsfriedens sowie aufgrund des massiven Vertrauensbruchs fristlos gekündigt. Dagegen hatte er Kündigungsschutzklage eingereicht. Das Gericht hielt die fristlose Kündigung für sozial ungerechtfertigt und verurteilte den Arbeitgeber, den Kläger weiter zu beschäftigen. Zur Begründung wies das Gericht darauf hin, dass trotz der ernstzunehmenden Entgleisung des Klägers und der Schwere der sexuellen Belästigung – bezogen auf den Einzelfall – eine Abmahnung und Versetzung auf einen anderen Arbeitsplatz eine ausreichende Sanktionsmaßnahme gewesen wären (vgl. für den Fall der sexuellen Belästigung ähnlich LAG Bremen[256] für den Geltungsbereich einer Dienstvereinbarung «Konfliktbewältigung am Arbeitsplatz» vom 31.03.2003 zwischen dem Senat der Freien Hansestadt Bremen und dem Gesamtpersonalrat: Die ohne vorherige Abmahnung ausgesprochene fristlose sowie hilfsweise fristgerechte Kündigung wurde für rechtswidrig erklärt. Es gebe nach Auffassung des LAG keine ausreichenden Anhaltspunkte dafür, anzunehmen, dass eine Abmahnung verbunden mit einer Belehrung und einem persönlichen Gespräch mit dem Vorgesetzten, den Kläger nicht veranlasst hätte, die durch die Dienstvereinbarung gezogenen Grenzen zu beachten).

Fallbeispiel 22

Demgegenüber hat das LAG Rheinland-Pfalz in einem Urteil vom 24.10.2001[257] auf das Erfordernis einer Abmahnung vor Ausspruch einer Kündigung verzichtet, nachdem erstinstanzlich das ArbG Kaiserslautern noch eine Abmahnung für erforderlich gehalten und der Kündigungsschutzklage stattgegeben hatte:

Der Arbeitgeber sprach gegenüber dem seit knapp 12 Jahren bei ihm beschäftigten Arbeitnehmer eine fristlose Kündigung aus, weil dieser während der Arbeitszeit eine SMS an eine 20 Jahre alte Auszubildende gesandt hatte. Diese hatte den Inhalt: *«Du geiles Etwas, heute komme ich zu Dir dann bumsen wir eine Runde».* Die vorherigen Annäherungsversuche des Arbeitnehmers waren von der Auszubildenden allesamt zurückgewiesen worden. Das Verhalten des Arbeitnehmers habe einen wichtigen Grund zur Auflösung des Arbeitsverhältnisses gegeben. Dies ergebe sich bereits aus den Wertungen des Beschäftigungsschutzgesetzes. Danach sei der Arbeitgeber verpflichtet, die Beschäftigten vor sexuellen Belästigungen wie der vorliegenden Art zu schützen und im Einzelfall angemessene arbeitsrechtliche Maßnahmen gegen den Störer zu ergreifen. Der Arbeitgeber sei nicht verpflichtet gewesen, das Fehlverhalten lediglich abzumahnen.

---

[255] in: Arentewicz/Fleissner, a.a.O., S. 118
[256] Urteil vom 17.11.2004, Az. 2 Sa 129/04
[257] Az. 9 Sa 853/01

Auch das LAG Thüringen hat in seinem o.g. Urteil vom 15.02.2001[258] auf das Erfordernis einer Abmahnung der mobbenden Person verzichtet wegen der besonders schwerwiegenden Arbeitsvertragsverstöße und weil davon auszugehen war, dass das pflichtwidrige Verhalten das für ein Arbeitsverhältnis notwendige Vertrauen auf Dauer zerstört hat.

Diese Beispielsfälle zeigen, dass es letztlich immer eine Frage des Einzelfalls sein wird, ob die Rechtsprechung auf das Erfordernis einer Abmahnung verzichtet oder nicht, so dass auf Grund der dadurch entstehenden Rechtsunsicherheiten nur geraten werden kann, im Zweifel vor Ausspruch einer Kündigung der mobbenden Person eine Abmahnung zu erteilen. Dieser Hinweis gilt auch für Betriebs- und Personalräte bzw. Mitarbeitervertretungen, die im Rahmen des gesetzlichen Mitbestimmungsverfahrens darauf achten sollten, dass zunächst andere, mildere Maßnahmen ergriffen werden und von einer Kündigung erst als sog. ultima ratio Gebrauch gemacht wird. Die Konsequenzen einer Rückkehr der mobbenden Person oder desjenigen, der eine sexuelle Belästigung begangen hat, an seinen Arbeitsplatz sind für alle Beteiligten, insbesondere die Mobbing-Betroffenen, nur schwer zu ertragen. Den Opfern sexueller Belästigungen am Arbeitsplatz wird empfohlen, sich frühzeitig zur Wehr zu setzen und gegenüber dem Täter mit aller Deutlichkeit zu bekunden, dass man derartige Handlungen unter keinen Umständen zu akzeptieren bereit ist. Ferner sollte frühzeitig vom Beschwerderecht gem. § 3 BeschSchG Gebrauch gemacht werden, um unsägliche Entwicklungen wie in den vorgenannten Beispielsfällen zu vermeiden.

24. Welche Präventionsmöglichkeiten gibt es für den Arbeitgeber?

Aus der sich für den Arbeitgeber ergebenden, den Wertorientierungen des Grundgesetzes entsprechenden Anwendung des § 242 BGB (Treu und Glauben) bei der Erfüllung eines Arbeitsvertrages folgen für ihn Rücksichts-, Schutz- und Förderpflichten gegenüber dem Arbeitnehmer (vgl. auch § 241 Abs. 2 BGB). Danach ist der Arbeitgeber grundsätzlich verpflichtet, die bei ihm Beschäftigten nicht nur nicht selbst durch Eingriffe in deren allgemeines Persönlichkeitsrecht zu verletzen, sondern diese auch vor solchen Eingriffen durch andere Beschäftigte oder außen stehende Dritte (auf die er einen Einfluss hat) zu schützen, einen menschengerechten Arbeitsplatz zur Verfügung zu stellen und die Arbeitnehmerpersönlichkeit zu fördern. Daraus leitet das Thüringer LAG die Verpflichtung des Arbeitgebers zu unternehmensorganisatorischen Vorkehrungen zur Verhinderung von Verletzungen des allgemeinen Persönlichkeitsrechts ab[259].

---

[258] Az. 5 Sa 102/00, NZA-RR 2001, 577 ff.

[259] vgl. LAG Thüringen vom 15.02.2001, NZA-RR 2001, 577 ff.

Zur Erfüllung dieser Verpflichtung stehen dem Arbeitgeber u.a. folgende Präventionsmöglichkeiten zur Verfügung[260] (vgl. Schiller-Stutz[261] zu präventiven Maßnahmen auf persönlicher und betrieblicher Ebene sowie den Ratgeber der Bundesanstalt für Arbeitsschutz und Arbeitsmedizin zum Umgang mit Mobbing, *Wenn aus Kollegen Feinde werden ...*, S. 25 ff.):

- *Erteilung umfassender Informationen sowie Durchführung von Schulungsmaßnahmen* für Leitungspersonen, Vorgesetzte, Betriebs- und Personalratsmitglieder (zur Kostenübernahmeverpflichtung des Arbeitgebers vgl. *Frage 13*) sowie Arbeitnehmer über Ursachen und Auswirkungen von Mobbing nebst Durchführung von Trainingsveranstaltungen in Konfliktbewältigung, Sozialintegration und (gewaltfreier) Kommunikation[262]. Dabei reicht eine Schulung von Führungskräften in der Regel nicht aus. Vielmehr sollten auch die Arbeitnehmer in ihrer Kommunikations- und Kritikfähigkeit sowie in ihrer Bereitschaft zur Kooperation und Konfliktregelung unterstützt und ggf. geschult werden.

- *Überprüfung und Verbesserung der Arbeitsorganisation*, d.h. die Schaffung von Organisationsstrukturen, die eine erfolgreiche Konfliktbewältigung begünstigen und ihr nicht im Wege stehen oder gar erst zu Konflikten führen (z.B. Entwicklung einer mitarbeitergerechten, angstfreien Führungskultur, Selbstorganisation, Personalentwicklung, partizipativer Führungsstil der Vorgesetzten, hierarchieübergreifende Kommunikation, regelmäßige Mitarbeitergespräche).

- *Supervision*, d.h. berufsbezogene Beratung, Reflexion beruflichen Handelns bzw. der damit verbundenen Probleme und Konflikte unter Anleitung einer erfahrenen Person mit dem Ziel, die personale, fachliche und soziale Kompetenz zu erhöhen.

- *Coaching*, insbesondere persönliche Beratung von Führungskräften zur Steigerung beruflicher Qualifikation und Erhöhung von Managementkompetenzen.

- *Förderung des Arbeits- und Gesundheitsschutzes* (Zuständige für den Arbeits- und Gesundheitsschutz qualifizieren und ggf. Gesundheits-Zirkel einführen). Die Aufgabe des Arbeitsschutzes, wie sie im Arbeitsschutzgesetz niedergelegt wurde, ist es, Arbeitsorganisation und Sozialbeziehungen am Arbeitsplatz so zu gestalten, dass sie stressreduzierend und gesundheitsfördernd sind. Standen bisher bei der Qualifizierung der Gesundheits- und Arbeitsschutzzuständigen vorwiegend technische bzw. ergonomische Aspekte im Vordergrund, sollten nunmehr in den Gesundheitsschutz auch Ursachen

---

[260] vgl. www.sozialnetz-hessen.de; Resch, in: Arentewicz/Fleissner, a.a.O., S. 119 ff.; Nitschke, in: Arentewicz/ Fleissner, a.a.O., S. 349 ff.

[261] in: Arentewicz/Fleissner, a.a.O., S. 431, 440 ff.

[262] vgl. dazu Rosenberg, Gewaltfreie Kommunikation

und Auswirkungen sowie Minimierung von psychosozialen Belastungen einbezogen werden. Die Einführung von Gesundheitszirkeln kann dazu beitragen, dass durch aktive Teilnahme der Mitarbeiter betriebliche Stress-Situationen untersucht und ggf. abgeschafft werden. In Betracht kommt auch die Durchführung von speziellen Trainings, insbesondere von Führungskräften, im Stress-, Bewusstseins- und Selbstmanagement.

- *Errichtung eines betrieblichen «Mobbing-Abwehrsystems»*, d.h. insbesondere

  o Mobbing als unerwünschtes Fehlverhalten zur Sprache bringen;

  o innerbetrieblich ein Klima erzeugen, das deutlich macht, dass derjenige, der «mobbt», mit Sanktionen zu rechnen hat, d.h. Mobbing muss als unerwünschtes Verhalten geächtet werden;

  o anonyme Mitarbeiterbefragungen durchführen mit der Zielsetzung, sich über betriebliche Schwachstellen, Arbeitsprobleme, Sozialbeziehungen und Führungsverhalten zu informieren sowie Meinungen und Verbesserungsvorschläge der Mitarbeiter einzuholen. Dadurch kann ein «Frühwarnsystem» gegen Mobbing-Tendenzen eingerichtet werden;

  o eine Beschwerde-Stelle einrichten bzw. Ansprechpartner für Mobbing benennen. Dafür eignen sich grundsätzlich die Interessenvertretungen (Betriebsräte, Personalräte, Mitarbeitervertretungen u.a.) sowie Frauen- oder Schwerbehindertenbeauftragte; in vielen Fällen hat sich aber auch eine eigenständige Mobbing-Anlaufstelle bewährt, so dass hier eine Abwägung der jeweiligen Vor- und Nachteile im Einzelfall erfolgen sollte.

  o Betriebs- oder Dienstvereinbarungen abschließen *(vgl. dazu auch Frage 12)*. In derartigen Betriebs-/Dienstvereinbarungen werden insbesondere Verfahrensregeln festgelegt und Hilfestellungen angeboten. Durch diese Vereinbarungen sollten aber auch mögliche Konsequenzen bei Verweigerung der Mitarbeit oder Nichtbeachtung der Regelungen festgelegt werden, wodurch deutlich gemacht werden soll, dass Mobbing am Arbeitsplatz unter keinen Umständen toleriert, sondern mit Sanktionen belegt wird.

25. Können Mobbing-Betroffene von der mobbenden Person die Unterlassung der Mobbing-Handlungen sowie eine Beseitigung der Beeinträchtigung verlangen?

Ja. (Vgl. Fragen 8 und 14.)

Im *Beamtenrecht* ist zu beachten, dass ein Widerrufsanspruch auf Grund der beamtenrechtlichen Fürsorge- und Schutzpflicht nur gegen den – zum Unterlassen ehrverletzender Angriffe verpflichteten – Dienstherrn, nicht aber gegen den Vorgesetzten selbst besteht, der z.B. einen ehrenrührigen, das Beamtenverhältnis betreffenden Vorwurf gegenüber dem Beamten erhoben hat[263].

26. Können Mobbing-Betroffene gegen die mobbende Person Ansprüche auf Schadensersatz, Geldentschädigung oder Schmerzensgeld geltend machen?

Ja. Zu *Schadensersatzansprüchen* vgl. *Fragen 8 und 15*; die dortigen Ausführungen gelten für Ansprüche gegen den mobbenden Arbeitnehmer entsprechend; vgl. dazu auch das folgende <u>Fallbeispiel</u> in Anlehnung an das Urteil des LAG Hamm vom 30.11.2000[264]:

Fallbeispiel 23

Ein Schadensersatzanspruch wurde gegen eine Arbeitskollegin bejaht, die durch falsche Angaben gegenüber dem Arbeitgeber die Kündigung der Klägerin jedenfalls mit verursacht hatte. Die Klägerin soll nach Angaben der Beklagten angeblich gegenüber Dritten ihren Arbeitgeber als «Sklaventreiber» bezeichnet haben und konnte sich gegen die darauf hin ausgesprochene Kündigung nicht zur Wehr setzen, weil sie noch keinen Kündigungsschutz nach dem Kündigungsschutzgesetz hatte und die ausgesprochene Kündigung auch nicht als sittenwidrig angesehen werden konnte. Zum Schaden gehöre auch der erlittene Verdienstausfall der Klägerin auf Grund der eingetretenen Arbeitslosigkeit. Rechtsgrundlage für diesen Schadensersatzanspruch ist die Vorschrift des § 824 Abs. 1 BGB. Danach hat Schadensersatz zu leisten, wer der Wahrheit zuwider eine Tatsache behauptet oder verbreitet, die geeignet ist, den Kredit eines anderen zu gefährden oder sonstige Nachteile für dessen Erwerb oder Fortkommen herbeizuführen, und zwar auch dann, wenn er die Unwahrheit zwar nicht kennt, aber kennen muss.

Zu Geldentschädigungs- und Schmerzensgeldansprüchen vgl. Frage 17.

---

[263] vgl. Wittinger/Hermann, ZBR 2002, 337, 339
[264] Az 8 Sa 878/00

Anspruchsgrundlage ist im Falle der Persönlichkeitsrechtsverletzung § 823 Abs. 1 BGB i.V.m. Art. 1, 2 GG oder im Falle einer Gesundheitsverletzung § 823 Abs. 1 BGB i.V.m. § 253 Abs. 2 BGB.

Im *Beamtenrecht* haftet gem. § 839 BGB, Art. 34 GG allein der Dienstherr des Schädigers (Mobbing-Täters) für Schäden, die dadurch entstehen, dass ein Beamter im Rahmen der gemeinsamen Dienstausübung durch seinen Vorgesetzten systematisch und fortgesetzt schikaniert und beleidigt wird (Mobbing)[265].

§ 839 Abs.1 und 3 BGB lauten wie folgt:

(1) Verletzt ein Beamter vorsätzlich oder fahrlässig die ihm einem Dritten gegenüber obliegende Amtspflicht, so hat er dem Dritten den daraus entstehenden Schaden zu ersetzen. Fällt dem Beamten nur Fahrlässigkeit zur Last, so kann er nur dann in Anspruch genommen werden, wenn der Verletzte nicht auf andere Weise Ersatz zu erlangen vermag.

(3) Die Ersatzpflicht tritt nicht ein, wenn der Verletzte vorsätzlich oder fahrlässig unterlassen hat, den Schaden durch Gebrauch eines Rechtsmittels abzuwenden.

Artikel 34 GG lautet wie folgt:

Verletzt jemand in Ausübung eines ihm anvertrauten öffentlichen Amtes die ihm einem Dritten gegenüber obliegende Amtspflicht, so trifft die Verantwortlichkeit grundsätzlich den Staat oder die Körperschaft, in deren Dienst er steht. Bei Vorsatz oder grober Fahrlässigkeit bleibt der Rückgriff vorbehalten. Für den Anspruch auf Schadensersatz und für den Rückgriff darf der ordentliche Rechtsweg nicht ausgeschlossen werden.

Die Ersatzpflicht tritt nicht ein, wenn der Verletzte vorsätzlich oder fahrlässig unterlassen hat, den Schaden durch Gebrauch eines Rechtsmittels abzuwenden.

Das OLG Stuttgart entschied in einem Urteil vom 28.07.2003[266] im Anschluss an die vorgenannte BGH-Entscheidung, dass die Ansprüche nicht gem. § 839 Abs. 3 BGB ausgeschlossen seien, da gegen «Mobbing» in der Regel kein den Amtshaftungsanspruch gem. § 839 Abs. 3 BGB ausschließendes, zumutbares Rechtsmittel gegeben sei. Bei Mobbing könne das Vorgehen gegen Einzelakte nach Auffassung des OLG Stuttgart durch Einlegung eines Rechtsmittels erfolglos bleiben, weil erst in der Gesamtschau (vgl. zur Gesamtschau auch *Frage 2*) der rechtsverletzende Charakter der Vorgehensweise von Dienstvorgesetzten erkennbar werde. Ein Rechtsmittel gegen eine Handlungsweise, die in ihrer Gesamtheit darauf gerichtet ist, den Betroffenen zu zermürben, wäre darüber hinaus nicht Erfolg versprechend. Vielmehr wäre durch die Einlegung eines Rechtsmittels gegen schikanierende und diskriminierende Verhaltsweisen von

---

[265] vgl. BGH, Beschluss vom 01.08.2002, Az. III ZR 277/01, NJW 2002, 3172

[266] Az. 4 U 51/03

Vorgesetzten im Gegenteil eine deutliche Verschlechterung der Situation zu befürchten. Etwaige Rechtsmittel, soweit diese überhaupt in Betracht gekommen seien, wären in dem vom OLG Stuttgart entschiedenen Fall aller Voraussicht nach erfolglos geblieben, so dass deren Nichteinlegung nicht ursächlich für den entstandenen Schaden gewesen sei. Darüber hinaus wäre es dem Betroffenen hier nicht zuzumuten gewesen, durch das Einlegen eines Rechtsmittels die Beseitigung des schikanösen Handelns des Vorgesetzten zu betreiben und an seinem Arbeitsplatz und in der Umgebung der ihn bisher in der Regel vorsätzlich schikanierenden Vorgesetzten zu verbleiben, so dass die Nichteinlegung eines Rechtsmittels ohne Verschulden erfolgt wäre.

Entsprechendes gilt für Schmerzensgeldansprüche (vgl. *Frage 17*).

27. Wie wirkt sich ein etwaiges Mitverschulden von Mobbing-Betroffenen aus?

Ein Mitverschulden (z.T. wird auch nur von einer Mitverursachung gesprochen) des Mobbing-Betroffenen kann sich in mehrfacher Hinsicht zu dessen Lasten auswirken.

Ausgangspunkt ist *§ 254 BGB*, der wie folgt lautet:

(1) Hat bei der Entstehung des Schadens ein Verschulden des Beschädigten mitgewirkt, so hängt die Verpflichtung zum Ersatze sowie der Umfang des zu leistenden Ersatzes von den Umständen, insbesondere davon ab, inwieweit der Schaden vorwiegend von dem einen oder dem anderen Teile verursacht worden ist.

(2) Dies gilt auch dann, wenn sich das Verschulden des Beschädigten darauf beschränkt, dass er unterlassen hat, den Schuldner auf die Gefahr eines ungewöhnlich hohen Schadens aufmerksam zu machen, die der Schuldner weder kannte noch kennen musste, oder dass er es unterlassen hat, den Schaden abzuwenden oder zu mindern. Die Vorschrift des § 278 findet entsprechende Anwendung.

Ein Mitverschulden des Mobbing-Betroffenen ist zum einen denkbar auf der Konfliktebene, d.h. bei der Entstehung des Konflikts (Anwendungsbereich des § 254 Abs.1 BGB) oder auf der reinen Schadensebene, d.h. bei einem Verstoß gegen die so genannte Schadensminderungspflicht gemäß § 254 Abs.2 BGB.

Auf der *Konfliktebene* wird zum Teil angenommen, dass dann, wenn ein Arbeitnehmer einen Konflikt mit auslöst, keine Alleinverantwortlichkeit der anderen Seite als Täter vorliege und deshalb in einem solchen Fall wegen der fehlenden Täter-Opfer-Struktur überhaupt nicht von Mobbing gesprochen werden könne[267]. Die hier geschilderte Problematik wird daher bereits auf der *Definitionsebene* abgehandelt mit der Folge, dass schon per Definition kein rechtlich relevantes Mobbing vorliegen soll[268]. Hänsch[269] weist jedoch zutreffend darauf hin, dass die von Rieble/ Klumpp vertretene Auffassung jedenfalls in dieser Allgemeinheit nicht zutreffend ist. Vielmehr liegt allenfalls bei wechselseitigen Eskalationsprozessen im Sinne gegenseitiger Persönlichkeitsrechtsverletzungen, die keine klare Einordnung einer Täter-Opfer-Beziehung zulassen, kein rechtlich relevantes Mobbing vor (vgl. *Frage 3*). Ein Mobbing ausschließendes Verhalten in diesem Sinne liegt daher keinesfalls bereits dann vor, wenn sich ein Arbeitnehmer in sozial adäquater oder rechtlich nicht zu beanstandender Weise zur Wehr setzt und die jeweils andere Seite (der Arbeitgeber/ Vorgesetzte/ Arbeitskollege) den Konflikt zum Anlass nimmt, das Persönlichkeitsrecht des Arbeitnehmers im Sinne der o.g. Mobbing-Definition zu verletzen. Dann besteht, worauf Hänsch[270] zu Recht hinweist, keinesfalls ein wechselseitiger Eskalationsprozess im o.g. Sinne, so dass diese Fallkonstellationen nicht aus dem Mobbingschutz herausfallen[271]. Es handelt sich vielmehr um eine zulässige Rechtsausübung im Sinne des § 612 a BGB, die einem Benachteiligungs- und Maßregelungsverbot unterliegt (vgl. das in *Frage 2*, Fallbeispiel 3, zitierte Urteil des LAG Baden-Württemberg sowie Benecke[272]) und nicht zum Ausschluss eines Mobbing-Tatbestands führt (aus eigener Sicht zu weitgehend daher LAG Schleswig-Holstein in seinem Urteil vom 09.09.2003[273]: Eine Täter-Opfer-Konstellation scheide immer in Fällen des gegenseitigen Anfeindens oder der wechselseitigen Eskalation aus. Bei der Prüfung eines Mobbing-Sachverhalts sei mithin stets auch das Vorverhalten des vorgeblichen Mobbingopfers gegenüber dessen Vorgesetzten oder Kollegen zu berücksichtigen, frei nach dem Sprichwort «Wie man in den Wald hineinruft, so schallt es heraus», vgl. oben Fallbeispiel 2).

In diesem Zusammenhang ist aber zu beachten, dass eine dünnhäutig gemachte Person durch andauernd empfundene Schikane nahezu zwangsläufig in die Gefahr gerät, derart überzureagieren, dass die Peiniger mit ihrer Schuldzuweisung leichtes Spiel haben. So sehr auch das Risiko einer völlig ungerechtfertigten psychiatrischen Stigmatisierung bestehen mag[274], muss dennoch dringend geraten werden, sich zur Vermeidung einer querulatorischen Entwicklung in psychotherapeutische Behandlung oder in ein fachkundiges Coaching zu begeben, um

---

[267] vgl. Rieble/Klumpp, ZIP 2002, 369, 370 unter anscheinend missverständlichem Hinweis auf das Urteil des LAG Thüringen vom 10.04.2001

[268] so auch Hänsch, a.a.O., Rdnr. 909

[269] a.a.O.

[270] a.a.O.

[271] vgl. zutreffend auch Wickler in HMR, Teil 2 Rn. 49

[272] Mobbing, Rdnr. 57

[273] Az. 5 Sa 28/03

[274] vgl. Groeblinghoff, in: Arentewicz/Fleissner, a.a.O., S. 159, 168 f.

durch angemessene Verhaltensänderung den Vorwurf des Mitverschuldens von vornherein vermeiden zu können.

Ähnlich stellt sich die Problematik im Zusammenhang mit der Ausübung eines Zurückbehaltungsrechts des (vermeintlichen) Mobbing-Betroffenen dar. Das LAG Niedersachsen hat in dem unter *Frage 20* geschilderten Fallbeispiel 14 ausgeführt, dass die Zurückhaltung der Arbeitsleistung nur erforderlich und damit zulässig gewesen wäre, wenn die Klägerin einseitig einer schikanösen Behandlung durch die Filialleitung ausgesetzt gewesen wäre und sie die Eskalation am Arbeitsplatz nicht mit verursacht hätte. Dann wäre es allein Sache des Arbeitgebers gewesen, durch geeignete Maßnahmen im Rahmen der Fürsorgepflicht den Konflikt zu lösen. Da hier aber eine Mitverursachung der Konfliktsituation durch die Klägerin, insbesondere durch eigenes, nicht vertragsgerechtes Verhalten sowie durch ihre die Vorgesetzte diskriminierenden schriftlichen Äußerungen ihres Anwalts angenommen wurde, hätte nach Auffassung des LAG der Ausübung des Zurückbehaltungsrechtes der Versuch vorausgehen müssen, durch die notwendige und gebotene Korrektur des eigenen Verhaltens die Situation zu befrieden. Da Letzteres nicht geschehen war, hat das Gericht sowohl das Zurückbehaltungsrecht unter Berufung auf den Verhältnismäßigkeitsgrundsatz als auch Schadensersatz- und Schmerzensgeldansprüche im Ergebnis verneint und die Klage abgewiesen. Richtig ist es daher vernünftigerweise, die hier geschilderte Problematik nicht bereits auf der *Definitionsebene*, sondern auf der *Rechtsfolgenebene* abzuhandeln[275] mit der Folge, dass trotz Annahme eines Mobbing-Sachverhalts jedenfalls kein Zurückbehaltungsrecht (unter Verhältnismäßigkeitsgesichtspunkten) bzw. keine Schadensersatz- und Schmerzensgeldansprüche (unter dem Gesichtspunkt des Mitverschuldens gem. § 254 Abs.1 BGB) geltend gemacht werden können.

Fallbeispiel 24

In diesen Zusammenhang gehört auch der folgende Fall, dem eine Entscheidung des LAG Bremen vom 28.04.2000[276] zugrunde liegt: Der Kläger machte Schmerzensgeldansprüche gegen drei Vorgesetzte geltend und begründete diese damit, die Beklagten hätten über Jahre hinweg Mobbing gegen ihn betrieben und ihn durch ihr Verhalten in seinem Persönlichkeitsrecht erheblich verletzt, was schließlich dazu geführt habe, dass er mit 58 Jahren in den Vorruhestand getreten und gegen seinen Willen zum «müßigen Spaziergänger» geworden sei. Zum Eintritt in den Vorruhestand war es dadurch gekommen, dass sich der Kläger mit seinem Arbeitgeber in einem Kündigungsschutzverfahren auf eine Beendigung des Arbeitsverhältnisses und einen Eintritt in den Vorruhestand geeinigt hatte. Die Kündigung war ausgesprochen worden, weil der Kläger

---

[275] so auch das LAG Niedersachsen, a.a.O. und ebenso Hänsch, a.a.O., Rdnr. 944 sowie Kollmer, Rdnrn. 145x ff.

[276] Az. 3 Sa 284/99

zuvor zwei der später von ihm verklagten drei Vorgesetzten in einem Schreiben an den Personalrat vorgeworfen hatte, wider besseres Wissen behauptet zu haben, der von ihm behauptete Arbeitsplatz sei nicht mehr vorhanden und eine falsche eidesstattliche Versicherung abgegeben zu haben. Das LAG Bremen hatte darauf hin den Kläger in einem anderen Verfahren verurteilt, seine Behauptung zu widerrufen, was der Arbeitgeber des Klägers zum Anlass für eine fristlose Kündigung nahm. Unabhängig davon, ob dieses Verhalten des Klägers zur Rechtfertigung der Kündigung ausgereicht hätte, hielt das LAG die gegen die mobbenden Vorgesetzten geltend gemachten Schmerzensgeldansprüche für zweifelhaft, weil der Kläger durch sein eigenes Verhalten für sein Ausscheiden bei seinem Arbeitgeber und seinen Eintritt in den Vorruhestand eine Mitursache gesetzt habe, so dass den beklagten Vorgesetzten kein alleiniges Verschulden an seinem Ausscheiden vorgeworfen werden könne. Diese Umstände sprächen für ein *Mitverschulden* des Klägers, aufgrund dessen ein Schmerzensgeldanspruch ausscheiden könne. Eine endgültige Entscheidung dieser Frage brauchte das LAG Bremen dann aber nicht zu treffen, da die Klage bereits deshalb abgewiesen werden musste, weil der Kläger bzw. sein Prozessbevollmächtigter die Berufungsbegründungsfrist schuldhaft versäumt hatte. Im Ergebnis erscheinen die Erwägungen des LAG vor dem Hintergrund der neueren Mobbing-Rechtsprechung als zweifelhaft, da dem Kläger Schmerzensgeldansprüche – rechtswidrige Mobbing-Handlungen seiner Vorgesetzten vorausgesetzt – allein aufgrund der damit verbundenen Persönlichkeitsrechtsverletzung auch ohne Eintritt in den Vorruhestand zugestanden haben könnten. Sollte sein eigenes rechtswidriges Verhalten im Zusammenhang mit den von ihm aufgestellten Behauptungen für eine Kündigung darüber hinaus nicht ausgereicht haben – was das Gericht ausdrücklich offen ließ – könnte vernünftigerweise kaum von einem anspruchsausschließenden Mitverschulden gesprochen werden, wenn der Arbeitgeber dennoch eine Kündigung aussprach und der Kläger einem Vergleich in Form eines vorzeitigen Ausscheidens nur aufgrund der Konfliktsituation am Arbeitsplatz zugestimmt haben sollte. Ein den Anspruch ganz oder teilweise ausschließendes Mitverschulden könnte, wie oben ausgeführt, allenfalls bei Vorliegen wechselseitiger Eskalationsprozesse im Sinne gegenseitiger Persönlichkeitsrechtsverletzungen angenommen werden, die keine klare Einordnung einer Täter-Opfer-Beziehung zulassen, was aber vom LAG Bremen nicht weiter problematisiert wurde (vgl. in diesem Zusammenhang auch LAG Rheinland-Pfalz, Urteil vom 16.08.2001[277]: Das Argument, der Schmerzensgeld beanspruchende Kläger habe den Gruß des Beklagten nicht erwidert und zur Seite geschaut, könne nicht dazu führen, etwa ein Mitverschulden auf Seiten des Klägers auszumachen). Das Urteil des LAG Bremen wurde im Übrigen in der Revisionsinstanz vom BAG aufgehoben und erneut an das LAG Bremen zurück verwiesen. Auch die 2. Kammer des LAG

---

[277] Az. 6 Sa 415/01, ZIP 2001, 2298 ff.

Bremen wies die Berufung des Klägers jedoch mit rechtskräftigem Urteil vom 30.05.2001[278] zurück, und zwar mit der Begründung, der Kläger habe das Vorliegen eines Mobbing-Sachverhalts nicht ausreichend dargelegt.

Eine weitere Mitverschuldensproblematik ergibt sich im Zusammenhang mit Schadensersatz- und Schmerzensgeldansprüchen auf der reinen *Schadensebene*, d.h. bei einem Verstoß gegen die so genannte Schadensminderungspflicht gem. § 254 Abs.2 BGB, wie das folgende <u>Fallbeispiel</u> in Anlehnung an das Urteil des LAG Bremen vom 17.01.1995[279] zeigt:

Fallbeispiel 25

Der Kläger erhielt ab 1990 eine Erwerbsunfähigkeitsrente auf Zeit, der als Diagnose eine *«depressive Entwicklung im Zusammenhang mit unbewältigten beruflichen Konflikten»* zugrunde lag. Er behauptete, seine Erwerbsunfähigkeit sei auf das vertragswidrige und schikanöse Verhalten der Beklagten, seines Arbeitgebers, zurückzuführen. Dadurch sei ihm ein materieller Schaden in Höhe von insgesamt DM 55.516,83 entstanden, den er im Einzelnen berechnete. Das LAG Bremen wies die Klage aufgrund eines überwiegenden Mitverschuldens des Klägers ab, und zwar mit folgender Begründung:

- Obwohl der Kläger die Beklagte schriftlich auf den Zusammenhang zwischen seiner Erkrankung und dem Arbeitsverhältnis hingewiesen hatte, warf das Gericht dem Kläger vor, die Beklagte nicht ausreichend auf den drohenden Erwerbsschaden hingewiesen und ihr das drohende Ausmaß des Schadens vor Augen geführt zu haben, da er seinerzeit immer wieder arbeitsfähig gewesen sei. Wäre der Kläger seiner Warnpflicht nachgekommen, so sei davon auszugehen, dass die Beklagte dann Anstrengungen unternommen hätte, die Situation zu verbessern.

- Der Kläger hätte ferner aufgrund seiner ihm obliegenden Schadensabwendungs- und -minderungspflicht auf ein Versetzungsangebot der Beklagten von Bremen nach Hamburg eingehen müssen, das für ihn auch zumutbar gewesen sei, obwohl die Versetzungsverhandlungen zwischen den Parteien im Ergebnis scheiterten, weil kein Einvernehmen über die konkreten Bedingungen erzielt werden konnte.

- Schließlich warf das Gericht dem Kläger vor, dass er ein Angebot der Beklagten auf Aufhebung des Arbeitsverhältnisses gegen Zahlung einer Abfindung nicht angenommen habe oder nicht den Weg über eine Kündigung verbunden mit einer Schadensersatzforderung nach § 628 Abs.2 BGB gegangen sei.

Wenn der Kläger im vorliegenden Fall die Beklagte rechtzeitig vor dem Eintritt des Erwerbsschadens gewarnt hätte, sich hätte nach Hamburg versetzen

---

[278] Az. 2 Sa 78/01
[279] Az. 1 Sa 41/94

lassen oder gar aus dem Arbeitsverhältnis mit der Beklagten ausgeschieden wäre, so wäre nach Auffassung des Gerichts der Schaden jedenfalls nicht in der geltend gemachten Weise entstanden. Mit dieser Aussage hat das Gericht zwar objektiv Recht, verkennt aber hier Ursache und Wirkung sowie die Grundrechtsrelevanz der Persönlichkeitsrechts- sowie Gesundheitsverletzungen des Klägers durch seinen Arbeitgeber. Es erscheint daher nicht vertretbar und mit der neueren Mobbing-Rechtsprechung auch nicht vereinbar, die mobbende Person bzw. den das Mobbing duldenden Arbeitgeber derart aus der Verantwortung für schwerwiegende Grundrechtsverletzungen zu entlassen und sich praktisch von der Verantwortung freikaufen zu können. Ungeachtet dessen, dass gerade vor dem Hintergrund der hier mitgeteilten Gerichtsentscheidung jedem Betroffenen nochmals geraten werden muss, den Arbeitgeber frühzeitig auf etwaige Mobbing-Handlungen und die daraus resultierenden Folgen hinzuweisen (vgl. oben *Frage 8* und auch ArbG Bochum[280]: Kein Anspruch auf Schmerzensgeld, wenn der Betroffene sich zwecks Abhilfe der Mobbing-Handlungen weder an den Arbeitgeber noch an den Betriebsrat wendet und von seinem betriebsverfassungsrechtlichen Beschwerderecht keinen Gebrauch macht), kann es keinen Zweifeln unterliegen, dass bei Vorliegen schwerwiegender Mobbing-Handlungen heute jede mobbende Person bzw. jeder das Mobbing duldende Arbeitgeber damit rechnen muss, dass auch Gesundheitsschäden bis hin zur Erwerbsunfähigkeit drohen, so dass sich hier niemand aus der Verantwortung stehlen kann (vgl. auch ArbG Dresden[281] und die Ausführungen zum Verschulden in *Frage 30)*.

Kein Mobbing-Betroffener muss im Übrigen normalerweise eine Versetzung von Hamburg nach Bremen mit den dadurch verbundenen Fahrzeiten oder Umzugskosten bzw. Aufgabe seines Freundes- und Bekanntenkreises und sonstige persönliche Unannehmlichkeiten in Kauf nehmen, wenn nicht zuvor der Arbeitgeber im Rahmen seiner Organisations- und Schutzpflichten alles Erforderliche getan hat, um weitere künftige Mobbing-Handlungen und damit auch weitere Gesundheitsschäden zu vermeiden. Völlig zu Recht weist daher Wickler[282] darauf hin, dass Maßnahmen wie Versetzungen etc. unter Zugrundelegung des Prinzips, dass das Recht dem Unrecht nicht zu weichen braucht – unbeschadet einer anderweitigen einvernehmlichen Regelung mit dem Mobbing-Betroffenen – nur dann angemessen sind, wenn sie die mobbenden Arbeitnehmer selbst betreffen bzw. eine klare Täter/Opfer-Trennung ausscheidet (vgl. demgegenüber das in Anlehnung an das Urteil des Landesarbeitsgerichts Schleswig-Holstein vom 12.02.2002[283] gebildete Fallbeispiel 17 in *Frage 22)*. Erst recht gilt dies für die vom LAG Bremen verlangte Aufgabe des Arbeits-

---

[280] Urteil vom 15.08.2000, Az. 2 Ca 1256/00
[281] Urteil vom 07.07.2003, Az. 5 Ca 5954/02, AuR 2004, 114
[282] DB 2002, 477, 483 in Fn. 55
[283] Az. 50Sa 409 c/01, DB 2003, 1056

platzes gegen Zahlung einer Abfindung, die zwar im Einzelfall sinnvoll sein, aber keinesfalls dazu führen kann, dem Arbeitnehmer, der ein entsprechendes Angebot ablehnt, einen Mitverschuldensvorwurf zu machen mit der Folge, dass damit Schadensersatz- und Schmerzensgeldansprüche ausgeschlossen sein sollen. Zu Recht hat daher das LAG Baden-Württemberg in seiner Entscheidung vom 27.07.2001[284] (vgl. das Fallbeispiel 3 in *Frage 2*) von einem Recht des Arbeitnehmers gesprochen, ein Angebot zum Abschluss eines Aufhebungsvertrages abzulehnen und die Wahrnehmung dieses Rechts als durch das sog. Maßregelungsverbot gem. § 612 a BGB geschützt angesehen. Dann kann daraus aber auch kein Mitverschuldensvorwurf gegen den Arbeitnehmer abgeleitet werden (vgl. zutreffend auch Hänsch[285], die das Urteil des LAG Bremen als «krasse Fehlentscheidung» und die Berufung des Arbeitgebers auf ein Mitverschulden des Arbeitnehmers gem. § 254 Abs.2 BGB in derartigen Fällen als rechtsmissbräuchlich bezeichnet).

Ein etwaiges Mitverschulden des Mobbing-Betroffenen ist auch in Fällen denkbar, in denen der Arbeitgeber auf Grund unzutreffender Behauptungen von Arbeitskollegen eine Kündigung ausspricht und sich der Arbeitnehmer nicht gegen die Kündigung wehrt. Dann kann er u.U. im Nachhinein den oder die Arbeitskollegen wegen der unzutreffenden Behauptungen nicht auf Schadensersatz wegen Verlusts des Arbeitsplatzes in Anspruch nehmen. Etwas anderes gilt nur, wenn kein Kündigungsschutz nach dem Kündigungsschutzgesetz besteht und eine Kündigungsschutzklage daher ohne Aussicht auf Erfolg wäre (vgl. insoweit das Fallbeispiel 23 unter *Frage 26*).

Ähnliches gilt für das *Beamtenrecht*. Gem. § 839 Abs. 3 BGB (vgl. den in *Frage 26* abgedruckten Gesetzestext sowie die weiteren Ausführungen in *Frage 26*) tritt eine Ersatzpflicht bei Amtspflichtverletzungen nicht ein, wenn der Verletzte vorsätzlich oder fahrlässig unterlassen hat, den Schaden durch Gebrauch eines Rechtsmittels abzuwenden. Der Begriff des «Rechtsmittels» wird dabei zwar weit verstanden und umfasst z.B. auch Gegenvorstellungen[286]. Ungeachtet dessen bestehen aber bei Mobbing-Sachverhalten nach der Rechtsprechung in der Regel keine den Amtshaftungsanspruch gem. § 839 Abs. 3 BGB ausschließende, zumutbare Rechtsmittel (vgl. OLG Stuttgart[287] sowie die näheren Ausführungen dazu unter *Frage 26*).

---

[284] Az. 5 Sa 72/01
[285] a.a.O., Rdnr. 944
[286] vgl. Wittinger/Hermann, ZBR 2002, 337, 340 m.w.N.
[287] Urteil vom 28.07.2003, Az. 4 U 51/03

28. Können Schadensersatzansprüche gegen die mobbende Person oder den Arbeitgeber aus sonstigen rechtlichen Gründen ausgeschlossen sein?

Grundsätzlich nein. Die Haftung der Arbeitskollegen aufgrund betrieblicher Tätigkeit kann zwar nach § 105 SGB VII ausgeschlossen sein. Dies gilt jedoch nur bei Arbeitsunfällen und Berufskrankheiten, jedoch nicht für Mobbingfälle. Als Arbeitsunfall kann Mobbing in aller Regel nicht gelten, da es sich bei Mobbing nicht um ein plötzliches Ereignis, sondern um einen längere Zeit andauernden Prozess handelt. Mobbing ist bisher auch nicht als Berufskrankheit anerkannt (vgl. auch *Frage 44*). Im Übrigen gilt der Haftungsausschluss nach § 105 SGB VII bei Vorsatz nicht.

Im *Beamtenrecht* sind Ansprüche gegen die mobbende Person ausgeschlossen, d.h. hier haftet gem. § 839 BGB, Art. 34 GG allein der Dienstherr des Schädigers, d.h. der mobbenden Person, für Schäden, die dadurch entstehen, dass ein Beamter im Rahmen der gemeinsamen Dienstausübung durch seinen Vorgesetzten systematisch und fortgesetzt schikaniert und beleidigt wird (Mobbing), vgl. dazu *Frage 26*.

29. Wie ist die Haftungsverteilung bei mehreren Mobbing-Beteiligten?

Haben mehrere Personen als Mittäter bei Mobbing-Handlungen zusammen gewirkt, haften die Beteiligten im Verhältnis zum Mobbing-Betroffenen als Gesamtschuldner gem. §§ 830 Abs. 1 Satz 1, 840 BGB. Das bedeutet, dass jeder für den ganzen Schaden in Anspruch genommen werden kann und dann seinerseits im Innenverhältnis Ausgleich nach §§ 426, 840 Abs. 2 und 3, 841 BGB suchen muss. Entsprechendes gilt gem. § 830 Abs. 2 BGB für Anstifter und Gehilfen, d.h. auch wer «nur» eine fremde Tat unterstützt, kann für den vollen Schaden haftbar gemacht werden.

Lässt sich nicht ermitteln, wessen Tatbeitrag den Schaden verursacht hat, haften alle Beteiligten ebenfalls gem. § 830 Abs. 1 Satz 2 BGB als Gesamtschuldner.

30. Wer hat in Mobbing-Schutzprozessen die Darlegungs- und Beweislast?

Die Darlegungs- und Beweislast liegt hinsichtlich des Vorliegens eines *Mobbing-Sachverhalts* grundsätzlich bei demjenigen, der einen solchen Sachverhalt behauptet. Erforderlich ist ein den Ablauf und die Einzelheiten erfassender konkreter Sachvortrag, aus dem sich die entsprechenden Rückschlüsse ziehen lassen[288]. Bei der Geltendmachung von Schadensersatz- und Schmerzensgeldansprüchen ist ferner das *Verschulden* sowie die *Kausalität* zwischen Handeln/ Unterlassen und einer etwaigen Gesundheitsbeschädigung sowie etwaigen materiellen Schäden darzulegen und zu beweisen[289]. Für die Annahme eines *Verschuldens* des Arbeitgebers wird verlangt, dass dieser insbesondere die psychischen Gesundheitsverletzungen des Arbeitnehmers voraussehen kann, vgl. ArbG Dresden in seinem Urteil vom 07.07.2003[290]: Der Vorgesetzte habe in dem dort entschiedenen Fall damit rechnen müssen, dass die fortwährenden Anfeindungen gegenüber der Klägerin zu deren psychischer Destabilisierung mit krankheitswerten Folgeerscheinungen führen könne. Zutreffend weist Stock[291] in diesem Zusammenhang darauf hin, dass heutzutage die möglichen Folgen von Mobbing aufgrund der intensiven Diskussion in den Medien allgemein bekannt sein dürften (vgl. aber das Urteil des LAG Berlin vom 15.07.2004[292]: Behauptet eine Arbeitnehmerin, sie sei durch fortgesetzte Herabsetzungen und Schikanen ihres Arbeitgebers seelisch krank geworden, müsse sie im Prozess um Schadensersatz und Schmerzensgeld die beanstandeten Verhaltensweisen so konkret darlegen und beweisen, dass in jedem Einzelfall beurteilt werden könne, ob diese Verhaltensweisen rechtswidrige und schuldhafte Überschreitungen des Direktionsrechts gewesen seien und ob der Handelnde damit zu rechnen gehabt habe, dass sein Verhalten eine Erkrankung bei der Arbeitnehmerin verursachen könnte. Es genüge nicht, die beanstandeten Verhaltensweisen unter eine der inzwischen gebräuchlichen Definitionen von «Mobbing» zu subsumieren; «Mobbing» sei für sich genommen kein juristisch verwertbarer Begriff[293]).

Dass ein Arbeitnehmer arbeitsrechtlich zulässige Maßnahmen als belastend empfindet und hierdurch psychisch krank wird, reicht nicht aus[294] (vgl. LAG Nürnberg, Urteil vom 02.07.2002[295]: Das Entstehen von Mobbing-Symptomen sei nicht gleichzusetzen mit pflichtwidrigen und schuldhaften Handlungen des Arbeitgebers oder des Vorgesetzten. Anderes wäre nur anzunehmen, wenn solche Handlungen gezielt eingesetzt würden, um den Kläger in seiner Person zu beeinträchtigen und zu verletzen oder um ihn loszuwerden). Zutreffend weist

---

[288] LAG Thüringen, Urteil vom 10.04.2001, Az. 5 Sa 403/00, NZA-RR 2001, 347 ff.

[289] vgl. LAG Baden-Württemberg, Urteil vom 29.09.2000, Az. 18 Sa 46/00; LAG Bremen, Urteil vom 17.10.2002, Az. 3 Sa 78/02, NZA-RR 2003, 234 ff.; LAG Berlin, Urteil vom 01.11.2002, Az. 19 Sa 940/02, NZA-RR 2003, 232 ff.

[290] Az. 5 Ca 5954/02, AuR 2004, 114; vgl. auch LAG Berlin, a.a.O.

[291] in: Arentewicz/Fleissner, S. 183, 185

[292] Az. 16 Sa 2280/03, EzA Schnelldienst 23/2004, S. 8

[293] zustimmend LAG Hamm, Urteil vom 21.12.2004, Az. 13 (5) Sa 659/04

[294] vgl. ArbG Kassel, Urteil vom 24.11.1999, Az. 5 Ca 174/99, S. 13; ArbG Lübeck, Urteil vom 07.09.2000, Az. ÖD 2 Ca 1850 b/00, AuA 2001, 138; ebenso LAG Baden-Württemberg, Urteil vom 05.03.2001, Az. 15 Sa 106/00, AP Nr. 2 zu § 611 BGB Mobbing

[295] Az. 6 (3) Sa 154/01, NZA-RR 2003, 121 ff.

Benecke[296] in diesem Zusammenhang darauf hin, dass bei der grundsätzlich gebotenen objektiven Betrachtungsweise aber auch die individuelle Situation des Betroffenen berücksichtigt werden müsse. In der Praxis scheitern viele Klagen allein daran, dass der zugrunde liegende Mobbing-Sachverhalt nur ungenügend, d.h. zu pauschal und unbestimmt bzw. nur schlagwortartig dargelegt wird oder der Beweis für den dargelegten Sachverhalt nicht gelingt (vgl. beispielhaft den in *Frage 20,* Fallbeispiel 15, geschilderten Frankfurter «Rattengiftfall» sowie Arbeitsgericht München[297]).

Etwas differenzierter stellen sich die Dinge bei einem durch psychisch bedingten Stress am Arbeitsplatz ausgestellten *ärztlichen Beschäftigungsverbot* gem. § 3 I MuSchG dar, wie das folgende, in Anlehnung an ein Urteil des BAG vom 21.03.2001[298] gebildete Fallbeispiel zeigt:

Fallbeispiel 26

Die schwangere Arbeitnehmerin erhielt von ihrem Arzt ein Beschäftigungsverbot gem. § 3 I MuSchG in Form einer Bescheinigung, nach der Leben oder Gesundheit von Mutter und Kind bei Fortdauer der Beschäftigung gefährdet seien, nachdem sie über Probleme mit Vorgesetzten und Arbeitskollegen geklagt hatte, die sie als *«Psychoterror»* und *«Mobbing»* bezeichnete. Der Arbeitgeber behauptete demgegenüber, das Arbeitsverhältnis sei unbelastet und störungsfrei verlaufen und psychische Dauerbelastungen der Arbeitnehmerin gebe es nicht. Der Arbeitgeber stellte darauf hin die Gehaltszahlung an die Klägerin, die auf Grund des Beschäftigungsverbots nicht weiter arbeitete, ein. Im Prozess wandte die Klägerin ein, das Verhältnis zu ihrem Vorgesetzten habe sich schlagartig verschlechtert, nachdem sie ihn von ihrer Schwangerschaft in Kenntnis gesetzt habe. So sei sie für Vorsorgeuntersuchungen anfänglich nur mit der Aufforderung freigestellt worden, die entsprechende Zeit nachzuarbeiten. Auch habe die Beklagte schon sehr frühzeitig in der örtlichen Presse eine Stellenanzeige für die Neubesetzung ihres Arbeitsplatzes aufgegeben, obwohl sie in ihrer Schwangerschaftsmitteilung ausdrücklich erklärt habe, sich zu einem möglichen Erziehungsurlaub erst später äußern zu wollen. Ihr Vorgesetzter habe ihren Antrag auf Bildungsurlaub aufbrausend abgelehnt und diese Ablehnung erst später mit Hinweis auf betriebliche Hindernisse begründet. Die auf die Stellenanzeige für ein Jahr befristet eingestellte Mitarbeiterin habe in einem ersten Gespräch erklärt, ihr habe man gesagt, ihr Arbeitsplatz sei sicher, da sie – die Klägerin – nach der Entbindung nicht mehr wiederkommen werde. Sie habe seit längerem täglich an Kopf- und Magenschmerzen und Schwindelanfällen gelitten. Sie sei wegen des von ihr als Psychoterror und Mobbing empfundenen Verhaltens im Betrieb total deprimiert gewesen und

---

[296] Mobbing, Rdnr. 46
[297] Urteil vom 25.09.2001, Az. 1 Ca 1562/01, NZA-RR 2002, 123 ff.
[298] Az. 5 AZR 352/99, NZA 2001, 1017 ff.

ständig in Tränen ausgebrochen, wenn sie ihrem Ehemann über die Verhältnisse im Betrieb berichtet habe. Sie habe sich der psychischen Belastung am Arbeitsplatz nicht mehr gewachsen gefühlt und nicht mehr schlafen können.

Nach Auffassung des BAG reicht in derartigen Fällen grundsätzlich eine entsprechende ärztliche Bescheinigung aus. Gelinge es jedoch dem Arbeitgeber, den Beweiswert dieser Bescheinigung zu erschüttern, indem er darlege und beweise, die Arbeitnehmerin habe dem Arzt ihre Arbeitsbedingungen, die für den Ausspruch des Verbots ausschlaggebend gewesen seien, unzutreffend beschrieben oder sie habe gegenüber Dritten erklärt, sie habe ein Gefälligkeitszeugnis erhalten und Ähnliches mehr, sei es Sache der Arbeitnehmerin, die Tatsachen darzulegen und zu beweisen, auf Grund derer ein Beschäftigungsverbot gleichwohl bestand. Dabei sei es unerheblich, ob die Bewertung der betrieblichen Vorfälle durch die Arbeitnehmerin als Mobbing und Psychoterror objektiv berechtigt sei. Auch rein *subjektive Empfindungen* der Arbeitnehmerin am Arbeitsplatz könnten nämlich zu einer tatsächlich vorhandenen psychischen Ausnahmesituation und Stresssymptomatik geführt haben. Das zuständige Gericht habe deshalb zu beurteilen, ob die betreffende Arbeitnehmerin psychisch bedingten Stress nur vorgeschoben oder sich auf Grund wahrnehmbarer Anzeichen tatsächlich in einer Stresssituation befunden habe, und inwieweit im letztgenannten Fall eine Gefährdung von Mutter oder Kind gerade durch die Fortdauer der Beschäftigung hervorgerufen worden wäre.

Im Ergebnis wies das BAG den Rechtsstreit zur näheren Sachaufklärung und ggf. weiteren Beweisaufnahme an die Vorinstanz zurück, ohne den Fall endgültig zu entscheiden. Die hier getroffenen Aussagen des BAG haben aber grundsätzliche Bedeutung für alle vergleichbaren Fallkonstellationen (vgl. zu diesem Themenkomplex auch das Urteil des LAG Schleswig-Holstein vom 07.12. 1999[299]: Wenn ein Arbeitgeber die Rechte einer Schwangeren nachhaltig verletze und sie so zu gerichtlichen Auseinandersetzungen zwinge, könne dies u. U. zu einem Beschäftigungsverbot gemäß § 3 Abs. 1 MuSchG führen. Aufgrund der erhöhten Sensibilität während einer Schwangerschaft könne ein solches Verhalten des Arbeitgebers eine Situation schaffen, in der bei Fortdauer der Beschäftigung zumindest die psychische Gesundheit der Schwangeren gefährdet sei. Während des Beschäftigungsverbots steht der Schwangeren unbefristet Mutterschutzlohn gem. § 11 Abs. 1 i. V. m. § 3 Abs. 1 MuSchG zu. Das LAG hat in dieser Entscheidung im Ergebnis einer Klage auf Zahlung von Mutterschutzlohn rechtskräftig stattgegeben).

---

[299] Az. 1 Sa 464/99, abgedruckt im Internet unter http://www.arbgsh.de/pr1-00.htm

31. Empfiehlt es sich, ein Mobbing-Tagebuch zu führen?

Ja. Da das Mobbing-Opfer in einem gerichtlichen Verfahren die Darlegungs- und Beweislast hinsichtlich des Vorliegens von Mobbing-Handlungen hat, wird die Anfertigung eines Mobbing-Tagebuchs empfohlen, zumal in der Rechtsprechung, jedenfalls des LAG Thüringen, eine Bezugnahme auf Mobbing-Tagebuch-Aufzeichnungen im Rahmen der Beweisaufnahme und Beweiswürdigung für zulässig erachtet wird (vgl. aber auch Sächsisches LAG in einem Urteil vom 17.02.2005[300]: Die sofort nach Dienstantritt begonnene und über mehr als ein Jahr praktizierte Auflistung einzelner Vorkommnisse, Verhaltensweisen und Gesprächsfetzen in buchhalterischer Manier deute eher darauf hin, dass die Klägerin selbst keine sonderlich friedfertige Einstellung gehabt habe. Sie habe von vornherein Munition gesammelt, um sie gegen diejenigen zu verschießen, mit denen sie zusammenzuarbeiten hatte. Es fehle daher an einer «klaren Täter-Opfer-Konstellation»).

Das Mobbing-Tagebuch sollte die sog. «*7 Ws*» als Mindestinhalt enthalten, d.h. Antwort auf folgende Fragen geben:

- Wer hat gehandelt?
- Wo war das?
- Wann und in welchem Zusammenhang?
- Was war der Anlass?
- Was genau war Inhalt der Handlung?
- Welche Auswirkungen hatte der Vorfall?
- Wer kommt als Zeuge in Betracht?

Ferner können folgende Angaben hilfreich sein:

- Daten etwaiger Arztbesuche aufgrund des Mobbings und die gesundheitlichen Beschwerden sowie Dauer und Verlauf von Krankschreibungen;
- Was passierte bzw. wie fühlte man sich, wenn der Mobbing-Täter längere Zeit abwesend war (Urlaub, Krankheit u.a.).

Welche Folgen die Nichteinhaltung dieser Empfehlungen haben kann, zeigt eine Entscheidung des LAG Baden-Württemberg[301], in der eine Schmerzensgeldklage abgewiesen wurde, weil die dortige Klägerin nur vage Angaben wie *«an einem Freitag Mittag»* (zwischen Anfang 1995 und Ostern 1996) und *«an einem anderen Tag»* sowie *«ein anderes Mal»* machen konnte (sie hatte kein Mobbing-Tagebuch geführt). Auch das LAG Bremen hat in einem Urteil vom 17.10.

---

[300] Az.: 2 Sa 751/03, EzA Schnelldienst 12/2005, S.12
[301] Urteil vom 29.09.2000, Az. 18 Sa 46/00

2002[302] dargelegt, dass der Vortrag, *«im Sommer 1998 habe die Kollegin, Frau M., in Umlauf gebracht, die Klägerin sei nicht glaubwürdig, weil sie ihrer geistigen Kräfte nicht mächtig sei»*, zu unsubstanziiert sei. Hier hätte der Zeitraum mindestens nach dem Vorfallsmonat näher eingrenzt und dargelegt werden müssen, ob der Vorfall zu Beginn des Sommers, am Ende des Sommers, im Juni, Juli oder im August stattgefunden habe.

32. Gibt es Beweiserleichterungen in Mobbing-Schutzprozessen?

Das Thüringer LAG hat in seiner Entscheidung vom 10.04.2001[303] als Erleichterung für die Betroffenen sog. falltypische Indiz-Tatsachen anerkannt, nämlich das Bestehen

- einer mobbing-typischen Motivation,

- eines mobbing-typischen Geschehensablaufs[304] und

- einer mobbing-typischen Veränderung des Gesundheitszustands des Opfers, wenn eine Konnexität zu den vorgebrachten Mobbing-Handlungen besteht.

33. Was versteht man unter einer mobbing-typischen Motivation?

Richtet sich das Mobbing gegen Arbeitskollegen oder Untergebene, spielen als mobbing-typische Motive oft Neid, Missgunst, Angst um den eigenen Arbeitsplatz, bedingungsloses Karrierestreben, als nicht ausreichend erachtete soziale Anpassung des Mobbing-Betroffenen, aber auch schlicht sadistische oder rassistische Motive eine Rolle[305]. Hinzu kommen können Eifersucht, Minderwertigkeitsgefühle des Mobbing-Täters, Arroganz, Rechthaberei, Hass, Egoismus oder auch berufliche bzw. unternehmerische Zielsetzungen, wie inhaltliche Änderungen des Arbeitsverhältnisses oder das Herausdrängen von Mitarbeitern aus beruflichen Positionen bzw. aus dem Arbeitsverhältnis als solchem.

---

[302] Az. 3 Sa 78/02, NZA-RR 2003, 234 ff.

[303] Az. 5 Sa 403/2000, NZA-RR 2001, 347 ff.

[304] vgl. auch LAG Bremen, Urteil vom 17.10.2002, Az. 3 Sa 78/02, NZA-RR 2003, 234 ff.

[305] vgl. LAG Thüringen, a.a.O.

34. Was sind mobbing-typische Geschehensabläufe?

Der Geschehensablauf von Mobbing ist laut LAG Thüringen[306] typischerweise geprägt durch eine im Verlauf erfolgende quantitative und qualitative Zunahme des auf das Opfer ausgeübten Drucks. Kann ein Kompromiss nicht gefunden werden, nachdem die Konfliktursache gesetzt ist, erfolgt in der Regel eine Intensivierung der zunächst auf einzelne Gemeinheiten und Unverschämtheiten beschränkten Verhaltensweisen bis hin zu einer derartigen Häufung, dass das Opfer einem regelrechten Psychoterror ausgesetzt ist. Reagiert die betroffene Person zunächst noch mit Ignorieren, Anpassungsversuchen oder Versöhnungs-Angeboten, wird sie im weiteren Verlauf häufig versuchen, dem Druck durch kurze oder auch längere Auszeiten (Erkrankungen) zu begegnen. Die Indikation eines rechtlich relevanten Mobbings setzt laut LAG Thüringen allerdings nicht voraus, dass der Betroffene alle Phasen durchlaufen hat. Im Einzelfall kann es auch zu einer erheblichen Verkürzung der Aktions- und Reaktionsabläufe kommen, ohne dass deshalb die Indizwirkung entfällt (vgl. zu den einzelnen Mobbing-Phasen auch Leymann[307] und Groeblinghoff[308], der zeitlich insgesamt sechs, sich fallweise teils überlagernde Mobbing-Phasen darstellt: (1) Eine fehlende oder defizitäre Konfliktbearbeitung am Arbeitsplatz, woraus sich (2) Mobbing entwickle, was (3) zu Rechts- und Machtübergriffen im Betrieb und schließlich (4) zum Ausschluss aus der Arbeitswelt führe. Hinzu kämen wegen mangelnder Fachkenntnis (5) eine ärztlich/psychotherapeutische sowie (6) eine juristisch-administrative Stigmatisierung, wenn sich die Betroffenen im Verlauf fast zwangsläufig psychisch auffällig benähmen. Sie würden dann als *primär* psychisch krank erlebt und eingestuft, und im falschen Umkehrschluss werde ihnen obendrein unterstellt, dass man mit ihnen – nämlich angeblich *aufgrund* ihrer zuvor unterstellten *primären* psychischen Erkrankung – nicht zusammen arbeiten könne, und zwar mit allen weiteren gesundheitlichen sowie rechtlichen Folgen).

35. Wann handelt es sich um mobbing-typische Veränderungen des Gesundheitszustands?

Dies ist dann anzunehmen, wenn sich mit zunehmender Dauer von Mobbing-Handlungen eine Verschlechterung der körperlichen und seelischen Gesundheit einstellt, die über Migräne und Spannungskopfschmerzen, Schweißausbrüchen, Kreislaufproblemen, Schwindelgefühlen, Atembeschwerden, Bronchitis / Asthma, Herzbeschwerden, Magen-, Darm- und Gallenbeschwerden, Erkrankungen von Nieren, Blase und Harnwegen, Appetitlosigkeit, Übelkeit, Ohrensausen

---

[306] a.a.O.

[307] a.a.O., S. 59 ff.

[308] in: Arentewicz/ Fleissner, a.a.O., S. 168 f.

146

(Tinnitus), Schlaflosigkeit, Hauterkrankungen, Krankheiten der Muskeln und des Skeletts, Erschöpfungen, ständiger Müdigkeit, sinkendem Selbstbewusstsein, Depressionen, Überempfindlichkeit, Vergesslichkeit, Konzentrationsstörungen, innerer Spannung und mangelndem Antrieb, traumatischen Ängsten und weiteren ernsthaften körperlichen oder psychischen Erkrankungen, im Einzelfall bis zum Selbstmord(versuch) führen kann[309].

Zu beachten ist in diesem Zusammenhang jedoch, dass es sich bei den oben genannten Symptomen zwar um mobbing-typische Erkrankungen handelt, die einzelnen Krankheitssymptome aber auch unabhängig von Mobbing-Handlungen auftreten können (vgl. insoweit zutreffend ArbG München[310]: Einzelne medizinische Befunde wie z.B. Schlafstörungen, Tinnitus, Migräne, *könnten* ihre Ursache im Mobbing haben, *müssten* es aber *nicht;* ebenso LAG Hamm[311] für Kopfschmerzen und Schlafstörungen).

Zur Vermeidung von Fehleinschätzungen ist auch hier eine *globale Betrachtungsweise* bzw. *Gesamtschau* aller auftretenden Symptome unter Berücksichtigung des gesamten zugrunde liegenden Sachverhalts erforderlich. Insoweit weist Groeblinghoff[312] zutreffend darauf hin, dass der *Kontext* von einzelnen Krankheitssymptomen in diesem Bereich aufgrund der Vielschichtigkeit der Einflussfaktoren von ausschlaggebender Bedeutung und damit unverzichtbar für eine umfassende, adäquate Wertung des singulären Ereignisses sei. Dessen Herauslösung aus dem Kontext führe zwangsläufig zu einer – möglicherweise schwerwiegenden und nachhaltig folgenreichen – Fehlbeurteilung seiner Effekte (vgl. zum Erfordernis einer Gesamtschau bei Mobbing-Sachverhalten allgemein oben *Frage 2)*.

Im Rahmen einer gerichtlichen Beweiswürdigung kann diesen Symptomen im Zusammenwirken mit den für Mobbing einschlägigen Verhaltensmustern *(vgl. Frage 30 und 31)* eine Indizwirkung zukommen, wenn vorher keine vergleichbaren gesundheitlichen Beeinträchtigungen bestanden haben und andere Ursachen ausscheiden bzw. nicht ersichtlich sind. Das Vorliegen solcher Indikatoren spricht dann regelmäßig für die Berechtigung des Mobbingvorwurfs[313]. Zu Recht hat das ArbG Dresden[314] ausgeführt, das einfache Behaupten, die attestierten Erkrankungen könnten auch andere Ursachen haben, genüge in derartigen Fällen nicht. Die Beklagten, d.h. hier der Arbeitgeber und der mobbende Vorgesetzte, müssten vielmehr Tatsachen vortragen, die einen solchen Schluss zuließen. Im Ergebnis ist es daher sachangemessen, der als Mobber auf Schadenser-

---

[309] vgl. LAG Thüringen, a.a.O., und Kollmer, Rdnr. 49 m.w.N. und zusammenfassend Groeblinghoff, in: Arentewicz/Fleissner, a.a.O., S. 159 ff.

[310] Urteil vom 25.09.2001, Az. 1 Ca 1562/01, NZA-RR 2002, 123 ff.

[311] Urteil vom 21.12.2004, Az. 13 (5) Sa 659/04, S. 11

[312] a.a.O., S. 169 f.

[313] so LAG Thüringen, a.a.O.

[314] Urteil vom 07.07.2003, Az. 5 Ca 5954/02, AuR 2004, 114

satz in Anspruch genommenen und des Mobbings überführten Partei die Beweislast für die für einen Gesundheitsschaden fehlende Ursächlichkeit ihrer Mobbing-Handlungen jedenfalls dann aufzuerlegen, wenn vor dem Beginn des Mobbings keine entsprechende Gesundheitsbeeinträchtigung vorgelegen habe[315]. Jedenfalls spricht aber – worauf Benecke[316] hinweist – ein starkes Indiz für die Kausalität, wenn in zeitlichem Zusammenhang mit fest stehenden Mobbing-Handlungen Erkrankungen auftreten, die nach ärztlicher Feststellung auf psychischen Druck zurückzuführen sind. Danach sei es Sache der Gegenseite, dieses Indiz zu entkräften, indem beispielsweise andere mögliche Ursachen für die Erkrankungen substanziiert vorgetragen werden.

Dennoch erspart die Rechtsprechung aber dem betroffenen Mobbingopfer – und hier liegt zumeist das Missverständnis der Betroffenen – keinesfalls einen substanziierten Sachvortrag zu den Mobbing-Handlungen, in dem es die einzelnen Vorfälle nach Zeitpunkt, Intensität und Häufigkeit genau vorzutragen und zu beweisen hat (vgl. ArbG München[317]; vgl. auch Fragen 30, 31 und 36).

36. Ist die außergerichtliche Einholung eines ärztlichen Attests oder medizinischen Sachverständigengutachtens als Beweismittel zu empfehlen?

Auch ein ärztliches Attest bzw. die Einholung eines medizinischen Sachverständigengutachtens kommen als Beweismittel bei außergerichtlichem Vorgehen oder in einem Mobbingschutzprozess in Betracht, und zwar

- zum Zwecke des Nachweises der Diagnose einer mobbing-typischen Erkrankung *(vgl. Frage 32)* oder
- zum Zwecke der Feststellung der Ursache für diese Krankheit.

Wie schwierig sich die Dinge z.T. in der Praxis gestalten, zeigt eine Entscheidung des ArbG München vom 25.09.2001[318]:

Fallbeispiel 27

Die dortige Klägerin hatte zwei ärztliche Gutachten vorgelegt, d.h. außergerichtliche Privatgutachten, in denen die Gutachter zu dem Ergebnis kamen, dass die Arbeitsunfähigkeit der Klägerin durch Mobbing am Arbeitsplatz verursacht worden sei. Sie machte daher Schadensersatz- und Schmerzensgeldansprüche wegen Mobbings geltend.

Ungeachtet dessen wies das ArbG die Klage vollen Umfangs ab und hielt der

---

[315] so zutreffend Wickler in HMR, Teil 2 RdNr. 47
[316] Mobbing, Rdnr. 330
[317] Urteil vom 25.09.2001, Az. 1 Ca 1562/01, NZA-RR 2002, 123 ff.
[318] Az. 8 Ca 1562/01, NZA-RR 2002, 123 ff.

Klägerin vor, ihren gesamten Sachvortrag nicht schlüssig dargelegt zu haben. Sie habe die einzelnen Vorfälle nicht genau substanziiert nach Zeitpunkt, Intensität und Häufigkeit vorgetragen, so dass das Gericht daraus keinen zuverlässigen Schluss ziehen könne, ob das Verhalten Mobbing bzw. ob es ursächlich für die Krankheiten der Klägerin war. Es reiche in diesem Zusammenhang nicht aus, wenn ein Arzt in einem Gutachten außergerichtlich pauschal ausführe, dass die Arbeitsunfähigkeit nach seiner Auffassung durch Mobbing-Handlungen am Arbeitsplatz verursacht worden sei. Schlüssiges Vorbringen zum Mobbing-Verhalten und zu dessen Ursächlichkeit für die Krankheit könne nicht durch Vorlage von Privatgutachten durch die Partei ersetzt werden. Die hier vorgelegten Gutachten enthielten nämlich selbst kein substanziiertes Vorbringen zum behaupteten Mobbing-Verhalten, sondern erschöpften sich in einer zusammenfassenden Bestätigung der Behauptungen der Klägerin hierzu. Aus diesem Grunde lehnte das Gericht es auch ab, einen Sachverständigenbeweis durchzuführen. Einem vom Gericht zu bestellenden Sachverständigen könnte nämlich kein substanziierter Sachverhalt zur Begutachtung vorgelegt werden, d.h. bei der vorliegenden Tatsachenbasis wäre von einem solchen Gutachten nur eine Aussage dazu zu erwarten, ob die Klägerin krank sei, ob die Ursache dieser Krankheit in der Arbeitssituation liege und ob solche Krankheitsbefunde nach ärztlicher Erfahrung durch Mobbing verursacht sein könnten. Die Ermittlung von Mobbing-Vorfällen durch den Sachverständigen selbst im Laufe der Anamnese liefe aber auf einen unzulässigen Ausforschungsbeweis hinaus.

Daraus ergibt sich für die Praxis, dass außergerichtliche Arztatteste oder medizinische Sachverständigengutachten nur dann für einen Prozess verwertbar sind, wenn dort eine Anknüpfung an ganz bestimmte Vorfälle vorgenommen wird, verbunden mit der Schlussfolgerung, dass diese einzelnen Vorfälle in sich schlüssig geschildert und glaubhaft und als Ursache für die Erkrankungen des jeweiligen Arbeitnehmers anzusehen sind (vgl. auch LAG Baden-Württemberg[319]: Auch dort war der Klägerin durch ein ärztliches Attest bestätigt worden, dass sie aufgrund massiven Mobbings erkrankt sei. Dies reichte aber nach Auffassung des LAG nicht aus, weil sich aus dem Attest nicht ergebe, auf welcher Grundlage die Diagnose erstellt worden sei; vgl. auch das Urteil des LAG Schleswig-Holstein vom 01.04.2004[320]: Das zur Akte gerichte und seitens des Klägers erstinstanzlich ergänzend unter Beweis der behandelnden Ärztin gestellte Attest sei zu vage, um eine ausschließlich auf das Arbeitsverhältnis bzw. das Verhaltens des Geschäftsführers der Beklagten zurückzuführende gesundheitliche Schädigung zu belegen. Es sei auch nicht ansatzweise ersichtlich, ob ggf. die behandelnde Ärztin andere mögliche Ursachen erfragt und ggf. ausgeschlossen habe und worauf ein solcher Ausschluss anderer Ursachen ggf. beruhe. In-

---

[319] Urteil vom 05.03.2001, Az. 15 Sa 106/00, AP Nr. 2 zu § 611 BGB Mobbing
[320] Az. 3 Sa 542/03

soweit eine Beweisaufnahme durchzuführen, würde einen unzulässigen Ausforschungsbeweis darstellen; vgl. auch Sächsisches LAG[321]: Das von der Klägerin
selbst vorgelegte psychiatrische Attest rede u. a. davon, dass «bei vorhandener
Disposition zu depressiver Reaktion» sehr häufig exogene Faktoren als auslösende Momente eine entscheidende Rolle spielten. Das spreche gegen die Annahme, die Klägerin sei erst im Betrieb «krank gemacht» worden, und sei mithin
widersprüchlich. Widersprüchliche Behauptungen seien jedoch keinem Beweis
zugänglich[322], weshalb der wiederholte Antrag, eine sachverständige Begutachtung vornehmen zu lassen, nicht zu erledigen gewesen sei).

Erfüllt ein Attest die genannten Voraussetzungen, hilft dies allerdings dem
Mobbing-Betroffenen ebenfalls nur dann, wenn es die einzelnen in Bezug genommenen Mobbing-Handlungen im Gerichtsverfahren ausreichend konkret
darlegen und insbesondere beweisen kann (*vgl. Frage 30*). Insbesondere Letzteres ist daher (mit-)entscheidend und bedeutsam für den Prozesserfolg. Gelingt
der Beweis der einzelnen Vorfälle, kann im Gerichtsverfahren auch ohne vorherige außergerichtliche Einholung eines Attests noch ein medizinisches Sachverständigengutachten auf der Grundlage des dann feststehenden bzw. als bewiesen
anzusehenden Sachverhalts in Auftrag gegeben werden[323].

Welche Fehler «wohlmeinende» Gutachter begehen können, zeigt beispielhaft
das Urteil des LAG Thüringen vom 10.06.2004[324]: Die ab September 1998 festgestellten Gesundheitsschäden der dortigen Klägerin seien nach Auffassung des
LAG nicht durch ein irgendwie geartetes Verhalten ihrer Vorgesetzten, insbesondere auch nicht durch die rechtswidrige Freistellung vom 5./6.11.1997, kausal herbeigeführt worden. Das von der Klägerin vorgelegte Gutachten ihres behandelnden Arztes, könne ebenfalls die Kausalität zwischen dem behaupteten
Mobbing-Verhalten und der Erkrankung nicht belegen. Das Gutachten sei undifferenziert und lasse an der notwendigen Objektivität des Gutachters zweifeln.
Der Gutachter habe die Klägerin erstmals am 29.07.1999 untersucht, also mehr
als 1½ Jahre nach der Freistellung der Klägerin im November 1997. Die Diagnose stütze sich auf das Mobbing-Tagebuch der Klägerin und einschlägige von
der Klägerin beigebrachte Unterlagen. Die Schlussfolgerungen der Klägerin, sie
sei nachweisbaren, mobbing-typischen Repressalien des Arbeitgebers ausgesetzt
gewesen, würden ungeprüft übernommen. Ferner greife der Gutachter die These
von der stasi-typischen Zersetzungsarbeit auf. Das Gutachten sei bei den Diagnose-Grundlagen und auch bei der Beurteilung im Übrigen weitgehend identisch
mit dem Gutachten, das für eine Arbeitskollegin der Klägerin erstellt wurde, die
ebenfalls am 29.09.1999 erstmals vom Gutachter untersucht worden sei. Die
fehlende Distanz des Gutachters zur Diagnose sei auch aus seiner gutachterli-

---

[321] Urteil vom 17.02.2005, Az.: 2 Sa 751/03, EzA Schnelldienst 12/2005, S.12

[322] vgl. BAG vom 13.06.2002 – 2 AZR 589/01 – EzA § 1 KSchG Betriebsbedingte Kündigung Nr. 1

[323] vgl. zusammenfassend Groeblinghoff, in: Arentewicz/Fleissner, a.a.O., S. 159, 171 ff.

[324] Az. 1 Sa 148/01, S. 90 f.

chen Äußerung vom 16.11.1999 deutlich geworden. Dort habe er erwähnt, dass er das Gutachten erstelle, um die Klägerin in die Lage zu versetzen, das Mobbing auch auf dem Rechtswege zu unterbinden. Daraus sei ersichtlich, dass der Gutachter doch sehr ergebnisorientiert eingestellt gewesen sei.

Welche Bedeutung ärztliche Atteste bei Mobbing-Sachverhalten auch für etwaige Ansprüche aus einer privaten Krankentagegeldversicherung haben und welche Fehler dabei gemacht werden können, zeigt ein Urteil des OLG Celle vom 20.05.1999[325]:

Fallbeispiel 28

Die Klägerin machte gegen ihre private Krankentagegeldversicherung einen Anspruch auf Krankentagegeld für einen Zeitraum geltend, für den der behandelnde Arzt ihr eine Arbeitsunfähigkeitsbescheinigung ausgestellt hatte, und zwar aufgrund von Beschwerden, die im Zusammenhang mit einem Konflikt am Arbeitsplatz aufgetreten waren. In seiner Mitteilung an die beklagte Krankentagegeldversicherung hatte der Arzt ausgeführt, für die körperlichen Beschwerden der Klägerin lasse sich «kein körperlicher krankhafter Befund nachweisen», (schon allein) die «Karenz vom Arbeitsplatz» führe zu einer «völligen Rückbildung der Beschwerden», bei ihr habe «die einzig sinnvolle und erfolgreiche Behandlungsmaßnahme... im Fernbleiben vom Arbeitsplatz» bestanden, weshalb die Arbeitsunfähigkeitsbescheinigungen ausgestellt worden seien; weitere Behandlungsmaßnahmen seien nicht erforderlich, eine weitere Beschäftigung am derzeitigen Arbeitsplatz sei für die Klägerin aber «nicht möglich», während an jedem anderen Arbeitsplatz «100 %ige Arbeitsfähigkeit» bestehe. Auch nach einem Bericht eines Arztes für Neurologie und Psychiatrie bestand bei der Klägerin – lediglich – «ein depressives Syndrom ... im Zusammenhang mit einem Konflikt am Arbeitsplatz».

Das OLG Celle lehnte den Krankentagegeldanspruch der Klägerin mit der Begründung ab, sie sei in der Vergangenheit nicht wirklich arbeitsunfähig gewesen, sondern aus psychischen Gründen lediglich nicht mehr in der Lage, an ihrem Arbeitsplatz tätig zu sein.

Das Gericht wies darauf hin, dass nach § 1 Abs. 3 der Musterbedingungen Krankentagegeldversicherung (MB/KT) Arbeitsunfähigkeit nur vorliegt, wenn die versicherte Person ihre beruflichen Tätigkeit nach medizinischem Befund vorübergehend in keiner Weise ausüben kann, sie auch nicht ausübt und keiner anderweitigen Erwerbstätigkeit nachgeht. Der Versicherungsnehmer einer Krankentagegeldversicherung sei daher nicht arbeitsunfähig, wenn lediglich eine konfliktgebundene Arbeitsplatzunverträglichkeit vorliege und er noch eine andere berufliche Tätigkeit ausüben könne. Der Versicherer einer Kran-

---

[325] Az. 8 U 110/98, NVersZ 2000, 272 ff.

kentagegeldversicherung sei an eine ihm vorgelegte Arbeitsunfähigkeitsbescheinigung eines Arztes nicht gebunden[326].

Im Zusammenhang mit mobbingbedingten Erkrankungen von Arbeitnehmern stellt sich häufig die Frage, ob der betreffende Arbeitnehmer, der ja zumeist nicht bettlägerig erkrankt sein wird, trotz ärztlich bescheinigter Arbeitsunfähigkeit Freizeitaktivitäten oder sogar Nebentätigkeiten nachgehen darf, wenn diese ärztlicherseits befürwortet und als gesundheitsfördernd dargestellt werden. Anzuraten ist in solchen Fällen auf jeden Fall eine ausdrückliche ärztliche Bescheinigung sowie eine vorherige ausdrückliche Abmahnung des Arbeitgebers dahingehend, ihn auf die krankmachenden Arbeitsbedingungen hinzuweisen und ihn aufzufordern, diese abzustellen.

Ansonsten droht eine Abmahnung durch den Arbeitgeber bzw. sogar eine Kündigung, wie das folgende Urteil des LAG Nürnberg vom 28.06.2004[327] zeigt:

Fallbeispiel 29

Die amtlichen Leitsätze des LAG lauten:

(1.) Verrichtet ein im Bauhof mit ähnlichen Arbeiten beschäftigter Arbeitnehmer während bestätigter Arbeitsunfähigkeit umfangreiche Garten- und Baumfällarbeiten, dann stellt dies auch dann einen wichtigen Grund für die außerordentliche Kündigung dar, wenn er sich damit verteidigt, er habe sich nicht genesungswidrig verhalten, weil seine Arbeitsunfähigkeit auf psychische Probleme zurückzuführen gewesen sei, die auf Mobbing seiner Kollegen beruhten.

(2.) Dies gilt zumindest dann, wenn der Arbeitnehmer bereits einschlägig abgemahnt ist; der Einwand, es habe sich nur um «Nachbarschaftshilfe» gehandelt, ist zumindest dann unbeachtlich, wenn der Kläger derartige Tätigkeiten in einem eigens hierfür angemeldeten Gewerbe auch gegen Entgelt anbietet.

Der Kläger war als Straßenbauarbeiter mit Arbeiten aller Art eingesetzt. Er meldete im Jahre 2001 ein Gewerbe mit der Tätigkeit «Rundumservice um Haus- und Garten» an und hatte eine Nebentätigkeitsgenehmigung dafür bei der Beklagten nicht eingeholt.

Aufgrund erbrachter Gartenarbeiten während der Zeit einer Arbeitsunfähigkeit und der von ihm unerlaubt ausgeübten Nebentätigkeiten erhielt der Kläger mit Schreiben vom 10.02.2003 eine Abmahnung.

Ungeachtet dessen führte der Kläger Ende Februar 2003 während bestätigter Arbeitsunfähigkeit einige Arbeiten für andere Personen aus, deren Intensität im Einzelnen zwischen den Parteien streitig war. Darauf hin sprach die Beklagte dem Kläger die außerordentliche Kündigung aus. Der Kläger räumte

---

[326] ebenso im Ergebnis LG Bremen, Urteil vom 20.11.2003, 6 S 170/03 und AG Nürnberg, Urteil vom 28.04.2004, 12 C 829/04

[327] Az. 6 Sa 116/04

ein, dass er einmal bei starkem Schneefall im Rahmen von Nachbarschaftshilfe – etwa 5 - 10 Minuten Gehweg vom eigenen Grundstück entfernt – mit Räumgerät etwa 5 Minuten beim Schneeräumen ausgeholfen habe. Er räumte weiter ein, dass er am 27.02.2003 etwa eine Stunde Baumschnittarbeiten ausgeführt und am 28.02.2003 beim Fällen eines Nadelbaumes geholfen habe. Es habe sich durchweg um übliche Nachbarschaftshilfe gehandelt.

Der Kläger machte ferner geltend, dass er im Arbeitsverhältnis gemobbt werde. Diese Mobbing- und Stress-Situation habe zur Erkrankung geführt. Seine nicht über Nachbarschaftshilfe hinausgehenden Tätigkeiten hätten die Genesung nicht verzögert, weil die Erkrankung allein auf psychische, durch Mobbing herbeigeführte Probleme zurückzuführen gewesen sei; sie habe den Heilungsprozess vielmehr eher gefördert.

In einem vom Kläger vorgelegten ärztlichen Attest wurde bestätigt, dass er ärztlicherseits angehalten worden sei, sich körperlich abzureagieren in Form von sportlicher Aktivität, langen Spaziergängen o.ä.

Der Kläger hat vorgetragen, die nervliche Belastung aus den von ihm so empfundenen Kränkungen sei so stark gewesen, dass eine Krankschreibung notwendig geworden sei. Diese Kränkungen hätten sich soweit auf seine Psyche ausgewirkt, dass er allein schon vom Gedanken an den psychischen Stress an seinem Arbeitsplatz erkrankt sei. Er sei systematisch vom Außendienst und verantwortungsvollen Arbeiten ferngehalten worden, es sei besonders kränkend gewesen, dass er auf ein Abstellgleis gestellt worden sei. Er habe sich diesbezüglich sogar mit dem Personalratsvorsitzenden in Verbindung gesetzt. Zum Stressabbau sei eine körperlich aktive Tätigkeit geradezu als notwendig angesehen worden. Es stelle keinen Verstoß gegen seine arbeitsvertraglichen Pflichten dar, wenn er zum Ausgleich für Frustration und zum Stressabbau körperliche Arbeit gesucht und im Rahmen der Nachbarschaftshilfe auch erbracht habe. Diese Tätigkeiten hätten sich nicht negativ, sondern positiv auf seine Genesung ausgewirkt.

ArbG und LAG wiesen die Kündigungsschutzklage des Klägers ab.

Das LAG nahm einen Verstoß des Klägers gegen das tarifliche Nebentätigkeitsverbot und damit einen Verstoß gegen die arbeitsvertraglichen Pflichten an. Dies gelte unabhängig davon, ob der Kläger in diesem Zeitraum arbeitsunfähig im Rechtssinne gewesen sei oder nicht. Die vom Arzt bestätigte Arbeitsunfähigkeit könne den Kläger nicht entlasten. Seine Einlassung, er habe die im Arbeitsverhältnis geschuldeten, vergleichbaren Tätigkeiten wegen psychischer Probleme nicht bei der Beklagten ausüben können, schon aber für andere Leute, erscheine der Kammer als reine Schutzbehauptung. Sie werde auch von dem vom Kläger vorgelegten ärztlichen Attest nicht gedeckt. Dort sei von aufgestauter Wut, Lähmung und Konzentrationsschwierigkeiten, von Ein- und Durchschlafstörungen die Rede – sämtlich Dinge, die auch nach dem Attest allein auf Angaben des Klägers beruhten. Entgegen den von ihm suggerierten

Angaben im Prozess sei ihm vom Arzt nach diesem Attest nicht geraten worden, dass er sich durch Arbeit für andere Auftraggeber von seinen behaupteten Störungen befreien solle, sondern durch sportliche Aktivität, lange Spaziergänge oder ähnliches. Es erscheine der Kammer als nicht nachvollziehbar, wie ein Stressabbau durch körperlich anstrengende Arbeiten für andere Personen verwirklicht werden sollte.

Ergänzend wies das LAG darauf hin, dass der Kläger selbst dann, wenn es richtig sein sollte, dass er sich gemobbt gefühlt habe, dass er wegen des Verhaltens seiner Kollegen psychische Probleme und das Gefühl gehabt habe, keine verantwortungsvollen Arbeiten mehr zugeteilt zu bekommen, gehalten gewesen wäre, beim Arbeitgeber auf den Abbau oder die Beseitigung dieser Probleme hinzuwirken. Die vom Kläger in keiner Weise substanziierte diesbezügliche Einschaltung des Personalrates genüge hierfür nicht. Die Tatsache, dass er seinen Arbeitgeber über die von ihm behaupteten Probleme im Unklaren gelassen habe, dass er sich statt dessen habe krankschreiben lassen müssen, wie sein Prozessvertreter formuliert habe, stelle eine erneute Verletzung seiner arbeitsvertraglichen Verpflichtungen dar. Es wäre ihm angesichts der Vorgeschichte ohne weiteres zuzumuten gewesen, sich an den Arbeitgeber zu wenden. Statt dessen habe der Kläger, ohne der Beklagten die Möglichkeit zu geben, die Probleme zu beseitigen, weitere umfangreiche Aktivitäten auf eigene Rechnung entfaltet, ohne dies gegenüber der Beklagten anzuzeigen. Der Kammer sei nachvollziehbar, dass zumindest in einer Konstellation wie der vorliegenden, in der das Vertrauen in die Redlichkeit bereits erschüttert sei, diese erneute Verfehlung für einen verständigen Arbeitgeber Anlass sein könne, das Vertrauen nunmehr endgültig zu verlieren.

37. Gibt es sonstige prozessuale Beweiserleichterungen in Mobbing-Schutzprozessen?

Ja. Das Thüringer LAG hat in seinen beiden Entscheidungen aus dem Jahre 2001 eine Erleichterung der Beweisführung durch Anhörung der betroffenen Partei (§ 141 ZPO) oder durch Vernehmung der Partei bzw. beider Parteien (§ 448 ZPO) bejaht und auch die Zulässigkeit einer Bezugnahme auf Mobbing-Tagebuch-Aufzeichnungen oder auf eine eidesstattliche Versicherung angenommen, wenn mangels ausreichender Erinnerungsfähigkeit die Nichtgestattung dieser Möglichkeit zu einer Verhinderung der Beweisführung führen würde (zustimmend unter ergänzendem Hinweis auf den Einsatz der richterlichen Aufklärungsmöglichkeiten nach § 139 Abs. 1 ZPO LAG Bremen[328].

---

[328] Urteil vom 30.05.2001, Az. 2 Sa 78/01, S. 15 f.

Als Korrektiv zur Verhinderung einer schriftlich vorbereiteten Wahrheitsverschleierung hat das LAG aber strenge Anforderungen an die Glaubwürdigkeitsprüfung gestellt.

Eine weitere Beweiserleichterung hat das Thüringer LAG schließlich auch für den dem Mobbing-Betroffenen nur schwer möglichen Kausalitäts-Nachweis der aus Mobbing-Handlungen resultierenden Schäden eingeräumt.

Wenn eine Konnexität zwischen einem mobbing-typischen medizinischen Befund oder einer Suizid-Reaktion zu unstreitig oder bewiesenermaßen feststehenden Mobbing-Handlungen vorliegt, dann bestehe eine tatsächliche Vermutung dafür, dass diese Handlungen den Schaden verursacht haben, den die in dem medizinischen Befund attestierte Gesundheitsverletzung oder Suizid-Reaktion zur Folge hat *(vgl. dazu auch oben Frage 35)*.

Im *Beamtenrecht* ermöglicht das Prinzip der freien Beweiswürdigung, das den Untersuchungsgrundsatz des § 86 Abs. 3 VwGO ergänzt, dem Verwaltungsgericht bei seiner Überzeugungsbildung, der glaubhaften Aussage des Betroffenen in der Parteianhörung ein besonderes Gewicht zuzumessen. Auch Indizien, die für die Annahme des Mobbings ausschlaggebend sind, kann ggf. eine entsprechende Beweiskraft zuerkannt werden[329] (vgl. auch Benecke[330]: Würden einzelne Mobbing-Handlungen dargelegt und bewiesen, könne daraus auf die Wahrheit weiterer Behauptungen und ggf. auch auf die subjektive Willensrichtung und das schuldhafte Vorgehen des Täters geschlossen werden).

38. Ist eine krankheitsbedingte Kündigung durch den Arbeitgeber zulässig, wenn Mobbing-Betroffene aufgrund der Mobbing-Handlungen erkranken?

Die krankheitsbedingte Kündigung durch den Arbeitgeber ist nur nach den strengen Voraussetzungen der vom BAG entwickelten Grundsätze zur sozialen Rechtfertigung von Kündigungen möglich, die aus Anlass lang anhaltender Krankheit ausgesprochen werden. Danach ist eine *dreistufige Prüfung* vorzunehmen: Die Kündigung ist sozial gerechtfertigt (§ 1 Abs. 2 KSchG), wenn eine *negative Prognose* hinsichtlich der voraussichtlichen Dauer der Arbeitsunfähigkeit vorliegt – erste Stufe –, eine darauf beruhende *erhebliche Beeinträchtigung betrieblicher Interessen* festzustellen ist – zweite Stufe – und eine *Interessenabwägung* – dritte Stufe – ergibt, dass die betrieblichen Beeinträchtigungen zu

---

[329] Wittinger/Hermann, ZBR 2002, 337, 341; ähnlich für den Bereich des Arbeitsrechts auch LAG Bremen, Urteil vom 30.05.2001, Az. 2 Sa 78/01, S. 16

[330] NZA-RR 2003, 225, 229

einer billigerweise nicht mehr hinzunehmenden Belastung des Arbeitgebers führen[331].

Bei Mobbing muss jedoch ungeachtet einer erforderlichen negativen Gesundheitsprognose und einer erheblichen Beeinträchtigung betrieblicher Interessen bei der abschließend erforderlichen Interessenabwägung zugunsten des Arbeitnehmers berücksichtigt werden, dass die Krankheitsursache in der betrieblichen Sphäre liegt. Ob dies für die Annahme der Rechtswidrigkeit der Kündigung ausreicht, ist eine Frage des jeweiligen Einzelfalls. Zu berücksichtigen sind u.a., wie lange das Arbeitsverhältnis ungestört bestanden hat, die Dauer der Betriebszugehörigkeit sowie Alter und Familienstand des Arbeitnehmers. Im Übrigen ist die Rechtsprechung zu anderen Krankheitsfällen entsprechend anzuwenden, in denen die Ursache der Krankheit in den betrieblichen Gegebenheiten liegt: Behauptet der Arbeitnehmer, dass seine Krankheit auf betriebliche Ursachen zurückzuführen ist, trägt der Arbeitgeber grundsätzlich die Darlegungs- und Beweislast dafür, dass ein solcher vom Arbeitnehmer behaupteter ursächlicher Zusammenhang nicht besteht[332]. Für den Fall krankheitsbedingter Leistungsminderungen hat das Hessische LAG in Anlehnung an die Rechtsprechung des BAG[333] entschieden, dass der Arbeitgeber im Rahmen seiner Organisationsgewalt zunächst die gesundheitswidrigen Zustände zu beseitigen und dann die gesundheitliche Entwicklung abzuwarten hat, so dass eine Kündigung wegen krankheitsbedingter Leistungsminderung solange ausgeschlossen ist. Entsprechendes gelte für krankheitsbedingte Fehlzeiten. Das BAG hat in ähnlichem Zusammenhang ausgeführt, dass es für den Fall von krankheitsbedingten Kündigungen anerkannt sei, dass betriebliche Krankheitsursachen dazu führen könnten, dass dem Arbeitgeber ein höheres Maß an Ausfallzeiten des Arbeitnehmers zumutbar sei. Auch im Fall einer Änderungskündigung könne die Mitverursachung der Dienstunfähigkeit durch den Arbeitgeber den Maßstab dessen beeinflussen, was der Arbeitnehmer als Änderungsangebot billigerweise hinnehmen müsse[334]. Diese Rechtsprechung ist zwar nicht speziell zu Mobbing-Fällen ergangen. Es erscheint jedoch gerechtfertigt, sie auf Mobbing-Fälle entsprechend anzuwenden, wenn die Mobbing-Handlungen vom Arbeitgeber zu vertreten sind, d.h. wenn der Arbeitgeber entweder selbst die Mobbing-Handlungen begeht oder sich die Mobbing-Handlungen anderer Mitarbeiter in seinem Betrieb zurechnen lassen muss bzw. gegen seine Organisations- und Schutzpflichten verstößt.

Dementsprechend hat das LAG Hamburg in einem Urteil vom 08.12.1999[335] zutreffend die vorstehend geschilderten Grundsätze auch auf eine krankheitsbe-

---

[331] vgl. BAG, Urteil vom 12.04.2002, Az. 2 AZR 148/01, NZA 2002, 1081 ff.

[332] vgl. Hessisches LAG, Urteil vom 15.09.2000, Az. 2 Sa 1833/99

[333] vgl. BAG, Urteil vom 06.09.1989, Az. 2 AZR 118/89, EzA § 1 KSchG Krankheit Nr. 27

[334] BAG, Urteil vom 03.07.2003, Az. 2 AZR 617/02, EzA § 2 KSchG Nr. 49

[335] Az. 3 Sa 17/97

dingte Kündigung bei einem behaupteten Mobbing-Sachverhalt und der damit vorliegenden oder jedenfalls nicht auszuschließenden betrieblichen Ursachen für die aufgetretenen Erkrankung angewandt:

Fallbeispiel 30

Die Beklagte stützte die ordentliche Kündigung auf krankheitsbedingte Fehlzeiten der Klägerin in der Vergangenheit, eine negative Gesundheitsprognose und auf fehlzeitenbedingte erhebliche betriebliche Belastungen. Die Klägerin wandte ein, dass sich die Beklagte auf ihre krankheitsbedingten Fehlzeiten zur Rechtfertigung der Kündigung nicht berufen könne, weil diese auf Mobbing durch ihre Vorgesetzten und andere Mitarbeiter der Beklagten zurückzuführen seien.

U.A. habe sich ihr Vorgesetzter ihr gegenüber wie folgt geäußert: «*Man hat Sie mir geschickt. Ich will meine Ware im Warenhaus auch aussuchen. Habe ich nicht Recht? Ich will Sie nicht haben. Sie sind ein Klotz an meinem Bein in meinem Institut.*»

Die Klägerin hat ferner behauptet, der stellvertretende geschäftsführende Direktor des Instituts der Beklagten habe sie am 04.04.1996 beim Verlassen des Vorzimmers des geschäftsführenden Direktors vorsätzlich mit der Türklinke in den Rücken gestoßen, wobei sie sich eine Verletzung zugezogen habe. Darüber hinaus sei sie von ihrem Vorgesetzten angeschrien worden, der sich ihr gegenüber geäußert habe: «*Ich schreie Sie noch öfters an*», und ihr seien auch unangemessene Arbeitsaufgaben gestellt worden. Der Leiter der Rechtsabteilung der Beklagten wurde von ihr beschuldigt, kollusiv mit dem stellvertretenden geschäftsführenden Direktor zusammengewirkt zu haben, denn letzterer habe gegenüber dem Leiter der Rechtsabteilung die Richtigkeit der Beschuldigungen der Klägerin im Zusammenhang mit der ihr zugefügten Verletzung vom 04.04.1996 gesprächsweise eingeräumt. Trotz dieses Geständnisses des Zeugen habe der Leiter der Rechtsabteilung der Beklagten im Rechtsstreit weiterhin wahrheitswidrig vorgetragen, dass die entsprechenden Behauptungen der Klägerin unwahr seien.

Das LAG gab der Kündigungsschutzklage statt, und zwar unter Hinweis auf die Rechtsprechung des BAG im Rahmen der Interessenabwägung bei krankheitsbedingten Kündigungen, wonach u.a. von Bedeutung sei, ob die Krankheit des Arbeitnehmers auf betriebliche Ursachen zurückzuführen sei[336]. Wenn die betrieblichen Verhältnisse nicht die alleinige oder die primäre Ursache für die krankheitsbedingten Fehlzeiten seien, sondern sich nur in Verbindung mit einer besonderen Anlage des Arbeitnehmers auswirken könnten, seien sie für die Interessenabwägung bei einer krankheitsbedingten Kündigung keinesfalls unerheblich. Es bestehe bei einer derartigen Fallgestaltung ein tatrichterlicher Beurteilungsspielraum, ob einer möglichen Mitursächlichkeit betrieblicher

---

[336] BAG vom 06.09.1989 - 2 AZR 118/89 - EzA § 1 KSchG Krankheit Nr. 27

Umstände ein ausschlaggebendes Gewicht zuzuerkennen sei oder nicht[337].

Die Anwendbarkeit dieser Grundsätze auf den vorliegenden Sachverhalt ergab nach Auffassung des LAG Folgendes: Selbst wenn man zu Gunsten der Beklagten eine negative Gesundheitsprognose entsprechend den Fehlzeiten der Klägerin in den Jahren vor Ausspruch der streitbefangenen Kündigung und damit auch weiterhin entsprechend zu prognostizierende Gehaltfortzahlungskosten unterstelle, wäre die streitbefangene Kündigung nicht sozial gerechtfertigt. Die Klägerin habe zwar zu Unrecht geltend gemacht, ihre Fehlzeiten seien gezielt durch vorsätzliches Mobbing von Seiten ihrer Vorgesetzten herbeigeführt worden, deren Verhalten sich die Beklagte gem. § 278 BGB zurechnen lassen müsse, so dass das Berufen der Beklagten auf diese Fehlzeiten rechtsmissbräuchlich sei. Nach dem Ergebnis der Beweisaufnahme sei die Kammer nämlich davon überzeugt, dass ein solches gezieltes und vorsätzliches Mobbing der Klägerin durch verantwortliche Mitarbeiter der Beklagten nicht vorgelegen habe. Andererseits sei nach dem Ergebnis der Beweisaufnahme aber auch davon auszugehen, dass verantwortliche Mitarbeiter auf Seiten der Beklagten sich z.T. gegenüber der Klägerin unangemessen verhalten hätten bzw. dass dies z.T. zumindest nicht ausgeschlossen werden könne. Es könne auch nicht ausgeschlossen werden, dass hierdurch der Gesundheitszustand der Klägerin nicht unwesentlich negativ beeinflusst worden sei und entsprechend die negative Gesundheitsprognose jedenfalls auch auf diese Umstände mit zurückzuführen sei. Diese der betrieblichen Sphäre der Beklagten zuzurechnenden Umstände führten unter Einbeziehung der übrigen im Rahmen der dritten Stufe der Prüfung einer krankheitsbedingten Kündigung vorzunehmenden Interessenabwägung im Ergebnis zur Sozialwidrigkeit der streitbefangenen Kündigung. Das LAG löste das Arbeitsverhältnis ungeachtet dessen auf Antrag des Arbeitgebers gem. § 9 Abs. 1 KSchG wegen Unzumutbarkeit auf *(vgl. dazu im Einzelnen Frage 21)*.

In ähnlicher Weise entschied das Hessische LAG in einem Urteil vom 24.08.2001[338]:

Fallbeispiel 31

Das LAG führte aus, dass die betreffende Kündigung, die aus personenbedingten (krankheitsbedingten) Gründen ausgesprochen worden sei, sozial nicht gerechtfertigt gewesen sei.Zunächst sei zwar auf der ersten Stufe der Überprüfung von einer negativen Prognose auszugehen, da zum Zeitpunkt des Ausspruchs der Kündigung ein Ende der zwischenzeitlich eingetretenen Berufsunfähigkeit des Klägers nicht absehbar gewesen sei.

Ebenso sei auch von einer Betriebsablaufstörung auszugehen, so dass auch die zweite Stufe der personenbedingten Kündigung erfüllt sei.

---

[337] BAG vom 05.07.1990 - 2 AZR 154/90 - EzA § 1 KSchG Krankheit Nr. 32
[338] Az. 14 Sa 1396/00

Die auf der dritten Stufe vorzunehmende Interessenabwägung führe jedoch zur Unwirksamkeit der Kündigung. Der Kläger habe substanziiert dargelegt, dass die Ursache seiner Erkrankung im betrieblichen Bereich liege. Dies ergäbe sich nicht zuletzt aus dem Gutachten des Dr. N. vom 21.08.2000. Dieses Gutachten sei jedenfalls als substanziierter Parteivortrag des Klägers anzusehen, wobei im Einzelnen angegeben werde, dass die Ursache der Erkrankung auf Konflikten beruhe, die am Arbeitsplatz des Klägers entstanden seien. Zwar weise die Beklagte zu Recht darauf hin, dass der Gutachter die konkrete Situation am Arbeitsplatz nicht überprüft habe und die Angaben, auf die er sich stütze, allein vom Kläger stammten. Dies schließe jedoch eine betrieblich veranlasste Verursachung der Erkrankung des Klägers nicht aus.

Die Frage der betrieblichen Veranlassung sei auch unabhängig davon zu sehen, ob – wie der Kläger der Beklagten vorwerfe – ein schuldhaftes Verhalten der Beklagten vorliege oder nicht. Grundsätzlich sei nämlich bereits der Umstand, dass die Ursache der Erkrankung im betrieblichen Bereich liege, im Rahmen der Interessenabwägung zu berücksichtigen[339]. Ein mögliches Verschulden des Arbeitgebers sei verstärkend zu berücksichtigen[340].

Zwar habe die Beklagte behauptet, die Erkrankung des Klägers sei im Wesentlichen auf persönliche Dispositionen zurückzuführen. Einen entsprechenden Beweisantrag habe sie jedoch in der mündlichen Verhandlung zurückgezogen. Da die Beklagte als darlegungs- und beweispflichtige Partei gesetzlich bestimmt sei, habe der Arbeitgeber im Streitfall die vom Arbeitnehmer substanziiert dargelegten Umstände zu widerlegen[341]. Das LAG Hessen löste das Arbeitsverhältnis ungeachtet dessen auf Antrag des Arbeitgebers gem. § 9 Abs. 1 KSchG wegen Unzumutbarkeit auf *(vgl. dazu im Einzelnen Frage 21)*.

Ähnlich entschied das VG Freiburg in einem Urteil vom 30.11.2000[342] im Zusammenhang mit der Kündigung eines schwerbehinderten Menschen. Der Arbeitgeber hatte das Arbeitsverhältnis aus krankheitsbedingten Gründen und wegen behaupteter Leistungsmängel gekündigt und dafür die Zustimmung der Hauptfürsorgestelle (jetzt: Integrationsamt) erhalten. Der Kläger hatte eine Überlastung und Mobbing am Arbeitsplatz für die behaupteten Kündigungsgründe als Ursache genannt. Die gegen die Zustimmung der Hauptfürsorgestelle gerichtete Klage hatte Erfolg. Das VG Freiburg führte aus, dass sich die Hauptfürsorgestelle im Wege ihrer Aufklärungspflicht ein genaues Bild über die gesamten Umstände zu verschaffen habe, um zu überprüfen, ob die angegebenen Kündigungsumstände und weitere Umstände eine Zustimmung zur Kündigung im Rahmen der Interessenabwägung zuließen. Im vorliegenden Falle erscheine fraglich, ob die Hauptfürsorgestelle zu ihrer abschließenden Einschätzung auch

---

[339] vgl. BAG, Urteil vom 20.10.1954 - AP Nr. 6 zu § 1 KSchG 1954

[340] vgl. ErfK/Ascheid, 2. Aufl., § 1 KSchG, Rd.Nr. 262 m.w.N.

[341] vgl. BAG, Urteil vom 06.09.1989 – AP Nr. 22 zu § 1 KSchG 1969, Krankheit

[342] Az. 5 K 1996/98, NZA-RR 2001, 432 ff.

gekommen wäre, wenn sie sich von den Verhältnissen im Betrieb ein genaueres Bild verschafft hätte. Sie wäre dann möglicherweise zu einer anderen Interessenbewertung und -abwägung gelangt, und zwar dahingehend, dass der unstreitig aufgetretene Konflikt nicht nur durch die Kündigung des Arbeitsverhältnisses mit dem Kläger habe gelöst werden können.

39. Ist die Kündigung von Mobbing-Betroffenen durch den Arbeitgeber während der Probezeit mit der Begründung zulässig, der Betriebsfrieden sei gefährdet?

Grundsätzlich ja. Das LAG Berlin hat in einer Entscheidung vom 11.09.1998[343] die Kündigung eines Probearbeitsverhältnisses bei Spannungen zum Vorgesetzten und behauptetem Mobbing auch bei ansonsten ordnungsgemäßer Arbeitsleistung des Arbeitnehmers für zulässig erachtet, weil die Kündigung in dem dort entschiedenen Fall jedenfalls nicht ohne jede Vorwarnung und ohne jeden Aufklärungsversuch ausgesprochen worden war, so dass der Arbeitgeber nicht willkürlich gehandelt habe.

Entsprechendes gilt für eine Entscheidung des LAG Hamm vom 27.09.2000[344] für den Fall des behaupteten Mobbings durch Arbeitskollegen während der Probezeit. Der Arbeitgeber hatte die Nachstellungen von Mitarbeitern nicht kritiklos akzeptiert und darüber hinaus versucht, Abhilfe zu schaffen. Bei der Prüfung der Geeignetheit eines neuen Mitarbeiters sei aber zulässigerweise regelmäßig auch die Prognose zu treffen, ob eine gedeihliche Zusammenarbeit für ein unbefristetes Arbeitsverhältnis gewährleistet werden könne. Sei der Betriebsfrieden gefährdet, dürfe das Probearbeitsverhältnis beendet werden.

Noch weitergehend hat das Hessische LAG in einem Urteil vom 21.02.2003[345] entschieden, dass nicht einmal eine Verletzung der Fürsorgepflicht des Arbeitgebers durch Nichteinschreiten bei Mobbing-Handlungen zur Treuwidrigkeit einer Kündigung des gemobbten Arbeitnehmers in der Probezeit führe, wenn deren Ausspruch nicht ihrerseits willkürliche oder diskriminierende Motive zugrunde lägen. Die bloße Verletzung der Fürsorgepflicht des Arbeitgebers könne allenfalls zu Schadensersatzansprüchen gegen diesen führen und nicht zur Unwirksamkeit der Kündigung. Mobbing-Handlungen begründen nach Auffassung des LAG für deren Opfer keinen Sonderkündigungsschutz. Kündigungsrechtlich könne der Mobbing-Vorwurf lediglich insoweit relevant sein, wie er geeignet sei, Rückschlüsse auf die tatsächliche Motivation des Arbeitgebers für die Kündigung zu ermöglichen. Mache der Arbeitgeber sich ein diskriminierendes Verhalten von Kollegen des entlassenen Arbeitnehmers zu Eigen, könne dies unter Umständen den Vorwurf der Willkür oder des Vorgehens aus ver-

---

[343] Az. 6 Sa 66/98
[344] Az. 14 Sa 1163/00
[345] Az. 12 Sa 561/02

werflichen Motiven rechtfertigen. Im vorliegenden Fall sei aber nach Auffassung des LAG jedenfalls nicht widerlegt, dass die Beurteilung des Arbeitgebers von Leistung und Verhalten des Arbeitnehmers seit Beginn des Arbeitsverhältnisses das maßgebliche Motiv der Kündigung gewesen sei, so dass die Kündigungsschutzklage abgewiesen wurde.

40. Welche Risiken gehen Mobbing-Betroffene ein, wenn die von ihnen erhobenen Mobbing-Vorwürfe objektiv nicht begründet sind?

Hier ist zu differenzieren. Den Arbeitnehmern dürfen grundsätzlich durch die Erhebung einer Beschwerde keine Nachteile entstehen. Es gilt ein gesetzliches Benachteiligungsverbot (§ 84 Abs. 3 BetrVG; § 4 Abs. 3 BeschSchG; § 17 Abs.2 ArbSchG, § 612 a BGB). Dies gilt auch dann, wenn die Beschwerde objektiv nicht begründet war. Es genügt, dass die Arbeitnehmer sich in ihren Rechten – subjektiv – beeinträchtigt fühlen, <u>es sei denn, sie handeln missbräuchlich, z.B. bei völlig haltlosen schweren Anschuldigungen gegen den Arbeitgeber oder den Vorgesetzten oder bei wiederholter Einlegung grundloser Beschwerden</u>[346].

Maßnahmen des Arbeitgebers wie Abmahnungen, Umsetzungen, Versetzungen oder Kündigungen, die gegen das Benachteiligungsverbot verstoßen, sind unwirksam (§ 134 BGB; vgl. Urteil des LAG Hamm vom 11.02.2004[347]: Wird aufgrund und wegen des Inhalts einer Beschwerde dem Beschwerdeführer gegenüber vom Arbeitgeber eine Abmahnung ausgesprochen, so ist diese wegen Verstoßes gegen das Benachteiligungsverbot aus § 84 Abs. 3 BetrVG unwirksam, auch wenn sich die Beschwerde als unbegründet herausstellt. Eine Abmahnung kann nur ausnahmsweise gerechtfertigt sein, wenn der Inhalt und die Begleitumstände der Beschwerde die Grenzen des Beschwerderechts überschreiten. Dies kann der Fall sein, wenn z.B. schwere haltlose Anschuldigungen gegen den Arbeitgeber bzw. gegen Vorgesetzte und Arbeitskollegen des Beschwerdeführers erhoben werden).

Diese Grundsätze gelten auf Grund ihrer Grundrechtsrelevanz auch für den Öffentlichen Dienst[348].

Der betroffene Arbeitnehmer wird durch das Benachteiligungsverbot auch gegen Handlungen der Vorgesetzten oder Arbeitskollegen, über die er sich beschwert hat, geschützt, soweit diese darauf abzielen, ihn mundtot zu machen bzw. einzuschüchtern oder an der Beschwerde zu hindern (vgl. zu § 3 BeschSchG LAG Hessen[349]: Durch arbeitsgerichtliche Unterlassungsurteile dürfe grundsätzlich nicht

---

[346] vgl. LAG Köln, Urteil vom 20.01.1999, Az. 8 Sa 1215/98
[347] Az. 18 Sa 1847/03, EzA Schnelldienst, 7/2004, S. 6
[348] vgl. Schwan in HMR, Teil 4 Rn. 4f. m.w.N.
[349] Urteil vom 28.06.2000, Az. 8 Sa 195/99, NZA-RR 2001, 79

in das Beschwerdeverfahren eingegriffen werden. Dies gelte nur dann nicht, wenn die Behauptungen bewusst unwahr oder leichtfertig aufgestellt worden seien).

Grundsätzlich hat eine objektiv nicht begründete Beschwerde für Arbeitnehmer daher keine negativen rechtlichen Folgen. Dies gilt u.U. selbst dann, wenn der Betroffene sich mit Mobbing-Vorwürfen gegen seinen Dienstherrn an die Öffentlichkeit wendet, beispielsweise durch Anrufung des Petitionsausschusses eines Landtages (vgl. Art. 17 GG), des Ministerpräsidenten eines Landes oder der Europäischen Kommission. Derartige Vorgehensweisen könnten nach der Rechtsprechung ggf. dem Versuch der Wahrnehmung berechtigter Eigeninteressen des betreffenden Arbeitnehmers sowie der Ausschöpfung aller ihm zur Verfügung stehenden rechtlichen Mittel zugeordnet werden[350].

Nach der Rechtsprechung besteht nur bei frei erfundenen, bewusst wahrheitswidrigen oder leichtfertig aufgestellten Behauptungen ein Unterlassungs- bzw. evtl. Schadensersatzanspruch des zu Unrecht beschuldigten Arbeitgebers, Vorgesetzten oder Arbeitskollegen[351].

Entsprechendes gilt außerhalb von Beschwerden. Das ArbG Bamberg hat in einem Urteil vom 30.06.1999[352] eine Arbeitnehmerin verurteilt, ihre in einer Dienstbesprechung geäußerte Beschuldigung einer Vorgesetzten, diese betreibe Mobbing gegen sie und hetze andere Mitarbeiterinnen gegen sie auf, zu widerrufen und künftig zu unterlassen, da sie die Richtigkeit dieser Behauptungen nicht habe beweisen können und die von ihr als Mobbing bezeichneten Handlungen der Vorgesetzten tatsächlich nicht die Voraussetzungen eines Mobbing-Sachverhalts erfüllten.

Werden im Rahmen eines Kündigungsschutzprozesses bewusst unrichtige Mobbing-Vorwürfe erhoben, kann der Arbeitgeber u.U. gem. § 9 KSchG den Antrag auf Auflösung des Arbeitsverhältnisses gegen Zahlung einer Abfindung stellen, wenn Gründe vorliegen, die eine den Betriebszwecken dienliche weitere Zusammenarbeit zwischen Arbeitgeber und Arbeitnehmer nicht erwarten lassen. Als Auflösungsgrund geeignet sind in diesem Zusammenhang insbesondere Beleidigungen, sonstige ehrverletzende Äußerungen oder persönliche Angriffe des Arbeitnehmers gegen den Arbeitgeber, Vorgesetzte oder Kollegen[353] (vgl. auch die Ausführungen unter *Frage 21*).

Bei vorsätzlicher Beleidigung, übler Nachrede oder Verleumdung (§§ 185-187 StGB) kann auch ein außerordentliches oder ordentliches Kündigungsrecht des Arbeitgebers bestehen. Dazu gehört beispielsweise die wahrheitswidrige Behauptung einer sexuellen Belästigung durch einen Vorgesetzten, die grundsätz-

---

[350] vgl. LAG Schleswig-Holstein, Urteil vom 29.09.2004, Az. 3 Sa 236/04

[351] vgl. LAG Hessen, a.a.O.

[352] Az. 3 Ca 1312/98 C

[353] vgl. BAG, Urteil vom 10.10.2002, Az. 2 AZR 240/01, EzA § 9 KSchG n.F. Nr.46

lich geeignet ist, eine Kündigung zu rechtfertigen[354]. Vorsätzliches Handeln liegt aber in der Regel dann nicht vor, wenn jedenfalls Anhaltspunkte dafür vorhanden sind, dass eine Mobbing-Situation vorlag, und zwar unabhängig davon, ob sich die einzelnen Mobbing-Handlungen beweisen lassen[355].

Werden derartige Behauptungen im Rahmen eines Prozesses aufgestellt, um behauptete Ansprüche auf Schmerzensgeld und Schadensersatz zu stützen, handelt der Betroffene gem. § 193 StGB im Rahmen der Wahrnehmung berechtigter Interessen, so dass auch daraus kein Kündigungsgrund abgeleitet werden kann[356].

41. Auf welche Mobbing-Handlungen ist abzustellen, wenn rechtliche Fristen einzuhalten sind?

Die oben in *Fragen 2 und 14* (Fallbeispiel 3) zitierte Entscheidung des LAG Baden-Württemberg vom 27.07.2001[357] ist auch insofern von Bedeutung, als grundsätzlich für den Erlass einstweiliger Verfügungen eine *Eilbedürftigkeit bzw. Dringlichkeit* für erforderlich gehalten wird und diese Voraussetzungen für Mobbing-Fälle wie hier trotz des langen Zeitraums seit dem erstmaligen Auftreten des Mobbings bejaht wurden. Eine Dringlichkeit liegt allgemein zumeist dann nicht mehr vor, wenn seit den beeinträchtigenden Ereignissen eine gewisse Zeit verstrichen ist, was i.d.R. bereits nach einigen Wochen oder jedenfalls Monaten der Fall ist. Hier hatte die Arbeitnehmerin den Antrag auf Erlass einer einstweiligen Verfügung erst etwa 3 Jahre nach Beginn des gegen sie gerichteten Mobbings gestellt. Ungeachtet dessen entschied das Gericht zu Recht, dass dieser Umstand der Annahme der Dringlichkeit nicht entgegenstehe. Gerade aufgrund des Umstands, dass die Frage, ob ein Fall von Mobbing vorliegt, im Regelfall nicht anhand von einzelnen Verhaltensweisen zu beurteilen ist, sondern erst aufgrund einer Vielzahl von einzelnen Vorgängen und deren Beurteilung im Gesamtzusammenhang sowie aufgrund des Umstands, dass die Gefahr massiver Gesundheitsstörungen mit der Dauer der Mobbing-Angriffe größer wird, komme es auf die letzte beanstandete Verhaltensweise an, und dies sei hier die am 13.06.2001 angekündigte regelmäßige Leistungskontrolle gewesen. Gegen diese hatte sich die Arbeitnehmerin bereits mit Anwaltsschreiben vom 15.06.2001 vergeblich gewehrt und sodann am 21.06.2001, d.h. eine Woche nach Erlass der Maßnahme, den Antrag auf Erlass einer einstweiligen Verfügung gestellt. Dies reichte nach Auffassung des Gerichts aus, um die Eilbedürftigkeit zu begründen.

---

[354] vgl. LAG Rheinland-Pfalz, NZA-RR 1997, 169

[355] vgl. LAG Berlin, Urteil vom 01.11.2002, Az. 19 Sa 940/02, NZA-RR 2003, 232 ff.

[356] vgl. LAG Berlin, a.a.O.

[357] Az. 5 Sa 72/01

Entsprechendes gilt für Verjährungs- und Ausschlussfristen (vgl. dazu *Frage 42*) sowie für die vom Arbeitgeber gem. § 626 Abs. 2 BGB einzuhaltende 2-Wochen-Frist bei fristloser Kündigung eines mobbenden Arbeitnehmers. Die Frist beginnt gem. § 626 Abs. 2 Satz 2 BGB mit dem Zeitpunkt, in dem der Arbeitgeber von den für die Kündigung maßgebenden Tatsachen Kenntnis erlangt. Dabei ist bei Mobbing-Sachverhalten auf den jeweils letzten Teilakt des Gesamtkomplexes abzustellen[358]. Entsprechendes muss für die fristlose Eigenkündigung eines gemobbten Arbeitnehmers gelten (vgl. dazu *Frage 18* und ArbG Koblenz[359]: Auch bei Pflichtverletzungen, die zu einem Gesamtverhalten zusammengefasst werden könnten, beginnt die zweiwöchige Ausschlussfrist des § 626 Abs. 2 BGB mit dem letzten Vorfall, der zum Anlass für die Kündigung genommen wird. In Fällen, in denen aus schweren Pflichtverletzungen ein fortwirkender Vertrauensverlust entsteht, sind für den Fristbeginn diese tatsächlich bereits abgeschlossenen, aber fortwirkenden Vorgänge maßgebend[360].

42. Wann verjähren Ansprüche aus Mobbing-Sachverhalten?

Nach dem Schuldrechtsmodernisierungsgesetz vom 26.11.2001 verjähren Ansprüche gemäß §§ 195, 199 BGB grundsätzlich in 3 Jahren ab Kenntnis oder Kennenmüssens des Anspruchs. Für Schadensersatzansprüche wegen Verletzung der höchstpersönlichen Rechtsgüter Leben, Körper, Gesundheit und Freiheit gilt jedoch eine 30-jährige Verjährungsfrist gemäß § 199 Abs. 2 BGB, und zwar ohne Rücksicht auf die Kenntnis ab Begehung der Handlung, der Pflichtverletzung oder sonstigen, den Schaden auslösenden Handlungen.

Bisher ungeklärt ist das Problem, ob auf die Verletzung des allgemeinen Persönlichkeitsrechts § 199 Abs. 2 BGB analog anzuwenden ist, wofür die Höchstpersönlichkeit des Rechts spricht, oder ob es hier bei der dreijährigen Regelverjährung bleibt. Dieser Frage wird jedoch allgemein deshalb keine besonders praktische Bedeutung zugemessen, weil selbst dann, wenn man eine dreijährige Frist annimmt, davon auszugehen ist, dass bei Vorliegen von Mobbing nicht einzelne Handlungen, die länger als drei Jahre vor der Klagerhebung liegen, aus der Berücksichtigung herausfallen können. Auch sie sind, da sie einem systematischen Prozess angehören, in die Betrachtung einzubeziehen, so dass die Verjährung drei Jahre nach Abschluss des Verletzungsprozesses beginnt[361]. Anknüpfungspunkt der Beurteilung ist daher immer der letzte, vor der unter Fristwahrungsgesichtspunkten zu prüfenden Rechtshandlung liegende Tatbeitrag[362]. Entspre-

---

[358] vgl. zutreffend Benecke, NZA-RR 2003, 225, 231

[359] Urteil vom 12.10.2004, Az. 10 Ca 4246/03 unter Hinweis auf BAG AP-Nr. 4 zu § 626 BGB Ausschlussfrist

[360] ErfK/Müller-Glöge, § 626 BGB, RdNr. 267 ff. m.w.N.

[361] vgl. Rieble/Klumpp, ZIP 2002, 369, 380

[362] Wickler in HMR, Teil 2 Rn. 52

164

chendes muss für vertragliche oder tarifliche Ausschlussfristen, wie z.B. § 70 BAT, gelten[363]. Nach Auffassung des Sächsischen LAG[364] unterfallen Ansprüche auf Schadensersatz und Schmerzensgeld wegen sog. mobbingbedingter Verletzung der Gesundheit der Ausschlussfrist des § 70 BAT-O; vgl. auch LAG Köln[365]: Für Schadensersatzansprüche eines Arbeitnehmers wegen Mobbing beginne die tarifliche Verfallfrist gemäß § 70 BAT spätestens mit dem Ausscheiden des Arbeitnehmers aus dem Arbeitsverhältnis. Demgegenüber umfassen «Ansprüche aus dem Arbeitsvertrag» im Sinne einer tarifvertraglichen Ausschlussklausel nicht Ansprüche aus Verletzung des Persönlichkeitsrechts[366].

43. Vor welchem Gericht müssen Ansprüche gegen den Arbeitgeber oder mobbende Personen geltend gemacht werden?

In beiden Fällen gibt es eine ausschließliche Zuständigkeit der Gerichte für Arbeitssachen, und zwar

- bei Klagen gegen den Arbeitgeber nach § 2 Abs. 1 Nr. 3 a ArbGG (bürgerliche Rechtsstreitigkeiten aus dem Arbeitsverhältnis) und § 2 Abs. 1 Nr. 3 d ArbGG (bürgerliche Rechtsstreitigkeiten aus unerlaubten Handlungen, soweit diese mit dem Arbeitsverhältnis im Zusammenhang stehen) sowie

- bei Klagen gegen den mobbenden Vorgesetzten oder Kollegen nach § 2 Abs. 1 Nr. 9 ArbGG (bürgerliche Rechtsstreitigkeiten zwischen Arbeitnehmern aus gemeinsamer Arbeit und aus unerlaubten Handlungen, soweit diese mit dem Arbeitsverhältnis im Zusammenhang stehen).

Zum *Instanzenzug* ist anzumerken, dass auch in Mobbingfällen in der Regel das jeweilige LAG als Berufungsinstanz endgültig über die geltend gemachten Ansprüche entscheidet, da die Revision mangels Vorliegen der Voraussetzungen des § 72 Abs. 2 ArbGG von den Landesarbeitsgerichten regelmäßig nicht zugelassen wird. Zwar kann die Nichtzulassung der Revision durch Einlegung einer Nichtzulassungsbeschwerde beim BAG überprüft werden. Die Erfolgsaussichten derartiger Verfahren waren aber bisher in der Praxis äußerst gering, da es sich zumeist um nicht revisible Einzelfallentscheidungen handelt.

Die Möglichkeiten zur Begründung einer Nichtzulassungsbeschwerde sind durch das sog. Anhörungsrügengesetz, das am 01.01.2005 in Kraft getreten ist,

---

[363] offen gelassen von LAG Baden-Württemberg, Urteil vom 05.03.2001, Az. 15 Sa 106/00, AP Nr.2 zu § 611 BGB Mobbing

[364] Urteil vom 17.02.2005, Az.: 2 Sa 751/03, EzA Schnelldienst 12/2005, S.12

[365] Urteil vom 03.06.2004, Az. 5 Sa 241/04, ZTR 2004, 643

[366] Sächsisches LAG, a.a.O. unter Hinweis auf BAG, Urteil vom 25.04.1972, Az. 1 AZR 322/71, NJW 1972, 2016

durch Neuformulierung des § 72 a Abs. 3 Nr. 1 ArbGG erweitert worden, indem die bis dahin geltenden Einschränkungen für die Darlegung der grundsätzlichen Bedeutung einer Rechtsfrage und deren Entscheidungserheblichkeit entfallen sind.

Nach der gesetzlichen Neuregelung ab 01.01.2005 gilt Folgendes:

Gemäß § 72 Abs. 1 ArbGG findet gegen Endurteile der Landesarbeitsgerichte die Revision an das BAG statt, wenn sie in dem Urteil des LAG oder in dem Beschluss des BAG nach § 72 a Abs. 5 S. 2 ArbGG zugelassen worden ist. Gemäß § 72 Abs. 2 ArbGG ist die Revision nur zuzulassen, wenn

1. eine entscheidungserhebliche Rechtsfrage grundsätzliche Bedeutung hat,

2. das Urteil von einer Entscheidung des Bundesverfassungsgerichts, von einer Entscheidung des Gemeinsamen Senats der obersten Gerichtshöfe des Bundes, von einer Entscheidung des Bundesarbeitsgerichts oder, solange eine Entscheidung des Bundesarbeitsgerichts in der Rechtsfrage nicht ergangen ist, von einer Entscheidung einer anderen Kammer desselben Landesarbeitsgerichts oder eines anderen Landesarbeitsgerichts abweicht und die Entscheidung auf dieser Abweichung beruht oder

3. ein absoluter Revisionsgrund gem. § 547 Nr. 1 - 5 der Zivilprozessordnung oder eine entscheidungserhebliche Verletzung des Anspruchs auf rechtliches Gehör geltend gemacht wird und vorliegt.

Gemäß § 72 Abs. 3 ArbGG ist das BAG an die Zulassung der Revision durch das LAG gebunden.

Die Nichtzulassung der Revision durch das LAG kann gem. § 72 a Abs. 1 ArbGG selbstständig durch Beschwerde angefochten werden.

Gem. § 72 a Abs. 3 ArbGG muss die Begründung enthalten:

1. die Darlegung der grundsätzlichen Bedeutung einer Rechtsfrage und deren Entscheidungserheblichkeit,

2. die Bezeichnung der Entscheidung, von der das Urteil des Landesarbeitsgerichtes abweicht, oder

3. die Darlegung eines absoluten Revisionsgrundes nach § 547 Nr. 1 -5 der Zivilprozessordnung oder der Verletzung des Anspruchs auf rechtliches Gehör und der Entscheidungserheblichkeit der Verletzung.

Eine *grundsätzliche Bedeutung* im Sinne des § 72 Abs. 2 Nr. 1 ArbGG liegt vor, wenn die Entscheidung des Rechtsstreits von einer klärungsfähigen und klärungsbedürftigen Rechtsfrage abhängt und die Klärung entweder von allgemeiner Bedeutung für die Rechtsordnung ist oder wegen ihrer tatsächlichen Auswirkungen die Interessen der Allgemeinheit oder eines größeren Teils der Allgemeinheit berührt[367].

---

[367] BAG, Beschluss vom 15.02.2005, Az.: 9 AZN 982/04, EzA § 72 a ArbGG 1979, Nr. 99

Die sog. Divergenz-Beschwerde gem. § 72 Abs. 2 Nr. 2 ArbGG hat nur dann Erfolg, wenn das anzufechtende Urteil einen allgemeinen, die Entscheidung tragenden abstrakten Rechtssatz aufgestellt hat und dieser von einem abstrakten Rechtssatz in einer Entscheidung des BAG oder eines anderen der in § 72 Abs. 2 Nr. 2 ArbGG genannten Gerichte zu derselben Rechtsfrage abweicht. Ein abstrakter Rechtssatz liegt nur vor, wenn durch fallübergreifende Ausführungen ein Grundsatz aufgestellt wird, der für eine Vielzahl von Fällen Geltung beansprucht. Er kann sich auch aus scheinbar einzelfallbezogenen Ausführungen ergeben. Jedoch müssen sich die voneinander abweichenden abstrakten Rechtssätze aus der anzufechtenden und den angezogenen Entscheidungen unmittelbar ergeben und so deutlich ablesbar sein, dass nicht zweifelhaft bleibt, welche abstrakten Rechtssätze die Entscheidungen jeweils aufgestellt haben[368]. Dagegen rechtfertigt allein die fehlerhafte oder unterlassene Anwendung der Rechtsprechung des BAG oder anderer Landesarbeitsgerichte als solche die Zulassung der Revision nicht.

Weiter ist erforderlich, dass die anzufechtende Entscheidung auf dem abweichenden Rechtssatz beruht. Das ist der Fall, wenn das Berufungsgericht auf der Grundlage des in der angezogenen Entscheidung enthaltenen Rechtssatzes möglicherweise eine andere, für den Nichtzulassungsbeschwerdeführer günstigere Entscheidung getroffen hätte.

Die vorgenannten Voraussetzungen für eine sog. Divergenz-Beschwerde, die ihre Ursache in der nur begrenzten Aufgabe eines Revisionsgerichts haben, die Rechtseinheit zu wahren und der Rechtsfortbildung zu dienen, sind in Mobbing-Fällen in aller Regel nicht erfüllt, weil es sich jeweils um einzelfallbezogene Ausführungen der Landesarbeitsgerichte handelt, die zwar rechtsfehlerhaft sein mögen, jedoch keine Divergenz im obigen Sinne begründen (vgl. aus der Praxis den Beschluss des BAG vom 20.03.2003[369], mit dem die Nichtzulassungsbeschwerde gegen das Urteil des LAG Berlin vom 07.11.2002[370] abgewiesen wurde, sowie den ebenfalls abweisenden Beschluss des BAG vom 29.04.2004 betr. die Nichtzulassungsbeschwerde gegen das Urteil des LAG Schleswig-Holstein vom 09.09.2003[371]).

Für Klagen eines *Beamten* aus dem Beamtenverhältnis ist grundsätzlich der Verwaltungsrechtsweg nach Durchführung des Widerspruchsverfahrens gegeben (§ 126 BRRG)[372]. Amtshaftungsansprüche sind stets im ordentlichen Rechtsweg zu verfolgen (Art. 34 Satz 3 GG).

---

[368] BAG, Urteil vom 26.07.1994, Az. 1 AZN 324/94, NZA 1995, 807

[369] Az. 8 AZN 27/03

[370] Az. 16 Sa 938/02

[371] Az. 5 Sa 28/03

[372] vgl. dazu Wittinger/Hermann, ZBR 2002, 337, 341

44. Können Mobbing-Betroffene sozialversicherungsrechtliche Ansprüche geltend machen?

Regelmäßig bestehen keine Ansprüche auf Leistungen der gesetzlichen Unfallversicherung (§§ 26 ff SGB VII), weil die Voraussetzungen eines *Arbeitsunfalls* nicht vorliegen (vgl. OVG Nordrhein-Westfalen[373] zur Einstufung von Mobbing-Handlungen als Dienstunfall: Bei langjährigem Mobbing liege kein Dienstunfall vor, weil dieser ein plötzliches, örtlich und zeitlich bestimmbares Verhalten voraussetze und der schädigende Vorgang daher nicht auf einem längere Zeit wirkenden Geschehen beruhen dürfe).

Etwas anderes wird nur dann angenommen, wenn einzelne konkrete Mobbing-Handlungen als unmittelbare Ursache für einen innerhalb der maximalen Dauer einer Arbeitsschicht auftretenden Gesundheitsschaden angesehen werden kann, z.B. ein Herzinfarkt des Mobbing-Betroffenen nach der Ankündigung des Arbeitgebers, nicht gegen den Mobbing-Täter, sondern gegen ihn vorgehen zu wollen, oder ein Selbstmordversuch als Reaktion auf eine besonders schwere Mobbing-Handlung (vgl. Lorenz[374] und OVG Nordrhein-Westfalen[375] für den Fall, dass z.B. eine Beleidigung zunächst eine psychische Reaktion – z.B. Schockwirkung – auslöst, die dann erst ihrerseits krankhafte körperliche Folgen zeitigt).

Durch Mobbing verursachte Krankheiten sind auch nicht als *Berufskrankheiten* anerkannt, da es sich nach derzeitiger Auffassung nicht um Einwirkungen handelt, denen bestimmte Personengruppen durch ihre Arbeit in erheblich höherem Grade als die übrige Bevölkerung ausgesetzt und die betreffenden Krankheiten auch nicht in der Liste der Berufskrankheiten nach der Berufskrankheiten-Verordnung – BKVO – aufgeführt sind (vgl. LSG Hamburg, Urteil vom 23.07.1997[376]; LSG Baden-Württemberg, Urteil vom 16.08.2001[377] unter Hinweis auf eine schriftliche Auskunft des Bundesministeriums für Arbeit und Sozialordnung vom 27.11. 2000 und SG Dortmund, Urteil vom 19.02.2003[378]).

Zutreffend weist Wolmerath[379] darauf hin, dass die o.g. Urteile nicht ausschließen, dass die Sozialgerichtsbarkeit zu anderen Ergebnissen gelangt, soweit es in dem zu entscheidenden Fall um eine Berufsgruppe gehe, die in besonders kras-

---

[373] Urteil vom 06.05.1999, Az. 12 A 2983/96

[374] Der Personalrat 2002, 65, 71

[375] Urteil vom 06.05.1999, Az. 12 A 2983/96

[376] Az. III UBv 16/96

[377] Az. L 7 U 18/01

[378] Az. S 36 U 267/02

[379] Mobbing im Fokus der Rechtsprechung, PersR 2004, 324, 338

ser Weise unter Mobbing leide – wie dies beispielsweise im Bereich der sozialen Berufe (Erzieher, Sozialarbeiter u.a.) der Fall sei.[380]

Ansprüche nach dem *Opferentschädigungsgesetz* (OEG) bestehen nur bei vorsätzlichen, rechtswidrigen, d.h. mit Strafe bedrohten, tätlichen Angriffen (§ 1 Abs. 1 OEG). Diese Voraussetzungen erfüllt das Mobbing in aller Regel nicht, da es sich bei rein psychischen oder psychosomatischen Schäden nach der Rechtsprechung nicht um einen solchen tätlichen Angriff handelt[381].

Aus den eigenen Erfahrungen muss allerdings zu bedenken gegeben werden, dass eine verbale Beleidigung, die eine Suizidhandlung auslöst, durchaus als tätlicher Angriff gewertet werden kann.

45. Besteht gesetzgeberischer Handlungsbedarf für ein spezielles Mobbing-Schutzgesetz?

Der Gesetzgeber hat die Rechte von Arbeitnehmern gegen Mobbing durch Einfügung des § 253 Abs. 2 in das BGB mit Wirkung ab 01.08.2002 gestärkt. Arbeitnehmer können jetzt aufgrund dieser gesetzlichen Regelung auch dann Schmerzensgeld von ihrem Arbeitgeber verlangen, wenn er nicht alles tut, um Gesundheitsverletzungen durch Mobbing oder Verletzungen der sexuellen Selbstbestimmung in seinem Unternehmen zu verhindern oder dagegen vorzugehen.

Im Übrigen ist dann, wenn sich die Mobbing-Schutzkonzeption, die das LAG Thüringen entwickelt hat, durchsetzt – was in einzelnen Entscheidungen bereits geschehen ist –, ein ausreichender Mobbing-Schutz in unserer Rechtsordnung gewährleistet, so dass ein gesetzgeberischer Handlungsbedarf nicht unbedingt besteht, auch wenn in anderen europäischen Staaten wie Frankreich und Schweden dieser Weg gewählt wurde[382].

Ungeachtet dessen wird teilweise angeregt, dass, um das in der Mobbing-Schutzkonzeption des LAG Thüringen steckende juristische Gedankengut zu verbreiten, eine spezialgesetzliche Regelung als neuer § 618 a BGB geschaffen wird, der wie folgt lauten könnte:

«Der Arbeitgeber hat dafür Sorge zu tragen, dass der Arbeitnehmer im Rahmen des Dienstverhältnisses keinen der systematischen Anfeindung, Schikane oder Diskriminierung dienenden Angriffen ausgesetzt wird. Er hat den Arbeitnehmer jederzeit vor entsprechenden Angriffen von anderen Arbeitnehmern zu schützen.»

---

[380] vgl. dazu auch die in *Frage 1* mitgeteilten Ergebnisse der repräsentativen Studie von Meschkutat/ Stackelbeck/ Langenhoff «Der Mobbing-Report – eine Repräsentativ-Studie für die Bundesrepublik Deutschland»

[381] vgl. BSG, Urteil vom 14.02.2001, Az. B 9 VG 4/00 R, NJW 2001, 3213

[382] vgl. Mascher, BArbBl. 7-8/2002, 16 f.

In gerichtlichen Verfahren wäre dann durch entsprechende gesetzgeberische Maßnahmen sicherzustellen, dass es verboten sein muss, derartige Angriffe bei der Rechtsprüfung einer isolierten Beurteilung zu unterziehen. Vorbild könnte hier z.b. der französische Gesetzgeber sein[383].

Weiter gehend wird auch der Erlass eines Anti-Mobbing-Gesetzes diskutiert, in dem dann allerdings in Anlehnung an Wickler[384] mindestens folgende Regelungen enthalten sein sollten:

- Anwendung des Prinzips der verhaltensumfassenden (globalen) Rechtsprüfung und nicht die isolierte Prüfung von Einzelhandlungen bei der rechtlichen Prüfung, ob ein Fall von Mobbing vorliegt;

- Beweiserleichterungen bei der Feststellung der haftungsbegründenden und haftungsausfüllenden Kausalität von Mobbinghandlungen;

- Berücksichtigung der Aussage der sich gegen den Mobber rechtlich zur Wehr setzenden Partei nach §§ 141, 448, 286 ZPO, wenn diese über keine oder keine gegnerunabhängigen Zeugen oder nicht bereits über andere Beweismittel verfügt, die ihre Vernehmung entbehrlich machen;

- Anerkennung einer Haftung des Arbeitgebers für die fehlende oder unzureichende Mobbing-Schutz-Organisation (sog. Anti-Mobbing-Leader-ship);

- Keine dezentrale Regelung des Mobbingschutzes nach Mobbingkategorien (wie z.B. im Beschäftigtenschutzgesetz, Antidiskriminierungsgesetz oder in anderen Gesetzen).

Im Falle der Erwägung eines Anti-Mobbing-Gesetzes sollte man – worauf Wickler[385] ebenfalls zutreffend hinweist – unter dem Gesichtspunkt des Verursacherprinzips, der Entlastung der Allgemeinheit und aus Gründen der Prävention für eine regelmäßige Regressinanspruchnahme der Verursacher der mobbingbedingten finanziellen Belastungen der Sozialversicherungsträger Sorge tragen. Weiterhin wäre es im Rahmen einer gesetzgeberischen Regelung über die Berücksichtigung der vorgenannten Erfordernisse hinaus zur Klarstellung wünschenswert, spezielle Anspruchsgrundlagen zur Mobbing-Abwehr (Unterlassung, Ausübung eines Zurückbehaltungsrechts der Arbeitsleistung) und zur Beseitigung der Mobbing-Folgen (Rehabilitierung im Arbeitsverhältnis, mobbingfreie Weiterbeschäftigung, Geldentschädigungsanspruch) bereit zu stellen.

---

[383] vgl. Wickler, DB 2002, 477 ff., 484

[384] in: Arentewicz/Fleissner, a.a.O., S. 244

[385] a.a.O.

170

Anlage 1: Rechtsprechungsnachweise für erfolgreich abgeschlossenen Mobbing-Rechtsschutz

- *Arbeitsgericht Kiel, Urteil vom 16.1.1997, Az. 5d Ca 2306/96, bisher nicht im Fachschrifttum veröffentlicht*

  Abmahnungsmobbing

- *Landesarbeitsgericht Thüringen, Urteil vom 15.2.2001, Az. 5 Sa 102/00, DB 2001,1783 ff.; NZA-RR 2001, 577 ff.; LAGE § 626 BGB Nr. 133, www.thueringen.de/largef*

  fristlose Kündigung des Mobbers

- *Landesarbeitsgericht Thüringen, Urteil vom 10.4.2001, Az. 5 Sa 403/00, DB 2001, 1204 ff; BB 2001, 1358 ff.; NZA-RR 2001, 347 ff.; LAGE Art. 2 GG Persönlichkeitsrecht Nr. 2., www.thueringen.de/largef*

  Anspruch auf Unterlassung von Mobbinghandlungen

- *Landesarbeitsgericht Baden-Württemberg, Urteil vom 27.7.2001, Az. 5 Sa 72/01, Der Personalrat 2002, 9; (abgedruckt auch bei Wickler in HMR, Anhang 4) www.s-line.de/homepages/lagbw/sa1/5sa7201.htm*

  Anspruch auf Unterlassung von Mobbinghandlungen

- *Landesarbeitsgericht Rheinland-Pfalz, Urteil vom 16.8.2001, Az. 6 Sa 415/01, ZIP 2001 S. 2298 ff., NZA-RR 2002, 121*

  Anspruch auf Schmerzensgeld bei Mobbing in Höhe von DM 15.000,00

- *Arbeitsgericht Berlin, Urteil vom 08.03.2002, Az. 40 Ca 5746/01, bisher nicht im Fachschrifttum veröffentlicht*

  Schadensersatz und Schmerzensgeld bei Mobbing in Höhe von € 8.000,00.

  In der Berufungsinstanz wurde dieses Urteil allerdings vom LAG Berlin mit Urteil vom 01.11.2002, Az.: 19 Sa 940/02, NZA-RR 2003, 232 ff., aufgehoben und die Klage abgewiesen.

- *Arbeitsgericht Dresden, Urteil vom 08.07.2003, Az. 5 Ca 5954/02, Kurzwiedergabe in AuR 2004, 114*

  Geldentschädigung von € 25.000,00 wegen schwerer Persönlichkeitsrechtsverletzung und Schmerzensgeld von € 15.000,00 wegen des erlittenen Gesundheitsschadens.

  Dieses Urteil wurde in der Berufungsinstanz vom Sächsischen LAG mit Urteil vom 17.02.2005, Az.: 2 Sa 751/03, EzA Schnelldienst 12/2005, S. 12 und http://www.justiz.sachsen.de/lag/docs/2Sa751-03.pdf, aufgehoben und die Klage abgewiesen.

• *Arbeitsgericht Koblenz, Urteil vom 12.10.2004, Az. 10 Ca 4246/03*

Schmerzensgeld wegen eines schweren Eingriffs in das Persönlichkeitsrecht der Klägerin durch Mobbing von € 12.000,00

Diese Aufzählung entspricht dem Stand vom 01.08.2005. In allen anderen veröffentlichten oder sonst zugänglichen Gerichtsentscheidungen waren die zur Mobbing-Abwehr oder zur Beseitigung der Mobbing-Folgen eingereichten Klagen nicht erfolgreich.

Das vorstehend zum Ausdruck gekommene Missverhältnis zwischen erfolgreichen und erfolglosen Klagen darf allerdings keinesfalls entmutigen und spiegelt auch nicht in vollem Umfang die Rechtswirklichkeit wider. Die weitaus überwiegende Mehrzahl der Mobbing-Fälle wird nämlich im außergerichtlichen Bereich geregelt, und zwar nach den persönlichen Erfahrungen der Autoren immer häufiger im Sinne der Mobbing-Betroffenen. Den Grundsatzurteilen des Thüringer LAG und in ihrer Folge den weiteren, oben zitierten Urteilen kommt insoweit das Verdienst zu, eine Mobbing-Schutz-Konzeption auf der Grundlage der Verfassung und der geltenden Gesetze entwickelt zu haben, die für alle Beteiligten des Arbeitslebens klare Rechte und Pflichten definiert und damit zur Rechtssicherheit beiträgt. Die positiven Auswirkungen dieser Rechtsprechung sind in der Praxis deutlich zu spüren, und zwar vor allem im außergerichtlichen Bereich im Rahmen der Präventionsbereitschaft vieler Arbeitgeber, die ihre rechtliche Verpflichtung ebenso erkannt haben wie die dahinter stehende wirtschaftliche Bedeutung einer sinnvollen Mobbing-Prävention in den Betrieben. Die Bereitschaft, gemeinsam mit den Betriebs- und Personalräten, ggf. auch mit Hilfe externer Mediatoren, Mobbing-Handlungen entgegen zu treten und konfliktlösende Maßnahmen durchzuführen, nimmt vor dem Hintergrund der bekannt gewordenen Gerichtsentscheidungen nach den persönlichen Erfahrungen des Erstautors stetig zu. Selbst wenn als letzter Ausweg aus der Konfliktsituation eine Auflösung des Arbeitsverhältnisses erfolgt, kann bei geschickter Verhandlung und kompetenter Vertretung der Mobbing-Betroffenen sehr oft eine Abfindung erzielt werden, die unter Einbeziehung der Schadensersatz- und Schmerzensgeldrisiken der Arbeitgeber erheblich über den Beträgen üblicher Abfindungen liegt, so dass für den betroffenen Arbeitnehmer jedenfalls eine finanzielle Kompensation für den Verlust des Arbeitsplatzes und eine gewisse Genugtuung für erlittenes Unrecht verbleibt.

Anlage 2: Chronologische Rechtsprechungsübersicht mit Kurz-Inhaltsangabe

Sämtliche Urteile können, auch wenn sie nicht im Fachschrifttum oder ggf. im Internet veröffentlicht worden sind, bei den jeweiligen Gerichten gegen Erstattung der Fotokopiekosten angefordert werden. Die Kosten betragen gem. § 4 der Verordnung über Kosten im Bereich der Justizverwaltung i.V.m. § 136 der Kostenordnung grundsätzlich 0,50 € je Seite, bei längeren Urteilen ab der 51. Seite 0,15 € für jede weitere Seite. Bei Versand per E-Mail wird pro Entscheidung lediglich eine Dokumentenpauschale von 2,50 € erhoben.

1. *Urteil Bundessozialgericht, 7 R Ar 16/89, vom 25.04.1990*

Das BSG hat im Zusammenhang mit der Frage einer Sperrfrist einer Arbeitnehmerin, die einem erheblichen psychischen Druck ausgesetzt gewesen war, ihren Arbeitsplatz zu räumen, entschieden, dass psychischer Druck allein nur dann ein wichtiger Grund für die Auflösung eines Arbeitsverhältnisses sein kann, wenn er in einem Maße ausgeübt wird, dass dem Arbeitnehmer die Fortführung des Arbeitsverhältnisses nicht mehr zuzumuten ist.

2. *Urteil Landesarbeitsgericht Bremen, 1 Sa 41/94, vom 17.01.1995*

Eine Klage auf Schadensersatz wurde abgewiesen, weil keine Warnung des Arbeitgebers vor dem zu erwartenden Erwerbsschaden des Klägers erfolgt war und der Kläger eine ihm zur Beseitigung der Konfliktlösung angebotene Versetzung von Bremen nach Hamburg sowie ein Abfindungsangebot abgelehnt hatte. Daraus leitete das LAG ein überwiegendes Mitverschulden des Klägers an dem Eintritt seiner Erwerbsunfähigkeit ab (vgl. zum Sachverhalt *Frage 27*, Fallbeispiel 25).

3. *Urteil Landesarbeitsgericht Hamm, 6 Sa 730/96, vom 22.10.1996*

Sexuelle Belästigung: Anstößige Bemerkungen sexuellen Inhalts und Schlagen mit dem Handrücken vor die Brust einer Mitarbeiterin wurden als Begründung für eine fristgerechte Kündigung anerkannt, und zwar ohne vorangegangene Abmahnung, weil der betreffende Mitarbeiter unter keinem Gesichtspunkt habe damit rechnen können, dass die Kollegin sein vertragswidriges Verhalten billigen werde (weitere Einzelheiten siehe *Frage 23*, Fallbeispiel 19; *veröffentlicht in: NZA 1997, 769 ff.*)

4. *Beschluss Bundesarbeitsgericht, 7 ABR 14/96, vom 15.01.1997*

Die Teilnahme eines Betriebsrats-Mitglieds an einer Schulungsveranstaltung zum Thema «Mobbing» kann nach dieser Entscheidung des BAG nach § 37 Abs. 6 Satz 1 BetrVG erforderlich sein. Für diesen Fall müsse der Betriebsrat jedoch eine betriebliche Konfliktlage darlegen, aus der sich für ihn ein Handlungsbedarf zur Wahrnehmung seiner gesetzlichen Aufgabenstellung ergebe und zu deren Erledigung er das auf der Schulung vermittelte Wissen benötige *(veröf-*

fentlicht in: BB 1997, 1480 ff; MDR 1997, 851; NZA 1997, 781; AP Nr. 108 zu § 37 BetrVG; AiB 1997, 410 f.).

5. Urteil Arbeitsgericht Kiel, 5d Ca 2306/96, vom 16.01.1997

Neun Abmahnungen in neun Tagen wurden vom Gericht als Verstoß gegen die Fürsorgepflicht, das Übermaßverbot, den Grundsatz der Verhältnismäßigkeit sowie als psychologischer Druck und damit als rechtswidrige Bedrohung und Rundumschlag angesehen. Unabhängig davon, ob die in den strittigen neun Abmahnungen erteilten Rügen zu Recht erhoben worden waren, wertete das Gericht das Verhalten des Arbeitgebers als Mobbing und bezeichnete dies als eine unzulässige Rechtsausübung, die von sachfremden Zwecken bestimmt sei.

6. Beschluss Arbeitsgericht Kiel, H 5 d BV 41/96, vom 27.02.1997

Die Teilnahme eines Betriebsrats-Mitglieds an einer Schulungsveranstaltung zum Thema «Dreh dich nicht um, Mobbing geht um» kann nach Auffassung des Gerichts nach § 37 Abs. 6 Satz 1 BetrVG erforderlich sein. Ein Schulungsbedarf des Betriebsrats bestehe nicht erst dann, wenn im Betrieb «gemobbt» werde, sondern bereits dann, wenn konkrete Anhaltspunkte für Mobbing-Tendenzen sichtbar würden (vgl. *Frage 13,* Fallbeispiel 5; *veröffentlicht in: NZA-RR 1998, 212 ff.).*

7. Urteil Landessozialgericht Hamburg, III UBf 16/96, vom 23.07.1997

Das LSG hat eine Klage auf Anerkennung einer Berufskrankheit aufgrund eines Mobbing-Sachverhalts abgelehnt, weil Mobbing bzw. Psychoter-ror keine spezifischen Belastungen sind, denen gerade die Berufsgruppe der Techniker und Ingenieure des Elektrofachs in besonderer Weise ausgesetzt ist.

8. Urteil Landesarbeitsgericht Frankfurt, 7 Sa 535/97, vom 26.08.1997

«Frankfurter Rattengiftfall»: Der Kläger war vom Dienst ferngeblieben und berief sich auf ein Zurückbehaltungsrecht an seiner Arbeitsleistung, weil hinter seinem Rücken von Arbeitskollegen schlecht geredet und mit unredlichen Tricks versucht worden sei, die Zusammenarbeit unerträglich zu machen. U.a. sei seine Milch, bei der er einen erdigen Geschmack festgestellt habe, vermutlich mit Rattengift versetzt worden. Das LAG entschied, dass der Kläger von seinem Zurückbehaltungsrecht (ZBR) erst dann hätte Gebrauch machen dürfen, wenn er den Arbeitgeber konkret auf die Verletzungshandlungen hingewiesen und ihm Gelegenheit auch in zeitlicher Hinsicht eingeräumt hätte, die Missstände abzustellen. Diese Voraussetzungen lagen hier nicht vor, so dass die vom Arbeitgeber wegen Arbeitsverweigerung ausgesprochene fristlose Kündigung für gerechtfertigt erachtet wurde. Der Arbeitnehmer riskiert daher bei rechtswidrig ausgeübtem Zurückbehaltungsrecht eine Abmahnung und Kündigung des Arbeitsverhältnisses. (Weitere Einzelheiten siehe *Frage 20,* Fallbeispiel 15; *veröffentlicht in: ArztR 1998, 146)*

9. Urteil Landesarbeitsgericht Köln, Sa 1014/97, vom 07.01.1998

Schadensersatz- und Schmerzensgeldansprüche wegen einer unberechtigten Abmahnung wurden abgelehnt. Nicht jede Abmahnung, in der einem Arbeitnehmer zu Unrecht Pflichtwidrigkeiten vorgeworfen werden, verletzt nach Auffassung des LAG zugleich das allgemeine Persönlichkeitsrecht des Arbeitnehmers. Eine solche Missachtung sei vielmehr insbesondere mit einer sachlich gehaltenen Abmahnung regelmäßig nicht verbunden. Davon unabhängig bestehe aber ein Anspruch auf Entfernung der Abmahnung aus der Personalakte *(veröffentlicht in: MDR 1998, 1036).*

10. Urteil Arbeitsgericht Detmold, 3 BV Ga 3/98, vom 30.04.1998

Eine beantragte einstweilige Verfügung auf Verpflichtung des Arbeitgebers, einem Betriebsratsmitglied die Teilnahme an einer Schulungsveranstaltung «Erfolgreich Handeln gegen Mobbing im Betrieb» zu gestatten, wurde erlassen. Erste Anzeichen für Mobbing im Betrieb lagen nach Auffassung des Gerichts vor. Der Verfügungsgrund lag darin, dass es sich um die einzige Veranstaltung handelte, die im Jahre 1998 zu diesem Themenbereich stattfand *(veröffentlicht in: AiB 1998, 405 ff. mit Anmerkungen Wolmerath).*

11. Beschluss Landesarbeitsgericht Hamburg, 5 Ta BV 4/98, vom 15.07.1998

Eine Einigungsstelle zum Thema «Mobbing» wurde als «offensichtlich unzuständig» erklärt. Einem solchen Regelungssachverhalt steht nach Auffassung des LAG der Gesetzesvorbehalt des § 87 I BetrVG in Verbindung mit den §§ 84, 85 BetrVG entgegen, die das angestrebte Konfliktlösungsverfahren regeln *(veröffentlicht in: NZA 1998, 1245; AiB 1999, 101).*

12. Urteil Landesarbeitsgericht Berlin, 6 Sa 66/98, vom 11.09.1998

Der Ausspruch einer Kündigung während der Probezeit bei Mobbing ist nach Auffassung des LAG grundsätzlich zulässig. Der Arbeitgeber habe hier nicht willkürlich gehandelt, wenn er die ihm bekannt gewordenen Spannungen zwischen dem Kläger und seinen Anleitern zum Anlass genommen habe, sich vom Kläger zu trennen. Dies wäre allenfalls anders gewesen, wenn er die Kündigung ohne jede Vorwarnung und ohne jeden Aufklärungsversuch ausgesprochen hätte, was jedoch nicht der Fall war.

13. Urteil Landesarbeitsgericht Nürnberg, 5 Sa 710/98, vom 16.12.1998

Der Kündigungsschutzklage eines Mitarbeiters, dem wegen sexueller Belästigung ohne vorangegangene Abmahnung eine ordentliche Kündigung ausgesprochen worden war, wurde stattgegeben. Die Vorwürfe seien nicht so schwerwiegend gewesen und hätten teilweise schon so lange zurückgelegen (z.T. sechs Jahre), dass sie ohne Ausspruch einer vorherigen Abmahnung eine Kündigung nicht rechtfertigen könnten (weitere Einzelheiten siehe *Frage 23,* Fallbeispiel 21).

14. Urteil Landesarbeitsgericht Köln, 8 (10) Sa 1215/98, vom 20.01.1999

Der Kläger erhielt eine fristlose und hilfsweise fristgerechte Kündigung, weil er u.a. seinen Vorgesetzten im Rahmen einer Beschwerde bei seinem Personalchef wissentlich falsch einer Tätlichkeit bezichtigt und erklärt habe, er werde ihn fertig machen, da er genug belastendes Material gegen ihn habe. Das LAG hielt die Kündigung trotz der erhobenen Anschuldigungen gegen den Vorgesetzten aufgrund des Benachteiligungsverbots gemäß § 84 Abs. 3 BetrVG für unwirksam. Diese Vorschrift, wonach dem Arbeitnehmer wegen Erhebung einer Beschwerde keine Nachteile entstehen dürfen, gelte grundsätzlich auch dann, wenn die Beschwerde unberechtigt sei. Etwas anderes gelte nur für völlig haltlose, schwere Anschuldigungen gegen den Arbeitgeber oder den Vorgesetzten oder wenn die wiederholte Einlegung grundloser Beschwerden den Arbeitnehmer als Querulanten ausweise. Im vorliegenden Fall habe es sich nicht um eine schwere Anschuldigung gehandelt, und das LAG war nach durchgeführter Beweisaufnahme auch nicht davon überzeugt, dass die Vorwürfe des Klägers völlig haltlos waren. Wegen der Drohung, den Vorgesetzten fertig zu machen, da er genügend Material gegen ihn habe, hielt das LAG eine Abmahnung für ausreichend.

15. Urteil Oberverwaltungsgericht Nordrhein-Westfalen, 12 A 2983/96, vom 06.05.1999

Der Kläger war Beamter auf Lebenszeit und zeigte bei der zuständigen Postbeamtenkrankenkasse eine durch Mobbing-Handlungen am Arbeitsplatz erlittene Erkrankung als Dienstunfall an, dessen Voraussetzungen jedoch nicht anerkannt wurden. Die Klage wurde abgewiesen. Bei einem langjährigen Mobbing-Geschehen handle es sich nach Auffassung des OVG nicht um einen Dienstunfall, da dieser ein plötzliches, örtliches und zeitlich bestimmbares Verhalten voraussetze und der schädigende Vorgang daher nicht auf einem längere Zeit wirkenden Geschehen beruhen dürfe. Ein Abstellen auf einzelne Geschehnisse sei nur bedeutsam, wenn ein äußerer Vorgang – etwa eine Beleidigung – zunächst eine psychische Reaktion – z.B. Schockwirkung – auslöse, die dann erst ihrerseits krankhafte körperliche Folgen zeitige. Dieser müsse aber für die Folgen ursächlich sein. Ein Zusammentreffen mehrerer Ursachen sei als alleinige Ursache im Rechtssinne anzusehen, wenn sie bei natürlicher Betrachtungsweise überragend zum Erfolg mitgewirkt habe. Diese Voraussetzungen lagen hier jedoch nach Auffassung des OVG nicht vor.

16. Urteil Oberlandesgericht Celle, 8 U 110/98 vom 20.05.1999

Die Klägerin machte gegen ihre private Krankentagegeldversicherung einen Anspruch auf Krankentagegeld für einen Zeitraum geltend, für den der behandelnde Arzt ihr eine Arbeitsunfähigkeitsbescheinigung ausgestellt hatte, und zwar aufgrund von Beschwerden, die im Zusammenhang mit einem Konflikt am Arbeitsplatz aufgetreten sind (vgl. zum Sachverhalt *Frage 36*, Fallbeispiel 28).

Das OLG Celle lehnte den Krankentagegeldanspruch der Klägerin mit der Begründung ab, sie sei in der Vergangenheit nicht wirklich arbeitsunfähig gewesen, sondern aus psychischen Gründen lediglich nicht mehr in der Lage, an ihrem Arbeitsplatz tätig zu sein.

Das Gericht wies darauf hin, dass nach § 1 Abs. 3 der Musterbedingungen Krankentagegeldversicherung (MB/KT) Arbeitsunfähigkeit nur vorliegt, wenn die versicherte Person ihre beruflichen Tätigkeit nach medizinischem Befund vorübergehend in keiner Weise ausüben kann, sie auch nicht ausübt und keine anderweitigen Erwerbstätigkeit nachgeht. Der Versicherungsnehmer einer Krankentagegeldversicherung sei daher nicht arbeitsunfähig, wenn lediglich eine konfliktgebundene Arbeitsplatzunverträglichkeit vorliege und er noch eine andere berufliche Tätigkeit ausüben könne *(veröffentlicht in: NVersZ 2000, 272 ff.)*.

17. Urteil Arbeitsgericht Bamberg, 3 Ca 1312/98 C vom 30.06.1999

Das ArbG verurteilte eine Mitarbeiterin, die als Kinderpflegerin in einem Kindergarten einer katholischen Kirchenstiftung beschäftigt war, ihre in einer Dienstbesprechung im Kindergarten geäußerte Beschuldigung, die Leiterin des Kindergartens habe andere Mitarbeiterinnen gegen sie aufgehetzt und würde Mobbing gegen sie betreiben, gegenüber sämtlichen Mitarbeiterinnen der Katholischen Kirchenstiftung zu widerrufen und künftig derartige Behauptungen zu unterlassen.

Das ArbG wertete die Äußerung der Arbeitnehmerin im Kreis von Kollegen, die Vorgesetzte betreibe Mobbing gegen sie und hetze andere Mitarbeiterinnen gegen sie auf, als Tatsachenbehauptung und nicht als Meinungsäußerung. Da die Kammer aufgrund des Sachvortrags davon ausgehen müsse, dass beide Behauptungen tatsächlich unwahr seien, bestehe ein Anspruch der Vorgesetzten auf Widerruf und Unterlassung der unwahren ehrenkränkenden Tatsachenbehauptungen.

Zwar hatte die Beklagte diverse Verhaltensweisen der Vorgesetzten vorgetragen, die nach ihrer Auffassung ein Mobbing-Verhalten darstellten. Bei diesen Verhaltensweisen handelte es sich aber nach Auffassung des ArbG um Einzelfälle, die auch in ihrer Gesamtschau nicht erkennen ließen, dass sie bewusst und mit System in feindseliger Haltung eingesetzt worden seien, um die Beklagte in ihrer Psyche zu beeinträchtigen mit dem Fernziel «Entfernung vom Arbeitsplatz», so dass eine Beweisaufnahme über diese Vorfälle unterbleiben konnte.

Die Beklagte legte gegen dieses Urteil Berufung ein.

In einem Vergleich vor dem LAG Nürnberg hat die Beklagte sich dann verpflichtet, nicht mehr zu behaupten, die Klägerin betreibe Mobbing gegen sie und habe Mitarbeiterinnen gegen sie aufgehetzt.

18. Urteil Arbeitsgericht Kassel, 5 Ca 174/99, vom 24.11.1999

Die Klage einer Arbeitnehmerin auf Schmerzensgeld wegen Gesundheitsbeschädigung und Ehrverletzung wurde abgewiesen.

Grundsätzlich führte das ArbG aus, dass Schmerzensgeldansprüche bei Verletzung des allgemeinen Persönlichkeitsrechts voraussetzten, dass es sich um einen schwerwiegenden Eingriff in das allgemeine Persönlichkeitsrecht handle, die Schwere des Eingriffs nach dem Grad des Verschuldens sowie Anlass und Beweggrund die Zuerkennung eines Schmerzensgeldes forderten und dass das Persönlichkeitsrecht nicht auf andere Weise ausreichend geschützt werden könne.

Das ArbG lehnte hier das Vorliegen rechtswidriger und schuldhafter Verletzungshandlungen durch den Arbeitgeber selbst unter Berücksichtigung der gebotenen Gesamtschau ab. Die bloß subjektive Einschätzung eines durch die Situation am Arbeitsplatz in seiner Gesundheit beeinträchtigten Arbeitnehmers, der Arbeitgeber hätte zielgerichtet Mobbing betrieben, könne nicht genügen. Es müssten zumindest hinreichend konkretisierte objektive Umstände dargetan werden, die den Schluss auf ein solches Verhalten als Ursache für gesundheitliche Beeinträchtigungen oder Verletzungen des allgemeinen Persönlichkeitsrechts zuließen, was hier nicht gegeben sei.

Soweit hier eine herabwürdigende Tatsachenbehauptung vorlag, nahm das ArbG zwar einen rechtswidrigen und schuldhaften Eingriff in das allgemeine Persönlichkeitsrecht der Klägerin an. Die herabwürdigende Tatsachenbehauptung sei jedoch einem Widerruf zugänglich, durch den das Persönlichkeitsrecht der Klägerin hinreichend geschützt werden könne, so dass die Zuerkennung eines Schmerzensgeldes nicht erforderlich sei.

19. Urteil Landesarbeitsgericht Berlin, 15 Sa 1174/99, vom 08.12.1999

Der Klage des Klägers gegen eine ausgesprochene fristlose, hilfsweise fristgerechte Kündigung wurde stattgegeben. Das LAG löste jedoch das Arbeitsverhältnis auf Antrag des Arbeitgebers gegen Zahlung einer Abfindung in Höhe von 118.000,00 DM (10 Monatsbruttogehälter) gem. § 9 Abs. 1 KSchG auf.

Den Auflösungsantrag hielt das LAG deswegen für gerechtfertigt, weil der Kläger, ein angestellter Arzt, außerhalb des Rechtsstreits Dienstaufsichtsbeschwerden gegen zwei Krankenschwestern, den Personalleiter und seinen Stellvertreter sowie gegen den Verwaltungsleiter des Krankenhauses erhoben hatte, und zwar unmittelbar vor der beabsichtigten Beweisaufnahme durch das Gericht. Dadurch sei das Arbeitsverhältnis in so hohem Maße belastet worden, dass von einer tiefgreifenden Zerrüttung des Vertragsverhältnisses auszugehen sei, die für die Zukunft eine gedeihliche und dem Betriebszweck dienliche Zusammenarbeit zwischen Arbeitnehmer und Arbeitgeber ausgeschlossen erscheinen lasse. Der Umstand, dass sich der Arbeitgeber darüber hinaus zur Rechtfertigung des Auflösungsantrages darauf berufen habe, der Kläger habe für seinen Fall die Presse eingeschaltet, sei nicht zu berücksichtigen. Der Kläger habe unbestritten vorgetragen, dass von seiner Seite aus ein Einschalten der Presse nicht initiiert worden sei. Er habe den Journalisten der Zeitung «Die Welt», die über den Prozess berichtet hatte, in einer Mobbing-Selbsthilfegruppe kennen gelernt. Auf Anfrage habe er dem Journalisten, der sich mit dem Thema Mobbing beschäftige, gestattet, seinen Fall und seinen Prozess als Zuschauer begleiten zu dürfen. Das LAG wertete aber die Dienstaufsichtsbeschwerde gegen die Krankenschwestern als versuchte Einflussnahme und Einschüchterung von Zeugen im Rechtsstreit, da die Dienstaufsichtsbeschwerde vom Kläger einen Tag vor dem ersten Verhandlungstermin in der Berufungsinstanz verfasst worden war. Dass sich der Kläger darüber hinaus in der Dienstaufsichtsbeschwerde weitere dienst-, ggf. auch strafrechtliche Schritte vorbehalten habe, könne nur als Versuch der Einschüchterung der Zeuginnen verstanden werden. Mit dieser Dienstaufsichtsbeschwerde habe der Kläger bei weitem seine Möglichkeit, im Rechtsstreit und auch außerhalb des Rechtsstreits im Arbeitsverhältnis angemessen und sachgerecht seine Interessen zu vertreten, überschritten. Entsprechendes gelte für die weiteren Dienstaufsichtsbeschwerden gegen den Personalleiter und den Verwaltungsleiter. Mit seinen Dienstaufsichtsbeschwerden versuche der Kläger, sein eigenes Fehlverhalten, das das Gericht festgestellt habe, zu verschleiern und werfe seinerseits dem Pflegepersonal, dem Personalleiter und dessen Stellvertreter sowie dem Verwaltungsdirektor Pflichtenverstöße vor. Es erscheine dem Gericht unmöglich, dass bei dieser Situation eine gedeihliche Zusammenarbeit im Krankenhaus zwischen dem Kläger und dem Pflegepersonal sowie der Verwaltungsleitung zu erwarten sei. Deswegen sei das Arbeitsverhältnis des Klägers beim Beklagten aufzulösen.

20. Urteil Landesarbeitsgericht Hamburg, 3 Sa 17/97 vom 08.12.1999

Die Parteien stritten um eine ordentliche Kündigung (vgl. im Einzelnen *Frage 38, Fallbeispiel 30*).

Die Beklagte stützte die ordentliche Kündigung auf krankheitsbedingte Fehlzeiten der Klägerin in der Vergangenheit, eine negative Gesundheitsprognose und auf fehlzeitenbedingte erhebliche betriebliche Belastungen. Die Klägerin wandte ein, dass sich die Beklagte auf ihre krankheitsbedingten Fehlzeiten zur Rechtfertigung der Kündigung nicht berufen könne, weil diese auf Mobbing durch ihre Vorgesetzten und andere Mitarbeiter der Beklagten zurückzuführen seien.

Das LAG gab der Kündigungsschutzklage statt, und zwar unter Hinweis auf die Rechtsprechung des BAG im Rahmen der Interessenabwägung bei krankheitsbedingten Kündigungen, wonach u.a. von Bedeutung sei, ob die Krankheit des Arbeitnehmers auf betriebliche Ursachen zurückzuführen sei (BAG vom 06.09.1989 - 2 AZR 118/89 - EzA § 1 KSchG Krankheit Nr. 27).

Die Anwendbarkeit dieser Grundsätze auf den vorliegenden Sachverhalt ergab nach Auffassung des LAG Folgendes:

Selbst wenn man zu Gunsten der Beklagten eine negative Gesundheitsprognose entsprechend den Fehlzeiten der Klägerin in den Jahren vor Ausspruch der streitbefangenen Kündigung und damit auch weiterhin entsprechend zu prognostizierende Gehaltfortzahlungskosten unterstelle, wäre die streitbefangene Kündigung nicht sozial gerechtfertigt. Nach dem Ergebnis der Beweisaufnahme sei nämlich davon auszugehen, dass verantwortliche Mitarbeiter auf Seiten der Beklagten sich z.T. gegenüber der Klägerin unangemessen verhalten hätten bzw. dass dies z.T. zumindest nicht ausgeschlossen werden könne. Es könne auch nicht ausgeschlossen werden, dass hierdurch der Gesundheitszustand der Klägerin nicht unwesentlich negativ beeinflusst worden sei und entsprechend die negative Gesundheitsprognose jedenfalls auch auf diese Umstände mit zurückzuführen sei. Diese der betrieblichen Sphäre der Beklagten zuzurechnenden Umstände führten unter Einbeziehung der übrigen im Rahmen der dritten Stufe der Prüfung einer krankheitsbedingten Kündigung vorzunehmenden Interessenabwägung im Ergebnis zur Sozialwidrigkeit der streitbefangenen Kündigung.

Auf Antrag des Arbeitgebers löste das LAG das Arbeitsverhältnis jedoch gemäß § 9 Abs. 1 Satz 2 KSchG gegen Zahlung einer Abfindung von DM 40.000,00 (11 Brutto-Monatseinkommen bei einer Betriebszugehörigkeit von fast 10 Jahren) auf, da dem Arbeitgeber die Fortsetzung des Arbeitsverhältnisses nicht mehr zumutbar sei. Da u.a. auch das Prozessverhalten der Parteien während des Kündigungsschutzprozesses ein Umstand sei, der für die Auflösung des Arbeitsverhältnisses in Betracht zu ziehen sei, müsse jedenfalls die Partei, die an dem Arbeitsverhältnis festhalten wollte, eine Prozessführung einhalten, die durch die Wahrnehmung berechtigter Interessen nicht überschritten werde (BAG vom 25.11.1982 - 2 AZR 21/91 - EzA § 9 KSchG n.F. Nr. 15 unter B I 3 a).

Diese Grenze der Wahrnehmung berechtigter Interessen im Rahmen der gerichtlichen Auseinandersetzung mit der Beklagten habe die Klägerin vorliegend in einer solchen Weise überschritten, dass die Beklagte zu Recht geltend mache, dass damit Gründe im Sinne von § 9 Abs. 1 Satz 2 KSchG vorliegen, die eine den Betriebszwecken dienliche weitere Zusammenarbeit nicht erwarten lasse.

Die Grenzen der Wahrnehmung berechtigter Interessen habe die Klägerin ganz wesentlich überschritten, indem sie im Verlauf des Rechtsstreits u.a. bezüglich des Leiters der Rechtsabteilung der Beklagten den Vorwurf des kollusiven Zusammenwirkens mit einem Zeugen gemacht habe, indem sie behauptet habe, der Zeuge habe gegenüber einem anderen Zeugen die Richtigkeit der Beschuldigungen der Klägerin im Zusammenhang mit dem Vorfall vom 04.04.1996 gesprächsweise eingeräumt. Indem die Klägerin damit behauptet habe, trotz dieses Geständnisses des Zeugen habe der Leiter der Rechtsabteilung der Beklagten im Rechtsstreit weiterhin wahrheitswidrig vorgetragen, dass die entsprechenden Behauptungen der Klägerin unwahr seien, habe die Klägerin diesen im Ergebnis eines versuchten Prozessbetruges beschuldigt. Die Klägerin habe diese äußerst schwerwiegenden Behauptungen ohne jeden Anhaltspunkt «in den blauen Himmel hinein» aufgestellt. Ein solcher willkürlicher Vortrag, mit dem ein anderer Beschäftigter des Arbeitgebers, gegen den ein Kündigungsschutzprozess geführt werde, mutwillig einer erheblichen Straftat beschuldigt werde, sei in keiner Weise durch die Wahrnehmung berechtigter Interessen abgedeckt.

21. Urteil Landesarbeitsgericht Sachsen-Anhalt, 9 Sa 473/99, vom 27.01.2000

Der Kündigungsschutzklage eines mobbenden Vorgesetzten wurde stattgegeben, weil die Kündigung ohne vorangegangene Abmahnung ausgesprochen worden war. Auch bei einem Mobbingsachverhalt sei eine Abmahnung nicht generell entbehrlich. Hier sei zu erwarten gewesen, dass der Kläger aufgrund der konkreten Umstände des Einzelfalls (fast 25-jährige Beschäftigungsdauer des Klägers, langjährige zunächst problemlose Zusammenarbeit des Klägers mit den von ihm gemobbten Arbeitnehmern, Entschuldigung vor Ausspruch der Kündigung, Auftreten im Prozess u.a.) sein Verhalten ändere, so dass die fristlose und hilfsweise ausgesprochene fristgemäße Kündigung für rechtswidrig erachtet wurden (weitere Einzelheiten siehe *Frage 23*, Fallbeispiel 20; *veröffentlicht in: AR-Blattei SD 1215*).

22. Urteil Landesarbeitsgericht Bremen, 3 Sa 284/99, vom 28.04.2000

Der aufgrund von vermeintlichen Pflichtverletzungen gekündigte Kläger einigte sich mit seinem Arbeitgeber in dem Kündigungsschutzprozess vor dem ArbG darauf, dass er unter Fortzahlung von Ruhestandsbezügen in den Vorruhestand tritt. Anschließend verklagte er zwei ehemalige Vorgesetzte wegen deren Mobbingverhalten auf Schmerzensgeld und behauptete, dieses Verhalten habe dazu geführt, dass er mit 58 Jahren in den Vorruhestand getreten und gegen seinen Willen zum müßigen Spaziergänger geworden sei.

Die Schmerzensgeldklage wurde vom ArbG mit der Begründung abgewiesen, dass eine erhebliche Verletzung des Persönlichkeitsrechts des Klägers, die ihn zum wehrlosen Opfer mache, nicht erkennbar sei. Die Berufung des Klägers wurde in erster Linie als unzulässig zurückgewiesen, weil der Kläger bzw. seine Prozessbevollmächtigten die Berufung nicht fristgerecht begründet hätten.

Darüber hinaus führte das LAG aus, das die Berufung auch in der Sache wohl keine Erfolgsaussicht gehabt habe. Es liege vorliegend nicht ohne weiteres ein schwerer rechtswidriger und schuldhafter Eingriff in das Persönlichkeitsrecht des Klägers vor und darüber hinaus habe er durch sein eigenes Verhalten eine Mitursache für den Eintritt in den Vorruhestand gesetzt, was für ein Mitverschulden des Klägers spreche, aufgrund dessen ein Schmerzensgeldanspruch ausscheiden könnte.

Das Urteil des LAG Bremen wurde in der Revisionsinstanz vom BAG aufgehoben und erneut an das LAG Bremen zurück verwiesen. Auch die 2. Kammer des LAG Bremen wies die Berufung des Klägers jedoch mit dem unten dargestellten rechtskräftigen Urteil vom 30.05.2001, Az. 2 Sa 78/01 zurück, und zwar mit der Begründung, der Kläger habe das Vorliegen eines Mobbing-Sachverhalts nicht ausreichend dargelegt (weitere Einzelheiten siehe *Frage 27*, Fallbeispiel 24).

23. Urteil Landesarbeitsgericht Niedersachsen, 16a Sa 1391/99, vom 03.05.2000

Das LAG erkannte grundsätzlich ein Zurückbehaltungsrecht bei Mobbing-Sachverhalten an. Dieses stehe jedoch unter dem Vorbehalt des Grundsatzes von Treu und Glauben und werde durch den Grundsatz der Verhältnismäßigkeit beschränkt. Hier wurde vom LAG im Ergebnis kein Zurückbehaltungsrecht des Arbeitnehmers anerkannt, weil die Ausübung eines Zurückbehaltungsrechts unverhältnismäßig gewesen sei. Die Klägerin habe die Eskalation am Arbeitsplatz mit verursacht und damit den Grundstein für die nachfolgenden Querelen gelegt. Es hätte deshalb der Versuch vorausgehen müssen, durch die notwendige und gebotene Korrektur des eigenen Verhaltens die Situation zu befriedigen.

Das Urteil enthält ferner Ausführungen zur Unzulässigkeit eines Antrags, der nicht hinreichend bestimmt war. Die Klägerin hatte beantragt, *«die Beklagte zu verurteilen, es bei Meidung eines der Höhe nach in das Ermessen des Gerichtes gestellten Ordnungsgeldes zu unterlassen, das Persönlichkeitsrecht oder die Gesundheit der Klägerin, insbesondere durch Vorgesetzten-Mobbing (sog. Bossing) zu verletzen oder sie sonst wegen ihres Alters zu benachteiligen.»*

Das LAG hat diesen Antrag als *unzulässig* abgewiesen, da er nicht hinreichend bestimmt sei gemäß § 253 Abs. 2 Nr. 2 ZPO. Danach müsse der Unterlassungsantrag konkret gefasst sein und die zu unterlassende Verletzungshandlung so genau wie möglich bestimmen. Die begehrte Unterlassung einer Verletzung von Persönlichkeitsrechten oder der Gesundheit beschreibe aber pauschal lediglich eine Selbstverständlichkeit, nicht aber wie erforderlich, die präzise Handlung, die unterbleiben solle (weitere Einzelheiten siehe *Fragen 14 und 20*, Fallbeispiele 7 und 14; *veröffentlicht in: NZA 2000, 517 ff.*).

24. Urteil Landesarbeitsgericht Hessen, 8 Sa 195/99, vom 28.06.2000

Der Kläger war Vorgesetzter der Beklagten. Er verlangte von ihr, die Behauptung zu unterlassen, er habe eine Reihe von sexuell anzüglichen Bemerkungen gemacht, worüber sich die Klägerin schriftlich bei ihrem Arbeitgeber beschwert hatte. Das LAG Hessen hat entschieden, dass kein Anspruch auf Unterlassung von Behauptungen bestehe, die Gegenstand eines Beschwerdeverfahrens nach dem Beschäftigtenschutzgesetz seien. Die Funktionsfähigkeit des im Beschäftigtenschutzgesetz geregelten Beschwerdeverfahrens verbiete es, die gutgläubige Arbeitnehmerin zur Unterlassung ihrer Behauptung zu verurteilen, wenn der ihr in einem Unterlassungsverfahren obliegende Wahrheitsbeweis misslinge. Durch arbeitsgerichtliche Unterlassungsurteile dürfe grundsätzlich nicht in das Beschwerdeverfahren eingegriffen werden. Dies gelte nur dann nicht, wenn die Behauptungen frei erfunden, bewusst unwahr oder leichtfertig aufgestellt worden seien.

25. Urteil Arbeitsgericht Duisburg, 1 Ca 1152/00, vom 29.06.2000

Die nach BAT ordentlich unkündbare Klägerin hatte sich geweigert, an einem ihr vom Arbeitgeber aufgegebenen Arbeitsort tätig zu werden, der die Erfüllung ihrer arbeitsvertraglichen Aufgaben erschwerte – die Klägerin hatte keinen eigenen Arbeitsplatz sowie kein eigenes Telefon und der ihr zugewiesene Arbeitsplatz war ergonomisch nicht ordnungsgemäß eingerichtet – was von ihr als unzumutbar bezeichnet wurde. Sie erhielt darauf hin eine fristlose Kündigung. Die Kündigung wurde vom ArbG als rechtswidrig angesehen, so dass der Kündigungsschutzklage stattgegeben wurde. Bei dieser Gelegenheit wies das ArbG die Klägerin aber darauf hin, dass die Ausübung des Direktionsrechts durch den Arbeitgeber nicht bereits Mobbing darstelle und empfahl den Parteien, *«vernünftigerweise Gespräche zu führen, um die Art und den Ort der Tätigkeiten gegebenenfalls im gegenseitigen Einvernehmen festzulegen.» (veröffentlicht in: NZA-RR 2001, 304)*.

26. Urteil Arbeitsgericht Bochum, 2 Ca 1256/00, vom 15.08.2000

Die geltend gemachten Schadensersatz- und Schmerzensgeldansprüche der Witwe eines durch Suizid ums Leben gekommenen Mobbing-Betroffenen wurden abgelehnt. Schmerzensgeldansprüche folgten nämlich nicht allein aus einer Verletzung des Persönlichkeitsrechts. Ein solcher Anspruch entstehe vielmehr nur dann, wenn die Schwere des Eingriffs in das Persönlichkeitsrecht nach Grad und Verschulden und die Schwere der Beeinträchtigung sowie Anlass und Beweggrund des Handelns eine Genugtuung erfordern und wenn die Persönlichkeitsrechtsverletzung nicht in anderer Weise befriedigend ausgeglichen werden könne. Eine derartige andere Möglichkeit sei hier aber die Möglichkeit der Ausübung des Beschwerderechts gemäß § 85 BetrVG gewesen, von dem das Opfer keinen Gebrauch gemacht hatte. Der Ehemann der Klägerin hatte vielmehr seine Probleme weder Vertretern des Unternehmens noch dem Betriebsrat geschildert.

27. Urteil Arbeitsgericht Lübeck, 2 Ca 1850/b/00, vom 07.09.2000

Der Kläger war als Masseur und medizinischer Bademeister bei der Beklagten beschäftigt. Mit der Klage nahm er die Beklagte, die ein Krankenhaus betreibt, auf Schmerzensgeld von mindestens DM 54.000,00 wegen fortgesetzter Mobbing-Attacken in Anspruch. Durch verstärkte Überwachung und Kritik habe er sich zunehmend unter psychischen Druck gesetzt gefühlt mit der Folge erheblicher Gesundheitsbeeinträchtigungen. Seit 1997 sei er einem ständigen Mobbing ausgesetzt gewesen. Die Beklagte habe ohne seine Kenntnis einen Vermerk über angebliche Fehlleistungen sowie eine formell fehlerhafte Abmahnung zur Personalakte genommen, habe ihm Fortbildungsmaßnahmen nicht oder nur zögerlich bewilligt, ihn auf eine andere Station versetzt und ihm durch eine neue Arbeitsplatzorganisation den Aufgabenbereich Krankengymnastik entzogen. Als die Parteien über einen Aufhebungsvertrag verhandelten, habe die Beklagte ihn zum Verlassen der Klinik gedrängt. Mehrere Ärzte attestierten dem Kläger, dass er an schwerer arterieller Hypertonie (Bluthochdruck) sowie an depressiven Störungen leide, die auf die belastende Arbeitsplatzsituation zurückzuführen seien. Das Arbeitsgericht wies die Klage ab.

Zur Begründung führte es aus, dass rechtswidriges Mobbing dann vorliege, wenn der unterlegene Arbeitnehmer von Vorgesetzten oder Kollegen systematisch und während längerer Zeit direkt oder indirekt mit dem Ziel und Effekt des Ausstoßes angegriffen werde, wobei dies der angegriffene Arbeitnehmer als Diskriminierung erlebe. Wegen Mobbing könne ein Arbeitnehmer nur dann Schmerzensgeld beanspruchen, wenn er substanziiert darlege, dass es sich bei der Vorgehensweise des Arbeitgebers um dauerhafte, systematische, degradierende oder beleidigende Handlungen handele. Maßnahmen, die arbeitsrechtlich zulässig seien, könnten nicht Grundlage für einen Schmerzensgeldanspruch sein, auch wenn der Arbeitnehmer diese als belastend empfinde und hierdurch psychisch krank werde. Auch einzelne rechtswidrige Maßnahmen lösten noch keinen Schmerzensgeldanspruch aus. Unter Berücksichtigung dessen habe der Kläger nicht schlüssig dargelegt, dass die Beklagte ihn vorsätzlich oder fahrlässig an seiner Gesundheit verletzt habe. Selbst wenn es sich bei der Aktennotiz und der Abmahnung um ehrverletzende Aktenstücke handele, hätte die davon ausgehende Beeinträchtigung durch Entfernung derselben aus der Personalakte beseitigt werden können. Der Kläger habe auch nicht dargelegt, dass die Beklagte bei der Versetzung ihr Direktionsrecht überschritten habe. Dies gelte auch für die Bearbeitung seiner Fortbildungsanträge und die Zuteilung der Arbeit. Obgleich der Kläger sich möglicherweise subjektiv gemobbt gefühlt habe und dadurch krank geworden sei, habe er jedoch nicht im Einzelnen vorgetragen und unter Beweis gestellt, dass die Beklagte ihn durch die gerügten Maßnahmen dauerhaft und systematisch herabgesetzt und diskriminiert habe *(veröffentlicht in: AuR 2001, 283 sowie im Internet unter: http://www.arbgsh.de/pr14-00.htm)*.

28. Urteil Hessisches Landesarbeitsgericht, 2 Sa 1833/99, vom 15.09.2000

Die ausgesprochene krankheitsbedingte Kündigung des Arbeitgebers war weder nach den Grundsätzen einer krankheitsbedingten Leistungsminderung noch unter dem Gesichtspunkt krankheitsbedingter Fehlzeiten gerechtfertigt. Es lag hier zwar kein Mobbing-Sachverhalt vor. Dennoch sind die Entscheidungsgründe auf Mobbing-Sachverhalte übertragbar.

Das LAG führte aus, dass die hier aufgrund krankheitsbedingter Leistungsminderung ausgesprochene Kündigung einer Interessenabwägung nicht stand halte, weil nicht ausgeschlossen werden könne, dass die Leistungseinschränkungen des Arbeitnehmers nur durch gesundheitswidrige betriebliche Zustände einer sachgerechten Arbeitseinteilung entgegen stünden. So lange diese gesundheitswidrigen Zustände nicht auszuschließen seien, sei eine Kündigung wegen krankheitsbedingter Leistungsminderung ausgeschlossen. Der Arbeitgeber habe im Rahmen seiner Organisationsgewalt zunächst die gesundheitswidrigen Zustände zu beseitigen und dann die gesundheitliche Entwicklung abzuwarten. Lege der Arbeitnehmer einen Zusammenhang zwischen seiner Erkrankung und betrieblichen Umständen dar, sei es Sache des Arbeitgebers, diesen Zusammenhang auszuräumen. Auch bei einer Kündigung wegen krankheitsbedingter Fehlzeiten sei von erheblicher Bedeutung, ob die Krankheit des Arbeitnehmers auf betriebliche Ursachen zurückzuführen sei. Der Arbeitgeber trage die Darlegungs- und Beweislast dafür, dass ein solcher vom Arbeitnehmer behaupteter, ursächlicher Zusammenhang, nicht bestehe.

29. Urteil Landesarbeitsgericht Hamm, 14 Sa 1163/00, vom 27.09.2000

Den Ausspruch einer Kündigung während der Probezeit hielt das LAG trotz eines von der gekündigten Arbeitnehmerin erhobenen Mobbing-Vorwurfs für gerechtfertigt, und zwar aufgrund eines vorangegangenen Abhilfe-Versuchs des Arbeitgebers durch Umsetzung der Klägerin und dennoch verbleibender negativer Prognose wegen Gefährdung des Betriebsfriedens. Eine solche Prognoseentscheidung sei während der Probezeit durchaus plausibel und legitim. Ein Verstoß gegen die Grundsätze von Treu und Glauben hätte allenfalls vorgelegen, wenn der Arbeitgeber allein aufgrund der von der Klägerin behaupteten Machenschaften ihres Kollegen die Klägerin ohne nähere Prüfung entlassen und so den angeblichen Verfolgungen des Arbeitskollegen nachgegeben hätte. Diese Voraussetzungen lagen hier nach Auffassung des LAG jedoch nicht vor.

30. Urteil Landesarbeitsgericht Baden-Württemberg, 18 Sa 46/00, vom 29.09.2000

Die Parteien stritten über die Einsetzung einer Einigungsstelle. Der Betriebsrat legte der Arbeitgeberin unter dem 17.05.2000 den Entwurf einer Betriebsvereinbarung zum Schutz von Mobbing und sexueller Belästigung am Arbeitsplatz vor. Dieser Entwurf definierte u.a. Belästigung, konkretisierte das Beschwerderecht, bestimmte die Vertraulichkeit, nannte betriebliche oder arbeitsrechtliche Reaktionsmöglichkeiten und regelte einschlägige Fort- und Weiterbildungsmaßnahmen.

Der Betriebsrat war der Auffassung, dass die Thematik Mobbing und sexuelle Belästigung am Arbeitsplatz dem Mitbestimmungsrecht nach § 87 Abs. 1 Nr. 1 BetrVG unterfalle, da sie Fragen der Ordnung des Betriebes und des Verhaltens der Arbeitnehmer beträfe.

Der Antrag des Betriebsrats auf Einsetzung einer Einigungsstelle wurde vom Arbeitsgericht als begründet erachtet, denn die Einigungsstelle sei nicht offensichtlich unzuständig. Es sei Aufgabe der Einigungsstelle, zu klären, ob sie für die angestrebte Regelung zuständig sei.

Der Schutz der Persönlichkeitsrechte der Mitarbeiter vor Mobbing und sexueller Belästigung unterliege dem Mitbestimmungstatbestand des § 87 Abs. 1 Nr. 1 BetrVG. Entgegen der Ansicht der Arbeitgeberin sei die Mitbestimmung nicht nach dem Gesetzesvorbehalt des § 87 Abs. 1 BetrVG ausgeschlossen, weil das Beschwerdeverfahren der §§ 84, 85 BetrVG die Thematik abschließend regele. Die Arbeitgeberin stützte ihre Rechtsansicht auf eine Entscheidung des LAG Hamburg (LAG Hamburg, Beschluss vom 15.07.1998 - 5 TaBV 4/98 - NZA 1998, 1245), wonach die Einigungsstelle zur Thematik Mobbing offensichtlich unzuständig sei, da die angestrebte Konfliktlösung bereits im Procedere der §§ 84, 85 BetrVG eine gesetzliche Regelung gefunden habe. Es sei nicht gestattet, die Lösung der Konfliktprobleme einem andern Procedere zu unterstellen. Ob und in welchem Umfang dieser Auffassung des LAG Hamburg gefolgt werden könne, könne laut LAG Köln dahinstehen. Sie sei zum einen nicht unumstritten. Zum anderen strebe der Betriebsrat mit dem vorgelegten Entwurf einer Betriebsvereinbarung auch Regelungen an, die nicht im Konflikt mit dem Beschwerdeverfahren des BetrVG oder des § 3 BeschSchG stünden. So sehe der Entwurf nicht nur Reaktionen auf ein Fehlverhalten von Mitarbeitern vor, sondern darüber hinaus komme den angestrebten Fördermaßnahmen besondere Bedeutung zu. In Seminaren und mit weiterer Information sowie Aufklärung sollten insbesondere Vorgesetzte und Ausbilder für die Problematik sensibilisiert werden. Damit werde auch vorbeugend den Problemen begegnet *(veröffentlicht in: AiB 2002, 374).*

31. Urteil Landesarbeitsgericht Hamm, 8 Sa 878/00, vom 30.11.2000

Eine Arbeitnehmerin klagte erfolgreich gegen eine ehemalige Vorgesetzte auf Schadensersatz wegen des erlittenen Verdienstausfallschadens, nachdem sie von ihrem Arbeitgeber entlassen worden war und die Entlassung auf unrichtigen Angaben der Beklagten gegenüber der Geschäftsleitung beruhte. Die Beklagte hatte gegenüber dem Arbeitgeber behauptet, die Klägerin habe den Arbeitgeber als «Sklaventreiber» bezeichnet. Rechtsgrundlage des Schadensersatzanspruches war nach Auffassung des LAG die Vorschrift des § 824 Abs. 1 BGB (Kreditgefährdung). Das LAG hielt es für erwiesen, dass die – insoweit beweisbelastete – Klägerin die ihr unterstellte Äußerung nicht getätigt hatte. Der Klägerin wurde im Sinne eines Mitverschuldens auch nicht zum Vorwurf gemacht, dass sie sich gegen die von ihrem Arbeitgeber ausgesprochene Kündigung nicht zur Wehr gesetzt und keine Kündigungsschutzklage erhoben hatte, da sie erst ca. drei Monate beschäftigt war und daher keinen Kündigungsschutz nach dem KSchG hatte (vgl. *Frage 26*, Fallbeispiel 23).

32. Urteil Verwaltungsgericht Freiburg, 5 K 1996/98 vom 30.11.2000

Der Arbeitgeber hatte das Arbeitsverhältnis eines schwerbehinderten Arbeitnehmers aus krankheitsbedingten Gründen und wegen behaupteter Leistungsmängel gekündigt und dafür die Zustimmung der Hauptfürsorgestelle (jetzt: Integrationsamt) erhalten. Der Kläger hatte eine Überlastung und Mobbing am Arbeitsplatz für die behaupteten Kündigungsgründe als Ursache genannt. Die gegen die Zustimmung der Hauptfürsorgestelle gerichtete Klage hatte Erfolg. Das VG Freiburg führte aus, dass sich die Hauptfürsorgestelle im Wege ihrer Aufklärungspflicht ein genaues Bild über die gesamten Umstände zu verschaffen habe, um zu überprüfen, ob die angegebenen Kündigungsumstände und weitere Umstände eine Zustimmung zur Kündigung im Rahmen der Interessenabwägung zuließen. Im vorliegenden Falle erscheine fraglich, ob die Hauptfürsorgestelle zu ihrer abschließenden Einschätzung auch gekommen wäre, wenn sie sich von den Verhältnissen im Betrieb ein genaueres Bild verschafft hätte. Sie wäre dann möglicherweise zu einer anderen Interessenbewertung und –

abwägung gelangt, und zwar dahingehend, dass der unstreitig aufgetretene Konflikt nicht nur durch die Kündigung des Arbeitsverhältnisses mit dem Kläger habe gelöst werden können *(veröffentlicht in: NZA-RR 2001, 432 ff.)*.

33. Urteil Bundessozialgericht, B 9 VG 4/00 R, vom 14.02.2001

Der Kläger war Mitglied der Freiwilligen Feuerwehr und beantragte Beschädigtenversorgung nach dem Opferentschädigungsgesetz (OEG). Er stützte seinen Anspruch auf den Fußtritt eines Feuerwehrkollegen sowie auf diverse Mobbing-Handlungen. Er vertrat die Auffassung, dass angesichts der schweren psychischen und psychosomatischen Folgen, die Mobbing auslösen könne, die Handlungen insgesamt als tätlicher Angriff im Sinne des § 1 OEG angesehen werden müssten. Das BSG entschied jedoch im Ergebnis, dass Mobbing grundsätzlich keine Gewalt im Sinne des OEG darstelle. Entsprechende Ansprüche bestünden nur bei vorsätzlichen, rechtswidrigen, d.h. mit Strafe bedrohten, tätlichen Angriffen. Diese Voraussetzungen erfülle nach Auffassung des BSG das Mobbing in aller Regel nicht, sondern allenfalls bei sog. tätlicher Beleidigung, Nötigung gem. § 240 StGB oder Körperverletzung gem. § 223 StGB. Dafür reichte hier der – folgenlos gebliebene – einzelne Fußtritt nicht aus *(veröffentlicht in: NJW 2001, 3213)*.

34. Urteil Landesarbeitsgericht Thüringen, 5 Sa 102/00, vom 15.02.2001

Die Leitsätze dieser grundlegenden Entscheidung des LAG Thüringen zum Mobbing lauten wie folgt:

1. Der Staat, der Mobbing in seinen Dienststellen und in der Privatwirtschaft zulässt oder nicht ausreichend sanktioniert, kann sein humanitäres Wertesystem nicht glaubwürdig an seine Bürger vermitteln und gibt damit dieses Wertesystem langfristig dem Verfall preis. Entsprechend dem Verfassungsauftrag des Art. 1 Abs. 1 GG muss die Rechtsprechung in Ermangelung einer speziellen gesetzlichen Regelung, in Verantwortung gegenüber dem Bestandsschutz der verfassungsmäßigen Wertordnung und zur Gewährleistung der physischen und psychischen Unversehrtheit der im Arbeitsleben stehenden Bürger gegenüber Mobbing ein klares Stopp-Signal setzen.

2. Auch die Arbeitnehmer sind in der Konsequenz des von der Verfassung vorgegebenen humanitären Wertesystems verpflichtet, das durch Art. 1 und 2 GG geschützte Recht auf Achtung der Würde und der freien Entfaltung der Persönlichkeit der anderen bei ihrem Arbeitgeber beschäftigten Arbeitnehmer nicht durch Eingriffe in deren Persönlichkeits- und Freiheitssphäre zu verletzen.

3. Zur Achtung der Persönlichkeitsrechte der ArbeitskollegInnen sind die Arbeitnehmer eines Betriebes unabhängig von den Ausstrahlungen der Verfassung auf die zwischen den Bürgern bestehenden Rechtsverhältnisse auch deshalb verpflichtet, weil sie dem Arbeitgeber keinen Schaden zufügen dürfen.

4. Aufgrund von Mobbinghandlungen kann ein solcher Schaden für den Arbeitgeber u.a. deshalb entstehen, weil für den von dem Mobbing betroffenen Arbeit-

nehmer – abhängig von den Umständen des Einzelfalles – nach § 273 Abs. 1 BGB die Ausübung eines Zurückbehaltungsrechts an seiner Arbeitsleistung, die Ausübung des Rechts zur außerordentlichen Kündigung mit anschließendem Schadensersatzanspruch nach § 628 Abs. 2 BGB, unabhängig von der Ausübung eines solchen Kündigungsrechts die Inanspruchnahme des Arbeitgebers auf Schadensersatz wegen dessen eigener Verletzung von Organisations- und Schutzpflichten (positive Vertragsverletzung, § 823 Abs. 1 BGB) oder nach den hierfür einschlägigen Zurechnungsnormen des Zivilrechts (§§ 278, 831 BGB) für das Handeln des Mobbing-Täters in Betracht kommen und bei Vorliegen der Zurechnungsvoraussetzungen des § 831 BGB grundsätzlich auch Schmerzensgeldansprüche gegen den Arbeitgeber gerichtet werden können.

5. Das so genannte Mobbing kann auch ohne Abmahnung und unabhängig davon, ob es in diesem Zusammenhang zu einer Störung des Betriebsfriedens gekommen ist, die außerordentliche Kündigung eines Arbeitsverhältnisses rechtfertigen, wenn dadurch das allgemeine Persönlichkeitsrecht, die Ehre oder die Gesundheit des Mobbingopfers in schwerwiegender Weise verletzt werden. Je intensiver das Mobbing erfolgt, umso schwerwiegender und nachhaltiger wird die Vertrauensgrundlage für die Fortführung des Arbeitsverhältnisses gestört. Muss der Mobbingtäter erkennen, dass das Mobbing zu einer Erkrankung des Opfers geführt hat, und setzt dieser ungeachtet dessen das Mobbing fort, dann kann für eine auch nur vorübergehende Weiterbeschäftigung des Täters regelmäßig kein Raum mehr bestehen.

6. Für die Einhaltung der für den Ausspruch einer außerordentlichen Kündigung bestehenden zweiwöchigen Ausschlußfrist des § 626 Abs. 2 BGB kommt es bei einer mobbingbedingten außerordentlichen Kündigung entscheidend auf die Kenntnis desjenigen Ereignisses an, welches das letzte, den Kündigungsentschluss auslösende Glied in der Kette vorangegangener weiterer, in Fortsetzungszusammenhang stehender Pflichtverletzungen bildet.

7. Die juristische Bedeutung der durch den Begriff «Mobbing» gekennzeichneten Sachverhalte besteht darin, der Rechtsanwendung Verhaltensweisen zugänglich zu machen, die bei isolierter Betrachtung der einzelnen Handlung die tatbestandlichen Voraussetzungen von Anspruchs-, Gestaltungs- und Abwehrrechten nicht oder nicht in einem der Tragweite des Falles angemessenen Umfang erfüllen können. Wenn hinreichende Anhaltspunkte für einen Mobbingkomplex vorliegen, ist es zur Vermeidung von Fehlentscheidungen erforderlich, diese in die rechtliche Würdigung miteinzubeziehen. Kündigungsrechtlich bedeutet dies, dass die das Mobbing verkörpernde Gesamtheit persönlichkeitsschädigender Handlungen als Bestandteil einer einheitlichen Arbeitsvertragsstörung sowohl den sachangemessenen Anknüpfungspunkt und Grund für den Ausspruch einer Kündigung als auch die Grundlage für deren gerichtliche Überprüfung bildet.

8. Da es aus rechtlicher Sicht bei Mobbing um die Verletzung des allgemeinen Persönlichkeitsrechts und/oder der Ehre und/oder der Gesundheit geht und die in Betracht kommenden Rechtsfolgen das Vorliegen eines bestimmten medizinischen Befundes nicht in jedem Fall voraussetzen, ist jedenfalls für die juristische Sichtweise nicht unbedingt eine bestimmte Mindestlaufzeit oder wöchentliche Mindestfrequenz der Mobbinghandlungen erforderlich.

9. Unabhängig davon, ob es bei der gerichtlichen Prüfung um eine Kündigung, Abwehr- oder Schadensersatzansprüche geht, kann allerdings das Vorliegen eines «mobbingtypischen» medizinischen Befundes erhebliche Auswirkungen auf die Beweislage haben: Wenn eine Konnexität zu den behaupteten Mobbinghandlungen feststellbar ist, muss das Vorliegen eines solchen Befundes als ein wichtiges Indiz für die Richtigkeit dieser Behauptungen angesehen werden. Die jeweilige Ausprägung eines solchen Befundes kann ebenso wie eine «mobbingtypische» Suizidreaktion des Opfers im Einzelfall darüber hinaus Rückschlüsse auf die Intensität zulassen, in welcher der Täter das Mobbing betrieben hat. Wenn eine Konnexität zu feststehenden Mobbinghandlungen vorliegt, dann besteht eine von der für diese Handlungen verantwortlichen natürlichen oder juristischen Person zu widerlegende tatsächliche Vermutung, dass diese Handlungen den Schaden verursacht haben, der die in dem medizinischen Befund attestierte Gesundheitsverletzung oder die Suizidreaktion des Opfers zur Folge hat.

10. Das Prinzip der Rechtsstaatlichkeit (Art. 20 Abs. 3 GG) und die Wahrung des Rechtsfriedens erfordern für die Durchführung von Gerichtsverfahren Regeln, die unabhängig von der Komplexität von Sachverhalten und ohne Ansehen der für die Justiz durch das Verfahren entstehenden Belastungen, der Durchsetzung des materiellen Rechts und damit der Gerechtigkeit Geltung verschaffen. Bei einem sich über einen unbestimmten Zeitraum erstreckenden Geschehen, wie es z.B. bei Mobbing der Fall ist, kann von dem Betroffenen nicht ohne weiteres erwartet werden, dass er ohne Rückgriff auf gegebenenfalls tagebuchartig zu führende Aufzeichnungen zu einer vollständigen und damit wahrheitsgemäßen Aussage in der Lage ist, sei es, dass er als Partei in einem von ihm selbst betriebenen Mobbingschutzprozess nach § 141 ZPO angehört oder nach § 448 ZPO vernommen wird oder sei es, dass er als Zeuge in einem den Täter des Mobbings betreffenden Kündigungsschutzprozess aussagen muss. Bei der Aussage über länger zurückliegende Ereignisse kann deshalb ein Zeuge oder eine Partei auf seine bzw. ihre im unmittelbaren zeitlichen Zusammenhang mit diesen Ereignissen zur Gedächtnisstütze gefertigten Notizen und erst recht auf eine zu diesem Zweck gefertigte eidesstattliche Versicherung Bezug nehmen, wenn die Nichtgestattung der Bezugnahme auf eine Verhinderung der Beweisführung hinausliefe und diese Schriftstücke zu den Akten gereicht werden oder sich bereits dort befinden. Zur Ausschließung der schriftlichen Vorbereitung einer zum Zwecke der Wahrheitsverschleierung dienenden «Aussagekosmetik» oder von dritter Seite vorformulierter Aussagen muss allerdings die vorzunehmende Glaubwürdigkeitsprüfung einem besonders strengen Maßstab unterworfen werden. Dabei kommt es insbesondere auf die Umstände des Zustandekommens der

189

schriftlichen Aufzeichnungen an, die gegebenenfalls durch gerichtliche Rückfragen und Vorhaltungen überprüft werden müssen.

Es ging in diesem vom LAG entschiedenen Fall (vgl. zum Sachverhalt *Frage 2, Fallbeispiel 1*) um kurze, heftige Mobbing-Attacken gegen einen Fleischer-Gesellen durch seinen Warenbereichsleiter, die zu einem Selbstmordversuch des Gesellen führten. Das LAG hielt die fristlose Kündigung des mobbenden Vorgesetzten durch den Arbeitgeber aufgrund der besonders schwerwiegenden Verletzungshandlungen auch ohne vorangegangene Abmahnung für gerechtfertigt *(veröffentlicht in: DB 2001, 1783 ff.; NZA-RR 2001, 577 ff.; LAGE § 626 BGB Nr. 133; Internet: www.thueringen.de/largef).*

35. Urteil Landesarbeitsgericht Baden-Württemberg, 15 Sa 106/00, vom 05.03.2001

Die Klägerin, die bei der Beklagten als Altenpflegerin beschäftigt war, verlangte von dieser auf Grund einer Mobbing-Situation am Arbeitsplatz Schmerzensgeld wegen der von ihr erlittenen körperlichen und psychischen Gesundheitsstörungen. Das LAG lehnte den geltend gemachten Schmerzensgeldanspruch ab, da die Klägerin nach seiner Auffassung keinen konkreten Mobbing-Sachverhalt geschildert habe. Ihr Vorbringen erschöpfe sich vielmehr in pauschalen Behauptungen (Auseinandersetzungen, abfällige Äußerungen gegenüber Dritten, Entgleisungen) bzw. darin, der Pflegedienstleiter habe die ihm obliegenden vertraglichen Pflichten nicht ordnungsgemäß erfüllt (etwa nicht erfolgte Übergabe, fehlende Erteilung von Informationen, Unregelmäßigkeiten bei der Medikamentenentnahme aus dem Medikamentenschrank, Erscheinen im Dienst im alkoholisierten Zustand bzw. um eine Stunde verspätet). Wenn sich die Klägerin im zunehmenden Maße ignoriert und übergangen gefühlt und sie sich durch die durch verschiedene Vorfälle eingetretene Gefährdung der Bewohner als verantwortungsbewusste Pflegerin in besonderem Maße belastet gefühlt habe, so folge daraus jedoch nicht, dass sich irgendwelche Handlungen gegen sie gerichtet hätten. Es reiche nicht aus, dass bei der Zusammenarbeit zwischen Arbeitnehmern auftretende Arbeitspflichtverletzungen als Mobbing empfunden würden. Soweit die Klägerin in Bezug auf ihre Person Fehlhandlungen des Pflegedienstleiters behauptet, habe sie jedoch keine konkreten Vorkommnisse bzw. den Inhalt und den Anlass der Auseinandersetzungen, abfälligen Äußerungen und Entgleisungen geschildert *(veröffentlicht in: AP Nr. 2 zu § 611 BGB Mobbing).*

36. Urteil Bundesarbeitsgericht, 5 AZR 352/99, vom 21.03.2001

Die schwangere Arbeitnehmerin erhielt von ihrem Arzt ein Beschäftigungsverbot gem. § 3 I MuSchG in Form einer Bescheinigung, nach der Leben oder Gesundheit von Mutter und Kind bei Fortdauer der Beschäftigung gefährdet seien, nachdem sie über Probleme mit Vorgesetzten und Arbeitskollegen geklagt hatte, die sie als *«Psychoterror»* und *«Mobbing»* bezeichnete. Der Arbeitgeber behauptete demgegenüber, das Arbeitsverhältnis sei unbelastet und störungsfrei verlaufen und psychische Dauerbelastungen der Arbeitnehmerin gebe es nicht.

Der Arbeitgeber stellte darauf hin die Gehaltszahlung an die Klägerin, die auf Grund des Beschäftigungsverbots nicht weiter arbeitete, ein (vgl. zum weiteren Sachverhalt *Frage 30*, Fallbeispiel 26).

Nach Auffassung des BAG reicht in derartigen Fällen grundsätzlich eine entsprechende ärztliche Bescheinigung aus. Gelinge es jedoch dem Arbeitgeber, den Beweiswert dieser Bescheinigung zu erschüttern, indem er darlege und beweise, die Arbeitnehmerin habe dem Arzt ihre Arbeitsbedingungen, die für den Ausspruch des Verbots ausschlaggebend gewesen seien, unzutreffend beschrieben oder sie habe gegenüber Dritten erklärt, sie habe ein Gefälligkeitszeugnis erhalten und Ähnliches mehr, sei es Sache der Arbeitnehmerin, die Tatsachen darzulegen und zu beweisen, auf Grund derer ein Beschäftigungsverbot gleichwohl bestand. Dabei sei es unerheblich, ob die Bewertung der betrieblichen Vorfälle durch die Arbeitnehmerin als Mobbing und Psychoterror objektiv berechtigt sei. Auch rein *subjektive Empfindungen* der Arbeitnehmerin am Arbeitsplatz könnten nämlich zu einer tatsächlich vorhandenen psychischen Ausnahmesituation und Stresssymptomatik geführt haben. Das zuständige Gericht habe deshalb zu beurteilen, ob die betreffende Arbeitnehmerin psychisch bedingten Stress nur vorgeschoben oder sich auf Grund wahrnehmbarer Anzeichen tatsächlich in einer Stresssituation befunden habe, und inwieweit im letztgenannten Fall eine Gefährdung von Mutter oder Kind gerade durch die Fortdauer der Beschäftigung hervorgerufen worden wäre.

Im Ergebnis wies das BAG den Rechtsstreit zur näheren Sachaufklärung und ggf. weiterer Beweisaufnahme an die Vorinstanz zurück, ohne den Fall endgültig zu entscheiden *(veröffentlicht in: MDR 2001, 998; NZA 2001, 1017 ff.)*.

37. Urteil LAG Hessen, 9/2 Sa 761/00, vom 23.03.2001

Das LAG Hessen wies die Schadensersatzklage einer Arbeitnehmerin ab, die ihr Arbeitsverhältnis selbst fristlos wegen Mobbings gemäß § 626 BGB gekündigt hatte. Zum einen wurde die Klage abgewiesen, weil die Klägerin die 2-Wochen-Frist des § 626 Abs. 2 BGB nicht eingehalten hatte. Kenntnis von den für die Kündigung maßgebenden Tatsachen habe spätestens mit Vorlage eines Arztattestes, in dem die psychosomatischen Auswirkungen der Stress-Situation am Arbeitsplatz erläutert worden sind, vorgelegen. Die Klägerin hatte die Kündigung jedoch erst nach mehr als 2 Wochen ab diesem Zeitpunkt ausgesprochen.

Ferner sei die Kündigung auch deshalb unwirksam, weil sie nicht verhältnismäßig sei. Die Klägerin war nämlich über den Kündigungszeitpunkt hinaus weiterhin krankgeschrieben, so dass sie die Arbeit bis zum Ablauf der ordentlichen Kündigungsfrist von einem Monat zum Ende eines Kalendermonats nicht hätte wieder aufnehmen müssen. Insofern sei es nicht unabdingbar gewesen, mit sofortiger Wirkung fristlos zu kündigen *(veröffentlicht in: NZA-RR 2002, 581 ff.)*.

38. Urteil Landesarbeitsgericht Berlin, 3 Sa 2666/00, vom 27.03.2001

Die Klägerin hatte gegen eine rechtswidrige Kündigung geklagt und Recht bekommen. Sie stellte im Rahmen des Kündigungsrechtstreits einen Auflösungsantrag gem. §§ 9 Abs.1, 10 Abs. 1, Abs. 2 KSchG wegen behaupteter Mobbing-Handlungen ihres Arbeitgebers und dadurch verursachter Erkrankungen. Den entsprechenden Tatsachenvortrag der Klägerin hielt das LAG zwar nicht für substanziiert genug, gab aber trotzdem dem Auflösungsantrag statt und verurteilte den Arbeitgeber zur Zahlung einer Abfindung. Aus bestimmten Äußerungen des Arbeitgebers in der mündlichen Verhandlung leitete das Gericht nämlich ab, dass die begründete Besorgnis bestehe, die Klägerin werde bei ihrer Rückkehr auf ihren Arbeitsplatz nach gewonnenem Prozess vom Arbeitgeber oder seiner Vertreter in einer für sie nicht hinnehmbaren Weise unkorrekt behandelt werden. Die Fortsetzung des Arbeitsverhältnisses sei ihr daher nicht mehr zuzumuten.

39. Urteil Landesarbeitsgericht Thüringen, 5 Sa 403/00, vom 10.04.2001

Die wesentlichen Leitsätze dieser zweiten Grundsatzentscheidung des LAG Thüringen lauten:

1. Der Arbeitgeber ist verpflichtet, das allgemeine Persönlichkeitsrecht der bei ihm beschäftigten Arbeitnehmer nicht selbst durch Eingriffe in deren Persönlichkeits- oder Freiheitssphäre zu verletzen, diese vor Belästigungen durch Mitarbeiter oder Dritte, auf die er einen Einfluss hat, zu schützen, einen menschengerechten Arbeitsplatz zur Verfügung zu stellen und die Arbeitnehmerpersönlichkeit zu fördern. Zur Einhaltung dieser Pflichten kann der Arbeitgeber als Störer nicht nur dann in Anspruch genommen werden, wenn er selbst den Eingriff begeht oder steuert, sondern auch dann, wenn er es unterlässt, Maßnahmen zu ergreifen oder seinen Betrieb so zu organisieren, dass eine Verletzung des Persönlichkeitsrechts ausgeschlossen wird.

2. Eine Verletzung des allgemeinen Persönlichkeitsrechts des Arbeitnehmers kann nicht nur im Totalentzug der Beschäftigung, sondern auch in einer nicht arbeitsvertragsgemäßen Beschäftigung liegen. Eine solche Rechtsverletzung liegt vor, wenn der Totalentzug oder die Zuweisung einer bestimmten Beschäftigung nicht bloß den Reflex einer rechtlich erlaubten Vorgehensweise darstellt, sondern diese Maßnahmen zielgerichtet als Mittel der Zermürbung eines Arbeitnehmers eingesetzt werden, um diesen selbst zur Aufgabe seines Arbeitsplatzes zu bringen.

3. Aus dem Umstand, dass bloß für einen vorübergehenden Zeitraum in das allgemeine Persönlichkeitsrecht des Arbeitnehmers eingegriffen wird oder dem Arbeitnehmer dadurch keine finanziellen Nachteile entstehen, kann kein diesen Eingriff rechtfertigendes, überwiegendes schutzwürdiges Interesse des Arbeitgebers hergeleitet werden.

4. Bei dem Begriff «Mobbing» handelt es sich nicht um einen eigenständigen juristischen Tatbestand. Die rechtliche Einordnung der unter diesen Begriff zusammenzufassenden Verhaltensweisen beurteilt sich ausschließlich danach, ob diese die tatbestandlichen Voraussetzungen einer Rechtsvorschrift erfüllen, aus welcher sich die gewünschte Rechtsfolge herleiten lässt. Die juristische Bedeutung der durch den Begriff «Mobbing» gekennzeichneten Sachverhalte besteht darin, der Rechtsanwendung Verhaltensweisen zugänglich zu machen, die bei isolierter Betrachtung der einzelnen Handlungen die tatbestandlichen Voraussetzungen von Anspruchs-, Gestaltungs- und Abwehrrechten nicht oder nicht in einem der Tragweite des Falles angemessenen Umfang erfüllen können.

5. Ob ein Fall von «Mobbing» vorliegt, hängt von den Umständen des Einzelfalles ab. Dabei ist eine Abgrenzung zu dem im gesellschaftlichen Umgang im allgemeinen üblichen oder rechtlich erlaubten und deshalb hinzunehmenden Verhalten erforderlich. Im arbeitsrechtlichen Verständnis erfasst der Begriff des «Mobbing» fortgesetzte, aufeinander aufbauende oder ineinander übergreifende, der Anfeindung, Schikane oder Diskriminierung dienende Verhaltensweisen, die nach Art und Ablauf im Regelfall einer übergeordneten, von der Rechtsordnung nicht gedeckten Zielsetzung förderlich sind und jedenfalls in ihrer Gesamtheit das allgemeine Persönlichkeitsrecht oder andere ebenso geschützte Rechte, wie die Ehre oder die Gesundheit des Betroffenen verletzen. Ein vorgefasster Plan ist nicht erforderlich. Eine Fortsetzung des Verhaltens unter schlichter Ausnutzung der Gelegenheiten ist ausreichend. Zur rechtlich zutreffenden Einordnung kann dem Vorliegen von falltypischen Indiztatsachen (mobbingtypische Motivation des Täters, mobbingtypischer Geschehensablauf, mobbingtypische Veränderung des Gesundheitszustands des Opfers) eine ausschlaggebende Rolle zukommen, wenn eine Konnexität zu den von dem Betroffenen vorgebrachten Mobbinghandlungen besteht. Ein wechselseitiger Eskalationsprozess, der keine klare Täter-Opfer-Beziehung zulässt, steht regelmäßig der Annahme eines Mobbing-Sachverhaltes entgegen.

6. Die vielfach dadurch entstehende Beweisnot des Betroffenen, dass dieser allein und ohne Zeugen Verhaltensweisen ausgesetzt ist, die in die Kategorie Mobbing einzustufen sind, ist durch eine Art. 6 Abs. 1 der Europäischen Menschenrechtskonvention (EMRK) und damit den Grundsätzen eines fairen und auf Waffengleichheit achtenden Verfahrens entsprechende Anwendung der §§ 286, 448, 141 Abs. 1 Satz 1 ZPO auszugleichen. Dabei muss die im Zweifel erforderliche Anhörung einer Partei bei der gerichtlichen Überzeugungsbildung berücksichtigt werden.

7. Der für eine auf Erfüllung (Vornahme einer Handlung, Unterlassung) gerichteten einstweiligen Verfügung erforderliche Verfügungsgrund liegt vor, wenn ihr Nichterlass auf eine Rechtsschutzverweigerung hinauslaufen würde und das sich aus dem summarischen Charakter des einstweiligen Verfügungsverfahrens ergebende Fehlentscheidungsrisiko der Antragsgegner trägt.

8. Die Auswahl des Rechtsschutzziels ist auch unter Geltung des im Verfahren der einstweiligen Verfügung die Anforderungen nach § 253 Abs. 2 Nr. 2 ZPO erleichternden § 938 Abs. 1 ZPO nicht dem Gericht überlassen.

9. Eine auf Feststellung gerichtete einstweilige Verfügung ist nur dann zulässig, wenn sie als Mittel des Rechtsschutzes nicht subsidiär ist und es völlig unzumutbar ist, den Antragsteller auf die Durchführung des Hauptverfahrens zu verweisen.

In dem zur Entscheidung gestellten Fall hat sich der zu diesem Zeitpunkt 54-jährige Kläger erfolgreich mit einer einstweiligen Verfügung gegen seine Versetzung auf einen 6 Gehaltsstufen niedriger dotierten Arbeitsplatz gewehrt, nachdem er vorher bereits monatelang einer Kette von außergewöhnlichen Maßregelungen seines Arbeitgebers ausgesetzt war. Seinem Antrag auf Erlass einer einstweiligen Verfügung war u.a. folgendes Geschehen vorausgegangen:

Mitte 1991 hatte sich der Kläger aus der Position eines Zweigstellenleiters einer im Raum München gelegenen Sparkasse auf die Position eines Führungsmitarbeiters bei der beklagten Sparkasse in Ostthüringen beworben und die Stelle erhalten. Bis 1999 wurden die Leistungen des Klägers immer wieder als beispielhaft und mustergültig hervorgehoben.

Anfang 2000, nach einem Wechsel innerhalb des Vorstandes der Sparkasse, wurde durch Vorstandsmitglieder behauptet, dass gegen den Kläger aus dem Bereich der Mitarbeiter und Kunden Klagen vorlägen, ohne dass allerdings nachvollziehbare Sachverhalte mitgeteilt wurden. In einem an den Personalrat gerichteten anonymen Schreiben wurden das Führungsverhalten des Klägers angegriffen und gegen diesen Beschwerden erhoben. Weitergehende Recherchen unternahm der Vorstand nicht, sondern bot dem Kläger ohne nähere Begründung einen unterhalb der Führungsebene liegenden Einsatz an. Nachdem der Kläger dieses Ansinnen abgelehnt hatte, entband ihn der Vorstand mit sofortiger Wirkung von den Aufgaben als Marktbereichsleiter und Hauptgeschäftsstellenleiter und verbot ihm, Gespräche mit Mitarbeitern und Kunden zu führen. Darüber hinaus musste der Kläger seine Schlüssel abgeben.

Nachdem der Kläger auch den Abschluss eines ihm nahe gelegten Aufhebungsvertrages abgelehnt hatte, überzog die Beklagte den Kläger mit einer Vielzahl von Maßnahmen, die das LAG im Ergebnis als Mobbing qualifizierte. Der Kläger litt in der Folgezeit an psychischen Krankheitssymptomen und musste sich nach seiner Wiedergenesung u.a. von einem mehrere Vergütungsstufen niedriger als er dotierten Sachbearbeiter monatelang liegen gebliebene Unterlagen zur Bearbeitung zuteilen lassen. Danach wurde der Kläger auf eine 6 Gehaltsstufen niedriger bewertete Stelle als Sachbearbeiter versetzt. Der dagegen gerichtete Antrag des Klägers auf Erlass einer einstweiligen Verfügung hatte Erfolg. Das LAG führte u.a. aus, dass der von einzelnen Vorstandsmitgliedern zum Teil eigenhändig durchgeführte, zum Teil durch deren Anweisungen gelenkte, durch Schikanen und Demütigungen auf Zersetzung der Persönlichkeit des Klägers gerichtete systematische Psychoterror nicht nur dessen Menschenwürde verletze,

194

sondern in einer die Grenze zur strafbaren Körperverletzung berührenden Weise auch seine seelische und körperliche Gesundheit *(veröffentlicht in: NZA-RR 2001, 347 ff.; ArbuR 2001, 274 ff.; DB 2001, 1204 ff.; BB 2001, 1358 ff.; LAGE Art. 2 GG Persönlichkeitsrecht Nr. 2).*

40. Urteil Landesarbeitsgericht Bremen, 2 Sa 78/01, vom 30.05.2001

Es handelt sich hier um die Folgeentscheidung zum oben dargestellten Urteil des LAG Bremen vom 28.04.2000, Az. 3 Sa 284/99, das vom BAG in der Revisionsinstanz aufgehoben und an das LAG Bremen zurückverwiesen wurde.

Das LAG hob in seiner neueren Entscheidung hervor, dass es die Auffassung des LAG Thüringen teile, dass alle zivilprozessualen Möglichkeiten durch die Gerichte zu nutzen seien, um sich ausreichende Gewissheit über die Berechtigung des Mobbing-Anspruchs zu verschaffen. Hierbei sei nicht nur die konsequente Nutzung der Vorschriften der ZPO zur Überzeugungsbildung des Gerichts durch Parteivernehmung (§ 286, 448, 141 ZPO), sondern auch der Einsatz richterlicher Aufklärungsmöglichkeiten nach § 139 Abs. 1 ZPO erforderlich. Auch die Überzeugungskraft von Indizien in Mobbing-Fällen sei bei der Überzeugungsbildung des Gerichts nicht zu unterschätzen. Im Ergebnis wies das LAG die Klage jedoch ab, weil der vom Kläger geschilderte Geschehensablauf nicht als eindeutiges Indiz dafür gewertet werden könne, dass die Beklagten auf den Kläger zielgerichtet durch Mobbing eingewirkt hätten, um ihn zu veranlassen, das Arbeitsverhältnis aufzugeben.

41. Urteil Landessozialgericht Rheinland-Pfalz, 1 Al 110/00, vom 28.06.2001

Der Kläger hatte sich gegen die Verhängung einer 12-wöchigen Sperrzeit durch das Arbeitsamt gewandt und auch für diesen Zeitraum Arbeitslosengeld begehrt.

Der Kläger hatte angegeben, dass er sich an seinem Arbeitsplatz erheblich unter Druck gefühlt habe, weil auf ihm allein die Arbeitsbelastung geruht habe und eine Vertretung nicht vorhanden gewesen sei. Wegen der Bilanzabschlüsse habe man ihn ebenfalls unter Druck gesetzt. Daraufhin hatte er selbst sein Arbeitsverhältnis gekündigt.

Das LSG gab der Klage statt und führte aus, dass an dem Arbeitsplatz des Klägers eine psychische Belastungssituation, die sich nachteilig auf seinen Gesundheitszustand ausgewirkt habe, bestanden habe. Dies stelle einen wichtigen Grund für die Arbeitsplatzaufgabe dar.

Der Kläger habe auch versucht, diese Belastungssituation zu ändern und damit den wichtigen Grund für die Beendigung des Beschäftigungsverhältnisses zu beseitigen. Der Kläger hatte nämlich bei seinem Arbeitgeber erfolglos mehrfach versucht, auf seine besondere Situation aufmerksam zu machen und eine Änderung der Verhältnisse herbeizuführen. Damit sei der Kläger seiner Pflicht zur Beseitigung eines von ihm beeinflussbaren wichtigen Grundes nachgekommen.

Auch habe der Kläger – wie er glaubhaft vorgetragen habe – sich aus dem bestehenden Arbeitsverhältnis um eine neue Beschäftigung bemüht, so dass er auch insoweit seiner Obliegenheit, den Versicherungsfall Arbeitslosigkeit zu vermeiden, nachgekommen sei. Da der Kläger auch die für ihn geltende gesetzliche Kündigungsfrist eingehalten habe und sich zum Zeitpunkt der Kündigung seine gesundheitlichen Probleme weiter verschärft hätten, sei die Verhängung einer Sperrzeit nach § 144 Abs. 1 Satz 1 SGB III wegen Aufgabe des Arbeitsplatzes nicht gerechtfertigt.

42. Urteil Landesarbeitsgericht Baden-Württemberg, 5 Sa 72/01, vom 27.07.2001

Der Tenor der Entscheidung (vgl. zum Sachverhalt *Frage 2*, <u>Fallbeispiel 3</u>) lautete wie folgt:

«Der Verfügungsbeklagten (d.h. dem Arbeitgeber) wird untersagt, in der Zeit bis zum 31.12.2001 mehr als 3 Besprechungen mit der Verfügungsklägerin (d.h. der Arbeitnehmerin) anzuberaumen und durchzuführen, die – auch – der Überprüfung dienen, ob und inwieweit die Verfügungsklägerin ihr gestellte Aufgaben innerhalb hierfür gesetzter zeitlicher Vorgaben erledigt hat. Für jeden Fall der Zuwiderhandlung gegen die vorstehende Verpflichtung wird der Verfügungsbeklagten ein Ordnungsgeld bis zu DM 500.000,00 und für den Fall der Uneinbringlichkeit Ordnungshaft bis zu 6 Monaten, zu vollziehen an einem ihrer organschaftlichen Vertreter, angedroht.»

Das LAG wies zunächst darauf hin, dass die Anordnung und Durchführung von Leistungskontrollen auch in Form von Besprechungen an sich durch das *Direktionsrecht* des Arbeitgebers gedeckt seien. Im vorliegenden Fall kam das LAG allerdings deshalb zu einem gegenteiligen Ergebnis, weil es feststellte, dass hier das Direktionsrecht nicht aus sachlichen Gründen, sondern allein als *Reaktion auf eine vorherige zulässige Rechtsausübung* der Arbeitnehmerin ausgeübt wurde und auch weiterhin ausgeübt werden sollte.

Das LAG folgerte im Übrigen aus diversen gegen die Arbeitnehmerin gerichteten Verhaltensweisen aufgrund einer vorgenommenen *Gesamtschau*, dass die Arbeitnehmerin systematisch von Kollegen und Vorgesetzten angefeindet, schikaniert und diskriminiert wurde, um sie zu isolieren und letztlich von ihrem Arbeitsplatz zu entfernen.

Das LAG bejahte im Ergebnis einen Verstoß gegen das Maßregelungsverbot des § 612 a BGB.

Die zulässige Rechtsausübung durch die Arbeitnehmerin sah das LAG zum einen in der Ablehnung des vom Arbeitgeber unterbreiteten Aufhebungsangebots und zum anderen in einem Anwaltsschreiben, mit dem das Unterbinden der gesundheitsbeeinträchtigenden Diskriminierung der Arbeitnehmerin verlangt wurde.

Die Benachteiligung der betreffenden Arbeitnehmerin sah das Gericht darin, dass diese durch die angekündigte und bereits begonnene Leistungskontrolle in Form von in kurzen zeitlichen Abständen stattfindenden Besprechungen gegenüber anderen vergleichbaren Mitarbeitern schlechter gestellt wurde, wobei hierbei erkennbar bezweckt worden sei, die Arbeitnehmerin mürbe zu machen und damit letztlich zur Aufgabe ihres Arbeitsplatzes bei dem Arbeitgeber zu bewegen *(veröffentlicht in: PersR 2002, 9; abgedruckt auch bei Wickler in HMR, Anhang 4.)*.

43. Urteil Landesarbeitsgericht Rheinland-Pfalz, 6 Sa 415/01, vom 16.08.2001

Das LAG hat mit diesem rechtskräftigen Urteil (vgl. wegen weiterer Einzelheiten *Frage 17*, Fallbeispiel 10) dem dortigen Kläger erstmals in der Rechtsprechung Schmerzensgeld zuerkannt, und zwar in Höhe von DM 15.000,00, während das Arbeitsgericht dem Kläger in der ersten Instanz noch ein Schmerzensgeld von DM 51.900,00 zuerkannt hatte.

Der Anspruch wurde vom Kläger, einem hauptamtlichen Vorstandsmitglied einer Volksbank, gegen die mobbende Person, einem Vorstandsmitglied der Bank (Organ), sowie im Rahmen einer gesamtschuldnerischen Haftung auch gegen den Arbeitgeber geltend gemacht, und zwar auf deliktischer Grundlage über die Zurechnungsnorm des § 31 BGB.

Es lagen nach Auffassung des LAG sämtliche Mobbing-Merkmale vor, die der Definition des LAG Thüringen entsprechen. Es seien hier entsprechend der Definition die Arbeitsbedingungen als Mittel der Zermürbung und Entwürdigung eingesetzt worden. Das LAG warf der Bank insbesondere vor, dass es zur Lösung der Frage, mit welchen Aufgaben man den Kläger betrauen konnte oder durfte, im Hinblick auf die vorgenommenen organisatorischen Änderungen der Führung von Gesprächen mit dem Kläger bedurft hätte und nicht der von der Bank an den Tag gelegten Verhaltensweisen *(veröffentlicht in: ZIP 2001, 2298 ff.; NZA-RR 2002,121; AiB 2002, 641; Internet: www.justizrlp.de)*

44. Landessozialgericht Baden-Württemberg, L 7 U 18/01, vom 16.08.2001

Das LSG hat festgestellt, dass durch Mobbing verursachte Krankheiten nicht als Berufskrankheiten anzuerkennen sind, da es sich nicht um Einwirkungen handelt, denen bestimmte Personengruppen durch ihre Arbeit in erheblich höherem Grade als die übrige Bevölkerung ausgesetzt und die betreffenden Krankheiten auch nicht in der Liste der Berufskrankheiten nach der Berufskrankheiten-Verordnung – BKVO – aufgeführt sind. Das LSG wies auf eine schriftliche Auskunft des Bundesministeriums für Arbeit und Sozialordnung vom 27.11.2000 hin, nach der die Voraussetzungen einer erhöhten Gefährdung bestimmter Personengruppen gegenüber der übrigen Bevölkerung, durch ihre Arbeit wegen Mobbings zu erkranken, vom Verordnungsgeber nicht bejaht werden könnten.

45. Urteil Hessisches Landesarbeitsgericht, 14 Sa 1396/00 vom 24.08.2001

Die Parteien stritten um die Wirksamkeit zweier Kündigungen, um die Auflösung des Arbeitsverhältnisses sowie um Schadensersatzansprüche wegen Mobbing (vgl. *Frage 38*, Fallbeispiel 31).

Der Kündigungsschutzklage des Klägers, der seit dem 16.04.1989 bei der Beklagten beschäftigt war, wurde stattgegeben. Auf Antrag der Beklagten wurde das Arbeitsverhältnis jedoch gemäß § 9 Abs. 1 KSchG zum 31.12.1998 gegen Zahlung einer Abfindung in Höhe von DM 102.174,00 (1 Monatsgehalt pro Beschäftigungsjahr) aufgelöst. Die Schadensersatz- und Schmerzensgeldklage wegen Mobbing wurde abgewiesen.

Die Schadensersatz- und Schmerzensgeldansprüche wegen Mobbing hatte der Kläger u.a. wie folgt begründet:

Bereits kurz nach seiner Einstellung habe sich die Mitarbeiterin Frau S. ihm gegenüber negativ geäußert und abfällige Bemerkungen gemacht. Nachdem sich in der Folgezeit das Verhältnis etwas entspannt habe, habe sie ihn in der Folgezeit persönlich hinter seinem Rücken verächtlich gemacht und herabgewürdigt. So habe sie sich gegenüber der Sekretärin des Klägers geäußert: *«Was will denn das blöde Arschloch.»* Zudem habe sie gegenüber Mitarbeitern erklärt, sie werde es *«Dem krummen Hund»* schon zeigen. Sie habe Unwahrheiten über ihn verbreitet und seine Arbeiten grundlos schlecht gemacht. Hierdurch habe sie versucht, das Verhalten der Kollegen ihm gegenüber negativ zu beeinflussen. Obwohl er von diesen Machenschaften zunächst nichts bemerkt habe, habe sich seit Herbst 1996 sein Gesundheitszustand zusehends verschlechtert, ohne dass er sich dies habe erklären können. Er sei von Mitarbeitern bewusst geschnitten und aus der Mitarbeitergemeinschaft herausgedrängt worden.

Der Kläger hat ferner behauptet, im Winter 1996/1997 sei in seinem Zimmer mehrfach die Heizung völlig abgedreht worden, ferner sei auch bei seiner Abwesenheit regelmäßig das Deckenlicht gelöscht worden, so dass er in ein dunkles Zimmer habe zurückkehren müssen. Zudem seien Akten verschwunden oder verlegt gewesen. Erst im Juni 1997 habe er von Frau Dr. A. erfahren, dass die Ablehnungen und Schikanen auf das jahrelange und intensive Mobbing der Mitarbeiterin Frau S. zurückzuführen gewesen sei. Dem Niederlassungsleiter sei dieses Verhalten jedoch bereits länger bekannt gewesen. Ebenso habe der Niederlassungsleiter nichts gegen die alkoholbedingten Probleme, die in der Zusammenarbeit mit Frau S. aufgetreten seien, unternommen.

Der Kläger behauptete ferner, dass der Niederlassungsleiter das Mobbing-Verhalten der Mitarbeiterin S. unterstützt habe. Zudem habe der Niederlassungsleiter ihm systematisch Entscheidungskompetenzen entzogen und versucht, ihn aus der Redaktionsverantwortlichkeit für das öffentliche Recht in der NJW hinauszudrängen. Der Niederlassungsleiter habe ab März 1997 nur noch Gespräche in Anwesenheit von Dr. M. und Dr. S. mit ihm geführt. Diese Dienstbesprechungen hätten die Form einer Verhörsituation gehabt. Hierdurch sei der Kläger auch aus dem Kreis der führenden Redakteure ausgeschlossen worden. Zudem habe der Niederlassungsleiter ihm im Hinblick auf die vom Kläger angekündigten zivil- und strafrechtlichen Schritte gegen Frau S. angedroht, dass er in diesem Fall im Verlag *«kein Bein mehr auf den Boden»* bekommen werde. Auch sei private Post des Klägers geöffnet worden. Im Zusammenhang mit der Über-bringung von Krankmeldungen habe der Niederlassungsleiter die Ehefrau des Klägers unangemessen detailliert über seine Krankheits-Symptome ausgefragt. Die Übergabe eines Buches zu Weihnachten habe nur den Zweck eines Kon-troll-Besuches gehabt. Anschließend sei im Betrieb das Gerücht verbreitet wor-den, der Kläger habe hinter der Gardine gestanden. Ebenso sei das Gerücht ver-breitet worden, der Kläger wolle sich am Verlag bereichern und die Niederlas-sung müsse geschlossen werden, wenn der Kläger sein Gerichtsverfahren ge-winne. Insoweit hielt der Kläger ein Schmerzensgeld von mindestens DM 100.000,00 für angemessen.

Das ArbG hatte durch Urteil vom 14.07.2000 die Unwirksamkeit der Kündigung festgestellt, die Schadensersatz- und Schmerzensgeldklage jedoch abgewiesen.

Auch das LAG hielt die Kündigung, die sowohl aus betriebsbedingten als auch aus personenbedingten und verhaltensbedingten Gründen ausgesprochen worden war, für rechtswidrig. Hinsichtlich der personenbedingten (krankheitsbedingten) Gründe führte das Gericht aus, dass es hinsichtlich der Kündigung vom 21.09.1998 sowohl an einer negativen Prognose als auch an der erforderlichen Betriebsablaufstörung fehle.

Soweit es die negative Prognose beträfe, sei das Gericht gehalten, auf den Zeit-punkt des Ausspruchs der Kündigung im September 1998 abzustellen. Die spä-tere Entwicklung dürfe insoweit nicht berücksichtigt werden. Das Bundesar-beitsgericht habe erkannt, dass entgegen der früheren Rechtsprechung der späte-re Verlauf der Erkrankung weder zu Gunsten noch zu Ungunsten der Parteien berücksichtigt werden dürfe, entscheidend seien vielmehr die objektiven Ver-hältnisse zum Zeitpunkt des Ausspruchs der Kündigung (vgl. BAG, Urteil vom 29.04.1999 - EzA § 1 KSchG, Krankheit Nr. 46). Zwar sei der Kläger zum Zeit-punkt des Ausspruchs der Kündigung bereits längere Zeit, nämlich seit Novem-ber 1997, erkrankt gewesen. Andererseits habe er sich im Zeitraum vom 28.04.1998 bis 16.06.1998 in stationärer fachtherapeutischer Behandlung befun-den. Bereits aus den vorliegenden Gutachten sei ersichtlich, dass der spätere Verlauf der Erkrankung wesentlich vom Ausspruch der Kündigung sowie den Auseinandersetzungen im Zusammenhang mit dem Kündigungsschutzverfahren beeinflusst worden sei, so dass bereits hieraus ersichtlich sei, dass die spätere Entwicklung nicht zu Lasten des Klägers berücksichtigt werden könne.

Die Kündigung sei auch nicht als verhaltensbedingte Kündigung wirksam. Es fehle an dem objektiven Tatbestand einer Bedrohung des Arbeitgebers. Insoweit hatte der Kläger über seinen Prozessbevollmächtigten Folgendes vortragen lassen:

«Sie haben sicher bei dieser bedrückenden Sachlage Verständnis dafür, dass ich von meinem Mandanten beauftragt bin, aufgrund des erfolgten Mobbings eine Schadensersatz- und Schmerzensgeldklage beim Arbeitsgericht in Frankfurt einzureichen. Der Rechtsstreit wird als Musterverfahren ausgestaltet werden. Bei dem Bekanntheitsgrad des im Blickfeld der gesamten Juristenschaft stehen-

den B.Verlages, ist davon auszugehen, dass dieser Prozess ein breites Öffentlichkeitsinteresse finden wird.»

Allein dieser Hinweis stelle nach Auffassung des LAG für sich genommen keine Bedrohung des Arbeitgebers mit einem empfindlichen Übel dar, zumal auch die Beklagte in ihrem Schreiben vom 18.06.1998 auf die Öffentlichkeitswirksamkeit eines solchen Verfahrens hingewiesen habe, an dem der Kläger auch kein Interesse haben dürfte.

Entgegen der Auffassung des Klägers sei die Kündigung zwar rechtswidrig, allerdings nicht sittenwidrig gem. § 138 BGB. Allein der Umstand, dass eine mögliche Erkrankung des Klägers betriebliche Ursachen habe, mache eine personenbedingte Kündigung nicht sittenwidrig; vielmehr führe dies im Rahmen der Interessenabwägung dazu, dass die betriebliche Verursachung zu Gunsten des Arbeitnehmers zu berücksichtigen sei (S. 36 d. Urteils). Insgesamt erweise sich die Kündigung vom 21.09.1998 als sozialwidrig, nicht dagegen als sittenwidrig.

Auf Antrag der Beklagten wurde das Arbeitsverhältnis gemäß § 9 KSchG zum 31.12.1998 aufgelöst, da nach Auffassung des LAG Gründe vorlagen, die eine den Betriebszwecken dienliche weitere Zusammenarbeit zwischen Arbeitgeber und Arbeitnehmer nicht erwarten ließen. Dabei waren für das Gericht folgende Umstände für die Auflösung des Arbeitsverhältnisses maßgeblich: Zum Zeitpunkt der letzten mündlichen Verhandlung habe der Kläger durch die Art der Prozessführung die Grundlage für eine den Betriebszwecken dienliche weitere Zusammenarbeit zerstört. So habe der Kläger der Beklagten schriftsätzlich vorgeworfen, sie betreibe eine *«ergebnisorientierte Prozessmanipulation».* Er werde seit Jahren gepresst und mit Meinungs- und Gedankenterror verfolgt. Ihr Verhalten sei blindwütig und existenzvernichtend. Man habe ihn als *«Verlagsjuden»* auserkoren.

Diese Äußerungen gingen nach Auffassung des LAG erheblich über die Wahrnehmung berechtigter Interessen im Rahmen eines Prozesses hinaus. Selbst wenn zu Gunsten des Klägers unterstellt werde, dass ein mögliches schadensersatzpflichtiges Verhalten der Beklagten vorliege, rechtfertige dies nicht entsprechende beleidigende Äußerungen des Klägers. Dies gelte insbesondere unter Berücksichtigung des Betriebszwecks, der im Rahmen der Prognoseentscheidung zu berücksichtigen sei. Im Betrieb der Beklagten seien ca. 50 Mitarbeiter beschäftigt, wobei insbesondere angesichts der Größe des Betriebes und der Art der Zusammenarbeit in einem Verlagsunternehmen beleidigende Äußerungen gegenüber Vorgesetzten und Kollegen ein erhebliches Gewicht hätten.

Im Rahmen des Auflösungsantrages der Beklagten war die Wirksamkeit einer weiteren, von der Beklagten am 25.06.1999 ausgesprochenen Kündigung zu prüfen. Zu den Gesamtumständen, die insbesondere bei der Höhe der zuzusprechenden Abfindung zu berücksichtigen seien, gehöre auch die voraussichtliche weitere Dauer des Arbeitsverhältnisses. So sei anerkannt, dass eine Kündigung kurz vor Ablauf einer Befristung oder kurz vor Erreichen der Altersgrenze sich auf die Höhe des Abfindungsbetrages auswirke. Entsprechendes sei im Falle des Klägers zu berücksichtigen, wenn das Arbeitsverhältnis ohnehin mit Ablauf des Folgejahres durch eine weitere wirksame Kündigung geendet hätte, zumal auf Grund der Erkrankung des Klägers zwischen der ersten und der zweiten Kündigung Annahmeverzugs-Ansprüche nicht entstanden seien.

Im Folgenden führte das LAG aus, dass auch die zweite Kündigung, die aus personenbedingten (krankheitsbedingten) Gründen ausgesprochen worden sei, sozial nicht gerechtfertigt gewesen sei.

Zunächst sei zwar auf der ersten Stufe der Überprüfung von einer negativen Prognose auszugehen, da zum Zeitpunkt des Ausspruchs der zweiten Kündigung ein Ende der zwischenzeitlich eingetretenen Berufsunfähigkeit des Klägers nicht absehbar gewesen sei.

Ebenso sei auch von einer Betriebsablaufstörung auszugehen, so dass auch die zweite Stufe der personenbedingten Kündigung erfüllt sei.

Die auf der dritten Stufe vorzunehmende Interessenabwägung führe jedoch zur Unwirksamkeit der Kündigung. Der Kläger habe substanziiert dargelegt, dass die Ursache seiner Erkrankung im betrieblichen Bereich liege. Die Frage der betrieblichen Veranlassung sei auch unabhängig davon zu sehen, ob – wie der Kläger der Beklagten vorwerfe – ein schuldhaftes Verhalten der Beklagten vorliege oder nicht. Grundsätzlich sei nämlich bereits der Umstand, dass die Ursache der Erkrankung im betrieblichen Bereich liege, im Rahmen der Interessenabwägung zu berücksichtigen (vgl. BAG, Urteil vom 20.10.1954 - AP Nr. 6 zu § 1 KSchG 1954). Ein mögliches Verschulden des Arbeitgebers sei verstärkend zu berücksichtigen (vgl. ErfK, 2. Aufl., Ascheid, § 1 KSchG, Rd.Nr. 262 m.w.N.).

Bei der Bemessung der Höhe des Abfindungsanspruches sei zu berücksichtigen, dass die Beendigung des Arbeitsverhältnisses durch den Auflösungsantrag zum Verlust von Anwartschaften auf Ruhegeld führe. All dies veranlasste das Gericht, bei der Bemessung der Abfindung ein Monatsgehalt pro Beschäftigungsjahr festzusetzen.

Die Schadensersatz- und Schmerzensgeldansprüche des Klägers wegen Mobbing wies das LAG zurück. Im Rahmen der Prüfung der Verletzung des allgemeinen Persönlichkeitsrechts führte das LAG aus, dass in der Verletzung des Persönlichkeitsrechts nicht nur eine deliktische Handlung liege. Vielmehr sei sie zugleich auch ein Verstoß gegen die arbeitsvertraglichen Pflichten des Arbeitgebers. Aus § 242 BGB folge eine Verpflichtung des Arbeitgebers, das allgemeine Persönlichkeitsrecht des Arbeitnehmers nicht durch Eingriffe in seine Persönlichkeitssphäre zu verletzen (vgl. ErfK/Dieterich, Art. 2 GG RdNr. 77 m.w.N.). Soweit das Persönlichkeitsrecht des Arbeitnehmers durch Betriebsangehörige oder Vorgesetzte des Arbeitnehmers beeinträchtigt werde, bestehe ein Anspruch des Arbeitnehmers auf Unterlassung schädigender Handlungen gemäß § 1004 BGB anlog. Wenn der Arbeitgeber selbst keine geeigneten Schutzmaßnahmen ergreife, könne sich bei schuldhaftem Unterlassen gleichfalls ein Schadensersatzanspruch ergeben, soweit eine Rechtspflicht zum Handeln bestehe.

In Konkretisierung der Grundsätze der Rechtsprechung zur Verletzung des allgemeinen Persönlichkeitsrechts könne auch im Falle eines Mobbings ein Schadensersatzanspruch und Schmerzensgeldanspruch gegeben sein, soweit entweder eine Gesundheitsverletzung oder eine Verletzung des allgemeinen Persönlichkeitsrechts vorliege (S. 42 f. des Urteils).

Soweit Mobbing-Handlungen von Arbeitskollegen ausgingen, ergäbe sich daher die Rechtspflicht des Arbeitgebers, diese durch geeignete arbeitsrechtliche Maßnahmen zu unterbinden. Soweit die diskriminierenden Handlungen von den Arbeitskollegen des Betroffenen ausgingen, setze eine Verletzung der Fürsorgepflicht voraus, dass der Arbeitgeber Kenntnis hiervon habe.

Im Ergebnis lehnte das Gericht das Vorliegen eines Mobbing-Sachverhalts ab, und zwar im Wesentlichen mit der Begründung, es fehle an einem ausreichend substanziierten Sachvortrag des Klägers.

46. Urteil Arbeitsgericht München , 8 Ca 1562/01 vom 25.09.2001

Die Klägerin, die Mitglied des Betriebsrats war, machte Schadensersatz- und Schmerzensgeldansprüche wegen Mobbings geltend (vgl. *Frage 36*, Fallbeispiel 27).

Sie hatte zwei ärztliche Gutachten vorgelegt, und zwar außergerichtliche Privatgutachten, in denen die Gutachter zu dem Ergebnis kamen, dass die Arbeitsunfähigkeit der Klägerin durch Mobbing am Arbeitsplatz verursacht worden sei. Die Klägerin schilderte verbale und nonverbale Ausdrucksweisen des Beklagten, dem Betriebsratsvorsitzenden, welche geeignet gewesen und «mutmaßlich» eingesetzt worden seien, um sie psychisch zu foltern und zu terrorisieren.

Ungeachtet der vorgelegten Gutachten wies das ArbG die Klage ab und hielt der Klägerin vor, ihren gesamten Sachvortrag nicht schlüssig dargelegt zu haben. Sie habe die einzelnen Vorfälle nicht genau substanziiert nach Zeitpunkt, Intensität und Häufigkeit vorgetragen, so dass das Gericht daraus keinen zuverlässigen Schluss ziehen könne, ob das Verhalten Mobbing bzw. ob es ursächlich für die Krankheiten der Klägerin war. Es reiche in diesem Zusammenhang nicht aus, wenn ein Arzt in einem Gutachten außergerichtlich pauschal ausführe, dass die Arbeitsunfähigkeit nach seiner Auffassung durch Mobbing-Handlungen am Arbeitsplatz verursacht worden sei *(veröffentlicht in: NZA 2002, 123 ff.)*.

47. Urteil Arbeitsgericht München, 33 BV 157/01, vom 16.10.2001

Das ArbG gab einem Antrag des Betriebsrats über die Erforderlichkeit der Schulungsteilnahme des Betriebsratsvorsitzenden an einem Seminar «Betriebsklima Mobbing» im Sinne des § 37 Abs. 6 BetrVG statt und verpflichtete den Arbeitgeber dazu, die entstandenen Seminar- und Fahrtkosten zu erstatten (vgl. wegen weiterer Einzelheiten *Frage 13*, Fallbeispiel 6).

Das ArbG vertrat die Auffassung, dass für die Teilnahme an einem Seminar, welches das Thema «Mobbing» zum Inhalt hat, keine konkrete Konfliktlage dargelegt werden müsse. Vielmehr benötige der Betriebsrat ein Grundwissen, um im Konfliktfall unverzüglich in einer sowohl für den Arbeitnehmer als auch für den Arbeitgeber angemessenen Weise auf auftretende Mobbingvorfälle reagieren zu können.

48. Urteil Landesarbeitsgericht Schleswig-Holstein, 5 Sa 300/01 vom 18.10.2001

Der Arbeitgeber hatte das Arbeitsverhältnis mit dem Kläger aus krankheitsbedingten Gründen ordentlich gekündigt. Der Kläger wandte sich gegen diese Kündigung mit der Begründung, sie sei sozial ungerechtfertigt, da die Voraussetzungen einer krankheitsbedingten Kündigung nicht vorlägen. Im Übrigen sah der Kläger die Ursache seiner psychischen Erkrankung im Wesentlichen darin, dass er an seinem Arbeitsplatz von Vorgesetzten sowie Kolleginnen und Kollegen «gemobbt» worden sei.

Der Arbeitgeber beantragte neben der Klagabweisung die Auflösung des Arbeitsverhältnisses gem. § 9 Abs. 1 KSchG gegen Zahlung einer Abfindung wegen Unzumutbarkeit der Fortsetzung des Arbeitsverhältnisses mit dem Kläger aufgrund der von diesem erhobenen Vorwürfe gegen die Vorgesetzten und Kolleginnen sowie Kollegen.

Das ArbG gab der Kündigungsschutzklage des Klägers statt, löste jedoch das Arbeitsverhältnis auf Antrag des Arbeitgebers gegen Zahlung einer Abfindung auf.

Mit seiner Berufung wehrte sich der Kläger gegen die Auflösung des Arbeitsverhältnisses und begründete seine Mobbing-Vorwürfe damit, er sei seitens der Beklagten mehrfach «unterwertig» eingesetzt worden. Beispielsweise sei er durch den seinerzeitigen Leiter des Abfallwirtschaftsbetriebes beauftragt worden, sog. «Pinkelgroschen» zu zählen, ihm sei die Erstellung von Inventar-Listen auferlegt worden, ferner sei er häufig mit Kurierdiensten, dem Verfassen einfacher Anschreiben zur Versendung von Unterlagen und darüber hinaus auch teilweise mit dem schlichten faxschriftlichen Übermitteln von Unterlagen beauftragt worden. Diese Tätigkeiten seien unterwertig und entsprächen nicht seiner Vergütungsgruppe II BAT. Er sei ferner zu Unrecht von Weiterbildungsveranstaltungen ausgeschlossen, von seinem Vorgesetzten angeschrien und auch zu Unrecht beschuldigt worden, eine Unterschlagung begangen zu haben. Insgesamt sei er einem Verhalten ausgesetzt gewesen, das als Mobbing bezeichnet werden müsse, wobei sich der Kläger auf das Urteil des Thüringer LAG vom 10.04.2001 berief.

Das LAG stellte zwar fest, dass die gegenüber dem Kläger ausgesprochene Kündigung sozial ungerechtfertigt sei, wies jedoch die Berufung des Klägers, die sich gegen die Auflösung des Arbeitsverhältnisses richtete, als unbegründet zurück. Eine den Betriebszwecken gedeihliche weitere Zusammenarbeit sei nicht zu erwarten, weil der Kläger seinen Kollegen und Vorgesetzten vorgeworfen habe, Mobbing gegen ihn zu betreiben, ohne dass er hierfür ausreichende

Tatsachen vorgetragen habe. Das Vorbringen des Klägers rechtfertige die Vorwürfe auch unter Berücksichtigung des Urteils des LAG Thüringen vom 10.04.2001 nicht. Substanziiert habe der Kläger lediglich einzelne Vorkommnisse vorgetragen, aus denen sich ergeben könne, dass er nach seinem Vorbringen in Einzelfällen durch seine Vorgesetzten möglicherweise zu Unrecht kritisiert oder unrichtig behandelt worden sei. Fortgesetzte, aufeinander aufbauende Verhaltensweisen seiner Vorgesetzten ergäben sich daraus nicht. Auch das weitere Vorbringen des Klägers sei teilweise unsubstanziiert, teilweise schon nach seinem eigenen Vorbringen nicht geeignet, den Vorwurf des Mobbings zu rechtfertigen. Gegen eine weitere gedeihliche Zusammenarbeit spreche weiterhin, dass der Kläger nicht nur seine Vorgesetzten, sondern schriftsätzlich durch seine Prozessbevollmächtigten auch seine Kollegen ausdrücklich des Mobbings bezichtigt habe, obwohl diese Vorwürfe keinerlei Substanz gehabt hätten. Nach allem habe das Berufungsgericht den Eindruck, dass dem Kläger eine «selbstkritische Rollendistanz» fehle, was eine weitere gedeihliche Zusammenarbeit ausschließe.

49. Urteil Landesarbeitsgericht Rheinland-Pfalz, 9 Sa 853/01, vom 24.10.2001

Der Arbeitgeber sprach gegenüber dem seit knapp 12 Jahren bei ihm beschäftigten Arbeitnehmer eine fristlose Kündigung ohne vorangegangene Abmahnung aus, weil dieser während der Arbeitszeit eine SMS an eine 20 Jahre alte Auszubildende gesandt hatte. Diese hatte den Inhalt: *«Du geiles Etwas, heute komme ich zu Dir dann bumsen wir eine Runde».* Die vorherigen Annäherungsversuche des Arbeitnehmers waren von der Auszubildenden allesamt zurückgewiesen worden. Das Verhalten des Arbeitnehmers habe einen wichtigen Grund zur Auflösung des Arbeitsverhältnisses gegeben. Dies ergebe sich bereits aus den Wertungen des Beschäftigungsschutzgesetzes. Danach sei der Arbeitgeber verpflichtet, die Beschäftigten vor sexuellen Belästigungen wie der vorliegenden Art zu schützen und im Einzelfall angemessene arbeitsrechtliche Maßnahmen gegen den Störer zu ergreifen. Der Arbeitgeber sei nicht verpflichtet gewesen, das Fehlverhalten lediglich abzumahnen.

Das LAG hat in diesem Fall (vgl. *Frage 23*, Fallbeispiel 22) auf das Erfordernis einer Abmahnung vor Ausspruch einer Kündigung verzichtet, nachdem erstinstanzlich das Arbeitsgericht Kaiserslautern noch eine Abmahnung für erforderlich gehalten und der Kündigungsschutzklage stattgegeben hatte.

50. Urteil Landesarbeitsgericht Schleswig-Holstein, 5 Sa 409 c/01, vom 12.02.2002

Das LAG (vgl. zum Sachverhalt *Frage 22*, Fallbeispiel 17) wies die Klage eines Erziehers in einem Kindertagesheim ab, der nach einer längeren Konfliktsituation am Arbeitsplatz innerhalb des Kindertagesheims versetzt wurde, indem ihm eine neu geschaffene Stelle übertragen wurde, obwohl der Arbeitnehmer behauptet hatte, seine Arbeitskollegin und nicht er sei an den entstandenen Konflikten schuld. Unter Berücksichtigung der unstreitig herrschenden Spannungen innerhalb des Teams überschreite die Umsetzung des Klägers nach Auffassung des LAG auch nicht die Grenzen des billigen Ermessens. Es sei grundsätzlich Sache des Arbeitgebers, zu entscheiden, wie er auf Konfliktlagen reagieren wolle, ohne dass es auf die Ursachen des Konfliktes ankomme. Insbesondere sei der Arbeitgeber im Falle von Auseinandersetzungen zwischen Mitarbeitern nicht gehalten, an Stelle einer geplanten Umsetzung einzelne Arbeitnehmer abzumahnen oder den «Schuldigen» zu versetzen. Er sei nicht einmal verpflichtet, den «Schuldigen» zu ermitteln. Vielmehr obliege es seiner freien unternehmerischen Entscheidung, die aus seiner Sicht zur Konfliktlösung und Wiederherstellung eines guten Betriebsklimas unter Berücksichtigung der betrieblichen Erfordernisse und der Interessen aller Arbeitnehmer, geeigneten Maßnahmen zu ergreifen.

Auch eine vertraglich zulässige Umsetzung könne sich aber u.U. als Verletzung des allgemeinen Persönlichkeitsrechts erweisen. Eine solche Rechtsverletzung liege vor, wenn die Zuweisung einer bestimmten Beschäftigung sich nicht bloß als Reflex einer rechtlich erlaubten Vorgehensweise darstelle, sondern diese Maßnahme zielgerichtet als Mittel der Zermürbung und Diskriminierung des Arbeitnehmers eingesetzt werde, um diesen selbst zur Aufgabe seines Arbeitsplatzes zu bewegen. Gemessen an diesen Voraussetzungen sei aber die Umsetzung des betreffenden Klägers vom Gruppenleiter zum Erzieher für psychomotorisches Turnen kein unzulässiger Eingriff in das allgemeine Persönlichkeitsrecht *(veröffentlicht in: DB 2003, 1056)*.

51. Urteil Arbeitsgericht Bielefeld, 5 Ca 2555/01, vom 05.03.2002

Die Parteien stritten in diesem Verfahren (vgl. im Einzelnen *Frage 14*, Fallbeispiel 8) um die Frage, wie die Klägerin, eine Redakteurin, im Betrieb der Beklagten, einem Zeitungsverlag, zu beschäftigen war. Nachdem die Klägerin behauptet hatte, aufgrund einer innerbetrieblichen Umstrukturierung und Umsetzung sei ihr die Grundlage ihrer journalistischen Tätigkeit entzogen worden, beantragte sie,

« ... die Beklagte zu verpflichten, ihr als Redakteurin in einer der beiden Lokalredaktionen der Beklagten einen konkreten, eigenverantwortlich zu bearbeitenden Arbeitsbereich zuzuweisen und sie insbesondere über alle Belange dieses Arbeitsbereiches zu informieren sowie ihr die dazugehörende Post, Termine und die eingehenden Telefonate zur selbstständigen Bearbeitung zu übermitteln.»

Trotz Anerkenntnis des Klagantrags durch die Beklagte erließ das Gericht kein Anerkenntnisurteil, sondern wies die Klage als unzulässig ab. Das Gericht wies darauf hin, dass in einem gerichtlichen Urteilsverfahren jeweils vom Kläger immer ein *bestimmter Klagantrag zur Sache* zu stellen sei. Der Antrag müsse den Streitgegenstand und den Umfang der Prüfungs- und Entscheidungsbefugnis des Gerichts klar umreißen. Diese Voraussetzungen lägen hier nicht vor.

52. Urteil Arbeitsgericht Berlin, 40 Ca 5746/01, vom 08.03.2002

Das ArbG hat den Arbeitgeber in diesem Urteil (vgl. dazu im Einzelnen *Frage 17*, Fallbeispiel 11) zu Schadensersatz und Schmerzensgeld in Höhe von € 8.000,00 wegen Mobbing-Handlungen verurteilt.

Der Arbeitgeber hatte das Arbeitsverhältnis nach Erheben der Mobbing-Vorwürfe durch die Klägerin fristlos und hilfsweise fristgerecht gekündigt. Der Kündigungsschutzklage der Klägerin gab das ArbG statt und stellte fest, dass das zwischen den Parteien bestehende Arbeitsverhältnis weder fristlos noch fristgerecht beendet worden sei.

Die Kündigung sei unwirksam, weil die Klägerin insbesondere nicht in verleumderischer Weise gemäß § 187 StGB behauptet habe, von der Geschäftsführerin der Beklagten gemobbt worden zu sein. Das Gericht kam vielmehr zu der Überzeugung, dass die Angaben der Klägerin über die diskriminierende Behandlung durch die Geschäftsführerin der Beklagten zutreffend seien.

In der Berufungsinstanz wurde dieses Urteil allerdings vom LAG Berlin mit dem unten dargestellten Urteil vom 01.11.2002, Az.: 19 Sa 940/02, NZA-RR 2003, 232 ff., aufgehoben und die Klage abgewiesen. Zur Begründung führte das LAG aus, dass nach dem Ergebnis der Beweisaufnahme die von der Klägerin beanstandeten Einzelhandlungen durch die Geschäftsführerin des Arbeitgebers ebenso wenig bewiesen seien wie die Kausalität zwischen Handlung und Schaden und das Verschulden des Arbeitgebers bzw. seiner Geschäftsführerin.

53. Urteil Landesarbeitsgericht Schleswig-Holstein, 3 Sa 1/02, vom 19.03.2002

Das LAG Schleswig-Holstein hat in dieser Entscheidung (vgl. im Einzelnen *Frage 3*, Fallbeispiel 4) eine Schmerzensgeldklage wegen Mobbings abgewiesen und ausgeführt, dass nicht jede Auseinandersetzung oder Meinungsverschiedenheit zwischen Kollegen oder Vorgesetzten und Untergebenen den Begriff des Mobbings erfüllen könne. Es sei vielmehr dem Zusammenarbeiten mit anderen Menschen immanent, dass sich Reibungen und Konflikte ergeben, ohne dass diese Ausdruck des Ziels seien, den Anderen systematisch in seiner Wertigkeit gegenüber Dritten oder sich selbst zu verletzen. Das bedeute, dass sich aus einer Kette von Vorfällen ein System erkennen lassen müsse. Das Vorliegen dieser Voraussetzungen lehnte das LAG in dem entschiedenen Fall ab *(veröffentlicht in: NZA-RR 2002, 457 ff.; EZA Schnelldienst 10/2002, 9).*

54. Urteil Landessozialgericht Rheinland-Pfalz, L 1 AL 57/01, vom 28.03.2002

Der Kläger war als Bankkaufmann beschäftigt; er war in der Bank als Gruppenleiter für die Anlagenberatung und die Kassenführung zuständig. Seit 1996 kam es zu Spannungen zwischen ihm und seinem unmittelbaren Vorgesetzten; insgesamt wurde der Kläger zwischen Dezember 1996 und November 1997 drei Mal schriftlich abgemahnt. Wegen der Arbeitsweise des Klägers wurden außerdem mehrere Gespräche geführt, das letzte im September 1997, bei dem der Kläger von seinem Vorgesetzten aufgefordert worden sein soll, sich bis Frühjahr 1998 eine neue Arbeitsstelle zu suchen. In der Zeit von November 1997 bis Februar 1998 bewarb sich der Kläger bei mehreren Unternehmen erfolglos. Am 12. Februar 1998 kündigte er sein Arbeitsverhältnis zum 31. März 1998.

Am 1. April 1998 meldete sich der Kläger beim Arbeitsamt arbeitslos und beantragte die Gewährung von Arbeitslosengeld. Das Arbeitsamt bewilligte dieses erst ab 24. Juni 1998, weil es den Eintritt einer 12-wöchigen Sperrzeit (Regelsperrzeit) annahm; gleichzeitig verfügte es wegen des Eintritts der Sperrzeit eine Minderung der Anspruchsdauer um 167 Tage (so genannter «Sperrzeitbescheid»).

Die Klage blieb beim SG erfolglos. Das LSG hat die vom Arbeitsamt verhängte Sperrzeit von 12 Wochen wegen Vorliegens einer besonderen Härte auf 6 Wochen verkürzt. Zur Begründung seiner Entscheidung hat das LSG ausgeführt, nach § 144 Abs. 1 Nr. 1 Sozialgesetzbuch - Arbeitsförderung (SGB III) sei eine Sperrzeit eingetreten, weil der Kläger sein Beschäftigungsverhältnis gelöst und dadurch seine Arbeitslosigkeit vorsätzlich herbeigeführt habe, ohne hierfür einen wichtigen Grund zu haben. Ein wichtiger Grund sei nicht darin zu sehen, dass die vom Kläger geschilderten Spannungen mit seinem Vorgesetzten bei ihm zu Befindlichkeitsstörungen und gesundheitlichen Problemen geführt hätten. Zwar habe der Kläger glaubhaft angegeben, an Magenbeschwerden, Depressionen und Schlafproblemen gelitten zu haben; jedoch hätten diese Beschwerden zum Zeitpunkt der Kündigung noch kein solches Ausmaß erreicht, dass dem Kläger unter Zugrundelegung objektiver Maßstäbe die Aufrechterhaltung des Beschäftigungsverhältnisses nicht mehr möglich gewesen sei. Der Kläger habe sich wegen der von ihm angegebenen Beeinträchtigungen zu keinem Zeitpunkt in ärztliche Behandlung gegeben. Es könne auch nicht davon ausgegangen werden, dass der Kläger vor seiner Kündigung über einen längeren Zeitraum hinweg durch seinen Vorgesetzten massiv in seinem Persönlichkeitsrecht verletzt worden sei. Entscheidend sei, dass nicht grundlos und willkürlich abgemahnt worden sei, sondern dass es sich bei den den Abmahnungen zu Grunde liegenden Sachverhalten um objektive Fehlverstöße gehandelt habe. Allerdings führten besondere Umstände zu einer Minderung der Sperrzeit wegen besonderer Härte auf sechs Wochen (§ 144 Abs. 3 Satz 1 SGB III). Der Kläger sei im Vergleich zu seinen Kollegen größeren, nicht gerechtfertigten Kontrollen seines Vorgesetzten ausgesetzt gewesen. Die zunehmenden Spannungen hätten sich negativ auf seine Arbeitsleistung und sein Wohlbefinden ausgewirkt. Das Vertrauensverhältnis zwischen dem Kläger und seinem Vorgesetzten sei durch die permanente Kontrolle und die auch unberechtigten, häufigen Vorwürfe, die nicht Gegenstand der Abmahnung gewesen seien, nachhaltig gestört gewesen.

Die Revision des Klägers beim BSG (vgl. das unten dargestellte Urteil des BSG vom 21.10.2003, Az. B 7 AL 92/02 R) führte zu einer Zurückverweisung der Sache an das LSG. Das BSG führte aus, es fehlten ausreichende Feststellungen des LSG zur Beurteilung, ob der Kläger für die Lösung seines Beschäftigungsverhältnisses einen wichtigen Grund gehabt habe.

Das Begehren des Klägers beurteile sich nach § 144 Abs. 1 Nr. 1 SGB III (hier in der ursprünglichen Fassung, die die Norm durch das Gesetz zur Reform der Arbeitsförderung vom 24. März 1997 - BGBl I 594 - erhalten hat). Danach trete eine Sperrzeit ein, wenn der Arbeitslose das Beschäftigungsverhältnis gelöst und dadurch vorsätzlich oder grob fahrlässig die Arbeitslosigkeit herbeigeführt habe (Sperrzeit wegen Arbeitsaufgabe), ohne für sein Verhalten einen wichtigen Grund zu haben. Ob ein wichtiger Grund vorliege, lasse sich jedoch anhand der bisherigen Feststellung des LSG nicht abschließend beurteilen. Dies sei nach der ständigen Rechtsprechung des BSG unter Berücksichtigung von Sinn und Zweck der Sperrzeitregelung zu beurteilen. Sie solle die Solidargemeinschaft vor der Inanspruchnahme durch Leistungsberechtigte schützen, die den Eintritt des versicherten Risikos der Arbeitslosigkeit selbst herbeiführten oder zu vertreten hätten; eine Sperrzeit solle nur eintreten, wenn einem Arbeitnehmer unter Berücksichtigung aller Umstände des Einzelfalls und unter Abwägung seiner Interessen und der Interessen der Versichertengemeinschaft ein anderes Verhalten zugemutet werden könne. Dabei müsse der wichtige Grund nicht nur die Lösung des Beschäftigungsverhältnisses, sondern gerade auch den konkreten Zeitpunkt der Lösung decken.

Ein wichtiger Grund für die Lösung des Beschäftigungsverhältnisses könnte darin zu sehen sein, dass der Kläger glaubhaft angegeben habe, an Magenbeschwerden, Depressionen und Schlafstörungen zu leiden, ohne dass festgestellt wäre, welches Ausmaß diese Beschwerden erreicht haben. Es lasse sich deshalb nicht beurteilen, ob bereits ein Krankheitszustand i.S. der Rechtsprechung vorgelegen habe, ob also ein regelwidriger Körper- und/oder Geisteszustand zu bejahen gewesen sei, der vom Leitbild des gesunden Menschen so abwich, dass der Kläger zur Ausübung der normalen psychischen/physischen Funktionen nicht mehr in der Lage gewesen sei. Dass sich der Kläger nicht in ärztliche Behandlung begeben habe, stehe der Annahme einer Krankheit nicht von vornherein entgegen. Immerhin habe das LSG festgestellt, Befindlichkeitsstörungen und gesundheitliche Probleme des Klägers seien auf die Spannungen mit seinem Vorgesetzten zurückzuführen gewesen. Es könne einem Arbeitnehmer grundsätzlich nicht zugemutet werden, auf Kosten seiner Gesundheit eine Arbeit zu verrichten. Wenn dies jedoch so sei und bereits eine Krankheit vorgelegen bzw. unmittelbar bevorgestanden habe, habe dem Kläger eine Weiterarbeit nur dann zugemutet werden können, wenn trotz fortbestehender Spannungen diese Krankheit kurzfristig mit Erfolg behandelbar oder deren Eintritt zu verhindern gewesen sei.

Die Feststellungen des LSG reichten ebenso wenig aus für die Entscheidung darüber, ob dem Kläger wegen Ausübung psychischen Drucks (Mobbings) die Beschäftigung nicht mehr zumutbar gewesen sei. Hier wäre u.a. von Bedeutung, ob die dem Kläger gegenüber ausgesprochenen Abmahnungen rechtmäßig gewesen seien. Nur unrechtmäßiges oder nicht sozialadäquates Verhalten des Vorgesetzten könne nämlich einen wichtigen Grund für eine Beschäftigungsaufgabe darstellen. Nichts anderes gelte für die Aussage des LSG, der Kläger sei über einen längeren Zeitraum hinweg im Vergleich zu seinen Kollegen größeren, nicht gerechtfertigten Kontrollen und unberechtigten, häufigen Vorwürfen ausgesetzt gewesen. Diese Ausführungen seien zu unspezifiziert, um beurteilen zu können, ob der auf den Kläger ausgeübte psychische Druck dergestalt gewesen sei, dass ihm eine Weiterbeschäftigung nicht mehr zumutbar bzw. ob das Vertrauensverhältnis derart gestört gewesen sei, dass keine zumutbare gemeinsame Basis für eine weitere Zusammenarbeit mehr vorgelegen habe.

Berechtigte, angemessene Kritik und Kontrollen habe ein Arbeitnehmer zu akzeptieren. Sie rechtfertigten nicht die Aufgabe eines Beschäftigungsverhältnisses zu Lasten der Solidargemeinschaft. Unangemessen in diesem Sinne sei es, einzelne Arbeitnehmer aus der Betriebsgemeinschaft auszugrenzen, geringschätzig zu behandeln, von einer Kommunikation auszuschließen, zu beleidigen oder zu diskriminieren. Selbst wenn bei den einzelnen Maßnahmen rechtliche Grenzen nicht überschritten würden, könne durch eine Vielzahl von «Nadelstichen» der Rahmen der Sozialadäquanz verlassen werden und dadurch eine dem Arbeitnehmer nicht mehr zumutbare Situation geschaffen werden. Das LSG werde im Hinblick hierauf die Gesamtumstände genau zu würdigen und zu prüfen haben, ob das Persönlichkeitsrecht des Klägers nicht über einen längeren Zeitraum verletzt worden sei. Es werde ggf. auch zu berücksichtigen haben, ob der Kläger vor der Kündigung einen Versuch zur Beseitigung der ihn belastenden Umstände unternommen habe bzw. ob ihm ein solcher Versuch unzumutbar gewesen sei.

Sollte das LSG bei seiner erneuten Entscheidung zur Erkenntnis gelangen, dass ein wichtiger Grund für die Lösung des Beschäftigungsverhältnisses vorgelegen habe, werde es zu prüfen haben, ob sich der Kläger hierauf auch berufen könne, ob er sich insbesondere hinreichend um eine Anschlussbeschäftigung bemüht habe. Dabei werde das LSG zu beachten haben, dass nach der Rechtsprechung des BSG eine solcher Vorwurf dann jedenfalls nicht gerechtfertigt sei, wenn der Arbeitnehmer nicht mindestens grob fahrlässig gehandelt habe *(veröffentlicht in: EZA Schnelldienst 2003, Nr. 5, 20).*

55. Bundesverwaltungsgericht, BVerwG 2 WD 38.01 vom 11.06.2002

Der zweite Wehrdienst-Senat des BVerwG verhängte gegen einen Vorgesetzten ein Beförderungsverbot für die Dauer von zwei Jahren und wies darauf hin, dass ein Vorgesetzter, der Untergebene körperlich misshandelt oder entwürdigend behandelt, nicht nur eine Wehrstraftat gemäß §§ 30, 31 WStG begehe, sondern auch eine schwerwiegende Dienstpflichtverletzung.

Unter Bezugnahme auf die Rechtsprechung des BAG in seinem Beschluss vom 15.01.1997, 7 ABR 14/96, NZA 1997, 781 und die Urteile des LAG Thüringen vom 10.04.2001 und 15.02.2001 wies das Gericht darauf hin, dass das so genannte Mobbing über gewöhnliche, von jedermann zu bewältigende berufliche Schwierigkeiten hinausgehe und einen schweren Eingriff in das allgemeine Persönlichkeitsrecht, die Ehre und/oder die Gesundheit darstellen könne. Bei der

Bemessung der Disziplinarmaßnahme wertete das Gericht den Umstand, dass der betreffende Vorgesetzte selbst Opfer eines gegen ihn gerichteten Mobbing gewesen sei, als Milderungsgrund für seine eigene nachfolgend begangene Demütigung eines Untergebenen *(veröffentlicht in: NVwZ-RR 2002, 851)*.

56. Urteil Landesarbeitsgericht Hamm, 18 (11) Sa 1295/01, vom 25.06.2002

Die Klägerin vertrat die Auffassung, durch ehrverletzende Behauptungen ihres Vorgesetzten seien ihre Gesundheit und ihr Persönlichkeitsrecht verletzt worden. Insbesondere habe er sich gegenüber dem Betriebsleiter mehrfach abfällig über sie geäußert und u.a. sinngemäß gesagt, sie habe keine Arbeit, sie würde nur von einer Kaffeebar zur anderen fahren, sie könne nichts und sie sei über. In der Hauptwerkstatt habe er sinngemäß gegenüber mehreren Kollegen geäußert, er werde alles daran setzen, dass die Klägerin von der Nachtschicht fliege.

Das LAG lehnte die von der Klägerin geltend gemachten Schadensersatz-, Schmerzensgeld-, Unterlassungs- und Verpflichtungsansprüche ab, da die Voraussetzungen nicht dargetan worden seien. Es sei stets eine Abgrenzung zu dem in einem Betrieb im Allgemeinen üblichen oder rechtlich erlaubten und deshalb hinzunehmenden Verhalten erforderlich. Kurzfristigen Konfliktsituationen mit Vorgesetzten oder Arbeitskollegen fehle in der Regel schon die notwendige systematische Vorgehensweise. Bei den Äußerungen des Vorgesetzten der Klägerin gegenüber dem Betriebsleiter handle es sich um die Weitergabe von subjektiven Auffassungen und Wertungen in Form einer dienstlichen Mitteilung. Der Vorgesetzte habe darauf vertrauen dürfen, dass diese Mitteilung auch vertraulich behandelt werden würde. Entsprechendes gelte für die Äußerung, sie könne nichts und sie sei über. Eine derartige subjektive Wertung der Leistung der Klägerin könne schon objektiv nicht als Beleidigung oder bewusste Diskriminierung angesehen werden. Die Äußerung, er werde alles daran setzen, dass die Klägerin von der Nachtschicht fliege, sei wegen der pauschalen Angaben nicht überprüfbar. Es fehlten Angaben über die Zeit und die am Gespräch Beteiligten *(veröffentlicht in: NZA-RR 2003, 8 ff.)*.

57. Urteil Landesarbeitsgericht Nürnberg, 6 (3) Sa 154/01, vom 02.07.2002

Die Parteien stritten über Ansprüche auf Schmerzensgeld und sonstigen Schadensausgleich wegen behaupteten Mobbings und über sonstige Schadensersatzansprüche.

Der Kläger war bei der Beklagten seit 10.09.1990 als Verwaltungsangestellter beschäftigt.

Die Beklagte erteilte dem Kläger unter dem 19.10.1994 und dem 23.12.1994 zwei Abmahnungen wegen einer Dienstaufsichtsbeschwerde eines Gemeindebürgers. Auf die vom Kläger hiergegen gerichtete, beim ArbG Nürnberg geführte Klage vom 24.11.1994 hin wurde die Beklagte mit Endurteil vom 27.06.1995 verurteilt, die Abmahnungen zurückzunehmen und aus der Personalakte zu entfernen. Die Entscheidung wurde mangels Einlegung eines Rechtsmittels bestandskräftig.

Am 27.05.1995 wurde der Kläger von der Beklagten versetzt. Gleichzeitig wurde ihm ab 01.03.1995 die Stellenzulage entzogen. Das ArbG hat mit Urteil vom 16.04.1996 festgestellt, dass die Zuweisung der Aufgaben und der Entzug der Stellenzulage unwirksam waren.

Die Beklagte erteilte dem Kläger unter dem 13.03.1995 und unter dem 20.03.1995 zwei weitere Abmahnungen. Dabei wurden ihm Falschaussagen gegenüber dem Rechnungsprüfungsausschuss hinsichtlich des Erlasses der Wasser- und Kanalherstellungsbescheide bzw. hinsichtlich einer fehlenden Einweisung in ein EDV-Programm vorgeworfen. Das ArbG verpflichtete die Beklagte durch zwei Urteile vom 16.04.1996, die Abmahnungen zurückzunehmen und aus der Personalakte des Klägers zu entfernen.

Die Beklagte kündigte das Arbeitsverhältnis schließlich mit Schreiben vom 16.05.1995 mit Wirkung zum 30.06.1995. Auf die Klage des Klägers vom 23.05.1995 hin stellte das ArbG mit Urteil vom 16.04.1996 fest, dass das Arbeitsverhältnis durch diese Kündigung nicht aufgelöst worden ist. Auch diese Urteile sind mangels Einlegung von Rechtsmitteln rechtskräftig geworden.

Der Kläger befand sich seit Februar 1995 in fachärztlicher psychotherapeutischer Behandlung. Er war von 30.01.1995 bis 25.02.1995 und von 06.03.1995 bis zum 10.06.1996 arbeitsunfähig krank geschrieben. Ab 11.06.1996 ließ er sich auf Wunsch des Bürgermeisters der Beklagten wieder gesund schreiben. Im Zeitraum 18.07.1996 bis 29.08.1996 befand sich der Kläger in einer psychosomatischen Fachklinik. Vom 19.06.1997 bis 30.09.1997 befand sich der Kläger ebenfalls wegen der beruflichen Situation im Krankenstand. Im Verfahren 9 Ca 7669/97 vor dem ArbG einigten sich die Parteien schließlich darauf, dass der Kläger rückwirkend ab 01.10.1996 mit Vergütungsgruppe V b Fallgruppe 1a BAT-VKA entlohnt würde und dass das Arbeitsverhältnis zum 30.09.1997 beendet werde.

In seiner am 19.12.1996 beim ArbG eingegangenen Klage hat der Kläger die Zahlung von Schmerzensgeld nicht unter 40.000,- DM begehrt. Er hat dies damit begründet, er habe – nachdem er durch den Lehrgang zum Verwaltungsfachwirt auf das Problem aufmerksam geworden sei – festgestellt, dass die Beklagte falsche und rechtswidrige Beitragsbescheide erlassen habe, in denen unter anderem die Geschossflächenzahlen zuungunsten der Gemeindebürger angesetzt worden seien. Seinen Vorgesetzten sei aufgrund einiger Berichtigungen in Widerspruchsbescheiden bewusst gewesen, dass die Bescheide an bestimmten Fehlern litten. Dennoch habe sein Vorgesetzter darauf bestanden, dass er weiter falsche Bescheide erlasse. Er, der Kläger, habe wie auch der städtische Beamte T. den Vorgesetzten bereits am 14.05.1992 auf den falschen Satzungsvollzug aufmerksam gemacht. Dieser habe seine Auffassung nicht geändert. Er, der Kläger, habe in der Folge auch den damaligen Bürgermeister auf die Fehlerhaf-

211

tigkeit hingewiesen. Dieser habe jedoch dem Vorgesetzten Rückendeckung gegeben. Er habe sich mit Schreiben vom 14.10.1994 an den Bürgermeister gewandt, weil er auf dem Lehrgang gelernt habe, dass er persönlich für falsche Bescheide haftbar gemacht werden könne. Das Schreiben sei dem Stadtrat nicht zeitnah, sondern erst in der Sitzung vom 03.04.1995 in ungekürzter Form vorgelegt worden. Als er wegen seines Schreibens erhebliche Sanktionen habe in Kauf nehmen müssen und weiterhin falsche Anweisungen erhalten habe, habe er sich mit Schreiben vom 25.01.1995 an die Mitglieder des Rechnungsprüfungsausschusses gewandt, mit Schreiben vom 05.03.1995 an alle Stadträte. Er habe sich in einer erheblichen Konfliktsituation befunden, einerseits den Weisungen der Vorgesetzten Folge leisten zu müssen, andererseits sich wegen des Erlasses wissentlich falscher Bescheide strafbar und regresspflichtig zu machen.

Der Kläger führt aus, die Vertretung seiner Rechtsmeinung habe zu erheblichen Konsequenzen geführt. Er habe sich von seinem Vorgesetzten Bemerkungen anhören müssen wie *«Sie sind hier, um Weisungen zu befolgen und nicht, um zu denken»* oder *«das muss doch endlich in Ihre Birne reingehen»*. Er habe deswegen auch mehrere Abmahnungen erhalten. Er sei strafversetzt worden, seine Stellenzulage sei gestrichen worden. Schließlich sei er sogar gekündigt worden. Sämtliche Prozesse habe er gewonnen. Darüber hinaus sei ihm in der örtlichen Presse die Verantwortung für die falschen Beitrags- und Widerspruchsbescheide zugeschoben worden. Selbst die Kündigung sei in der Presse bekannt gegeben worden. Eine klarstellende Erklärung gegenüber der Presse sei seitens der Beklagten trotz entsprechender Aufforderungen nicht erfolgt. Er sei von Bürgern auf der Straße angesprochen worden, auch von Mitgliedern seines Sportvereins. Er habe massive Anrufe erhalten, auch seine Ehefrau sei an ihrer Arbeitsstelle angesprochen worden.

Der Kläger hat vorgetragen, er sei, da er die falschen Beitragsbescheide weiter reklamiert habe, von seinem Vorgesetzten derart schikaniert worden, dass hierunter seine Arbeit erheblich gelitten habe. Dieser habe in «Oberlehrer-Manier» Bescheide rot durchgestrichen, weil ihm der Satzbau missfallen habe. Der Vorgesetzte habe ihn mehrmals die gleichen 6-seitigen Bescheide abfassen lassen, weil ein Wort nicht in den Satzbau gepasst habe oder weil das Wort «eingangs genannt» nicht zusammengeschrieben werde. Beim Überprüfen der Korrektur habe der Vorgesetzte dann neue Fehler moniert. Er, der Kläger, habe jeden Fall vorher mit seinem Vorgesetzten absprechen müssen. Dieser habe Bemerkungen gemacht wie *«Sie sind nicht hier um zu denken, sondern um zu arbeiten»*. Der Vorgesetzte habe sich jeden Bescheid zum Abzeichnen vorlegen lassen.

Der Kläger hat ausgeführt, die am Arbeitsplatz aufgetretenen Probleme hätten zu Schlafstörungen, Lustlosigkeit und Aggressivität geführt. Er habe sich nur noch mit seinem Arbeitsplatz beschäftigt, Frau und Kind vernachlässigt. Gespräche im Familien- und Freundeskreis hätten sich nur noch um die Schikanen gedreht, so dass die sozialen Kontakte nach und nach abgebrochen seien. Die berufliche Konfliktsituation habe sein ganzes Denken eingenommen. Er sei depressiv geworden. Von der Bevölkerung sei er beschimpft und beleidigt worden, da der Eindruck erweckt worden sei, die falschen Bescheide seien von ihm zu verantworten. Er sei wegen dieser Schikanen, des Mobbings durch den Vorgesetzten, krank geschrieben gewesen, habe sich auch danach noch in ärztlicher Behandlung befunden. Seine Symptome seien typische Mobbing-Syndrome. Er habe 17 kg abgenommen. Er habe, und hierbei handele es sich um einen Dauerschaden, ein gestörtes Verhältnis zur Umwelt bekommen.

Der Kläger hat über sein Schmerzensgeldbegehren hinaus verschiedene Schadensersatzansprüche geltend gemacht.

Das ArbG hatte die Klage durch am 21.09.1999 verkündetes Endurteil in vollem Umfang abgewiesen.

Die Berufung wurde vom LAG nur zu einem kleinem Teil als begründet erachtet, und zwar insoweit, als der Kläger Aufwendungen zum Besuch seiner Anwälte eingeklagt hat.

Im Hinblick auf die Schadensersatz- und Schmerzensgeldansprüche wegen «Mobbings» führt das LAG aus, dass Ansprüche gegen die Beklagte aus den Grundsätzen der «positiven Vertragsverletzung» (§§ 280, 286, 325, 326 BGB entsprechend in der bis 31.12.2001 geltenden Fassung) nicht gegeben seien. Dabei sei zwischen eigenen Handlungen der Beklagten bzw. des Bürgermeisters als ihres gesetzlichen Vertreters und Ansprüchen aus Verletzung der Fürsorgepflicht wegen Nichteinschreitens gegen Handlungen des Vorgesetzten sowie der Haftung für Handlungen des Vorgesetzten aus § 278 BGB bzw. 831 BGB zu unterscheiden.

Soweit der Kläger der Beklagten den Ausspruch der vier Abmahnungen vorwerfe, könne die Kammer eine Verletzung der Fürsorgepflicht bzw. eine Beeinträchtigung des Persönlichkeitsrechts des Klägers hierdurch nicht erkennen. Zu Recht habe das Arbeitsgericht darauf hingewiesen, dass die beiden ersten Abmahnungen – vom 19.10.1994 und vom 23.12.1994 – wegen einer Dienstaufsichtsbeschwerde eines Gemeindebürgers erteilt worden seien. Eine Schädigungshandlung der Beklagten oder eine Fürsorgepflichtverletzung werde dann aber nicht erkennbar. Mit der Abmahnung übe der Arbeitgeber ein ihm zustehendes Rügerecht im Hinblick auf die Erbringung der Arbeitsleistung aus. Er begehe damit zunächst keinen Verstoß gegen seine Pflichten aus dem Arbeitsvertrag. Dies gelte grundsätzlich auch, wenn sich die Abmahnung als unberechtigt herausstelle. Eine Verletzung der Fürsorgepflicht liege zumindest dann nicht vor, wenn ein verständiger Arbeitgeber die Rüge im Zeitpunkt des Ausspruchs als berechtigt habe ansehen dürfen; er habe dann in Wahrung berechtigter eigener Interessen gehandelt.

Ähnliches gelte für die Abmahnungen vom 13.03.1995 und vom 20.03.1995. Zwar stelle der Kläger diesbezüglich nachvollziehbar dar, dass diese Abmahnungen auch inhaltlich falsch gewesen seien. Sein diesbezüglicher Vortrag lasse aber nicht erkennen, dass die Beklagte bereits bei Ausspruch der Abmahnung

213

Pflichtverletzungen begangen hätte – etwa weil ihr die Fehlerhaftigkeit der Anschuldigung bewusst gewesen wäre. Umso mehr fehle es an der Darlegung eines
entsprechenden Verschuldens.

Ähnliches gelte für die ausgesprochene Kündigung vom 16.05.1996. Zwar könne auch eine sozialwidrige Kündigung eine positive Vertragsverletzung darstellen. Auch dies setze jedoch voraus, dass der Arbeitgeber beim Ausspruch der
Kündigung pflichtwidrig und schuldhaft gehandelt habe. Es genüge nicht, dass
er wie hier eine vertretbare Rechtsauffassung vertreten und sich zum Ausspruch
einer Kündigung berechtigt gehalten habe.

Auch aus einer Gesamtschau ergebe sich nicht, dass ein Schadensersatzanspruch
aufgrund von Handlungen der Beklagten oder ihrer Organe vorliegen könnte.

Der Kläger habe aber auch keinen Anspruch gegen die Beklagte aus dem Gesichtspunkt von Fürsorgepflichtverletzungen, weil diese nicht gegen Handlungen des Vorgesetzten eingeschritten sei. Die Beklagte mache sich nur schadensersatzpflichtig, wenn sie ihrerseits ein Verschulden treffe, welches im Nichteinschreiten gegen Maßnahmen des Vorgesetzten und in der Verletzung ihrer Fürsorgepflicht liegen könnte. Darüber hinaus bestehe die Ersatzpflicht für Handlungen des Vorgesetzten nur im Rahmen des Eintritts für Erfüllungs- und Verrichtungsgehilfen (§ 278 bzw. § 831 BGB).

Verletzungen ihrer Fürsorgepflicht könnten der Beklagten dabei nur zur Last
gelegt werden, soweit ihr – oder ihren Organen – die Handlungen des Vorgesetzten bekannt gewesen seien. Dies lasse sich aus dem Sachvortrag des Klägers
jedoch nicht im Einzelnen entnehmen.

Der Vorgesetzte habe bei der Ausübung der Weisungen gegenüber dem Kläger
und bei den vom Kläger behaupteten Äußerungen in Ausübung der ihm von der
Beklagten anvertrauten Pflichten gehandelt. Aus diesem Grund hafte zwar
grundsätzlich auch die Beklagte für die Handlungen des Vorgesetzten über die
Zurechnungsnorm des § 278 BGB im Rahmen der positiven Vertragsverletzung.
Insoweit gelte aber: Selbst wenn der Vorgesetzte rechtsfehlerhafte Anweisungen
erteile, verstoße er nicht gegenüber dem Untergebenen bestehende vertragliche
Pflichten. Der Arbeitsvertrag gebe dem weisungsunterworfenen Arbeitnehmer
nämlich keinen Anspruch auf rechtsfehlerfreie Handhabungen gegenüber Dritten durch den Arbeitgeber. Erst recht gelte dies im Rahmen einer schwierigen
Rechtsproblematik.

Pflichtverstöße des Vorgesetzten gegenüber dem Kläger seien auch nicht ersichtlich, soweit dieser Bescheide des Klägers korrigiert habe und soweit er
diesem aufgetragen habe, ihm Bescheide zur Abzeichnung vorzulegen. Soweit
der Kläger auf handschriftliche Korrekturen durch seinen Vorgesetzten verwei-
se, handle es sich durchweg um sachliche Anmerkungen ohne Bezug zur Person
des Klägers. Sie stellten eine sehr intensive Ausübung der arbeitsrechtlich gegebenen Weisungsbefugnis dar, seien allerdings weder als Pflichtverletzung noch
als Schikane des Vorgesetzten anzusehen. Bemerkungen wie *«Sie sind nicht hier*

um zu denken, sondern um zu arbeiten» und *«das muss doch endlich in Ihre Birne reingehen»* erschienen als nicht sehr geschmackvoll. Auch sie erreichten die Grenze der Pflichtverletzung gegenüber dem Arbeitnehmer noch nicht. Selbst wenn man «Mobbing»-Symptome beim Kläger unterstelle, was auch für die Kammer nahe liege: Das Entstehen der Symptome sei nicht gleichzusetzen mit pflichtwidrigen und schuldhaften Handlungen des Arbeitgebers oder des Vorgesetzten. Anderes wäre nur anzunehmen, wenn solche Handlungen gezielt eingesetzt würden, um den Kläger in seiner Person zu beeinträchtigen und zu verletzen oder um ihn loszuwerden. Hierfür bestünden jedoch keine Anhaltspunkte.

Nach alldem fehle es schon an Pflichtverletzungen der Beklagten gegenüber dem Kläger. Sie habe ihre Pflichten weder durch eigene Handlungen verletzt noch durch im Rahmen der Fürsorgepflicht gebotene Handlungen unterlassen, noch seien ihr Pflichtverletzungen des Vorgesetzten des Klägers über § 278 BGB zurechenbar. Auch die erforderliche Gesamtschau ändere hieran nichts.

Aus ähnlichen Gründen komme auch eine Haftung aus dem Gesichtspunkt der unerlaubten Handlung (§ 823 BGB), erst recht aus vorsätzlicher sittenwidriger Schädigung (§ 826 BGB) nicht in Betracht.

Begründet sei die Klage nur, wenn auch nicht in voller Höhe, soweit der Kläger Ansprüche auf Ersatz der Aufwendungen für Fahrten zu seinen anwaltlichen Vertretern und zu Verhandlungen vor dem ArbG geltend gemacht habe. Diese Ansprüche hätten mit der Arbeitsunfähigkeit nichts zu tun. Sie gründeten auf den mit der Beklagten geführten Prozessen. Der Kläger habe diese Prozesse – bis auf den streitgegenständlichen – sämtlich gewonnen. Die Beklagte sei in den entsprechenden Urteilen auch verurteilt worden, die Kosten des Rechtsstreits zu tragen. Zu diesen Kosten zählten auch die notwendigen Reisekosten der obsiegenden Partei (§ 91 Abs. 1 S. 2 ZPO in der bis 31.12.2001 geltenden Fassung). Diese Kosten seien nicht durch § 12a ArbGG ausgeschlossen. Allerdings seien solche Fahrtkosten gem. § 91 Abs. 1 S. 2 Halbsatz 2 ZPO nur in derjenigen Höhe zu erstatten, wie dies für die Entschädigung von Zeugen vorgesehen sei *(veröffentlicht in: NZA-RR 2003, 121 ff.; ZTR 2002, 540 ff.; ArbuR 2002, 396 ff.).*

58. Beschluss Bundesgerichtshof, III ZR 277/01, vom 01.08.2002

Der BGH hat entschieden, dass für Schäden, die dadurch entstehen, dass ein Polizeibeamter im Rahmen der gem. Dienstausübung durch seinen Vorgesetzten systematisch und fortgesetzt schikaniert und beleidigt wird (Mobbing), der Dienstherr des Schädigers nach Amtshaftungsgrundsätzen hafte. Dies gelte sowohl für Schadensersatz- als auch für Schmerzensgeldansprüche, und zwar auch dann, wenn der Beamte in Ausübung eines öffentlichen Amtes eine Handlung begehe, die bei Anwendung des allgem. Deliktsrechts den Tatbestand des § 823 Abs. 1 und 2 (i.V.m. §§ 185, 223 StGB) oder des § 826 BGB erfüllen würde. Das Verbot von Mobbing-Handlungen folge aus der umfassenden Fürsorge- und

Treuepflicht des Dienstherrn gemäß § 48 BRRG bzw. den entsprechenden Vorschriften der Beamtengesetze der Länder. Die in §§ 35 I2, 36 Satz 3 BRRG sowie in den entsprechenden Vorschriften der Landesbeamtengesetze enthaltenen Pflichten bestimmten in besonderem Maße das Verhalten des Vorgesetzten zu seinen Untergebenen. Im Umgang mit ihnen sei er zu einem korrekten, achtungs- und vertrauenswürdigen Auftreten verpflichtet, wobei er sich insbesondere eines angemessenen Umgangstons zu befleißigen habe. Diese Grundsätze führten im vorliegenden Fall dazu, dass die Klage des Vaters einer Polizeibeamtin, die nach seinem Vortrag auf Grund von Mobbinghandlungen ihres Vorgesetzten Selbstmord begangen hatte, gegen den Vorgesetzten auf Schmerzensgeld und Erstattung von Beerdigungskosten abgewiesen wurde, da allenfalls der Dienstherr nach Amtshaftungsgrundsätzen und nicht der Vorgesetzte persönlich hafte *(veröffentlicht in: NJW 2002, 3172 ff.).*

59. Urteil Bundesarbeitsgericht, 2 AZR 240/01, vom 10.10.2002

Die Parteien stritten in der Revisionsinstanz noch über einen Auflösungsantrag der Beklagten.

Die Klägerin ist Fachärztin für Augenheilkunde und Anästhesiologie. Sie trat am 1. August 1998 in die Dienste der beklagten Stadt. Als Assistenzärztin in der Augenklinik des Städtischen Klinikums erhielt sie zuletzt ein monatliches Bruttogehalt von rund 10.000,00 DM einschließlich der Vergütung von Bereitschaftsdiensten.

Die Augenklinik ist in einem eigenen Gebäude im Klinikgelände untergebracht. Darin untergebracht ist neben dem stationären Bereich mit 15 Planbetten auch die Ambulanz. In der Ambulanz befindet sich auch das Sekretariat, in dem eine Sekretärin tätig ist. Den ärztlichen Dienst versehen ein Chefarzt, zwei Oberärzte und vier Assistenzärzte. In der Ambulanz arbeiten zwei Arzthelferinnen. Auf der Station sind zehn Krankenschwestern im Schichtdienst eingesetzt.

Einige Zeit vor Beschäftigungsbeginn der Klägerin hatte Herr Professor Dr. F als neuer Chefarzt der Augenklinik seinen Dienst angetreten. Er wurde jedoch alsbald – im November 1998 – von seiner Tätigkeit entbunden. Ab diesem Zeitpunkt bis zur Neubesetzung der Stelle im März 2000 nahm die Oberärztin Dr. W die Aufgaben des Chefarztes kommissarisch wahr. Im März 1999 kehrte Herr Dr. S – der als Oberarzt kurz vor dem Ende der Dienstzeit des Herrn Professor Dr. F ausgeschieden war – in die Klinik zurück und war nunmehr wieder Oberarzt neben Frau Dr. W. Im Februar und März 1999 beschwerten sich Patienten über unfreundliches Verhalten der Klägerin. Ebenfalls um diese Zeit traten Misshelligkeiten in der Belegschaft der Klinik auf. In diesem Zusammenhang fand am 22. März 1999 ein Gespräch zwischen der Klägerin und den beiden Oberärzten Dr. W und Dr. S statt, das zu keinem Einvernehmen führte. Mit Schreiben vom 27. April 1999 beschwerten sich zehn Schwestern der Augenstation über das Arbeitsklima zwischen ihnen und der Klägerin. Sie warfen der Klägerin sehr schlechte Rücksprache zu Behandlungsmethoden, sehr unfreund-

216

liche Behandlung, sehr mangelhafte Darlegung einzelner Therapien, Abstreiten von Verantwortlichkeit und Abgabe ärztlicher Aufgaben an die Schwestern vor.

Mit Schriftsatz vom 18. April 2000 im vorliegenden Rechtsstreit überreichten die Prozessbevollmächtigten der Klägerin ein von dieser unterzeichnetes mehrseitiges Schreiben vom 2. Mai 1999, das an den Klinikdirektor gerichtet war und in dem die Klägerin in teils scharfer Form Vorwürfe gegen Vorgesetzte und Mitarbeiter erhob. Es heißt dort u.a.:

«Tatsächlich sehe ich mich jedoch seit meinem Stellenantritt mit massiven Widerständen konfrontiert, die von den bereits am Klinikum befindlichen Mitarbeitern Herrn Prof. F und den von ihm neu eingestellten ärztlichen wie nichtärztlichen Mitarbeitern entgegengestellt wurden, um ihnen das Gefühl des Unerwünschtseins zu vermitteln.

Nachdem ich lange Zeit schweigend zugesehen habe, bin ich zu der Ansicht gekommen, dass nun ein Maß der Schikane und des systematischen Mobbings erreicht ist, das eine In-Kenntnis-Setzung Ihrer Person zu den Vorgängen erforderlich macht. Leider habe ich derzeit keinen Chef, an den ich mich vertrauensvoll wenden könnte.

... ich bin nicht mehr bereit, mich wie bisher einer Situation des systematischen Mobbings sowie der gezielten üblen Nachrede zu fügen. Sollte sich in dieser Hinsicht nicht ab sofort etwas ändern und sollte sich für mich das Entstehen eines durch Mobbing induzierten gesundheitlichen Schadens abzeichnen, ganz abgesehen davon, dass unter den gegebenen Bedingungen keine vernünftige Berufsausübung möglich ist, werde ich zu arbeitsrechtlichen Konsequenzen greifen und diese notfalls bis zum Letzten ausschöpfen. Ich habe bereits die Anwaltskanzlei ... mit der Vertretung meiner Interessen beauftragt.

Noch freue ich mich auf eine produktive, geistig höher stehende Zusammenarbeit mit einem neuen Chefarzt, dessen baldiger Stellenantritt höchst begrüßenswert wäre, schon allein um diesem unwürdigen Treiben ein Ende zu bereiten.»

In einem Vermerk vom 19. Mai 1999 beschwerte sich eine Schwester der Kinderklinik über unfreundliches Verhalten der Klägerin gegenüber Kindern. Mit Schreiben vom 23. Mai 1999 wandte sich die Oberärztin Dr. W an die Personalleitung und bat um schnellstmögliche Auflösung des Arbeitsverhältnisses der Klägerin, weil eine konstruktive Zusammenarbeit mit der Klägerin nicht mehr möglich sei. Mit Schreiben vom 31. Mai 1999 wandte sich die Klägerin durch ihre jetzigen Prozessbevollmächtigten an die Oberärzte Dr. W und Dr. S mit verschiedenen Vorwürfen und führte abschließend aus:

«...darf ich darauf hinweisen, dass Sie es durch Ihr Verhalten nicht schaffen werden meine Mandantin zu einer Kündigung des Arbeitsverhältnisses zu bewegen. Meine Mandantin wird sich dieses Verhalten nicht weiter bieten lassen und wird auch nicht davor scheuen ihre Rechte notfalls gerichtlich durchzusetzen.»

Vom 22. Juni bis zum 3. September 1999 war die Klägerin arbeitsunfähig erkrankt.

Mit Schreiben vom 3. August 1999 erteilte die Beklagte der Klägerin eine Abmahnung wegen fünf Beschwerden, mit denen sich Patienten wegen unfreundlicher Behandlung an die Beklagte gewandt hatten. Ferner rügte die Beklagte in der Abmahnung die Klägerin wegen Mitarbeiterbeschwerden und wegen ihres Verhaltens bei einer Präsentation der Augenklinik am 12. Mai 1999.

Mit sechs Schreiben vom 28. Oktober 1999 erteilte die Beklagte der Klägerin wegen derselben Vorgänge – mit Ausnahme der Mitarbeiterbeschwerden – jeweils getrennte Abmahnungen. Die Klägerin erhob gegen die Abmahnungen vor dem Arbeitsgericht eine Klage. Der Ausgang des Rechtsstreits ist nicht aktenkundig.

Am 13. November 1999 beschwerte sich erneut eine Patientin über schroffes Verhalten der Klägerin anlässlich einer Untersuchung am 9. November 1999.

Unter dem 5. Januar 2000 hörte die Beklagte den Personalrat zur beabsichtigten ordentlichen Kündigung der Klägerin an. Dem Anhörungsschreiben lagen verschiedene Schriftstücke, nicht jedoch das Schreiben der Klägerin vom 2. Mai 1999 bei. Die Beklagte stützte die Kündigung auf die Patientenbeschwerde vom 13. November 1999. Daraus werde deutlich, dass die Klägerin trotz der Abmahnungen nicht bereit sei, ihr «*teils als frech, barsch bzw. sogar diskriminierend und beleidigend empfundenes Verhalten zu ändern*». Auch der Umgang mit Kollegen habe sich nicht geändert. Nachdem der Personalrat der Kündigung zugestimmt hatte, kündigte die Beklagte am 10. Februar 2000 das Arbeitsverhältnis mit der Klägerin zum 31. März 2000.

Mit der Klage hat die Klägerin die Sozialwidrigkeit der Kündigung geltend gemacht. Die Beklagte hat um Abweisung der Kündigungsschutzklage gebeten und hilfsweise beantragt,

« ... *das zwischen den Parteien bestehende Arbeitsverhältnis wird gegen Zahlung einer Abfindung, die in das Ermessen des Gerichts gestellt wird, aufgelöst*».

Das ArbG hat nach dem Klageantrag erkannt und den Auflösungsantrag der Beklagten zurückgewiesen. Das LAG hat dem Kündigungsschutzantrag entsprochen, auf Antrag der Beklagten das Arbeitsverhältnis zum 31. März 2000 aufgelöst und die Beklagte zur Zahlung einer Abfindung von 30.000,00 DM verurteilt. Auf die Revision der Klägerin hat das BAG das Berufungsurteil aufgehoben und den Rechtsstreit an das LAG zurückverwiesen.

Das LAG hatte ausgeführt, da der Personalrat ordnungsgemäß beteiligt worden und die Kündigung der Beklagten allein wegen Sozialwidrigkeit gem. § 1 KSchG unwirksam sei, habe das Arbeitsverhältnis nach § 9 Abs. 1 Satz 2 KSchG aufgelöst werden können. Bei einer Gesamtschau aller Umstände sei eine den Betriebszwecken, nämlich der Behandlung und Versorgung kranker Menschen, dienliche Zusammenarbeit nicht zu erwarten. Auf die Frage, ob den

Arbeitnehmer an den Auflösungsgründen ein Verschulden treffe, komme es nicht an. Als Assistenzärztin müsse die Klägerin arbeitsteilig, offen und vertrauensvoll mit den Oberärzten und dem Pflegepersonal zusammenwirken. Das Verhältnis der Klägerin zu den vorgesetzten Oberärzten, zum nachgeordneten Pflegepersonal und zur Chefsekretärin sei zerrüttet. Das ergebe sich insbesondere aus den Schreiben von April und Mai 1999. Eine gestörte Kommunikation und ein negatives Betriebsklima seien geeignet, die Patienten, deren Genesung und dadurch auch den Ruf und den unternehmerischen Erfolg der Klinik negativ zu beeinflussen. Die Patientenbeschwerden spiegelten möglicherweise die Reaktion der Patienten auf die Zerrüttung wider. Die negative Prognose habe noch in der letzten mündlichen Verhandlung vor dem Berufungsgericht fortbestanden. Die Beklagte sei nicht verpflichtet, die Klägerin ausschließlich in der Ambulanz einzusetzen, weil dadurch die anderen Assistenzärzte vertragswidrig benachteiligt würden. Das Schreiben der Klägerin vom 2. Mai 1999 habe berücksichtigt werden dürfen, obwohl es dem Personalrat nicht vorgelegen habe. Nach § 77 LPVG BaWü, § 102 BetrVG sei der Arbeitgeber nur zur Mitteilung der Kündigungsgründe verpflichtet. Zur Begründung der Abfindungshöhe hat das LAG u.a. ausgeführt, die Eskalation im Verhältnis der Parteien sei möglicherweise durch Konfliktmanagement vermeidbar gewesen.

Das BAG vertrat die Auffassung, dass die vom LAG gegebene Begründung die Auflösung des Arbeitsverhältnisses nach § 9 Abs. 1 Satz 2 KSchG nicht rechtfertige.

Nach der Grundkonzeption des Kündigungsschutzgesetzes führe eine Sozialwidrigkeit der Kündigung zu deren Rechtsunwirksamkeit und zum Fortbestand des Arbeitsverhältnisses. Das Kündigungsschutzgesetz sei vorrangig ein Bestandsschutz- und kein Abfindungsgesetz. Dieser Grundsatz werde durch § 9 KSchG unter der Voraussetzung durchbrochen, dass – bezogen auf den Auflösungsantrag des Arbeitgebers – eine Vertrauensgrundlage für eine sinnvolle Fortsetzung des Arbeitsverhältnisses nicht mehr bestehe. Da hiernach eine Auflösung des Arbeitsverhältnisses nur ausnahmsweise in Betracht komme, seien an die Auflösungsgründe strenge Anforderungen zu stellen. Allerdings sei die Erwägung, dass es insbesondere während eines Kündigungsschutzprozesses zu zusätzlichen Spannungen zwischen den Parteien kommen könne, die eine Fortsetzung des Arbeitsverhältnisses sinnlos erscheinen ließen, für die Schaffung der gesetzlichen Regelungen mitbestimmend. Maßgeblicher Zeitpunkt für die Beurteilung der Frage, ob eine den Betriebszwecken dienliche weitere Zusammenarbeit zwischen Arbeitgeber und Arbeitnehmer zu erwarten ist, sei der Zeitpunkt der letzten mündlichen Verhandlung in der Tatsacheninstanz. Der Auflösungsantrag sei trotz seiner nach § 9 Abs. 2 KSchG gesetzlich angeordneten Rückwirkung auf den Kündigungszeitpunkt in die Zukunft gerichtet. Das Gericht habe eine Vorausschau anzustellen. Im Zeitpunkt der Entscheidung über den Antrag sei zu fragen, ob auf Grund des Verhaltens des Arbeitnehmers in der Vergangenheit in Zukunft noch mit einer den Betriebszwecken dienenden weiteren Zusammenarbeit der Parteien zu rechnen sei. Wegen dieses zeitlichen Beurteilungsansatzes sei es denkbar, dass mögliche Auflösungsgründe ihr Gewicht wieder verlieren, weil die tatsächlichen oder rechtlichen Umstände sich im Zeitpunkt der abschließenden Entscheidung geändert hätten.

Als Auflösungsgründe für den Arbeitgeber gem. § 9 Abs. 1 Satz 2 KSchG kämen solche Umstände in Betracht, die das persönliche Verhältnis zum Arbeitnehmer, die Wertung seiner Persönlichkeit, seiner Leistung oder seiner Eignung für die ihm gestellten Aufgaben und sein Verhältnis zu den übrigen Mitarbeitern beträfen. Die Gründe, die eine den Betriebszwecken dienliche weitere Zusammenarbeit zwischen den Vertragspartnern nicht erwarten ließen, müssten zwar nicht im Verhalten, insbesondere nicht im schuldhaften Verhalten des Arbeitnehmers liegen. Indes dürfe der Arbeitgeber Spannungen zwischen dem Arbeitnehmer und Kollegen oder Vorgesetzten nicht ohne Beachtung der Verursachungsanteile zu Lasten eines Arbeitnehmers lösen. Weder könne die bloße Weigerung von Arbeitskollegen, mit einem Arbeitnehmer zusammenzuarbeiten, die Auflösung nach § 9 Abs. 1 Satz 2 KSchG rechtfertigen, noch könne dem Arbeitgeber gestattet sein, sich auf Auflösungsgründe zu berufen, die von ihm selbst oder von Personen, für die er einzustehen hat, provoziert worden seien. Mit dieser Maßgabe komme es darauf an, ob die objektive Lage beim Schluss der mündlichen Verhandlung in der Tatsacheninstanz beim Arbeitgeber die Besorgnis aufkommen lassen kann, dass die weitere Zusammenarbeit mit dem Arbeitnehmer gefährdet sei. Als Auflösungsgrund geeignet seien danach etwa Beleidigungen, sonstige ehrverletzende Äußerungen oder persönliche Angriffe des Arbeitnehmers gegen den Arbeitgeber, Vorgesetzte oder Kollegen.

Diese Grundsätze habe das LAG nicht genügend beachtet. Zwar habe das LAG mit revisionsrechtlich nicht zu beanstandenden Erwägungen angenommen, das Arbeitsverhältnis sei zerrüttet gewesen. Jedoch habe es § 9 Abs. 1 Satz 2 KSchG verletzt, indem es den Vortrag der Klägerin außer Acht gelassen habe, die Zerrüttung der Parteien sei auf Fehlverhalten von Personen zurückzuführen, für die die Beklagte als Arbeitgeberin einzustehen habe. Die Frage, wer die zwischenmenschlichen Spannungen verursacht hatte, habe nach den vorstehenden Grundsätzen eben nicht – wie das LAG angenommen habe – dahinstehen können. Das LAG habe auch die Frage nicht offenlassen dürfen, ob die Zerrüttung durch geeignete und zumutbare Schritte seitens der Beklagten (Konfliktmanagement) hätte vermieden werden können. Ebenfalls habe das LAG zu Unrecht dem Umstand keine Bedeutung zugemessen, dass im Zeitpunkt seiner Entscheidung ein neuer Chefarzt im Amt gewesen sei, von dem nach dem Vortrag der Klägerin in Betracht gekommen sei, sie könne mit ihm gut zusammenarbeiten und die zunächst eingetretene Zerrüttung werde dadurch überwunden.

Das BAG konnte jedoch nicht selbst in der Sache entscheiden. Es stehe noch nicht fest, ob der Auflösungsantrag der Beklagten begründet sei.

Auf Grund des vom LAG festgestellten Sachverhalts könne der Senat nicht beurteilen, ob ein Auflösungsgrund vorliege, insbesondere, ob die Zerrüttung von der Beklagten zu verantworten sei. Zwar habe die Klägerin behauptet, sie sei – etwa am 22. März 1999 – überfallartig von den Oberärzten Dr. W und Dr. S zu einem Personalgespräch gezwungen worden. Im Hintergrund habe die Absicht der «alten Garde» gestanden, die neu eingestellten Ärzte herauszudrängen. Sei dies so und sei die Klägerin, wie sie geltend mache, durch gezielte und von der Beklagten geduldete Feindseligkeiten aus dem Kreis der Mitarbeiter gedrängt worden, so komme in Betracht, dass die der Beklagten zuzurechnenden Anteile an der Verursachung der Spannungen überwiegen. In einem solchen Fall sei der Auflösungsantrag nicht gerechtfertigt. Vielmehr sei es dann Sache des Arbeitgebers, auf die Mitarbeiter einzuwirken und für ein möglichst spannungsfreies Zusammenwirken zum Wohle des Betriebes zu sorgen. Allerdings sei die darlegungs- und beweisbelastete Beklagte den Behauptungen der Klägerin entgegengetreten und habe dargetan, die Spannungen seien ganz überwiegend durch uneinsichtiges und konfliktträchtiges Verhalten der Klägerin gegenüber ihren Mitarbeiterinnen und Vorgesetzten verursacht worden. So habe die Beklagte das Gespräch vom 22. März 1999 als einen fairen und wohlgemeinten Versuch der Oberärzte geschildert, eine vertrauensvolle Basis für die Zusammenarbeit zu suchen, dem sich die Klägerin in persönlich verletzender, schroffer, unhöflicher Form demonstrativ widersetzt habe. Die Beklagte habe dazu weiter vorgetragen, die Klägerin habe dieses Verhalten auch in der Folge durchgehend beibehalten, so dass eine Zusammenarbeit nicht mehr möglich gewesen sei. Entgegen der von der Klägerin geäußerten Erwartung, sie werde mit dem neuen Chefarzt gut zusammenarbeiten, habe die Beklagte ausgeführt, dieser habe persönliche Erfahrungen mit der Klägerin aus einer früheren Zusammenarbeit, die ihn zu der Überzeugung geführt hätten, die Klägerin werde ihre persönliche Art nicht ändern. Außerdem habe sich die Klägerin gegenüber Dritten nach der Kündigung extrem negativ über die Oberärzte geäußert, möglicherweise habe sie auch Nachteiliges über den Chefarzt verlauten lassen. Es sei nach Auffassung des BAG also nicht auszuschließen, dass die erneute Prüfung des Auflösungsantrages unter Beachtung der oben wiedergegebenen Grundsätze wiederum zu dem Ergebnis führten, dass eine den Betriebszwecken dienliche weitere Zusammenarbeit nicht zu erwarten sei. Sollte sich dabei herausstellen, dass die Verursachungsanteile der Klägerin deutlich überwiegen und dass auch das vom LAG vermisste Konfliktmanagement der Beklagten nicht zu einer Besserung hätte führen können, so könne dies auch bei der etwa erneut festzusetzenden Höhe der Abfindung der Klägerin ins Gewicht fallen *(veröffentlicht in: EzA § 9 KSchG, n.F. Nr. 46)*.

60. Urteil Landesarbeitsgericht Bremen, 3 Sa 78/02 und 3 Sa 232/02, vom 17.10.2002

Die Schmerzensgeldklage der Klägerin gegen ihren Arbeitgeber wurde vom LAG Bremen mangels substanziiertem Sachverhalt abgewiesen. Die Klägerin hatte insgesamt 9 Vorfälle geschildert, die nach ihrer Auffassung Mobbing-Handlungen darstellten und die sich über einen Zeitraum von 3 1/2 Jahren erstreckten. Das LAG äußerte bereits Zweifel daran, ob selbst dann, wenn diese 9 Fälle alle einen substanziierten Vortrag enthielten, damit der Tatbestand der dauernden Rechtsgutverletzung, der fortgesetzten, aufeinander aufbauenden und ineinander übergreifenden, der Anfeindung, Schikane oder Diskriminierung dienenden Verhaltensweisen seitens der Kolleginnen und Kollegen der Klägerin dargelegt sei. Bei zeitlich derartig weit auseinander liegenden Handlungen fehle i.d.R. schon die notwendige systematische Vorgehensweise. Dies gelte hier umso mehr, als ein substanziierter Vortrag der Klägerin nur für wenige Vorfälle erbracht worden sei. Insbesondere der Vortrag «im Sommer 1998 habe eine Kollegin in Umlauf gebracht, die Klägerin sei nicht glaubwürdig, weil sie ihrer geistigen Kräfte nicht mächtig sei», sei unsubstanziiert. Hier hätte der Zeitraum mindestens nach dem Vorfallsmonat näher eingegrenzt und mitgeteilt werden müssen, ob der Vorfall zu Beginn des Sommers, am Ende des Sommers bzw. im Juni, Juli oder August stattgefunden habe. Der Vortrag, im Herbst 1998 sei ein Schild mit dem Wort «Ekel» am Arbeitsplatz der Klägerin, als diese aus dem Urlaub gekommen sei, aufgehängt worden, sei zwar ausreichend bestimmt, insbesondere weil die Klägerin vortrage, dieses Schild habe zu diesem Zeitpunkt mehrere Monate dort gehangen. Es handle sich auch um eine die Ehre verletzende Handlung, deren Dauer allerdings die Klägerin selbst zu vertreten habe, da sie das Schild bewusst nicht abgehängt habe. Insgesamt habe die Klägerin die Voraussetzungen einer zum Schadensersatz führenden Handlung von Mitarbeitern, für deren Abhilfe der Arbeitgeber aufgrund seiner Fürsorgeverpflichtung hätte sorgen müssen, nicht dargetan, so dass die Klage abgewiesen wurde *(veröffentlicht in: NZA-RR 2003, 234 ff.; AuR 2003, 37).*

61. Urteil Landesarbeitsgericht Berlin, 19 Sa 940/02, vom 01.11.2002

Vgl. zum Sachverhalt oben Urteil Nr. 49 des ArbG Berlin vom 08.03.2002.

Der Arbeitgeber hatte das Arbeitsverhältnis außerordentlich, hilfsweise ordentlich gekündigt wegen einer behaupteten Verleumdung bzw. üblen Nachrede der Klägerin in Bezug auf die Geschäftsführerin des Arbeitgebers, der die Klägerin im Laufe des bis dahin bereits angelaufenen Rechtsstreits ein systematisches Mobbing vorgeworfen hatte. Das LAG gab der Kündigungsschutzklage statt, da Straftaten nur dann die Grundlage für eine Kündigung sein könnten, wenn die einzelnen Straftaten vorsätzlich begangen worden seien. Dieser Vorsatz sei hier nicht anzunehmen, da nach der Beweisaufnahme sowie nach den Attesten der behandelnden Ärzte eher Anhaltspunkte dafür vorhanden seien, dass eine Mobbing-Situation vorgelegen habe. Darüber hinaus seien derartige Angaben im Rahmen eines Prozesses, wenn sie die behaupteten Ansprüche auf Schmerzensgeld und Schadensersatz stützen sollten, gemäß § 193 StGB im Rahmen der Wahrnehmung berechtigter Interessen gerechtfertigt.

Schadensersatz- und Schmerzensgeldansprüche lehnte das LAG ab. Als Anspruchsgrundlage wird eine positive Forderungsverletzung der Fürsorgepflicht des Arbeitgebers in Betracht gezogen. Voraussetzung für derartige Ansprüche seien durch Mobbinghandlungen kausal verursachte Verletzungen der Rechtsgüter des Arbeitnehmers, ein zurechenbarer Schaden und ein Verschulden des Arbeitgebers, der insbesondere die psychischen Gesundheitsverletzungen des Arbeitnehmers voraussehen müsse. Dies sei hier allenfalls erst dann der Fall gewesen, nachdem die Arbeitnehmerin den Arbeitgeber schriftlich auf ihre Erkrankungen und die Verursachung durch das Arbeitsklima hingewiesen hatte. Zu diesem Zeitpunkt sei die Klägerin aber bereits erkrankt gewesen, so dass es an der Kausalität einer etwaigen Pflichtverletzung des Arbeitgebers für die davor liegende Erkrankung der Klägerin fehle *(veröffentlicht in: NZA-RR 2003, 232 ff.)*.

62. Urteil LAG Berlin, 16 Sa 938/02 vom 07.11.2002

Gegenstand dieses Verfahrens war die Klage einer in einem Altenheim beschäftigten Bürokauffrau, die gegen ihren Arbeitgeber einen Anspruch auf Schadensersatz und Schmerzensgeld geltend machte. Sie begründete ihre Forderung damit, dass sie wegen des «despotischen Führungsverhaltens» ihres Arbeitgebers seelisch krank geworden sei. Ihr Arbeitgeber habe sie beispielsweise als «blöd wie alle Ossis», «doof» und «bescheuert» bezeichnet, und darüber hinaus habe sie eine Vielzahl von unberechtigten Abmahnungen erhalten.

Das ArbG hatte der Klägerin in erster Instanz ein Schmerzensgeld in Höhe von € 7.500,00 und Schadensersatz in Höhe der Differenz zwischen Krankengeld und Nettovergütung zugesprochen. Das LAG wies die Klage in der Berufungsinstanz ab und führte zur Begründung u.a. aus, dass die Klägerin ihrer Beweisverpflichtung nicht ausreichend nachgekommen sei. Behaupte eine Arbeitnehmerin, sie sei durch despotisches Führungsverhalten ihres Arbeitgebers seelisch krank geworden, müsse sie im Prozess um Schmerzensgeld und Schadensersatz eine größere Anzahl einzelner Tathandlungen nach Zeit, Situation und sonstigen Umständen darlegen und unter Beweis stellen. Es genüge nicht zu behaupten, der Arbeitgeber habe «fast jeden zweiten Tag herumgebrüllt» und diese oder jene oder eine dritte Beleidigung ausgesprochen.

Soweit die Klägerin dagegen eingewandt habe, von ihr könne nicht erwartet werden, dass sie jede Äußerung genau datiere und vermerke bzw. sie könne nicht jede Beleidigung und jeden Wutausbruch der Geschäftsführerin der Beklagten minutiös dokumentieren, habe sie damit in dieser Allgemeinheit zwar Recht; wenn sie aber umfangreiche materielle Ansprüche gegen die Beklagte erhebe, müsse sie dies – nach Auffassung der Berufungskammer – wohl doch.

Auch eine Bewertung von Abmahnungen und Schreiben als schuldhafte, krankheitsverursachende Tathandlungen lehnte das LAG im vorliegenden Fall ab. Das Kündigungsschutzgesetz habe für den Arbeitgeber, und zwar zum Schutz der Arbeitnehmer, Schranken errichtet, bevor er sich durch Ausspruch einer verhaltensbedingten Kündigung vom Arbeitnehmer trennen dürfe. Der Arbeitgeber müsse im Prozess nicht nur einzelne, konkrete Vertragsverstöße des Arbeitnehmers nachweisen, sondern er müsse insbesondere auch nachweisen, dass er den Arbeitnehmer erfolglos wegen solcher Verstöße abgemahnt habe. Wenn ein

Arbeitgeber die Fehlleistungen für gravierend halte, bleibe ihm gar nichts anderes übrig, als zunächst Abmahnungen auszusprechen, bevor er an eine Kündigung denken könne. Wenn er dabei über das Ziel hinausschieße oder einen Formfehler begehe, sei dies ein Vorgang, wie er tausendfach im Arbeitsleben auftrete. Zwar müsse jeder Arbeitgeber damit rechnen, dass der betroffene Arbeitnehmer eine Abmahnung für unberechtigt halte, möglicherweise vor Gericht angreife und möglicherweise damit auch Erfolg habe. Er müsse aber i.d.R. (und insbesondere dann, wenn er von einer seelischen Erkrankung des Arbeitnehmers nichts wisse) nicht damit rechnen, dass eine Abmahnung, die er selbst – der Arbeitgeber – für berechtigt halte, den Arbeitnehmer krank machen oder eine bestehende Krankheit verstärken könne. Diese sei nur dann anders, wenn der Arbeitgeber wisse oder zumindest ohne weiteres wissen könnte, dass die in der Abmahnung enthaltenen Vorhaltungen unberechtigt seien. Davon könne im vorliegenden Fall aber nicht ausgegangen werden.

Die Revision gegen das Urteil wurde vom LAG nicht zugelassen. Die von der Klägerin gegen das Urteil des LAG eingelegte Nichtzulassungsbeschwerde wurde vom BAG durch Beschluss vom 20.02.2003, 8 AZN 27/03, auf Kosten der Klägerin zurückgewiesen.

63. Urteil Landesarbeitsgericht Berlin, 16 Sa 970/02, vom 14.11.2002

Die Schmerzensgeldklage des Arbeitnehmers, u.a. wegen Zuweisung einer nicht vertragsgerechten Tätigkeit, wurde abgewiesen, da der Arbeitgeber von seinem Weisungsrecht in rechtmäßiger Weise Gebrauch gemacht habe. Der Kläger sei nach seinem Arbeitsvertrag verpflichtet gewesen, nach Weisung der Beklagten sämtliche Arbeiten auszuführen, die im Rahmen seiner Vergütungsgruppe lägen. Soweit dies im Einzelfall nicht der Fall gewesen sei, habe der Arbeitgeber jedenfalls nicht schuldhaft gehandelt. Der Arbeitnehmer habe starke querulatorische Züge aufgewiesen. Einen solchen Arbeitnehmer während der täglichen Arbeit stets (objektiv) rechtlich fehlerfrei zu behandeln, sei einem durchschnittlichen Vorgesetzten kaum möglich, wenn nicht ständig ein arbeitsrechtlich (und womöglich psychologisch) besonders geschulter Mitarbeiter zur Verfügung stehe und um Rat gefragt werden könne.

Den Feststellungsantrag dahingehend, dass der Arbeitgeber verpflichtet sei, gegenüber Vorgesetzten arbeitsrechtliche Konsequenzen zu ergreifen für den Fall, dass diese gegenüber dem Arbeitnehmer Übergriffe vornehmen, hielt das Gericht für unzulässig, da der Antrag eine inhaltlich vollkommen unbestimmte Verpflichtung der Beklagten beinhalte (vgl. im Einzelnen *Frage 14*, Fallbeispiel 9; *veröffentlicht in: NZA-RR 2003,523 ff*).

64. Urteil Landesarbeitsgericht Berlin, 6 Sa 1735/02, vom 17.01.2003

Das LAG wies einen Schmerzensgeldanspruch einer Ärztin wegen Mobbings im Zusammenhang mit betriebsorganisatorischen Maßnahmen zurück. Für diesen müsse erkennbar sein, dass Maßnahmen des Arbeitgebers aus Anlass einer Betriebsänderung gegen die Person des Arbeitnehmers gerichtet waren und nicht bloß den Inhalt oder den Bestand dessen Arbeitsverhältnisses betrafen. Dafür genüge die Wahrnehmung vermeintlicher Rechte durch den Arbeitgeber nicht, wenn aus dabei gemachten Fehlern nicht zu schließen sei, dass der Arbeitnehmer damit gezielt zermürbt werden sollte *(veröffentlicht in: EZA-Schnelldienst 2003, Nr. 6, 10)*.

65. Urteil Sozialgericht Dortmund, S 36 U 267/02, vom 19.02.2003

Der Kläger, Leiter der Abteilung Arbeitssicherheit einer großen Firma, hatte geltend gemacht, seine psychische Erkrankung sei auf den Druck und die Belastung durch Mobbing am Arbeitsplatz zurückzuführen. Er verlangte von der beklagten Berufsgenossenschaft Entschädigungsleistungen wegen Vorliegens einer Berufskrankheit. Das SG hat in Übereinstimmung mit der bisherigen Rechtsprechung abgelehnt, eine psychische Erkrankung, die durch Mobbing verursacht worden ist, als Berufskrankheit zu entschädigen. Es hat unter Berufung auf ein Urteil des LSG Baden-Württemberg vom 16.08.2001 – Az. L 7 U 18/01 – auch abgelehnt, die psychische Erkrankung des Versicherten *wie eine Berufskrankheit* zu entschädigen. Neue Erkenntnisse zur Bedeutung von Mobbing am Arbeitsplatz für bestimmte Berufsgruppen, die seit der letzten Änderung der Berufskrankheiten-Verordnung bekannt geworden seien, lägen nicht vor. Es könne keine Feststellung dahingehend getroffen werden, dass eine bestimmte Personengruppe – hier die Sicherheitsingenieure – in erhöhtem Maße von Mobbing betroffen seien *(veröffentlicht in: ZTR 2003, 148)*.

66. Urteil Hessisches Landesarbeitsgericht, 12 Sa 561/02, vom 21.02.2003

Das hessische LAG wies die Kündigungsschutzklage einer Arbeitnehmerin, die nach ihrer Auffassung gemobbt worden sei, gegen eine während der Probezeit ausgesprochene Kündigung ab. Zwar sei der Arbeitgeber aufgrund seiner arbeitsvertraglichen Nebenpflichten verpflichtet, gegen unter dem unjuristischen Oberbegriff Mobbing zusammengefassten, einen Kollegen belästigenden, beleidigenden und anderweitig verletzenden Verhaltensweisen durch andere Arbeitnehmer einzuschreiten. Unterlasse der Arbeitgeber dies, könne er sich schadensersatzpflichtig machen. Eine Verletzung der Fürsorgepflicht könne in solchen Fällen für sich jedoch nicht zur Treuwidrigkeit einer Kündigung des gemobbten Arbeitnehmers in der Probezeit führen, wenn deren Ausspruch nicht ihrerseits willkürliche oder diskriminierende Motive zugrunde lägen. Mobbing-Handlungen begründeten keinen Sonderkündigungsschutz für deren Opfer. Kündigungsrechtlich könne der Mobbing-Vorwurf lediglich insoweit relevant sein, wie er geeignet sei, Rückschlüsse auf die tatsächliche Motivation des Arbeitgebers für die Kündigung zu ermöglichen. Mache der Arbeitgeber sich ein diskriminierendes Verhalten von Kollegen des entlassenen Arbeitnehmers zu Eigen, könne dies u.U. den Vorwurf der Willkür oder des Vorgehens aus verwerflichen Motiven rechtfertigen. Diese Voraussetzungen lagen hier jedoch nach Auffassung des LAG nicht vor. Es sei jedenfalls nicht widerlegt, dass die Beurteilung der Beklagten von Leistung und Verhalten der Klägerin seit Beginn des Arbeitsverhältnisses das maßgebliche Motiv der Kündigung gewesen sei *(veröffentlicht in: NZA-RR 2004, 356 ff.).*

67. Urteil Landesarbeitsgericht Berlin, 18 Sa 2299/02, vom 06.03.2003

Die Parteien stritten vorliegend darüber, ob der Kläger, der als Oberarzt in der Unfallchirurgie eines Klinikums beschäftigt war, gegen den Beklagten, der sein fachvorgesetzter Chefarzt war, einen Anspruch auf Schmerzensgeld wegen Verletzung des Persönlichkeitsrechts bzw. der Ehre und Gesundheit durch «Mobbing» hatte.

Durch Urteil vom 15. August 2002 hatte das ArbG Berlin die Klage abgewiesen und zur Begründung im Wesentlichen ausgeführt, dass die einzelnen vom Kläger dargelegten Vorfälle sowohl einzeln gesehen als auch bei einer Gesamtbetrachtung die Voraussetzungen der §§ 823, 847 BGB nicht erfüllten.

In der Berufungsinstanz vertrat der Kläger weiter die Auffassung, ihm stünde ein Schmerzensgeld infolge des Verhaltens des Beklagten zu. Dieses Verhalten sei bei Gesamtbetrachtung als «Mobbing» zu qualifizieren. Der Kläger rügte insbesondere, dass das Arbeitsgericht den Rechtsbegriff des «Mobbing» verkannt und deshalb überspannte Anforderungen an die Tatbestandsmerkmale bezüglich Intensität, Regelmäßigkeit und Häufigkeit gestellt habe.

Das LAG wies die Berufung des Klägers als unbegründet zurück.

Der Kläger habe gegen den Beklagten keinen Anspruch auf Zahlung eines Schmerzensgelds wegen Verletzung des Persönlichkeitsrechts, der Ehre oder Gesundheit gemäß den §§ 823, 847 BGB. Denn der Kläger habe die erforderlichen tatbestandlichen Voraussetzungen nicht in ausreichendem Umfang dargelegt bzw. diese seien dem dargelegten Sachverhalt entgegen der Auffassung des Klägers nicht zu entnehmen.

Zunächst fehle es bereits an dem geforderten systematischen Handeln, da weder fortgesetztes, noch aufeinander aufbauendes noch ineinander greifendes Verhalten festgestellt werden könne. So falle auf, dass der Kläger einen einzigen Vorfall aus September 1995 schildere, die nächsten Vorfälle (insgesamt sieben) sich auf eine Woche im November 1996 konzentrierten und der wiederum nächste und einzige Vorfall 1997 im Mai stattgefunden habe. Für das Jahr 1998 habe der Kläger zwei Vorfälle im April, zwei Vorfälle im Mai, einen Vorfall im Oktober und einen Vorfall im Dezember dargelegt, während der einzige für 1999 dargelegte Vorfall im Februar gelegen habe.

Ein inneres, trotz der großen zeitlichen Zwischenräume einen Zusammenhang begründendes «Band», ein «Roter Faden» sei nach Auffassung der Kammer dabei nicht ersichtlich.

Ebenso fehle es an greifbaren Anhaltspunkten für eine verwerfliche Motivation insoweit. Es seien keine Anknüpfungspunkte für Neid, Missgunst, als nicht ausreichend erachtete soziale Anpassung des Klägers oder sadistische Motive gege-

226

ben. Vielmehr handle es sich bei den vom Kläger angeführten Vorfällen weit überwiegend um Sachstreitigkeiten, die vom Beklagten jedoch in unangemessener, teils intolerabler Form ausgetragen worden seien. Dieses Verhalten möge seiner Persönlichkeitsstruktur oder seinem Rollenverständnis als Chefarzt entspringen, Anhaltspunkte für ein aus verwerflichen Motiven gerade gegen den Kläger zielgerichtetes Verhalten seien jedoch nicht im erforderlichen Umfang gegeben.

Letztlich fehle es an einer vom Kläger ohne Tatsachenhintergrund behaupteten Rufschädigung sowie an der erforderlichen Kausalität zwischen den behaupteten Vorfällen und der behaupteten Gesundheitsbeeinträchtigung.

Bei dieser Sachlage sei daher die Berufung des Klägers kostenpflichtig zurückzuweisen *(veröffentlicht in: MDR 2003, 881).*

68. Urteil Bayerisches Verwaltungsgericht Ansbach, Kammer für Disziplinarsachen, Az. nicht bekannt, vom 18.03.2003

Es ging hier um ein Disziplinarverfahren gegen den als sog. «Mobbing-Bürgermeister» verrufenen Bürgermeister einer oberfränkischen Stadt (vgl. Süddeutsche Zeitung vom 19.03.2003). Das Verwaltungsgericht kürzte dem mehrfach vorbestraften Kommunalpolitiker seine Bezüge für die Dauer von 4 Jahren um ein Siebtel mit der Begründung, er habe geradezu einen Drang, Mitarbeiter zu mobben und schlechtest zu behandeln. Die vierjährige Gehaltsreduzierung sei somit als eine Art «Erziehungszeit» anzusehen. Wenn er sich weiterhin daneben benehme und Mitarbeiter schikaniere, müsse er sogar mit der Entfernung aus dem Dienst rechnen.

69. Urteil Arbeitsgericht Dresden, 5 Ca 5954/02, vom 07.07.2003

Die 5. Kammer des Dresdner ArbG verurteilte den Freistaat Sachsen und den Vorgesetzten der Klägerin als Gesamtschuldner zur Zahlung von € 40.000,00 (Geldentschädigung von € 25.000,00 wegen schwerer Persönlichkeitsrechtsverletzung und Schmerzensgeld in Höhe von € 15.000,00 wegen des erlittenen Gesundheitsschadens), zum Ersatz der mobbingbedingten Gehaltseinbußen in Höhe von ca. € 22.000,00 und zur Zahlung von Schadensersatz auch wegen künftiger Gehaltseinbußen. Damit gab sie den Anträgen der Klägerin auf Geldentschädigung, Schmerzensgeld und Schadensersatz in vollem Umfang statt.

Die 37-jährige, verheiratete und zwei minderjährigen Kindern zum Unterhalt verpflichtete Klägerin war diplomierte Mineralogin und bewarb sich beim sächsischen Landesamt für Umwelt und Geologie im Oktober 1999 auf eine ausgeschriebene Stelle als Sachbearbeiterin.

Der Einsatz sollte im Bereich der staatlichen Umweltbetriebsgesellschaft im Wege der Abordnung erfolgen. Bereits während des Bewerbungsverfahrens stellte sich heraus, dass die staatliche Umweltbetriebsgesellschaft einen anderen Bewerber favorisierte, die Besetzung der ausgeschriebenen Stelle durch das Landesamt mit der Klägerin aber nicht verhindern konnte. Zu den abgelehnten

Bewerbern gehörte auch die Lebensgefährtin des künftigen Vorgesetzten der Klägerin und Beklagten zu 2).

Am 03.01.2000 begannen nach den Angaben der Klägerin die ersten Schikanen (vgl. zum Sachverhalt im Einzelnen *Frage 17,* Fallbeispiel 12).

Nach einem Jahr der Schikane, der Diskriminierung, ständig wiederholender Anfeindungen durch ihren unmittelbaren Vorgesetzten, gefördert durch das Dulden des Geschäftsbereichsleiters und trotz ständig erbetener Hilfe, die ihr nicht gewährt wurde, konnte die Klägerin dem psychischen Druck nicht mehr standhalten. Die Klägerin war seit dem 07.02.2001 wegen eines ausgeprägten depressiven Syndroms arbeitsunfähig erkrankt und nach längerem stationären Klinikaufenthalt auf regelmäßige psychotherapeutische Behandlung und starke Antidepressiva und Antiepileptika angewiesen.

Vor Beschäftigungsbeginn hatte die Klägerin weder psychische Probleme noch psychosomatische Beschwerden gehabt. Eine Wiedergenesung der Klägerin war zum Zeitpunkt der Verkündung des Urteils nicht absehbar.

In ihrer Klage hat die Klägerin über einen Zeitraum von ca. einem Jahr 29 Verhaltensweisen, bestehend aus Rechtsmaßnahmen und Kommunikations-handlungen, aufgezählt und die Auffassung vertreten, dass diese in keinem einzelnen Fall durch anzuerkennende arbeitgeberseitige Interessen berechtigt gewesen seien. Diese fortgesetzten Verhaltensweisen hätten ausschließlich der Schikane, der Diskriminierung sowie Anfeindung gedient. Insgesamt 20 der aufgezeigten Fälle wertete das Gericht als rechtlich relevantes Mobbing und gab der Klage nach durchgeführter Beweisaufnahme und Anhörung der gemobbten Klägerin statt *(veröffentlicht in: AuR 2004, 114 / Kurzwiedergabe).*

Dieses Urteil wurde in der Berufungsinstanz vom Sächsischen LAG mit dem unten dargestellten Urteil vom 17.02.2005, Az.: 2 Sa 751/03, EzA Schnelldienst 12/2005, S. 12 und http://www.justiz.sachsen.de/lag/docs/2Sa751-03.pdf, aufgehoben und die Klage abgewiesen.

70. Urteil Oberlandesgericht Stuttgart, 4 U 51/03, vom 28.07.2003

Der Kläger, ein Polizeibeamter, begehrte vom beklagten Land Schadensersatz und Schmerzensgeld wegen einer Persönlichkeitsverletzung und Gesundheitsbeschädigung durch «Mobbing» seiner Dienstvorgesetzten, und zwar im Wesentlichen im Rahmen seiner dienstlichen Beurteilungen.

Das OLG führte aus, dass als Anspruchsgrundlage für das Begehren des Klägers die §§ 839, 847 BGB alter Fassung i.V.m. Art. 34 Satz 1 GG in Betracht kämen. Grundsätzlich sei davon auszugehen, dass neben den umfassenden Dienstleistungs- und Treuepflichten der vorgesetzten Beamten des Klägers und der Fürsorge- und Treuepflicht des Dienstherrn auch der aus der Fürsorgepflicht und den hergebrachten Grundsätzen des Berufsbeamtentums fließende Grundsatz zu beachten sei, dass der Dienstherr den Beamten in seinem beruflichen Fortkommen nicht zu Unrecht beeinträchtigen dürfe und er den Beamten gemäß seiner Eignung, Befähigung und fachlichen Leistung zu beurteilen habe.

Das OLG wies zunächst darauf hin, dass wegen der Art der Vorgehensweise beim «Mobbing» ein die Amtshaftung ausschließendes vorrangiges Rechtsmittel gemäß § 839 Abs. 3 BGB nicht gegeben sei. Beim «Mobbing» könne das Vorgehen gegen Einzelakte durch Einlegung eines Rechtsmittels erfolglos bleiben, weil erst in der Gesamtschau der rechtsverletzende Charakter der Vorgehensweise von Dienstvorgesetzten erkennbar werde. Ein Rechtsmittel gegen eine Handlungsweise, die in ihrer Gesamtheit darauf gerichtet sei, den Betroffenen zu zermürben, wäre darüber hinaus nicht Erfolg versprechend. Vielmehr wäre durch die Einlegung eines Rechtsmittels gegen schikanierende und diskriminierende Verhaltensweisen von Vorgesetzten im Gegenteil eine deutliche Verschlechterung der Situation zu befürchten, wobei das OLG auf die Entscheidung des BGH in NJW 2002, 3172, 3174 verwies. Die Geltendmachung eines Amtshaftungsanspruchs wegen Mobbings sei daher grundsätzlich möglich.

Allerdings sei im vorliegenden Fall der Vortrag des Klägers nicht geeignet, die Voraussetzungen eines «Mobbings» im Sinne der arbeitsrechtlichen Definition zu erfüllen. Der Vortrag des Klägers lasse lediglich deutlich werden, dass er sich von seinen Dienstvorgesetzten verfolgt und gezielt benachteiligt fühle. Es sei aber weder erkennbar geworden, dass dieses Gefühl berechtigt sei, noch, dass das Verhalten seiner Dienstvorgesetzten systematisch, also in einer fortgesetzten, aufeinander aufbauenden und ineinander übergreifenden, der Anfeindung, Schikane oder Diskriminierung dienenden Verhaltensweise erfolgt wäre.

Dagegen spreche insbesondere der zeitliche Abstand zwischen den einzelnen Beurteilungen von drei Jahren, sechs Jahren und einem Jahr sowie der Umstand, dass bei den einzelnen Beurteilungen unterschiedliche Vorgesetzte beteiligt gewesen seien.

Ein Amtshaftungsanspruch wegen Mobbing scheide aus, wenn das Opfer sich auf im Wesentlichen in mehrjährigem Abstand erteilte unterdurchschnittliche dienstliche Beurteilungen berufe. Es fehle dann an einem ausreichenden, die Beurteilung verbindenden Fortsetzungszusammenhang, wenn mit den Beurteilungen eine länger andauernde, unredliche anprangernde Wirkung nicht verbunden sei. Insbesondere seien ein Fortsetzungszusammenhang und die für Mobbing erforderliche Systematik der Vorgehensweise dann zu verneinen, wenn die zu schlechten Beurteilungen aus der Sicht des Beamten oder objektiv jeweils unterschiedliche Ursachen hätten.

An Vorstehendem ändere auch das vom Kläger zur Begründung des Mobbing-Vorwurfs eingereichte nervenärztliche Gutachten nichts. Der medizinische Sachverständige habe seine Beurteilungen allein auf dem eigenen Bekunden des Klägers abgegeben und selbst erklärt, dass es nicht Aufgabe der gutachterlichen Ausführungen sei, die Angaben des Klägers in ihrem Wahrheitsgehalt zu überprüfen. Ein solches medizinisches Gutachten sei deshalb für die schlüssige Begründung und den Beweis eines «Mobbing» ungeeignet. Aus diesem Gutachten ergäbe sich lediglich die klägerische Sichtweise der Geschehnisse und die von ihm deswegen empfundene tiefe Kränkung.

Nach allem fehle ein schlüssiger Vortrag für ein haftungsbegründendes «Mobbing» des Klägers.

71. Urteil Landesarbeitsgericht Schleswig-Holstein, 5 Sa 28/03, vom 09.09.2003

Das ArbG Kiel hatte erstinstanzlich (vgl. zum Sachverhalt im Einzelnen *Frage 2*, Fallbeispiel 2) die Klage eines Oberarztes gegen die Klinik und seinen Vorgesetzten, den Chefarzt der Klinik, auf Zahlung von Schadensersatz und Schmerzensgeld sowie auf erneute Übertragung von zuvor ausgeübten oberärztlichen Tätigkeiten abgewiesen. Das LAG wies die Berufung des Klägers gegen das erstinstanzliche Urteil des Arbeitsgerichts Kiel zurück. Zur Begründung wies das Gericht darauf hin, dass der Arbeitgeber aufgrund seines Weisungsrechts grundsätzlich auch einen Wechsel in der Art der Beschäftigung des Arbeitnehmers herbeiführen dürfe. Sofern die Leistungspflichten des Arbeitnehmers im Arbeitsvertrag – wie allgemein üblich – nicht konkret festgelegt seien, stehe dem Arbeitgeber bei der Ausübung des Direktionsrechts regelmäßig ein weiter Raum zur einseitigen Gestaltung der Arbeitsbedingungen zu.

Im Ergebnis ging das LAG davon aus, dass die Beklagte zu 1), d.h. der Arbeitgeber, die dem Kläger zunächst eingeräumten Kompetenzen im Rahmen des ihr nach § 315 BGB zustehenden Beurteilungsspielraums nicht ermessensfehlerhaft eingeschränkt habe.

Das Gericht führte im Hinblick auf die Mobbing-Vorwürfe des Klägers aus, dass dann, wenn die Ausübung des Direktionsrechts (hier: Entzug bestimmter Oberarzt-Kompetenzen) durch systematische Mobbing-Handlungen getragen werde, dieses Verhalten gegen das Billigkeits-Gebot gem. § 315 BGB verstoße. Die kraft Weisungsrecht erfolgte Zuweisung bzw. der Entzug bestimmter Tätigkeiten seien in solchen Fällen rechtswidrig, so dass der Arbeitnehmer auf vertragsgerechte, der Billigkeit entsprechende Beschäftigung klagen könne.

Im Ergebnis lehnte das LAG jedoch das Vorliegen eines Mobbing-Sachverhalts ab und führte aus, dass nicht jede Auseinandersetzung oder Meinungsverschiedenheit zwischen Kollegen und/oder Vorgesetzten und Untergebenen die Voraussetzungen des «Mobbings» erfüllen könne. Vielmehr sei es bei dem Zusammenarbeiten mit anderen Menschen immanent, dass sich Reibungen und Konflikte ergeben, ohne dass diese Ausdruck des Ziels seien, den Anderen systematisch in seiner Wertigkeit gegenüber Dritten oder sich selbst zu verletzen. Dies gelte umso mehr, wenn sich der Konflikt an einer fachlichen Kompetenz-Streitigkeit entzünde. Ein wechselseitiger Eskalationsprozess, der keine klare Täter-Opfer-Beziehung zulasse, stehe regelmäßig der Annahme eines Mobbing-Sachverhalts entgegen. Der Kläger müsse sich hier entgegenhalten lassen, dass er selbst das «Feuer geschürt» habe, welches er jetzt zu löschen versuche. Der gesamte Schriftverkehr in den drei anhängigen Verfahren der Parteien sei davon geprägt, dass sich der Kläger und der Beklagte zu 2) gegenseitig Inkompetenz vorwerfen. Der Beklagte zu 2) habe Zweifel am fachlichen Können des Klägers sowie an der erforderlichen Sensibilität des Klägers für die mit den Operationen verbundenen Risiken, während der Kläger dem Beklagten zu 2) mangelnde Führung und Organisation des Klinikbetriebes entgegenhalte. Aus Sicht des Berufungsgerichts seien sowohl der Kläger als auch der Beklagte zu 2) dazu übergegangen, sich gegenseitig argwöhnisch zu beobachten, um bei dem jeweils Andern Fehler aufdecken zu können.

Aufgrund des unstreitigen Sachverhalts sowie der im streitigen Sachverhalt wechselseitig erhobenen Vorwürfe und letztlich auch aufgrund der Diktion der gewechselten Schriftsätze sei es dem Gericht nicht möglich, eine eindeutige Täter-Opfer-Situation zu Lasten des Klägers auszumachen.

72. Beschluss VGH Mannheim, 4 S 1636/01 vom 17.09.2003

Die Klägerin wandte sich gegen die vom Beklagten angeordnete Ausgliederung ihrer C4-Professur aus dem Anglistischen Seminar der Universität (vgl. zum Sachverhalt *Frage 22*, Fallbeispiel 18). Die Ausgliederung wurde im Wesentlichen damit begründet, dass am Anglistischen Seminar seit mehreren Jahren eine tief greifende Meinungsverschiedenheit zwischen der Klägerin und der ganz überwiegenden Zahl der dort tätigen Professoren und wissenschaftlichen Mitarbeiter bestünden, die trotz aller Bemühungen nicht hätten behoben werden können. Die Klägerin hielt diese Maßnahme u.a. deshalb für rechtswidrig, weil ihr ein unzulässiger Sanktions-Charakter zukomme. Sie sei ermessensfehlerhaft, weil der Beklagte es unterlassen habe, zuvor den Sachverhalt hinsichtlich der Ursachen der Meinungsverschiedenheiten am Anglistischen Seminar vollständig und richtig aufzuklären, und deshalb von einem unrichtigen Sachverhalt ausgegangen sei. Sie sei umgesetzt worden, obwohl ihr offensichtlich kein Verschulden an der entstandenen Konfliktsituation vorzuwerfen gewesen sei. Vielmehr sei sie einem gezielten und andauernden Mobbing ausgesetzt gewesen.

Das VG und auch der VGH Mannheim wiesen die Klage ab.

Der VGH führte in der Berufungsinstanz aus, ein sachlicher Grund für die Umsetzung eines Beamten oder eine ihr vergleichbare, den Aufgabenbereich des Beamten ändernde organisatorische Maßnahme könne darin liegen, ein innerdienstliches Spannungsverhältnis zu beheben. Unerheblich sei es dabei, wer diese Spannungen im Einzelnen verursacht oder verschuldet habe. Ermessensfehlerhaft wäre es nur, gerade denjenigen Streitbeteiligten umzusetzen, dem offensichtlich kein Verschulden an der Konfliktsituation vorzuwerfen sei. Dies treffe bei der Klägerin aber nicht zu. Angesichts des auf die Klägerin entfallenden erheblichen objektiven und schuldhaften Verursachungsbeitrags für den eingetretenen Konflikt sei der Beklagte daher berechtigt gewesen, den Konflikt durch die Ausgliederung der Professorenstelle der Klägerin zu entschärfen.

73. Urteil Bundessozialgericht , B 7 AL 92/02 R, vom 21.10.2003

Es handelt sich um das Revisionsurteil zu dem oben bereits dargestellten Urteil des LSG Rheinland-Pfalz (L 1 AL 57/01) vom 28.03.2002. Das Urteil des LSG wurde aufgehoben und an das LSG zurückverwiesen.

Nach Auffassung des BSG fehlten ausreichende Feststellungen des LSG zur Beurteilung, ob der Kläger für die Lösung seines Beschäftigungsverhältnisses einen wichtigen Grund hatte. Das BSG stellte fest, dass der wichtige Grund nicht nur die Lösung des Beschäftigungsverhältnisses, sondern gerade auch den konkreten Zeitpunkt der Lösung decken müsse. Ein wichtiger Grund könne jedenfalls nicht allein darin gesehen werden, dass hier eine Kündigung des Arbeitgebers bevorgestanden habe. Der Arbeitnehmer dürfe nämlich dem Ausspruch einer drohenden Kündigung des Arbeitgebers nicht ohne weiteres zuvorkommen; grundsätzlich sei dem Arbeitnehmer im Interesse der Versichertengemeinschaft zuzumuten, die Kündigung abzuwarten, sofern nicht besondere Umstände vorliegen.

Nach den Feststellungen des LSG hatte der Kläger glaubhaft angegeben, an Magenbeschwerden, Depressionen und Schlafstörungen zu leiden, ohne sich deswegen aber in ärztliche Behandlung begeben zu haben. Es sei zunächst zu prüfen, ob bereits ein Krankheitszustand im Sinne der Rechtsprechung vorgelegen habe, ob also ein regelwidriger Körper- und/oder Geisteszustand zu bejahen war, der vom Leitbild des gesunden Menschen so abwich, dass der Kläger zur Ausübung der normalen psychischen/physischen Funktionen nicht mehr in der Lage gewesen sei. Dass sich der Kläger nicht in ärztliche Behandlung begeben habe, stehe der Annahme einer Krankheit entgegen der vom LSG vertretenen Auffassung nicht von vornherein entgegen.

Es könne einem Arbeitnehmer grundsätzlich nicht zugemutet werden, auf Kosten seiner Gesundheit eine Arbeit zu verrichten. Wenn dies jedoch so sei und bereits eine Krankheit vorgelegen bzw. unmittelbar bevorgestanden habe, habe dem Kläger eine weitere Arbeit nur zugemutet werden können, wenn trotz Fortbestehen der Spannungen diese Krankheit kurzfristig mit Erfolg behandelbar oder deren Eintritt zu verhindern gewesen sei.

Zur Frage, ob dem Kläger wegen Ausübung psychischen Drucks (Mobbings) die Beschäftigung nicht mehr zumutbar gewesen sei, führte das BSG aus, dass nur unrechtmäßiges oder nicht sozial adäquates Verhalten des Vorgesetzten einen wichtigen Grund für eine Beschäftigungsaufgabe darstellen könne. Nur wenn der auf den Kläger ausgeübte psychische Druck dergestalt gewesen sei, dass ihm eine Weiterbeschäftigung nicht mehr zumutbar gewesen sei, bzw. wenn das Vertrauensverhältnis derart gestört gewesen sei, dass keine zumutbare gemeinsame Basis für eine weitere Zusammenarbeit mehr vorgelegen habe, liege ein wichtiger Grund für eine Beschäftigungsaufgabe vor.

Berechtigte, angemessene Kritik und Kontrollen habe ein Arbeitnehmer jedoch zu akzeptieren. Sie rechtfertigten nicht die Aufgabe eines Beschäftigungsverhältnisses zu Lasten der Solidargemeinschaft. Unangemessen in diesem Sinne sei es, einzelne Arbeitnehmer aus der Betriebsgemeinschaft auszugrenzen, geringschätzig zu behandeln, von einer Kommunikation auszuschließen, zu beleidigen oder zu diskriminieren. Selbst wenn bei den einzelnen Maßnahmen rechtliche Grenzen nicht überschritten würden, könne durch eine Vielzahl von «Nadelstichen» der Rahmen der Sozial-Adäquatheit verlassen werden und dadurch eine dem Arbeitnehmer nicht mehr zumutbare Situation geschaffen werden. Es seien in diesem Zusammenhang die Gesamtumstände genau zu würdigen und zu prüfen, ob das Persönlichkeitsrecht des Klägers nicht über einen längeren Zeitraum verletzt worden sei. Es sei auch zu berücksichtigen, ob der Kläger vor der Kündigung einen Versuch zur Beseitigung der ihn belastenden Umstände unternommen habe bzw. ob ihm ein solcher Versuch unzumutbar gewesen sei.

Ferner sei zu prüfen, ob selbst dann, wenn ein wichtiger Grund für die Lösung des Beschäftigungsverhältnisses vorgelegen habe, sich der Kläger hierauf auch berufen könne. Dies sei dann der Fall, wenn er sich insbesondere hinreichend um eine Anschlussbeschäftigung bemüht habe. In diesem Zusammenhang wies das BSG darauf hin, dass ein solcher Vorwurf jedenfalls dann nicht gerechtfertigt sei, wenn der Arbeitnehmer nicht mindestens grob fahrlässig gehandelt habe *(veröffentlicht in: EZA Schnelldienst, 17/2004, S. 14).*

74. Urteil Landgericht Bremen, 6-S-170/03 vom 20.11.2003

Die Klage eines nach seiner Auffassung mobbingbedingt erkrankten Arbeitnehmers gegen eine private Krankenversicherung auf Zahlung von Krankenhaustagegeld wurde vom LG abgewiesen. Nach dem Ergebnis der erstinstanzlichen Beweisaufnahme sei der Kläger in dem betreffenden Zeitraum nicht arbeitsunfähig im Sinne der Krankentagegeldversicherung gewesen. Er habe allenfalls an einer sog. Arbeitsplatzunverträglichkeit gelitten, die nicht in den Versicherungsschutz einer Krankentagegeldversicherung einbezogen sei. Eine solche Arbeitsplatzunverträglichkeit sei gegeben, wenn der Versicherungsnehmer allein aufgrund des Arbeitsumfeldes an seinem Arbeitsplatz seiner berufliche Tätigkeit nicht nachgehen könne, ohne jedoch gesundheitlich generell daran gehindert zu sein, seinen Beruf als solchen auszuüben. In vorliegendem Fall waren die psychologischen Schwindel-Symptome, die zur Arbeitsunfähigkeit des Klägers geführt hatten, nach den Feststellungen des Sachverständigen wesentlich mit bedingt durch die Arbeitsplatzsituation. Die Symptome hätten sich kurzfristig zurückgebildet, wenn die vom Arbeitsklima ausgehenden Belastungen entschärft worden wären, etwa durch Auswechselung des Vorgesetzten. Der Kläger habe demzufolge lediglich an einer nicht durch die Krankentagegeldversicherung abgedeckten Arbeitsplatzunverträglichkeit gelitten.

75. Beschluss Arbeitsgericht Bremen, 9 BV 81/03 vom 17.12.2003

Das ArbG hat entschieden, dass der Betriebsrat einen Kostenerstattungsanspruch bei Seminarteilnahme zum Thema «Mobbing und Diskriminierung am Arbeitsplatz» hat. Für die Annahme der Erforderlichkeit eines entsprechenden Seminars reiche es aus, wenn der Betriebsrat den Beschluss fasse, sich inhaltlich mit der Problematik auseinandersetzen zu wollen. Das ArbG widersprach damit der Auffassung des BAG in seinem oben dargestellten Beschluss vom 15.01.1997, nach der der Betriebsrat über die Darlegung vergangener Konfliktfälle hinaus auch noch fortbestehenden aktuellen Handlungsbedarf darlegen muss. Diese Auffassung begründet das ArbG mit den Ergebnissen einer wissenschaftlichen Untersuchung (Der Mobbing-Report, Repräsentativstudie für die Bundesrepublik Deutschland, Herausgeber: Bundesanstalt für Arbeitsschutz und Arbeitsmedizin), in der insbesondere darauf hingewiesen werde, dass Prävention ein wesentlicher Faktor zur Verhinderung von Mobbing sei. Betriebsräte könnten daher nicht darauf verwiesen werden, zunächst das Eintreten entsprechender Fälle abzuwarten. Vielmehr entspräche es gerade einer interessengerechten Wahrnehmung ihrer Aufgaben nach dem Betriebsverfassungsgesetz, wenn sie diesen Gedanken der Prävention aufgriffen.

76. Urteil Landesarbeitsgericht Hamm, 18 Sa 1847/03 vom 11.02.2004

Die amtlichen Leitsätze lauten wie folgt:

1. Wird aufgrund und wegen des Inhalts einer Beschwerde dem Beschwerdeführer gegenüber vom Arbeitgeber eine Abmahnung ausgesprochen, so ist diese wegen Verstoßes gegen das Benachteiligungsverbot aus § 84 Abs. 3 BetrVG unwirksam, auch wenn sich die Beschwerde als unbegründet herausstellt.

2. Eine Abmahnung kann ausnahmsweise gerechtfertigt sein, wenn der Inhalt und die Begleitumstände der Beschwerde die Grenzen des Beschwerderechts überschreiten. Dies kann der Fall sein, wenn z.B. schwere haltlose Anschuldigungen gegen den Arbeitgeber bzw. gegen Vorgesetzte und Arbeitskollegen des Beschwerdeführers erhoben werden.

Der Kläger begehrte die Rücknahme einer ihm am 05.02.2003 erteilten Abmahnung und Entfernung der Abmahnung aus seiner Personalakte.

Der Kläger musste nach einem Gespräch zwischen ihm und seinem Vorgesetzten aufgrund werksärztlicher Entscheidung in das Krankenhaus gebracht werden, wo er ca. 1 Woche verblieb. Im Entlassungsbericht hieß es u.a., dass die gesundheitlichen Beeinträchtigungen durch eine Auseinandersetzung des Klägers mit dem Vorgesetzten ausgelöst worden seien.

Nach Wiedergenesung reichte der Kläger, nachdem er mit dem Betriebsrat Rücksprache genommen hatte, bei seinem Arbeitgeber ein Beschwerdeschreiben ein und erhielt daraufhin eine Abmahnung, in der es u.a. hieß:

«Sie haben mit Ihrem Schreiben vom 11.12.2002 an die Personaldirektion (...) behauptet, von Ihrem betrieblichen Vorgesetzten in einem am 29.10.2002 mit Ihnen gegen 16.00 Uhr geführten Gespräch 'krankenhausreif behandelt und fertiggemacht' worden zu sein.

Unsere Recherchen hierzu haben ergeben, dass Ihr betrieblicher Vorgesetzter das o.a. Gespräch über Ihre nicht ordnungsgemäße Arbeitsausführung in einem ruhigen und sachlichen Ton mit Ihnen führte und Sie keineswegs, wie von Ihnen behauptet 'krankenhausreif behandelt und fertiggemacht' hat.

Ihr betrieblicher Vorgesetzter hat Ihnen auch nicht mit dem Zeigefinger gedroht und weder geäußert 'Du wirst nach der Inventur sehen, was ich mit Euch mache' noch 'Wenn der Wirtschaftsprüfer kommt, er fickt uns, Dich und uns'.»

Das ArbG gab der gegen die Abmahnung gerichteten Klage statt. Das LAG Hamm wies die Berufung des Arbeitgebers als unbegründet zurück und führte aus, dass die Abmahnung gegen das Benachteiligungsverbot aus § 84 Abs. 3 BetrVG verstoße. Unzulässig sei jede Maßregelung des Arbeitnehmers, die im Zusammenhang mit der Erhebung der Beschwerde stehe. Dies gelte selbst dann, wenn die Beschwerde sich im Nachhinein als haltlos oder unbegründet herausstelle.

Ausnahmsweise könnten Sanktionen des Arbeitgebers gegen den Arbeitnehmer wegen des Inhalts oder der Begleitumstände der Beschwerde gerechtfertigt sein, wenn z.B. völlig haltlose schwere Anschuldigungen gegen den Arbeitgeber oder den Vorgesetzten erhoben würden oder die wiederholte Einlegung grundloser Beschwerden den Arbeitnehmer als Querulanten ausweise.

Im vorliegenden Fall könne keine Rede davon sein, dass der Kläger die Grenzen des Beschwerderechts überschritten habe.

Es liege auch keine bewusste «Denunziation» vor, die die Beklagte dem Kläger im Abmahnschreiben vorwirft. Das Beschwerdeschreiben des Klägers gebe lediglich den Verlauf der Auseinandersetzung zwischen dem Kläger und seinem Vorgesetzten wieder. Dabei mag das Schreiben Übertreibungen und Kritik an seinem Vorgesetzten enthalten. Zu berücksichtigen sei jedoch, dass eine Beschwerde immer subjektive Wertungen des Beschwerdeführers enthalte. So glaube das Berufungsgericht dem Kläger, dass er die Vorgänge so dargelegt habe, wie er sie aus seiner Sicht bewertet habe. Wenn sich ein Beschwerdeführer gerade über den rüden Ton des Vorgesetzten beschwere, so komme er nicht umhin, ihn auch so zu beschreiben, wie er ihn vernommen habe. Auch wenn die von der Beklagten benannten Zeugen die Anschuldigungen des Klägers nicht bestätigt hätten, führe dies noch nicht dazu, dass bewusste, völlig haltlose Anschuldigungen hier vom Kläger vorgebracht worden seien. Auch bei einer unberechtigten Beschwerde gelte das Benachteiligungsverbot.

Die Abmahnung war daher zurückzunehmen und aus der Personalakte zu entfernen *(veröffentlicht in: EzA Schnelldienst, 7/2004, S. 6)*.

77. Beschluss Landesarbeitsgericht Rheinland-Pfalz, 2 Ta 12/04 vom 19.02.2004

Die Antragstellerin, die sich zuvor mit ihrem Arbeitgeber in einem Abfindungsvergleich über die Auflösung des Arbeitsverhältnisses gegen Zahlung einer Abfindung im Rahmen eines Kündigungsschutzprozess geeinigt hatte, beantragte die Bewilligung von Prozesskostenhilfe für ein beabsichtigtes Klagverfahren gegen ihren Arbeitgeber und ihren früheren Vorgesetzten auf Zahlung eines angemessenen Schmerzensgeldes in Höhe von mindestens € 4.000,00 wegen Verletzung ihres Persönlichkeitsrechts. Sie machte geltend, während der Dauer ihrer Beschäftigung habe sie eine von vielen Demütigungen geprägte Mobbing-Situation erleiden müssen, die letztlich zu ihrer völligen Dekompensation geführt habe. Das Betriebsklima bei dem Arbeitgeber sei während der gesamten Dauer der Beschäftigung außerordentlich angespannt gewesen. Der Arbeitgeber und der mit verklagte Vorgesetzte hätten das ihr gegenüber praktizierte Mobbing durch insgesamt 5 schriftliche Abmahnungen dokumentiert, die ihr allesamt mit gleicher Post vom 28.08.2002 an einem Tag zugegangen seien. Die in den Abmahnschreiben enthaltenen Vorwürfe seien inhaltlich unhaltbar. Ihr Vorgesetzter habe sie mehrfach in vollkommen unsachgemäßer Weise angeschrien, ohne auf ihre Anregungen zur Optimierung der Geschäftsabläufe einzugehen. Er habe ihr Aufgaben aus anderen Bereichen übergebürdet und dadurch einen psychischen Druck bei ihr verursacht, der schließlich zu einer Erkrankung geführt habe. Ihr Arbeitgeber habe ihr gegenüber die Fürsorgepflicht verletzt, indem er die Attacken des Vorgesetzten ihr gegenüber nicht abgewendet habe.

Im Ergebnis wurde der Prozesskostenhilfeantrag der Antragstellerin wegen fehlender hinreichender Erfolgsaussichten zurückgewiesen.

Das LAG Rheinland-Pfalz wies im Hinblick auf die Behauptung der Antragstellerin, ihr Vorgesetzter habe sich ihr gegenüber anlässlich zahlreicher Vorfälle im Ton vergriffen, sie aus einer Unbeherrschtheit heraus angeschrien und ihr völlig unberechtigte Vorwürfe gemacht, darauf hin, dass sich die Antragstellerin im Laufe des Arbeitsverhältnisses in keiner Weise auch nur im Ansatz gegen das von ihr behauptete rüpelhafte Verhalten ihres Vorgesetzten zur Wehr gesetzt habe. Es hätte aber von ihr erwartet werden können, dass sie im Laufe des Arbeitsverhältnisses ihren Arbeitgeber um Schutz bitte vor den im Tonfall entgleisenden Vorwürfen ihres direkten Vorgesetzten. Als ihr Arbeitgeber ihr unter dem 28.08.2002, zu einem Zeitpunkt, als sie arbeitsunfähig erkrankt gewesen sei, gleich 5 Abmahnschreiben zugeleitet habe, habe sie dies als ein massives Vorgehen ihr gegenüber empfunden. In diesem Zusammenhang übersehe die Antragstellerin aber, dass eine derartige Handlungsweise eines Arbeitgebers letztlich auch auf die Rechtsprechung der Gerichte für Arbeitssachen zurückgehe. Erteile der Arbeitgeber dem Arbeitnehmer eine Abmahnung und erhebe in dem Abmahnschreiben eine Reihe von unterschiedlichen Vorwürfen, dann sei die Entfernung der gesamten Abmahnung schon dann vorzunehmen, wenn auch nur einer dieser Vorwürfe unzutreffend sei. Wenn angesichts dieser Rechtsprechung der Arbeitgeber dann bei einer Reihe von unterschiedlichen Vorwürfen auch jeweils unterschiedliche Abmahnungen in verschiedenen Schreiben erteile, könne ihm dies hinsichtlich seiner generellen Vorgehensweise nicht zum Vorwurf gemacht werden.

236

Selbst wenn man zu Gunsten der Antragstellerin davon ausgehe, dass die in den Abmahnschreiben erhobenen Vorwürfe unberechtigt seien, so habe sich die Antragstellerin immerhin in der geeigneten Weise durch Einschaltung eines Rechtsanwalts zur Wehr gesetzt und den ihr gegenüber erhobenen Vorwürfen widersprochen. Die daraufhin im Rahmen des Kündigungsschutzstreits vereinbarte Abfindungssumme von 1,3 Monatsgehältern pro Beschäftigungsjahr lasse eindeutig erkennen, dass der Antragstellerin damit ein Ausgleich für höchst zweifelhafte Kündigungsgründe gewährt worden sei. Damit seien auch gewisse Demütigungen, die die Antragstellerin durch die unberechtigte Kündigung erlitten habe, ausgeglichen. Ein weitergehender Schadensersatzanspruch gegenüber dem Arbeitgeber scheide daher aus.

Die Klage habe aber auch keine hinreichende Erfolgsaussicht, soweit sie sich gegen den unmittelbaren Vorgesetzten der Antragstellerin richte. Zwar sei der Antragstellerin zuzugestehen, dass bei Zugrundelegung ihres Sachvortrags ihrem Vorgesetzten elementare Fähigkeiten für die Führung von Menschen fehlten. Allerdings spreche sie selbst von einem unerträglichen Arbeitsklima, das durch diesen Vorgesetzten erzeugt worden sei. Damit liege aber kein zielgerichtetes, auf Psychoterror gerade ihr gegenüber ausgerichtetes Verhalten dieses Mitarbeiters vor. Lege man den Sachvortrag der Antragstellerin zugrunde, dann erweise sich dieser Vorgesetzte in seiner Position als ungeeignet. Dies sei aber nicht Ausdruck eines zielgerichteten Handelns dieses Mitarbeiters, gerade die Antragstellerin «fertig zu machen». Nur unter diesen Voraussetzungen wäre aber ein Schadensersatzanspruch in Form eines Schmerzensgeldes für die Antragstellerin gegeben *(veröffentlicht in: NZA-RR 2004, 232 ff.).*

78. Urteil Landesarbeitsgericht Schleswig-Holstein, 3 Sa 542/03 vom 01.04.2004

Der Kläger begehrte Schmerzensgeld vom Beklagten zu 1) aus Anlass des Vorwurfes, er sei von diesem gemobbt worden.

Der Kläger war vom 22.05.1996 bis zum 21.04.2003 bei der Beklagten zu 2) beschäftigt. Der Beklagte zu 1) ist alleiniger Gesellschafter und Geschäftsführer der Beklagten zu 2). Der Kläger schied aufgrund fristloser Eigenkündigung aus dem Arbeitsverhältnis aus.

Im Mai 2001 wurde im Betrieb der Beklagten zu 2) ein Betriebsrat gewählt. Der Kläger war Vorsitzender des Betriebsrates. Bis zum diesem Zeitpunkt gab es keine wesentlichen Vorkommnisse zwischen den Parteien.

Der Beklagte zu 1) ist nach Auffassung des LAG, was gerichtsbekannt sei, ein Mensch mit einer schwierigen Persönlichkeitsstruktur, der Streitigkeiten wiederholt in nicht angemessener, intoleranter Form und Wortwahl auszutragen versuchte.

Seit November 2001 kam es zwischen dem Kläger und dem Beklagten zu 1) zu einer Vielzahl arbeitsrechtlicher Auseinandersetzungen:

Am 12.11.2001 erhielt der Kläger eine Abmahnung wegen Arbeitsverweigerung. Sie wurde nach streitigem Urteil aus der Personalakte des Klägers entfernt.

Am 21.01.2002 mahnte die Beklagte zu 2) den Kläger wegen Schlechtleistung ab ; am 22.01.2002 wurde er mit dem Vorwurf, er habe einen Betriebsratsbeschluss zu Überstunden gegenüber den Mitarbeitern falsch dargestellt, abgemahnt. Diese Abmahnungen wurden aufgrund eines arbeitsgerichtlichen Vergleichs entfernt.

Am 19.04.2002 sprach die Beklagte zu 2. eine fristlose, hilfsweise fristgemäße, Kündigung wegen beharrlicher Arbeitsverweigerung aus und erteilte dem Kläger Hausverbot. Die Kündigung wurde am 24.06.2002 zurückgenommen.

Am 22.05.2002 wurde der Kläger zu Lagerarbeiten versetzt. Das gerichtliche Verfahren endete zu seinen Gunsten durch Versäumnisurteil.

Am 31.05.2002 erhielt der Kläger eine Abmahnung mit dem Vorwurf, sich für die Teilnahme einer während der Arbeitszeit stattfindenden Betriebsversammlung verspätet abgemeldet und nicht entsprechend gestempelt sowie dadurch die Arbeitszeit verfälscht zu haben. Diese Abmahnung wurde vergleichsweise aus der Personalakte entfernt.

Am 07.06.2002 erhielt der Kläger zwei Abmahnungen. Eine Abmahnung mit dem Vorwurf der Arbeitsverweigerung wurde auf Basis eines Versäumnisurteils entfernt, die zweite Abmahnung mit dem Vorwurf, sich unberechtigt Zugang zum Kopierraum verschafft und insoweit unbefugt hochsensible Räume des Unternehmens betreten zu haben, wurde vergleichsweise entfernt.

Am 15.10.2002 erhob die Beklagte gegenüber dem Kläger den Vorwurf, er stifte Mitarbeiter zur Arbeitsverweigerung an. Insoweit erging ein Versäumnisurteil auf Entfernung aus der Personalakte.

Gleiches gilt für den am 05.11.2003 gegenüber dem Kläger erhobenen Vorwurf, er hetze Mitarbeiter zur Arbeitsverweigerung auf.

Am 07.11.2002 erteilte die Beklagte zu 2) dem Kläger eine Abmahnung mit dem Vorwurf der Körperverletzung gegenüber dem Beklagten zu 1) durch Verursachung ohrenbetäubenden Lärms am Arbeitsplatz in unmittelbarer Nähe des Beklagten zu 1). Diese Abmahnung wurde entfernt.

Am 18.11.2002 mahnte die Beklagte zu 2) den Kläger mit dem Vorwurf der Nötigung und Drohung ab. Im Zusammenhang mit dem gerichtlichen Verfahren auf Entfernung erging Versäumnisurteil.

Am 27.11.2002 erhielt der Kläger eine Abmahnung wegen Arbeitsverweigerung. Auch insoweit erging Versäumnisurteil.

Ab Juli 2002 zahlte die Beklagte zu 2) den Lohn des Klägers teilweise verspätet.

Für den Zeitraum ab Oktober 2002 war zwischen den Parteien streitig, ob Kurzarbeit wirksam vereinbart war. Mit Schreiben vom 07.01.2003 machte die Beklagte zu 2) Schadenersatzansprüche gegenüber dem Kläger in Höhe von 580 EUR geltend, da der Beklagte zu 1) zuviel Arbeitszeit zur Wahrnehmung von Gerichtsterminen betreffend den Kläger verbrauche.

Am 02.04.2003 kündigte der Kläger letztendlich selbst das Arbeitsverhältnis fristlos zum 21.04.2003, hilfsweise fristgerecht.

Unstreitig entsprach die verbale Kommunikation des Beklagten zu 1) mit dem Kläger und über den Kläger sowie dessen Betriebsratskollegen wiederholt nicht dem gebotenen, angemessenen Umgangston und Umgangsformen. Das sei, wie das LAG ausführte, im Übrigen infolge der früheren Zuständigkeit der Kammervorsitzenden für Auseinandersetzungen zwischen den beiden Beklagten und dem Betriebsratskollegen des Klägers gerichtsbekannt.

Der Kläger war durch die Vielzahl der gegen ihn gerichteten arbeitsgerichtlichen Maßnahmen sowie die Umgangsart psychisch stark belastet und befand sich letztendlich vom 11.02.2003 bis zum 27.03.2003 in fachärztlicher psychiatrischer Behandlung. Insoweit reichte er eine ärztliche Bescheinigung der Fachärztin für Psychiatrie und Psychotherapie vom 11.04.2003 zur Akte, die folgenden Wortlaut hat:

«Herr M. befand sich in der Zeit vom 11.02. – 27.03.2003 in hiesiger fachärztlicher Behandlung.

Diagnostisch zeigte sich eine depressive Symptomatik mit Existenzängsten, Einschlafstörungen, niedergeschlagener Stimmung, vermindertem Antrieb sowie schwankender Konzentration und nachlassender Belastungsfähigkeit. Nach Angaben des Patienten bestehe seit November 2001 eine erhebliche Problematik mit dem Arbeitgeber, wodurch er sich belastet fühle und infolge dessen habe er auch die beschriebene Symptomatik entwickelt.

Neben stützenden und problemorientierten Gesprächen erfolgte vorübergehend zur Nacht eine antidepressive Medikation.

Bei der letzten Vorstellung am 27.03.2003 gab Herr M. an, dass er eine neue Arbeitsstelle in Aussicht habe, wodurch er sich deutlich entlastet fühle. Auch sei eine antidepressive Medikation nicht mehr nötig.»

Der Kläger fühlte sich aufgrund des vorstehend geschilderten Sachverhaltes gemobbt und machte Schmerzensgeld geltend, welches einen Betrag in Höhe von 10.000 EUR nicht unterschreiten sollte.

Das Arbeitsgericht Neumünster hat die Klage im Wesentlichen mit der Begründung abgewiesen, es handele sich um keine fortgesetzte, grundlose Schikane in Form von Mobbing gegenüber dem Kläger. Vielmehr lägen verschiedene Streitigkeiten mit unterschiedlichen Rechtspositionen, mithin Einzelaktionen, vor. Es könne nicht festgestellt werden, dass der Beklagte zu 1) den Kläger zielgerichtet planmäßig mit einer verwerflichen Motivation angefeindet und schikaniert habe.

Die Berufung war nach Auffassung des LAG nicht begründet.

Der Kläger habe im Hinblick auf sein Zahlungsbegehren gegenüber dem Beklagten zu 1) nicht substanziiert vorgetragen, dieser habe eine zum Schmerzensgeld verpflichtende unerlaubte Handlung gegenüber dem Kläger in Form des Mobbings begangen.

Zur Begründung führte das LAG wörtlich u.a. Folgendes aus:

«Ob ein nach dem arbeitsrechtlichen Verständnis für die Annahme von Mobbing erforderliches systematisches Anfeinden, Schikanieren und Diskriminieren, vorliegt, hängt immer von den Umständen des Einzelfalles ab. Dabei ist eine Abgrenzung zu dem in einem Betrieb im Allgemeinen üblichen oder rechtlich erlaubten und deshalb hinzunehmenden Verhalten erforderlich ... Nicht jede Auseinandersetzung oder jede Meinungsverschiedenheit zwischen Kollegen und/ oder Vorgesetzten und Untergebenden erfüllt den Begriff des «Mobbings». Vielmehr ist es dem Zusammenarbeiten mit anderen Menschen immanent, dass sich Reibungen und Konflikte ergeben, ohne dass diese als solche Ausdruck des Ziels sind, den Anderen systematisch in seiner Wertigkeit gegenüber Dritten oder sich selbst zu verletzen ... Für die Bejahung eines Mobbing-Sachverhalts ist erforderlich, dass den Vorfällen, aus denen sich Mobbing ableiten lassen soll, eine verwerfliche Motivation des Mobbenden entnehmen lässt ... In einem Prozess auf Schmerzensgeld wegen Mobbings trägt die klagende Seite die Darlegungs- und Beweislast für die Rechtsgutverletzung und den eingetretenen Schaden... Das gilt sowohl hinsichtlich der behaupteten einzelnen Vorfälle, als auch hinsichtlich des Vorliegens einer erheblichen Gesundheitsbeeinträchtigung sowie eines kausalen Zusammenhanges zwischen den geschilderten Verhaltsweisen und den Krankheiten...

Unter Berücksichtigung dieser rechtlichen Voraussetzungen ist dem Vorbringen des Klägers nach der Überzeugung der Kammer kein «Mobbing» darstellendes, den gesundheitlichen Zustand des Klägers beeinträchtigendes Verhalten des Beklagten zu 1) zu entnehmen. Insbesondere fehlt es an greifbaren Anhaltspunkten für eine verwerfliche Motivation des Beklagten zu 1). Wie schon das Arbeitsgericht zutreffend festgestellt hat, handelt es sich bei den Auseinandersetzungen zwischen den Parteien im Wesentlichen um rechtliche, justiziable Auseinandersetzungen. Zu einem Großteil stritten sich die Parteien um den Umfang des Weisungsrechtes des Beklagten zu 1) als Geschäftsführer der Beklagten zu 2) gegenüber dem Kläger sowie die arbeitsvertraglichen Grenzen dieses Direktionsrechtes. Während der Beklagte zu 1) meinte, im Rahmen der aus seiner Sicht gebotenen Flexibilität bei der Abwicklung von Aufträgen als Arbeitgeber kaum Grenzen des Weisungsrechtes zu haben, leisteten der Kläger und seine Betriebsratsmitglieder – erstmals für den Beklagten zu 1) – Widerstand, den der Beklagte zu 1) bisher nicht kannte und meinte, nicht tolerieren zu müssen. Bei derartigen rechtlichen Auseinandersetzungen handelt es sich um im Arbeitsleben – zunächst noch – normale Konflikte, die unter Zuhilfenahme der Arbeitsgerichte geklärt werden. Insoweit ist eine verwerfliche Motivation des Beklagten zu 1) nicht feststellbar. Außerdem sind mehrere gegenüber dem Kläger erhobe-

*ne Vorwürfe unmittelbar auf dessen Betriebsratstätigkeit zurückzuführen ...
Betriebsratsmitglieder sind jedoch eher der Gefahr ausgesetzt, vom Arbeitgeber
anlässlich der Erfüllung ihrer Betriebsratspflichten angegriffen zu werden, als
Arbeitnehmer ohne Funktionen, da das Amt eine zusätzliche Reibungsfläche
schafft.*

*Zu berücksichtigen ist ferner, dass sich die Auseinandersetzungen zwischen den
Parteien vorliegend zu einem Machtkampf über wechselseitige Rechte und
Pflichten entwickelten, die darauf zurückzuführen sind, dass erstmalig eine Be-
triebsratswahl durchgeführt wurde und Betriebsratsmitglieder versuchten, dem
Beklagten zu 1) als Geschäftsführer der Beklagten 2) rechtliche Grenzen zu
setzen. Auch insoweit handelt es sich um im Arbeitsleben typische Konfliktsituationen, die nach Betriebsratsneuwahlen zu verstärkten Konfliktsituationen zwischen Betriebsratsmitgliedern und Arbeitgeberseite führen. Das gilt umso mehr,
wenn auf Arbeitgeberseite eine Person mit komplizierter, teilweise intoleranter
und impulsiver Persönlichkeitsstruktur gegenüber steht. Vor diesem Hintergrund entspricht es ebenfalls einer typischen arbeitsrechtlichen Konfliktsituation, dass der Kläger als engagierter Betriebsratsvorsitzender weit mehr im Angriffsfeld des Beklagten zu 1) stand als seine Arbeitskollegen, die zum größten
Teil – auch ggf. zu beanstandende – Weisungen des Beklagten zu 1) widerstandslos ausführten. Mit einer derartigen Rolle muss sich jedoch ein Mitarbeiter, der sich für die Wahl zum Betriebsrat zur Verfügung stellt und dem Arbeitgeber in gewissen Punkten «den Kampf ansagen will» rechnen, ohne dass eine
derartige Kampfsituation zwischen Betriebsratsmitglied und Arbeitgeber – auf
welchem Niveau auch immer – als verwerfliche, dem Begriff des Mobbings zuzurechnende, Auseinandersetzung eingeordnet werden kann.*

*Dem Kläger ist zuzugestehen, dass die Vielzahl der ausgesprochenen, sämtlichst
aus der Personalakte später entfernten Abmahnungen zermürbenden Charakter
für ihn hatten, unter Umständen auch haben sollten. Andererseits hätte es angesichts des Inhaltes einiger Abmahnungen, Beanstandungen und Aufforderungen
auch nicht jedes Mal einer rechtlichen Auseinandersetzung bedurft. Mit gebotener Distanz zu den teilweise ihm gegenüber erhobenen Vorwürfen hätte der
Kläger durchaus diverse «Abmahnungen» nicht gerichtlich anzugreifen brauchen, da bereits deren Wortlaut für den Kläger und gegen den Beklagten zu 1),
mithin für die Unwirksamkeit der arbeitsrechtlichen Maßnahme sprach (Abmahnung vom 07.06.2002, vom 15.10.2002, 05.11.2002, 07.11.2002, 18.11.2002,
27.11.2002). Es gibt durchaus eine Vielzahl von Arbeitnehmern, die bei Erhalt
einer Abmahnung nicht unverzüglich rechtliche Auseinandersetzungen einleiten,
vielmehr erst den weiteren Verlauf der arbeitsvertraglichen Entwicklung abwar-
ten. So hätte auch der Kläger vorgehen und ggf. nur selektiv die arbeitsrechtlichen Maßnahmen angreifen können, die geeignet waren, den Bestand seines
Arbeitsverhältnisses ernsthaft zu gefährden. Das gilt umso mehr, als er als Betriebsratsmitglied besonderen Kündigungsschutz hatte...*

Die Androhung von Schadenersatzansprüchen gegenüber dem Kläger für die Wahrnehmung von Gerichtsterminen durch den Beklagten zu 1) spricht für sich und damit ohne weiteres Erfordernis der Kommentierung gegen den Beklagten zu 1). Eine verwerfliche Motivation des Beklagten zu 1) lässt sich nicht erkennen. Warum der Kläger diese Androhung ernst genommen und sich angegriffen gefühlt hat, ist nicht ersichtlich/ nicht nachvollziehbar.

Vor diesem rechtlichen Hintergrund kann auch die Berufungskammer keine für das Vorliegen von Mobbingverhalten erforderliche verwerfliche Motivation, wie beispielsweise Neid, Missgunst oder sadistische Motive feststellen. Vielmehr handelt es sich bei den vom Kläger angeführten Vorfällen weit überwiegend um Sachstreitigkeiten, die vom Beklagten oftmals allerdings in unangemessener, teils intolerabler Form ausgetragen worden sind. Dieses Verhalten mag seiner Persönlichkeitsstruktur oder seinem Rollenverständnis entspringen. Anhaltspunkte für ein aus verwerflichen Motiven gerade gegen den Kläger zielgerichtetes Verhalten sind jedoch nicht in dem erforderlichen Umfang gegeben.

Letztlich fehlt es jedoch auch an der substanziierten Darlegung eines kausalen Zusammenhangs zwischen der dem Kläger attestierten vorübergehenden Erkrankung und den Verhaltensweisen des Beklagten zu 1). Das zur Akte gereichte und seitens des Klägers erstinstanzlich ergänzend unter Beweis der behandelnden Ärztin gestellte Attest ist zu vage, um eine ausschließlich auf das Arbeitsverhältnis bzw. das Verhalten des Geschäftsführers der Beklagten zu 2) zurückzuführende gesundheitliche Schädigung zu belegen. Es ist auch nicht ansatzweise ersichtlich, ob ggf. die behandelnde Ärztin andere mögliche Ursachen erfragt und ggf. ausgeschlossen hat und worauf ein solcher Ausschluss anderer Ursachen ggf. beruht. Insoweit eine Beweisaufnahme durchzuführen, würde einen unzulässigen Ausforschungsbeweis darstellen.»

79. Urteil Bundesarbeitsgericht, 8 AZR 269/03 vom 22.04.2004

Die nicht amtlichen Orientierungssätze lauten wie folgt:

1. Der Schadensersatzanspruch des Arbeitnehmers wegen Auflösungsverschuldens des Arbeitgebers gemäß § 628 Abs. 2 BGB ist zeitlich begrenzt. Nach dem Zweck der Norm beschränkt sich der Anspruch grundsätzlich auf den dem kündigenden Arbeitnehmer bis zum Ablauf der Kündigungsfrist einer fiktiven Kündigung entstehenden Vergütungsausfall, zu dem allerdings eine den Verlust des Bestandsschutzes ausgleichende angemessene Entschädigung entsprechend §§ 9, 10 KSchG hinzutreten kann.

2. § 628 Abs. 2 BGB ist für materielle Schadensersatzansprüche wegen Auflösungsverschuldens in Folge einer nicht ordnungsgemäßen Beendigung des Arbeitsverhältnisses eine Spezialregelung, hinter die andere Anspruchsgrundlagen aus Vertrag oder unerlaubter Handlung zurücktreten.

Der Kläger hatte das Arbeitsverhältnis aufgrund eines Provisionsrückstands und des Teilentzugs des Provisionsgebietes fristlos gekündigt und hat Schadensersatzansprüche wegen Auflösungsverschuldens, Verletzung der Vertragspflichten und unerlaubter Handlung der Beklagten geltend gemacht.

Das BAG wies darauf hin, dass das LAG zutreffend den Schadensersatz des Klägers auf den bis zum 30.04.1996, d.h. bis zum Ablauf der ordentlichen Kündigungsfrist, entstandenen Verdienstausfall zuzüglich der Zahlung einer angemessenen Entschädigung gemäß §§ 9, 10 KSchG beschränkt habe. Ein weitergehender Schadensersatz stehe dem Kläger nicht zu.

Ergänzend wies das Gericht darauf hin, dass im Ergebnis nichts anderes gelte, soweit der Kläger die geltend gemachten Beendigungsschäden auf eine Verletzung seines allgemeinen Persönlichkeitsrechts nach § 823 Abs. 1 BGB stütze. Zwar wäre eine immaterielle Entschädigung wegen erheblicher Verletzung des allgemeinen Persönlichkeitsrechts nicht von den Voraussetzungen des § 628 Abs. 2 BGB abhängig und auch nicht von der Begrenzung dieses Schadensersatzanspruches erfasst. Der Kläger habe jedoch klargestellt, dass es ihm nicht um Schmerzensgeld gehe, sondern um die durch die (angebliche) Persönlichkeitsrechtsverletzung adäquat kausal verursachten materiellen Folgeschäden, also die materiellen Beendigungsschäden. Deren Geltendmachung sei jedoch nach Sinn und Zweck des § 628 Abs. 2 BGB auf den sog. Verfrühungsschaden begrenzt *(veröffentlicht in: EzA § 628 BGB 2002, Nr. 4).*

80. Urteil Amtsgericht Nürnberg, 12 C 829/04 vom 28.04.2004

Die Klägerin machte Ansprüche aus einer Krankentagegeldversicherung für einen Zeitraum geltend, für den sie von ihrem Arzt arbeitsunfähig krankgeschrieben war. Sie hat vorgetragen, sie sei aufgrund einer depressiven Erkrankung nicht in der Lage gewesen, ihrer Arbeitstätigkeit nachzugehen. Bereits der Gedanke an die Arbeit habe bei ihr Depressionen verursacht. Ursache hierfür sei eine Mobbing-Situation an ihrem Arbeitsplatz gewesen. Sie sei von ihrem unmittelbaren Vorgesetzten durch häufige Anweisung in der Ausübung der Arbeit gestört und beschimpft worden.

Das Amtsgericht wies die Klage auf Zahlung von Krankentagegeld mit der Begründung ab, die Klägerin habe die Voraussetzungen des § 1 Abs. 3 der Musterbedingungen Krankentagegeldversicherung (MB/KT) nicht ausreichend dargetan. Danach liegt Arbeitsunfähigkeit mit der Folge einer Zahlungspflicht der Privaten Krankentagegeldversicherung nur vor, wenn die versicherte Person ihre berufliche Tätigkeit nach medizinischem Befund vorübergehend in keiner Weise ausüben kann, sie auch nicht ausübt und keiner anderweitigen Erwerbstätigkeit nachgeht. Voraussetzung sei daher, dass die Tätigkeit im Bereich des gesamten Arbeitsmarktes nicht ausgeübt werden könne und nicht nur an dem konkreten Arbeitsplatz. Diese Voraussetzungen lagen nach Auffassung des Arbeitsgerichts nicht vor. Die Klägerin war nach einem Klinikaufenthalt als voll arbeitsfähig entlassen worden. Der behandelnde Arzt führte die von ihm attestierte Arbeitsunfähigkeit auf die Arbeit an der bisherigen Arbeitsstelle zurück und wies darauf hin, dass Krankheitssymptome bereits dann aufträten, wenn die Klägerin an ihre Arbeitsstelle denke. Da die Klägerin hier nicht vorgetragen hatte, wie sich die Mobbing-Situation konkret auswirkte und warum die Tätigkeit in einem anderen Umfeld nicht möglich gewesen sei, nachdem sämtliche Angaben zu der Mobbing-Situation ausschließlich auf den damaligen Vorgesetzten bezogen gewesen seien, hielt das Gericht den Sachvortrag der Klägerin nicht für ausreichend und wies die Klage ab. Die Vorlage der ärztlichen Atteste stellte keinen Tatsachenvortrag dar, sondern eine ärztliche Diagnose als Schlussfolgerung eines nicht näher bekannten Krankheitsbildes.

81. Urteil Landesarbeitsgericht Thüringen, 1 Sa 148/01 vom 10.06.2004

Die Leitsätze dieses 92-seitigen Urteils lauten wie folgt:

1. Mobbing kann nur angenommen werden, wenn systematische und zielgerichtete Anfeindungen gegen den Arbeitnehmer vorliegen. Daran fehlt es, wenn es in der Entwicklung einer im Wesentlichen psychisch bedingten Konfliktsituation zu einer Eskalation kommt, auf die der Arbeitgeber mit einem nicht mehr sozial adäquaten Exzess reagiert (hier: Suspendierung von der Arbeitsleistung und nachfolgende Versetzung).

2. Verfahren mit Mobbing-Bezug entscheiden sich in der Regel an dem im Einzelfall gegebenen Sachverhalt und nicht an Rechtsfragen. Für die streitentscheidende Aufgabe der Gerichte ist es nicht hilfreich, wenn der Eindruck erweckt wird, die Gerichte müssten «gegenüber Mobbing ein klares Stopp-Signal» setzen (so LAG Thüringen vom 15.02.2001, LAGE Nr. 3 zur Art. 2 GG Persönlichkeitsrecht, Leitsatz 1).

Die Klägerin machte gegen ihren Arbeitgeber, eine Bank in Form einer Anstalt des öffentlichen Rechts (Beklagte zu 1.), die in den Ländern Thüringen und Sachsen 4 Niederlassungen betrieb und mit Wirkung ab 01.01.1996 von einer weiteren Bank (Beklagte zu 2.) übernommen wurde, Schadensersatzansprüche, Ansprüche auf Entschädigungszahlung und Ansprüche auf Zahlung von Schmerzensgeld geltend.

Die Klägerin war bei der Beklagten zu 1) als Team-Assistentin beschäftigt. Sie war in der damaligen Niederlassung der Beklagten zu 1) in Erfurt eingesetzt und wurde von der Beklagten zu 1) an die Beklagte zu 2) nach deren Übernahme abgeordnet, so dass sie Mitarbeiterin der Beklagten zu 1) blieb und auch ihren bisherigen Arbeitsort in Erfurt beibehalten konnte. Zu diesem Zweck wurde ein den Dienstvertrag ergänzender Vertrag über ihre Entsendung in die Niederlassung Erfurt der Beklagten zu 2) am 03.11.1995 abgeschlossen.

Ein von der Beklagten zu 2) unter dem 21.10.1996 unterbreitetes schriftliches Angebot für eine Beschäftigung bei ihr lehnte die Klägerin ebenso wie andere Mitarbeiter ab und sprach auch keine Eigenkündigung aus, sondern arbeitete weiterhin im Rahmen des Entsendevertrages bei der Beklagten zu 2). Aufgrund gravierender Arbeitsplatzkonflikte und von Mobbing-Vorwürfen durch die Klägerin sowie diverser Personalgespräche erklärten die Führungskräfte der Be-

244

klagten zu 2), nicht mehr weiter mit der Klägerin zusammenarbeiten zu wollen. Die Beklagte zu 1) bot daraufhin der Klägerin an, das Arbeitsverhältnis gegen Zahlung einer Abfindung in Höhe von DM 25.000,00 aufzulösen. Als die Klägerin dieses Angebot ablehnte, wurde sie am folgenden Tag, den 06.11.1997, vom Niederlassungsleiter aufgefordert, den Betrieb zu verlassen, und mit Schreiben vom 10.11.1997 wurde die Klägerin ab sofort und bis auf weiteres unter Fortzahlung der Bezüge von ihrer Dienstpflicht befreit.

Am 07.01.1998 wurde der Klägerin eine zeitnah zu besetzende Teamassistenten-Stelle in München angeboten. Dieses Angebot lehnte die Klägerin mit der Begründung ab, die zeitnahe Aufnahme einer Beschäftigung in München sei ihr aus familiären Gründen, insbesondere wegen des damit mitten im Schuljahr verbundenen Schulwechsels ihres Kindes, unmöglich.

Unter dem 17.04.1998 erhob die Klägerin Klage gegen beide Beklagten mit dem Antrag, sie unter Zurücknahme der Beurlaubung vom 10.11.1997 zu unveränderten Bedingungen in der Niederlassung der Beklagten zu 2) in Erfurt weiterzubeschäftigen.

Mit Wirkung vom 04.08.1998 widerrief die Beklagte zu 1) die Freistellung der Klägerin vom Dienst, gewährte ihr bis 31.08.1998 Urlaub und versetzte sie ab 01.09.1998 zur Zentrale in München. Der Personalrat stimmte der Versetzung am 17.07.1998 zu.

Die Klägerin erweiterte daraufhin ihre anhängige Klage um den Feststellungsantrag dahingehend, dass die von der Beklagten zu 1) ausgesprochene Versetzung von Erfurt nach München rechtsunwirksam sei.

In dem am 30.10.1998 vor dem ArbG durchgeführten Kammertermin schlossen die Parteien einen Vergleich u.a. dahingehend, dass sie sich darüber einig seien, dass die Klägerin mit Wirkung ab 01.09.1998 in die Zentrale der Beklagten zu 1) nach München versetzt sei.

Für die Zeit vom 11.09. - 30.11.1998 war die Klägerin wegen psychovegetativer Störungen und Gastritis arbeitsunfähig krankgeschrieben. Vom 01.12.1998 - 07.01.1999 nahm die Klägerin Urlaub und trat erstmals am 11.01.1999 den Dienst bei der Beklagten zu 1) in München an. Sie arbeitete bis 14.01.1999. Den 15.01.1999 nahm sie als sog. Dispo-Tag arbeitsfrei und war sodann seit dem 18.01.1999 fortlaufend bis 28.04.2000 wegen akuter Belastungsreaktion mit depressiver Symptomatik arbeitsunfähig erkrankt.

Mit Bescheid vom 18.07.2000 wurde der Klägerin von der Bundesversicherungsanstalt für Angestellte rückwirkend ab 01.08.1999 Rente wegen Erwerbsunfähigkeit, zunächst bis 31.12.2001, gewährt. Die Zeitrente wurde sodann bis 30.09.2003 verlängert.

In einem Erstgutachten des Medizinischen Dienstes der Krankenversicherung Thüringen vom 18.11.1998 wurde angegeben, dass die Klägerin auf ihrem Arbeitsplatz regelrechtem Mobbing ausgesetzt gewesen sei, und es handle sich bei der Erkrankung der 33-jährigen Klägerin um eine akute Belastungsreaktion mit depressiver Symptomatik bei beruflicher Konfliktsituation.

In einem Gutachten eines Arztes für Neurologie und Psychiatrie vom 29.07. 1999 wurde die Diagnose einer kumulativ verlaufenden traumatischen Belastungsstörung bei einer massiven Mobbing-Konstellation durch die Betriebsführung gestellt. Die Klägerin befinde sich entsprechend dem Phasen-Modell von Heinz Leymann in «Der neue Mobbing-Bericht», Reinbek 1995, sowohl betreffend die betriebliche Ebene als auch die persönliche Ebene in der schwersten Phase 5. So seien auf der betrieblichen Ebene bei der Klägerin die Kriterien «Versetzung, Abmahnung und Kündigungsversuche» als Ausdruck eines Rechtsbruchs durch Über- und Fehlgriffe der Personalverwaltung nachgewiesen worden. Auf der persönlichen Ebene bestünden massive Gesundheitsstörungen, die bereits auch von vorbehandelnden Ärzten als so gravierend eingestuft worden seien, dass die Klägerin auf dem Boden der Phase-5-Kriterien als langfristig arbeitsunfähig erachtet werden müsse: Depression sowie traumatisches Stress-Syndrom in Verbindung mit weiterhin bestehenden Symptomen der Phase 3: Auflehnung, Erschöpfung, verstärkte psychosomatische Störungen.

Aufgrund diverser von ihr geschilderter Mobbing-Handlungen mit Beginn im Jahre 1996 leide die Klägerin unter diversen Beschwerden, die in dem Gutachten im Einzelnen aufgezählt wurden.

Als besonders gravierend habe die völlig verunsicherte und in ihrem Selbstwertgefühl eingebrochene Klägerin die Maßnahmen der Beklagten zu 2), die den Geschäftsbetrieb in Erfurt übernommen habe, und insbesondere die Tatsache erlebt, dass der örtliche Betriebsrat in Erfurt nachweislich ein Stasi-Mitglied gewesen sei, wobei zu entnehmen sei, dass dieser Betriebsrat in den Augen der Klägerin nicht die Interessen der Belegschaft, sondern die Interessen der Beklagten zu 2) mit Stasi-Methoden, die sich von Mobbing-Methoden kaum unterschieden, vertreten habe. Die hieraus resultierenden Folgen erlebe die Klägerin als eine zutiefst erschütternde Umkehrung der Norm- und Wertvorstellungen, zumal auch Abhör-Aktionen und andere Aktionen in dieser Bank praktiziert würden, die den Regeln der Richtlinien Nr. 1/76, Seite 47 und 48 von Mielke, betr. Formen, Mittel und Methoden der Zersetzung entsprechen würden, ohne dass ihre vorgesetzte Dienststelle, die Beklagte zu 1), dies unterbinden würde. Insbesondere die Verkehrung der Norm- und Wertvorstellungen, wenn z.B. gute oder sehr gute Leistungen – statt anerkannt und belobigt – niedergemacht und negativ sanktioniert würden oder die Unrechtsmaßnahmen in Form von Bespitzelungen, wie in der DDR, nun nach der Wende in den westlich geprägten Betrieben mitunter wieder auflebten und teils offen, teils versteckt, Mitarbeiter wie die Klägerin terrorisierten, führten traumartig zu den psychischen und psychosomatischen Folgen, wie sie bei der Klägerin feststellbar seien.

Bestrebungen der Krankenkassen, zur Begrenzung der Arbeitsunfähigkeitszeiten, Gemobbte, wie hier die Klägerin, wieder in den Arbeitsprozess zu drängen mit der hieraus resultierenden Gefahr, durch die erneute Aussetzung von Mobbing-Handlungen eine Verschlimmerung der Erkrankung zu bewirken, müssten mühsam abgewehrt werden, was die hochgradig sensibilisierten Gemobbten, wie hier die Klägerin, nachvollziehbar zusätzlich massiv belaste mit der Gefahr, in eine krankhafte Obsession zu verfallen, die häufig bei Gemobbten vorzufinden sei, wenn die Krankenkasse in eine quasi «mitmobbende» feindliche Rolle in den Augen der Gemobbten gleite. Erschwerend und komplizierend komme hinzu, dass Mobbing auch auf die private Lebenssituation durchschlage, da das Mobbing nicht nur den Betroffenen, sondern die ganze Familie beeinträchtige, so dass die Mobbing-Forschung im Rahmen von Mobbing-Handlungen vermehrte Auflösungserscheinungen von Familien festgestellt habe, wie dies hier auch bei der Klägerin geschehe. Die Klägerin lebe seit ca. 1½ Jahren, also ca. 1 Jahr nach Beginn des Mobbings, in einer äußerst angespannten Ehe, die zu zerbrechen drohe, da der Ehemann naturgemäß in eine völlig hilflose Situation gegenüber seiner Ehefrau, der Klägerin, geraten sei, was die Klägerin als quasi mitmobbende Passivität ihres Mannes erlebe, der hilf- und ratlos wegschaue, da er als quasi Mitbetroffener nicht in der Lage sei, die von der Klägerin erwartete Unterstützung zu leisten.

Insofern bestehe aus nervenärztlicher und psychotherapeutischer Sicht kein Zweifel am Zusammenhang der mobbing-typischen Attacken des Arbeitgebers gegenüber der Klägerin und den hieraus resultierenden psychischen Störungen bei der Klägerin, die als kumulative traumatische Belastungsstörung mit all ihren psychischen und psychosomatischen Folgen zu diagnostizieren sei.

Das für die Klägerin erstellte Gutachten war nach Angabe des LAG Thüringen nahezu vollständig wortidentisch mit einem Gutachten, das derselbe Gutachter unter dem 15.11.1999 für eine Arbeitskollegin der Klägerin erstellt hatte, und zwar bis auf kleinere Abweichungen.

Die Klägerin verlangte im Rahmen des vorliegenden Klagverfahrens Schadensersatz für entgangene Gehaltsansprüche im Zeitraum Oktober 1998 bis Mai 2000 in Höhe von DM 56.384,89 nebst Zinsen, Schadensersatz für sonstige materielle Schäden, die aufgrund des im Jahre 1996 begonnenen Mobbings entstanden seien, in Höhe von DM 40.000,00 nebst Zinsen und ein angemessenes und der konkreten Höhe nach von dem erkennenden Gericht zu bestimmendes Schmerzensgeld von mindestens DM 50.000,00 nebst Zinsen sowie die Feststellung, dass die Beklagten auch hinsichtlich zukünftig entstehender Gehaltseinbußen und hinsichtlich zukünftig evtl. verminderter Rentenansprüche der Klägerin sowie für alle weiteren materiellen und immateriellen Schäden, die der Klägerin als Folge des ihr gegenüber seit dem Jahre 1996 unternommenen Mobbings in Zukunft entstünden, als Gesamtschuldner ersatzpflichtig seien.

Das ArbG wies die Klage ab und führte aus, dass wesentliche Ursache für die Erkrankungen der Klägerin die Versetzung der Klägerin nach München im Jahre 1998 gewesen sei, die die Klägerin durch Prozessvergleich selbst mit herbeigeführt habe. Auch sei kein bewusstes und gewolltes Zusammenwirken der Beklagten und ihrer diversen, zunächst von der Klägerin mit verklagten Mitarbeiter, bei den Verletzungshandlungen ersichtlich.

In der Berufungsinstanz erhob die Klägerin weitere Mobbing-Vorwürfe und trug vor, der Vorgesetzte R. habe ihr im Oktober im Zusammenhang mit dem gewünschten Wechsel zur Beklagten zu 2) gesagt: *«Sie haben doch keine Chance, die machen Sie fertig.»* In diversen Gesprächen sei ihr von ihren Vorgesetzten mitgeteilt worden, dass auf Grund der Weigerung, den Vertrag mit der Beklagten zu 2) zu unterzeichnen, keine Fortbildung bzw. Beförderung mehr erfolgen werde. Gegenüber einer anderen Mitarbeiterin habe der Abteilungsleiter geäußert: *«Wenn ihr bis Mittag nicht unterschrieben habt, reiße ich euch den Kopf ab.»* Diese Äußerung habe ihr ihre Arbeitskollegin unter Tränen weitererzählt.

Nachdem sich die Klägerin Ende November / Anfang Dezember 1996 gemeinsam mit einer Arbeitskollegin an den Personalrat in München gewandt habe, habe ihr Vorgesetzter sich ihr gegenüber wie folgt geäußert: *«Das war unklug, dass Sie den Personalrat eingeschaltet haben. Jetzt ist die Wut noch größer.»*

Ferner sei der Klägerin in einem Gespräch vorgeworfen worden, dass sie zu einer Art «Bande» gehöre, welche die Absicht hätte, die Beklagte zu 2) zu unterwandern. Der Betriebsrat, der ehemalige Stasi-Mann U., habe die Vorgesetzten darüber unterrichtet, dass es im Hause eine «4er-Bande» gebe, die gegen die Beklagte zu 2) sei.

Ab 06.02.1997 sei das Motiv bei der Beklagten zu 2) eingetreten, sie auf kaltem Wege aus dem Arbeitsverhältnis herauszuquälen. Gespräche mit dem Niederlassungsleiter hätten in einer drohenden Atmosphäre stattgefunden. Die danach ergriffenen Maßnahmen seien darauf gerichtet gewesen, die Klägerin durch ständige Überwachung und Fehlersuche, durch Schaffung einer bedrohlichen Arbeitsatmosphäre, Herbeiführung von Verängstigung und Unsicherheit, durch an den Haaren herbeigezogene Vorwürfe, demütigende Personalgespräche, Erteilung von Abmahnungen, betriebsöffentliche Ausgrenzung und im Wechsel von rechtsgrundloser Dauersuspendierung und Herbeizwingung einer 500 km vom Standort der Familie erfolgenden Beschäftigung mit sinnlosen Aufgaben und unter menschenunwürdigen Bedingungen und ständigem Anraten zur Aufhebung des Arbeitsverhältnisses so zu zermürben und psychisch und physisch fertig zu machen, dass sie von sich aus zu einer freiwilligen Aufgabe ihres Arbeitsplatzes bereit wäre.

Die neue Strategie der beklagten Banken sei bereits im März 1997 damit zum Ausdruck gekommen, dass der Vorgesetzte R. der Klägerin in einem persönlichen Gespräch anvertraut habe, dass er angewiesen worden sei, zum Zwecke der Vorbereitung von Abmahnungen in ihrer Arbeit nach Fehlern zu suchen.

An einem Tag im Bereich April/ Mai 1997 sei die Lebensgefährtin des Betriebsratsvorsitzenden U. in ihrem Büro erschienen und habe ihr u.a. Schreiben vorgelegt, die sie – die Klägerin – auf ihrem PC gefertigt und an den Personalrat in

München adressiert habe. Die Lebensgefährtin des Betriebsratsvorsitzenden habe ihr erklärt, diese Schreiben seien bei ihrem Drucker herausgekommen. In diesem Zusammenhang sei bei ihr, der Klägerin, der Verdacht entstanden, dass Frau J. ihr im Auftrag des Herrn U. die besagten Schriftstücke bewusst als eine zur Schreckensauslösung und Einschüchterung dienliche Botschaft überbracht habe. Eine solche Maßnahme gehöre zum schulmäßigen stasi-typischen Zersetzungsrepertoire, wie es in den einschlägigen Richtlinien des MfS Richtlinie Nr. 1/76 zur Entwicklung und Bearbeitung operativer Vorgänge näher beschrieben worden sei.

Anlässlich ihrer Geburtstagsfeier im Betrieb habe ihr Arbeitskollege erzählt, dass er ein Telefongespräch zwischen dem Niederlassungsleiter und dem Vorstandsmitglied der Bank über eine Freisprecheinrichtung mitgehört habe. Das Vorstandsmitglied habe den Niederlassungsleiter darüber informiert, dass die «Banden-Mitglieder», d.h. u.a. die Klägerin, bei der Rede des Vorstands bei einem Betriebsausflug gelacht hätten. Das Telefongespräch habe mit der Anweisung des Vorstandsmitglieds an den Niederlassungsleiter geendet, *«das Problem endlich zu lösen».* Der Kollege habe seinen Bericht gegenüber der Klägerin mit folgender Aussage unterstrichen: *«So wie das Vorstandsmitglied mit dem Niederlassungsleiter sprach, so würde ich noch nicht einmal mit dem Mörder meines Sohnes sprechen.»* Eine weitere Mitarbeiterin sei Zeuge eines Telefongesprächs gewesen, das der Niederlassungsleiter geführt habe. In diesem Telefongespräch habe sich der Niederlassungsleiter wie folgt geäußert: *«Mit Herrn Mö. und Herrn Br. rede ich noch einmal. Die anderen lasse ich über die Klinge springen.»*

Am Tage ihrer Freistellung habe der Niederlassungsleiter eine Mitgliederversammlung in der Schalterhalle einberufen. Er habe bekannt gegeben, dass u.a. sie und ihre Arbeitskollegin wegen Störung des Betriebsfriedens hätten entfernt werden müssen und auf die verschiedenen Niederlassungen der Beklagten verteilt werden würden. Mit dieser Maßnahme sei sie, die Klägerin, auch in der Öffentlichkeit in persönlichkeitsverletzender Weise demontiert, herabgewürdigt und in grober Weise in ihrem sozialen Geltungsanspruch beschädigt worden. Sie habe sich daraufhin sofort in ärztliche Behandlung begeben. Dort hätte sie Psychopharmaka und stimmungsaufhellende Medikamente erhalten. Eine Krankschreibung sei nur aus dem Grunde nicht erfolgt, weil sie ohnehin von der Arbeit suspendiert gewesen sei.

In Folge der Ereignisse habe sie unter fortlaufenden, von Weinkrämpfen begleiteten Depressionen, Grübelzwängen, Apathie, Albträumen, Schweißausbrüchen, Schlaflosigkeit, Angstzuständen, Kopf- und Magenschmerzen, Gedächtnis- und Konzentrationsstörungen und Appetitlosigkeit gelitten, habe sich aus dem gesellschaftlichen Leben zurückgezogen, habe Selbstmordgedanken gehegt und sei nicht mehr ansprechbar für Ehemann und Kind gewesen.

Den Vergleich vor dem Arbeitsgericht hinsichtlich ihrer Versetzung nach München habe sie nur akzeptiert, weil ihr damaliger Rechtsanwalt ihr erklärt habe, dass es zu der Annahme des Vergleiches keine Alternative gäbe und dass das Mobbing «*kein Schwein interessiere*». Er habe auch darauf hingewiesen, dass bei Nichtzustimmung die Zwangsversetzung drohen würde.

Auch bei der Fortsetzung des Arbeitsverhältnisses in München sei es von Anfang an darum gegangen, sie fertig zu machen. Eine Einweisung in die Arbeit habe sie nicht erhalten. Der Personalrat habe ihr mitgeteilt, dass keine Arbeit für sie da sei und dass sie sich etwas suchen solle, z.B. die Bank anschauen; sie könne ruhig auch mal rausgehen und das Umfeld anschauen.

In der Berufungsinstanz beantragte die Klägerin dann, die Beklagten als Gesamtschuldner wegen schwerster systematischer Verletzung des allgemeinen Persönlichkeitsrechts (Mobbing) zur Zahlung einer in das Ermessen des Gerichts gestellten Geldentschädigung in Höhe von mindestens € 150.000,00 nebst Zinsen und wegen mobbing-bedingter Verletzung der Gesundheit der Klägerin zur Zahlung eines in das Ermessen des Gerichts gestellten Schmerzensgeldes in Höhe von mindestens € 65.000,00 nebst Zinsen sowie zum Schadensersatz zu verurteilen.

Das LAG Thüringen wies nach durchgeführter Beweisaufnahme die Berufung als unbegründet zurück.

Die Behauptung der Klägerin, Organmitglieder der Beklagten hätten durch Anweisungen und Unterlassen, Vorgesetzte und Mitarbeiter der Beklagten durch systematische und fortgesetzte Mobbing-Handlungen ihre Gesundheit beschädigt und ihr Persönlichkeitsrecht verletzt, sei durch das Ergebnis der durchgeführten Beweisaufnahme nicht bestätigt worden. Die Nichtbeschäftigung der Klägerin nach der Freistellung im November 1997 sei kein sich täglich wiederholender Angriff auf das Persönlichkeitsrecht der Klägerin. Entgegen der Behauptung der Klägerin habe die Beklagte zu 1) sie auch nicht mit dem Ziel, sie fertig zu machen, nach München versetzt, noch sei die Art und Weise der Beschäftigung der Klägerin in München entwürdigend oder als Psychofolter zu bezeichnen.

Wörtlich führte das Gericht aus:

«*Das erkennende Gericht ist sich dessen bewusst, dass das als 'Mobbing' bezeichnete Phänomen in der sozialen Wirklichkeit, insbesondere aber in der Arbeitswirklichkeit, zunehmend zu beobachten ist und für große Verunsicherung sorgt. Gerade in Zeiten hoher Arbeitslosigkeit nehmen mobbing-typische Konflikte am Arbeitsplatz zu, weil der Ausweg, den Arbeitgeber zu wechseln, versperrt ist. Mobbing wird aber auch gezielt eingesetzt, um Arbeitnehmer, denen auf rechtlich zulässige Weise nicht beizukommen ist, aus dem Arbeitsverhältnis zu drängen. Gerade Mitarbeiter, die einen hohen Bestandsschutz genießen, sind solchen Maßnahmen ausgesetzt. (...) Es besteht Konsens darüber, dass die wirkungsvollsten Vorkehrungen gegen Mobbing am Arbeitsplatz darin bestehen, die*

250

Betriebe überhaupt erst einmal für das Problem zu sensibilisieren und sodann durch ein wirkungsvolles Konfliktmanagement zu verhindern, dass – ggf. irreparable – Folgeschäden eintreten.

Das Hauptproblem bei der rechtlichen Einordnung des Begriffs «Mobbing» besteht darin, dass der Begriff aus der Alltagssprache stammt und für eine Vielzahl unterschiedlicher Verhaltensweisen verwendet wird. Eigentlich bezeichnet er Erscheinungsformen, die so alt wie die Menschheit sind (Berkowsky, NZA-RR 2001, 61). Um seine rechtliche, insbesondere arbeitsrechtliche Relevanz zu fassen, ist es erforderlich, den Begriff durch Umschreibungen zu konkretisieren, die sich daran orientieren, ob ein bestimmtes Verhalten des Arbeitgebers oder anderer Arbeitnehmer Rechtsgüter des Arbeitnehmers verletzt und insofern Abwehr- und Kompensationsansprüche auslöst (Oetker, Urteilsanmerkung zu Thür. LAG vom 10.04.2001, LAGE Nr. 2 zu Art. 2 GG Persönlichkeitsrecht). Ausgangspunkt ist die Definition des Bundesarbeitsgerichts (a.a.O.), wonach Mobbing das systematische Anfeinden, Schikanieren und Diskriminieren von Arbeitnehmern untereinander oder durch Vorgesetzte ist. Mit der Umschreibung «systematisch» ist bereits ein wesentliches Element der Begriffsdefinition bezeichnet. Die arbeitsrechtliche Relevanz des Mobbing ergibt sich aus einer systematischen, prozesshaften Beeinträchtigung. Nicht die einzelne herabwürdigende Handlung ist charakteristisch, sondern das Systematische und Stetige, das sich aus einer Reihe solcher Handlungen ergibt und aus dem sich eine gegen den Betroffenen verfolgte Zielrichtung erkennen lässt. Erforderlich ist aber auch ein Fortsetzungszusammenhang in dem Sinne, dass die Einzelakte, die für sich genommen unerheblich sein können, in einem sanktionenbegründenden Zusammenhang stehen, die wiederholten Verhaltensweisen folglich in ihrer Gesamtheit als Verletzung des allgemeinen Persönlichkeitsrechts zu würdigen sind.

Bei der Gesamtschau der Mobbing-Bewertung ist das zwar belastende, aber als sozialadäquat hinzunehmende Handeln gegenüber schikanösem und diskriminierenden Verhalten abzugrenzen. Dabei kann vom Leitbild des einsichtig handelnden Durchschnittsarbeitgebers ausgegangen werden. Sozialadäquat muss aber auch die Reaktion des Arbeitnehmers auf belastendes Arbeitgeberverhalten sein. Der Arbeitnehmer trägt auch am Arbeitsplatz das mit der gesellschaftlichen Interaktion verbundene «kommunikative» Risiko (vgl. zu allem Rieble/ Klumpp, ZIP 2002, 369; Oetker, a.a.O.). Wenn in diesem Zusammenhang davon gesprochen wird, der Arbeitnehmer habe kein Recht auf kritikfreies Wohlgefühl am Arbeitsplatz, wird nach Auffassung des Gerichts ein falscher Ansatz gewählt. Der – ggf. kritikfähige – Arbeitnehmer soll sich nach Möglichkeit durchaus auch am Arbeitsplatz wohlfühlen können. Das Problem dürfte bei Konflikten am Arbeitsplatz eher in der Belastbarkeit, insbesondere der psychischen Belastbarkeit, des Arbeitnehmers liegen, die wiederum eng mit der Fähigkeit zusammenhängt, die kommunikativen Lebensrisiken adäquat zu verarbeiten...

Die von der Klägerin geltend gemachten Ansprüche auf Geldentschädigung und Schmerzensgeld wegen erlittener immaterieller Schäden bestehen nicht.

I) Die Klägerin hat keinen Anspruch auf Entschädigung wegen Verletzung ihres allgemeinen Persönlichkeitsrechts.

1) Der Anspruch auf Geldentschädigung wegen Verletzung des Persönlichkeitsrechts wird aus § 823 Abs. 1 BGB i. V. mit Art. 1 und Art. 2 Abs. 1 GG hergeleitet (BVerfG NJW 2000, 2187; BGH NJW 1996, 984). Dabei handelt es sich um eine deliktische Anspruchsgrundlage. Der Auffassung der Klägerin, die staatliche Pflicht zur Sicherung des verfassungsrechtlichen Persönlichkeitsschutzes sei nicht danach teilbar, ob lediglich eine deliktische Beziehung zum Opfer der Persönlichkeitsrechtsverletzung oder auch eine vertragliche Beziehung bestehe, folgt das Gericht nicht. Dies ergibt sich für den hier einschlägigen Rechtszustand aus der Zeit vor der Rechtsänderung durch die Schadensrechtsreform ab 01.08.2002 bereits daraus, dass auch der Gesetzgeber das allgemeine Persönlichkeitsrecht ausdrücklich nicht in den Rechtsgüterkanon des neuen § 253 Abs. 2 BGB aufgenommen hat. Erst recht ist keine Korrektur des alten Rechtszustandes durch die Gerichte möglich. Entschädigungsansprüche wegen Verletzung des allgemeinen Persönlichkeitsrechts wurden aus der Analogie zu § 847 BGB a. F. entwickelt und beruhten daher als Quasi-Schmerzensgeldansprüche ausschließlich auf einer deliktischen Anspruchsgrundlage. Selbst wenn die Frage für zukünftige Rechtsänderungen auf der Tagesordnung bleiben sollte, ob dem allgemeinen Persönlichkeitsrecht nicht auch im Rahmen der Vertragshaftung der gebührende Schutz gewährt werden muss (Wagner, NJW 2002, 2056), so richtet sich diese Frage allenfalls an den Gesetzgeber, nicht aber an die Gerichte.

2) Da die Klägerin die Klage gegen die erstinstanzlichen Beklagten zu 3) bis 8), denen sie Mobbinghandlungen vorwirft, im Berufungsrechtszug nicht mehr weiterverfolgt hat, haften die Beklagten zu 1) und 2) gem. § 823 Abs. 1 BGB i. V. mit den §§ 30, 31 BGB, 89 BGB analog unmittelbar nur, wenn einer ihrer Vorstandsmitglieder durch eigenes Handeln Rechte der Klägerin verletzt hat. Dies behauptet auch die Klägerin nicht. Eine Rechtsverletzung durch Organmitglieder der Beklagten durch Unterlassen setzte voraus, dass diese gegen eine Pflicht zum Handeln verstoßen haben und die Vornahme der Handlung den Schaden verhindert hätte. Selbst wenn man annehmen wollte, dass eine deliktische Garantenpflicht des Arbeitgebers besteht, seinen Betrieb so zu organisieren, dass Mobbing verhindert oder unterlassen wird (Wickler, AuR 2004, 98; ablehnend: Rieble/ Klumpp, FA, 2002, 309), hätten die Organmitglieder der Beklagten eine solche Rechtspflicht nicht verletzt. Eine Pflicht zum Tätigwerden würde die Kenntnis der Organmitglieder von Mobbinghandlungen voraussetzen, die nicht gegeben war. Dem Schreiben des Personalratsmitglieds Z. vom 23.12.1996, das an verschiedene Vorstandsmitglieder beider Banken gerichtet war, war nicht zu entnehmen, dass unzulässiger Druck auf die Klägerin ausgeübt wurde. Die behauptete Anweisung des Vorstandsmitglieds Sp. der Beklagten zu 2) an den Niederlassungsleiter R., das Problem endlich zu lösen, besagt nichts über die Art und Weise der Problemlösung. Schließlich hat auch das Schreiben der Personalratsmitglieder Se. und Z. vom 07.11.1997 nicht die erforderliche Kenntnis vermittelt. Selbst wenn aus dem dort gegebenen Hinweis auf «stasihafte» Methoden auf einen Verdacht von Mobbing zu schließen wäre, könnte sich dieser Hinweis nur auf die Vergangenheit, also die Beschäftigung der Klägerin in der Niederlassung der Beklagten zu 2) in Erfurt bezogen haben, die mit der Freistellung beendet wurde, also für die Zukunft kein Eingreifen erforderlich machte.

3) Die Beklagten haften für immaterielle Schäden aus den angeblichen Mobbinghandlungen ihrer Verrichtungsgehilfen nur nach § 831 BGB, also nur dann, wenn sie bei der Auswahl und Überwachung der zur Ausführung der Verrichtung bestellten Personen die im Verkehr erforderliche Sorgfalt außer Acht gelassen haben. Anhaltspunkte dafür, dass die Vorgesetzten der Klägerin nicht sorgfältig ausgewählt wurden, sind nicht vorgetragen und auch nicht ersichtlich. Für die Überwachung der Verrichtungsgehilfen können sich die Beklagten auf den sog. dezentralisierten Entlastungsbeweis berufen. Danach reicht es in Großunternehmen, in denen der «Geschäftsherr» i. S. des § 831 Abs. 1 BGB an der Leitung und Beaufsichtigung gehindert ist, aus, wenn die Überwachung einem höheren Angestellten übertragen wird, der seinerseits sorgfältig ausgewählt, angeleitet und überwacht wurde. Die Beklagten haben solche höheren Angestellten bestellt, nämlich die Personalleiterin der Beklagten zu 2), Frau St., und die Personalverantwortliche der Beklagten zu 1), Frau Schi. Für eine Überwachung dieser leitenden Angestellten bestand mangels Kenntnis der Geschäftsherren von Verletzungshandlungen in der Filiale Erfurt keine Veranlassung...

II) Schmerzensgeldansprüche stehen der Klägerin ebenfalls nicht zu. Solche Ansprüche waren im Falle der Verletzung des Körpers und der Gesundheit nach § 847 BGB a. F. i. V. mit § 253 BGB a. F. nur gegeben, wenn eine unerlaubte Handlung gem. § 823 Abs. 1 BGB vorlag. Die genannten Vorschriften sind einschlägig, da die behaupteten Verletzungshandlungen vor der ab 01.08.2002 in Kraft getretenen Änderung des § 253 BGB und der gleichzeitig erfolgten Aufhebung des § 847 BGB lagen. Eine den Beklagten zurechenbare unerlaubte Handlung liegt nicht vor. Insoweit kann auf die voranstehenden Ausführungen verwiesen werden.

E) Auch Ansprüche der Klägerin auf Ersatz des erlittenen materiellen Schadens durch die in Folge ihrer Erkrankung eingetretene Gehaltsminderung bestehen nicht.

Der Anspruch beruht auf einer vertraglichen Grundlage. Der Arbeitgeber hat aufgrund der im Arbeitsverhältnis bestehenden Fürsorge- und Treuepflichten Leben und Gesundheit des Arbeitnehmers zu achten und zu schützen. Die Verletzung dieser arbeitsvertraglichen Nebenpflicht stellt auch eine Schlechterfüllung des Arbeitsvertrages dar (pVV).

I) Vertragliche Ansprüche der Klägerin könnten grundsätzlich nur gegen die Beklagte zu 1) bestehen, denn nur mit dieser hatte sie einen Arbeitsvertrag abgeschlossen. Die Beklagte zu 1) haftet gem. § 278 BGB für Verschulden ihrer Erfüllungsgehilfen. Bis auf Frau Schi., die Personalverantwortliche der Beklagten zu 1), waren jedoch die Personen, denen die Klägerin Mobbinghandlungen vorwirft, Beschäftigte der Beklagten zu 2). Zu Recht ist die Klägerin allerdings der Auffassung, dass aufgrund der Entsendevereinbarung die arbeitsvertragliche Fürsorgepflicht der Beklagten zu 1) auf die Beklagte zu 2) übergegangen ist und diese für die Erfüllung dieser Vertragspflicht der Beklagten zu 1) ebenfalls haftet. Insoweit sind die Beschäftigten der Beklagten zu 2) auch Erfüllungsgehilfen der Beklagten zu 1)...»

Das LAG führte dann aus, dass die Gesundheitsschäden der Klägerin nicht durch Mobbing verursacht worden seien. Es liege weder ein systematisches, zielgerichtetes und lang andauerndes diskriminierendes und anfeindendes Verhalten durch Erfüllungsgehilfen der Beklagten vor, noch hätten die Beklagten ein solches Verhalten gefördert und gebilligt. In einer Gesamtschau stelle das den Beklagten zurechenbare Verhalten kein Mobbing dar.

Zu berücksichtigen sei zunächst, dass die Klägerin auch zu einer auswärtigen Dienstleistung verpflichtet sei. Der Arbeitsort Erfurt sei folglich nicht vertraglich vereinbart worden und die Klägerin habe daher nach der Vertragslage ohne Änderungskündigung versetzt werden können.

Der am 30.10.1998 vor dem ArbG geschlossene Vergleich, durch den die Klägerin nunmehr endgültig ihre Versetzung nach München akzeptierte, habe daher durchaus der Rechtslage entsprochen und habe letztlich den eingeschränkten rechtlichen Handlungsmöglichkeiten der Klägerin Rechnung getragen.

Im Übrigen sei die Klägerin in der Zeit bis zu ihrer Freistellung von der Arbeitsleistung am 05./06.11.1997 keinem Mobbing ausgesetzt worden. Das Vertragsangebot der Beklagten zu 2) gegenüber der Klägerin, ein Arbeitsverhältnis mit ihr einzugehen, könne nicht als Beginn eines systematisch geplanten Mobbing-Verhaltens verstanden werden, denn die dort angebotenen Vertragsbedingungen seien durchaus verhandlungswürdig gewesen. Die Beklagte zu 2) habe auch nach Auffassung des LAG keinen unzulässigen Druck ausgeübt, um die Klägerin zur Annahme des Vertragsangebots zu bewegen. Die Behauptungen der Klägerin, ihr damaliger Vorgesetzter habe sich ihr gegenüber geäußert: 'Sie haben keine Chance, die machen Sie fertig' sowie nach Einschaltung des Personalrats 'Das war unklug. Jetzt ist die Wut noch größer', sei durch die Beweisaufnahme, insbesondere die Vernehmung des ehemaligen Vorgesetzten der Klägerin als Zeugen, nicht bestätigt worden.

Die Bemerkung des Abteilungsleiters gegenüber Arbeitskolleginnen der Klägerin 'Wenn ihr bis Mittag nicht unterschrieben habt, reiße ich euch den Kopf ab', die im Rahmen der Beweisaufnahme von einer Zeugin bestätigt wurde, kommentierte das LAG wie folgt:

Unabhängig davon, dass die Erinnerung der Zeugin nicht verlässlich sein müsse, wäre zu erwarten gewesen, dass die Klägerin eine solche Bemerkung nicht als irgendwie ernst gemeint auffasse. Die Äußerung passe eher in die Kategorie «grober Scherz oder Geschmacklosigkeit». Auch der geäußerte Vorwurf, die Klägerin gehöre zu einer «*Bande*», sei von den Zeugen im Rahmen der Beweisaufnahme nicht bestätigt worden. Nach dem Ergebnis der Beweisaufnahme müsse für die Zeit bis Ende 1996 / Anfang 1997 davon ausgegangen werden, dass die Klägerin sich vom Vertragsangebot der Beklagten zu 2) und den Umständen seiner Präsentation subjektiv in eine aufgeregte und etwas kopflose Befindlichkeit habe drängen lassen, die angesichts der objektiv gegebenen Umstände schwer nachvollziehbar sei. Dass die Klägerin durch die Bemerkung, sie gehöre zu einer Bande – unterstellt, diese Bemerkung sei gefallen – außer Fassung gebracht worden sei, wäre verständlich gewesen. Diese Bemerkung sei aber auch nach der Behauptung der Klägerin erst am 13.12.1996 gebraucht worden und könne daher für den Gefühlszustand der Klägerin vor diesem Datum nicht ursächlich gewesen sein. Es komme hier eine mentale Empfindsamkeit bei der Klägerin zum Ausdruck, die als vor jeder kritischen Situation bereits gegebene Prädisposition vorhanden gewesen sei und bei der Klägerin dazu geführt habe, auf Belastungen, wie sie mit dem Arbeitsleben nun einmal verbunden seien, angstvoll und verschreckt zu reagieren. Die Äußerungen der Arbeitskollegin der Klägerin belegten, dass sie und die Klägerin sich in ein Gefühl des Bedrohtseins hineingesteigert hätten.

Die Behauptung der Klägerin, ihr Vorgesetzter habe ihr im März 1997 gesagt, er habe die Anweisung erhalten, zum Zwecke der Vorbereitung von Abmahnungen in ihrer Arbeit nach Fehlern zu suchen, habe sich im Rahmen der Beweisaufnahme nicht bestätigt. Die weitere Behauptung der Klägerin, die Lebensgefährtin des Betriebsratsvorsitzenden, Frau J., habe zusammen mit ihm im April/Mai 1997 eine Aktion in Szene gesetzt, um sie auf Stasi-typische Weise zu verunsichern, sei reine Spekulation. Im Übrigen dürfte es eher zur Stimmungsmache gedacht gewesen sein, dass die Klägerin in diesem Zusammenhang die Richtlinie Nr. 1/76 des MFS zur Entwicklung und Bearbeitung operativer Vorgänge zu den Akten gereicht habe.

Im Rahmen der Würdigung der weiteren Beweisaufnahme kam das LAG zu dem Schluss, das Verhalten der Klägerin zeige, dass sie auch neutrales Verhalten als gegen ihre Person gerichteten Angriff auffasse. Auch das Verhalten ihres Vorgesetzten bei einem Gespräch vom 24.09.1997 könne nicht als Teil eines systematischen, zielgerichteten Mobbing-Verhaltens angesehen werden; es zeige allerdings Defizite im Führungsstil. Selbst wenn ihr Vorgesetzter, wie die Klägerin behauptet, sich im Ton vergriffen und sie sogar angebrüllt haben sollte, sei dies nicht in der kalkulierten Absicht geschehen, die Klägerin zu zermürben oder fertig zu machen, sondern sei wohl eher Ausdruck einer Hilflosigkeit gewesen. Auch die angebliche Wortwahl, es gäbe im Hause konspirative Treffen, müsse man nicht auf die Goldwaage legen. Den Begriff gäbe es auch außerhalb der vom MfS verwendeten Terminologie. Es sei auch sehr unwahrscheinlich, dass der Vorgesetzte, ein «Westimport», sich der Assoziation «MfS» überhaupt bewusst gewesen sei.

Auch die Bemerkung des Niederlassungsleiters im Rahmen eines Telefongesprächs: *«Mit Herrn Möhl. und Herrn Br. rede ich nochmal. Die anderen lasse*

255

ich über die Klinge springen» sei im Rahmen der Beweisaufnahme nicht bewiesen worden.

Auch die Freistellung der Klägerin von der Arbeitsleistung am 05./06.11.1997 stehe nicht in einem von der Klägerin behaupteten Mobbing-Kontext. Die Freistellung sei keine Fortsetzung vorangegangenen Verhaltens und habe auch nicht in einem von den Beklagten systematisch geplanten Wirkungszusammenhang gestanden.

Das LAG bewertete zwar die Freistellung der Klägerin als einen schwerwiegenden Eingriff in ihr Persönlichkeitsrecht. Die Freistellung sei ohne jede Vorwarnung und ohne Anhörung erfolgt. Den Freigestellten wie der Klägerin sei keine Gelegenheit gegeben worden, ihren Standpunkt zu erläutern und eine Abänderung der Entscheidung zu erreichen. Besonders angesichts der gravierenden Folgen sei es völlig unangemessen gewesen, eine Entscheidung derart 'übers Knie zu brechen'. Der Eingriff in das Persönlichkeitsrecht auch der Klägerin stehe aber als solcher isoliert zu allem vorangegangenen Geschehen. Die Klägerin teile ihr Schicksal mit Arbeitskolleginnen, für die ein Mobbing-Kontext ausgeschlossen werden könne. Das den Beklagten unterstellte Motiv, die Klägerin durch Mobbing-Verhalten aus dem Arbeitsverhältnis zu drängen, müsste auf alle Freigestellten zutreffen, wenn es plausibel sein sollte. Nur dann wäre anzunehmen, dass die Freistellung den Höhepunkt einer systematisch vollzogenen Anfeindung darstelle. Dies sei hier jedoch nicht der Fall. Die einmalige Verletzung des Persönlichkeitsrechts der Klägerin sei kein Mobbing. Im Übrigen bestehe für einen Entschädigungsanspruch keine vertragliche Haftungsgrundlage.

Die im Rahmen der Beweisaufnahme bestätigte Bemerkung des Vorgesetzten gegenüber der Klägerin *«Packen sie ihr Zeug und verschwinden sie»* führe dazu, dass die Klägerin zu Recht annehme, dass sie auf eine entwürdigende Art von ihrer Arbeitsstelle davongejagt wurde. Durch das verletzende Verhalten ihres Vorgesetzten sei der Eingriff in ihr Persönlichkeitsrecht vertieft worden. Wie schon für die Freistellung sei jedoch auch hier ein Mobbing-Kontext zu verneinen.

Entsprechendes nahm das Gericht hinsichtlich der Behauptung der Klägerin an, die Beklagte zu 1) habe ihr die Arbeit in München unmöglich gemacht. Die Klägerin könne nicht aus einem gerade einmal 4-tägigen Arbeitsversuch, den sie im Januar 1999 unternommen habe, auf eine ablehnende Haltung der Beklagten zu 1) schließen.

Die ab September 1998 festgestellten Gesundheitsschäden der Klägerin seien im Übrigen nicht durch ein irgendwie geartetes Verhalten ihrer Vorgesetzten, insbesondere auch nicht durch die Freistellung vom 5./6.11.1997, kausal herbeigeführt worden. Das von der Klägerin vorgelegte Gutachten des Herrn Dr. B. könne ebenfalls die Kausalität zwischen dem behaupteten Mobbing-Verhalten und der Erkrankung nicht belegen. Das Gutachten sei undifferenziert und lasse an der notwendigen Objektivität des Gutachters zweifeln. Der Gutachter habe die Klägerin erstmals am 29.07.1999 untersucht, also mehr als 1½ Jahre nach der

Freistellung der Klägerin im November 1997. Die Diagnose stütze sich auf das Mobbing-Tagebuch der Klägerin und einschlägige von der Klägerin beigebrachte Unterlagen. Die Schlussfolgerungen der Klägerin, sie sei nachweisbaren, mobbing-typischen Repressalien des Arbeitgebers ausgesetzt gewesen, würden ungeprüft übernommen. Ferner greife der Gutachter die These von der stasi-typischen Zersetzungsarbeit auf. Das Gutachten sei bei den Diagnose-Grundlagen und auch bei der Beurteilung im Übrigen weitgehend identisch mit dem Gutachten, das für eine Arbeitskollegin der Klägerin erstellt wurde, die ebenfalls am 29.09.1999 erstmals vom Gutachter untersucht worden sei. Die fehlende Distanz des Gutachters zur Diagnose sei auch aus seiner gutachterlichen Äußerung vom 16.11.1999 deutlich geworden. Dort habe er erwähnt, dass er das Gutachten erstelle, um die Klägerin in die Lage zu versetzen, das Mobbing auch auf dem Rechtswege zu unterbinden. Daraus sei ersichtlich, dass der Gutachter doch sehr ergebnisorientiert eingestellt gewesen sei.

Abschließend brachte das Gericht zum Ausdruck, dass es in den langen Verhandlungstagen und insbesondere durch die Schilderung der Klägerin bei ihrer Einvernahme als Partei den Eindruck gewonnen habe, dass die Klägerin aufrichtig davon überzeugt sei, dass ihr großes Unrecht geschehen sei. Es sei der Klägerin wohl schwer zu vermitteln, dass die Gerichte für empfundenes Unrecht nicht allein deshalb Genugtuung verschaffen könnten, weil die Ansprüche in ehrlicher Absicht verfolgt würden. Das viel beschworene kommunikative Lebensrisiko verwirkliche sich vor allem in einem Bereich, der einer gerichtlichen Einflussnahme entzogen sei. Gerade deshalb sei es so wichtig, vorgerichtliche Kompensationsmöglichkeiten und Schlichtungsverfahren zu nutzen, wie betriebliches Konfliktmanagement oder Mediation.

Im Ergebnis ist dieses Urteil allerdings nicht rechtskräftig geworden. Die Klägerin hat gegen das Urteil, in dem die Revision nicht zugelassen worden war, beim BAG Nichtzulassungsbeschwerde eingelegt. In diesem unter dem Aktenzeichen 8 AZN 570/04 beim BAG geführten Nichtzulassungsbeschwerdeverfahren haben die Parteien den Rechtsstreit einvernehmlich durch Abschluss eines Prozessvergleichs beendet. Ein derartiger Prozessvergleich führt nicht bloß zur Verhinderung der Rechtskraft des von ihm erfassten Urteils, sondern auch zu seiner rechtlichen Wirkungslosigkeit (vgl. Zöller-Stöber, § 794 ZPO Rn. 13).

82. Urteil Landesarbeitsgericht Nürnberg, 6 Sa 116/04 vom 28.06.2004

Der Kläger war als Straßenbauarbeiter mit Arbeiten aller Art eingesetzt (vgl. zum Sachverhalt im Einzelnen *Frage 36, Fallbeispiel 29*). Aufgrund erbrachter Gartenarbeiten während der Zeit einer Arbeitsunfähigkeit und der von ihm unerlaubt ausgeübten Nebentätigkeiten erhielt der Kläger mit Schreiben vom 10.02.2003 eine Abmahnung und sodann nach weiteren entsprechenden Verstößen eine fristlose Kündigung.

Der Kläger machte insbesondere geltend, dass er im Arbeitsverhältnis gemobbt werde. Diese Mobbing- und Stress-Situation habe zur Erkrankung geführt. Seine nicht über Nachbarschaftshilfe hinausgehenden Tätigkeiten hätten die Genesung nicht verzögert, weil die Erkrankung allein auf psychische, durch Mobbing herbeigeführte Probleme zurückzuführen gewesen sei; sie habe den Heilungsprozess vielmehr eher gefördert.

In einem vom Kläger vorgelegten ärztlichen Attest wurde bestätigt, dass er ärztlicherseits angehalten worden sei, sich körperlich abzureagieren in Form von sportlicher Aktivität, langen Spaziergängen o.ä.

ArbG und LAG wiesen die Kündigungsschutzklage des Klägers ab.

Das LAG nahm einen Verstoß des Klägers gegen das tarifliche Nebentätigkeitsverbot und damit einen Verstoß gegen die arbeitsvertraglichen Pflichten an. Dies gelte unabhängig davon, ob der Kläger in diesem Zeitraum arbeitsunfähig im Rechtssinne gewesen sei oder nicht. Die vom Arzt bestätigte Arbeitsunfähigkeit könne den Kläger nicht entlasten.

Ergänzend wies das LAG darauf hin, dass der Kläger selbst dann, wenn es richtig sein sollte, dass er sich gemobbt gefühlt habe, dass er wegen des Verhaltens seiner Kollegen psychische Probleme und das Gefühl gehabt habe, keine verantwortungsvollen Arbeiten mehr zugeteilt zu bekommen, gehalten gewesen wäre, beim Arbeitgeber auf den Abbau oder die Beseitigung dieser Probleme hinzuwirken. Dies hatte der Kläger nach Auffassung des Gerichts nicht getan.

83. Urteil des LAG Berlin, 16 Sa 2280/03 vom 15.07.2004

Die Parteien stritten über Schadensersatz und Schmerzensgeld wegen «Mobbing». Die Klägerin leitete ihre Ansprüche daraus her, dass der Beklagte zu 2) in seiner Eigenschaft als Geschäftsführer der Beklagten zu 1) sie, die Klägerin, über Monate hinweg schikaniert und gedemütigt habe, wodurch sie an Depressionen erkrankt sei. Mit dem Klageantrag zu 1) verlangt sie die Differenz zwischen ihrem durchschnittlichen Nettogehalt und den tatsächlichen Bezügen an Krankengeld und Arbeitslosengeld ab Beginn der letzten durchgehenden Krankheitsperiode bis zum Eintritt in ein neues Arbeitsverhältnis (22.3.1999 bis 30.9.2000 – rechnerisch unstreitig 32.887,69 DM = 16.815,21 €). Mit dem Klageantrag zu 2) verlangt sie ein Schmerzensgeld in Höhe von 50.000,-- DM = 25.564,59 €.

Die 1953 geborene Klägerin ist ausgebildete OP-Schwester und war langjährig an einem Ostberliner Krankenhaus beschäftigt; dort war sie zuletzt mehrere Jahre freigestellte Personalrätin bzw. Betriebsrätin. Die Beklagte zu 1) hat die Klägerin mit Wirkung ab 1. April 1996 als (1.) Personalleiterin eingestellt und von ihr insbesondere erwartet, dass sie erhebliche Personalkostenreduzierungen herbeiführt bzw. daran mitwirkt.

Im Jahre 1997 fehlte die Klägerin krankheitsbedingt an insgesamt 42 Arbeitstagen. Vom 7. Dezember 1998 bis 15. Januar 1999 fehlte sie wegen eines «depressiven Syndroms». Am 2. Februar 1999 unterzeichnete sie (nachdem die Beklagte zu 1) zwischenzeitlich einen Verwaltungsleiter und einen ärztlichen Koordinator eingestellt hatte) rückwirkend zum 1. Dezember 1998 einen Änderungsvertrag, nach dem ihr Tätigkeitsfeld nunmehr «das Projektmanagement im Immobilienbereich» sein sollte sowie «die Sachbearbeitung der Akquisition von Personal im ärztlichen Bereich».

Ab 22. März 1999 blieb die Klägerin ununterbrochen krankheitsbedingt der Arbeit fern; in einem sozialmedizinischen Gutachten vom 1. Juni 1999 ist als Hauptdiagnose angegeben: «Anhaltende reaktive Depression bei beruflicher Konfliktsituation (Mobbing)». Unter dem 12. November 1999 kündigte die Beklagte zu 1) das Arbeitsverhältnis (unter anderem wegen behaupteter Verstöße gegen Melde- und Nachweispflichten) fristlos, hilfsweise fristgemäß. In dem darüber geführten Kündigungsschutzprozess verglichen sich die Parteien am 13. April 2000 auf ein Ende des Arbeitsverhältnisses zum 30. April 2000 aus betriebsbedingten Gründen und Zahlung einer Abfindung in Höhe von 21.000,00 DM (etwas mehr als drei Monatsgehälter).

Mit der vorliegenden Schadensersatz- und Schmerzensgeldklage hat die Klägerin zahlreiche Verhaltensweisen des Beklagten zu 2) (aus der Zeit Februar 1997 bis Juni 1998) vorgetragen, die belegen sollen, dass der Beklagte zu 2) sie systematisch schikaniert und gedemütigt habe und für ihre Krankheit verantwortlich sei.

Mit Urteil vom 14. August 2003 hat das ArbG die Klage abgewiesen, und zwar im Wesentlichen mit der Begründung, dem Klagevorbringen sei nicht ausreichend substanziiert ein systematisches Anfeinden, Schikanieren oder Diskriminieren durch den Beklagten zu 2) aus verwerflicher Motivation zu entnehmen.

Die Berufung war inhaltlich ohne Erfolg.

Sowohl die vertragsrechtliche als auch die deliktsrechtliche Anspruchsgrundlage setzten einzelne, konkrete Tathandlungen des «Mobbing-Täters» voraus, mit denen dieser rechtswidrig und schuldhaft in den geschützten Rechtskreis des «Mobbingopfers» eingegriffen habe. Dies sei jeweils konkret auf der Grundlage der Rechtsnorm zu prüfen, aus der die klagende Arbeitnehmerin ihre Ansprüche herleite. In diesem Zusammenhang sei nach Auffassung der Kammer bedeutsam, dass der Arbeitgeber (oder ein für ihn handelnder Vorgesetzter der klagenden Arbeitnehmerin) das selbstverständliche Recht habe, konkrete Arbeitsweisen und Arbeitsergebnisse zu beanstanden, wenn diese der vertraglich geschuldeten Leistung der Arbeitnehmerin nicht entsprächen. Wolle ein Arbeitgeber sich wegen Unzufriedenheit mit der Arbeitsleistung des Arbeitnehmers von diesem trennen, müsse er solche Beanstandungen sogar sehr konkret (und sogar möglichst schriftlich) vorbringen und den Arbeitnehmer darüber hinaus unter Kündigungsandrohung abmahnen, wenn er eine verhaltens- oder personenbedingte Kündigung im Kündigungsschutzprozess rechtfertigen wolle. Denn unter der Geltung des Kündigungsschutzgesetzes sei eine Kündigung wegen Schlechtleistung im Allgemeinen nicht wirksam, wenn der Arbeitnehmer nicht mehrfach zuvor unmissverständlich darauf hingewiesen worden ist, dass der Arbeitgeber die Leistungen des Arbeitnehmers nicht als ordnungsgemäß anerkennt. Gerade wegen des rechtlichen Erfordernisses einer oder mehrerer Abmahnungen vor Ausspruch einer Kündigung könne es aber auch leicht vorkommen, dass Arbeitnehmerverhalten beanstandet oder abgemahnt werde, welches sich bei genauer Betrachtung als noch vertragsgemäß erweise. Der Arbeitnehmer, der wegen unberechtigter Rügen und Beanstandungen krank geworden sei und deshalb Schadenersatz verlange, müsse deshalb nicht nur die Rechtswidrigkeit der Rügen und Beanstandungen darlegen, sondern darüber hinaus auch, dass der Arbeitgeber bzw. der betreffende Vorgesetzte die Rechtswidrigkeit seiner Rügen/Beanstandungen bei gehöriger Überlegung hätte erkennen können, und dass er außerdem hätte erkennen können, dass durch diese rechtswidrigen Rügen/Beanstandungen eine Krankheit beim Arbeitnehmer ausgelöst wird. Das Verschulden des Arbeitgebers bzw. des für ihn Handelnden müsse sich nicht nur auf die einzelne «Tathandlung», sondern auch auf die Erkrankung beziehen (vgl. dazu insbesondere BAG 8 AZR 348/01 vom 18.4.2002, DB 2002, 2050).

Diesen Voraussetzungen werde der Vortrag der Klägerin nicht gerecht. Soweit die Klägerin am arbeitsgerichtlichen Urteil beanstandet habe, es habe eine «Gesamtschau» sämtlicher von ihr zusammengetragenen Mobbingvorwürfe unterlassen, sah das LAG dies nicht als berechtigt an. Da die Klägerin dem Beklagten zu 2) eine vorsätzliche Gesundheitsbeschädigung nicht anlastete (mit anderen Worten: Dass der Beklagte zu 2) es absichtlich darauf angelegt hätte, sie krank zu machen), könne jede einzelne als «Mobbinghandlung» bezeichnete Verhaltensweise des Beklagten zu 2) nur daraufhin untersucht werden, ob der Beklagte zu 2) jeweils damit habe rechnen müssen oder wenigstens können, dass sein Verhalten jeweils einen (kleinen, konkreten) Beitrag dazu leistete, dass die Klägerin erkranken könnte. Verhaltensweisen, die jeweils in der konkreten Situation berechtigt waren – was für die ganz überwiegende Anzahl der zusammengetragenen Vorwürfe anzunehmen sei –, schieden als «Tathandlungen» von vornherein aus. Dabei solle nicht verkannt werden, dass nach § 226 BGB auch ein rechtmäßiges Verhalten rechtswidrig werden könne, wenn es (allein) dazu diene, dem Gegner zu schaden. Diese Voraussetzungen lägen aber hier nicht vor.

Insgesamt seien hier genügend Gründe für die Erkrankung der Klägerin gelegt, für die eine rechtliche Verantwortlichkeit der einen oder der anderen Seite nicht festgestellt werden könne. Eine Verantwortlichkeit des Beklagten zu 2) in rein psychologischer Hinsicht (die die Kammer nicht beurteilen könne) möge vorliegen. Nicht jede psychologische Verantwortlichkeit lasse sich aber mit dem relativ groben Raster der Rechtswidrigkeit und der Fahrlässigkeit erfassen, welches für einen auf Schadensersatz gerichteten Rechtsanspruch durchlaufen werden müsse. Der Vortrag der Klägerin reiche hierfür auch nach Überzeugung der Berufungskammer nicht aus. Dies gelte um so mehr, als die Klägerin geltend mache, zahlreiche andere Arbeitnehmer in der Verwaltung der Beklagten zu 1) hätten ihrerseits den Führungsstil des Beklagten zu 2) zum Anlass genommen, den Arbeitsplatz zu wechseln; dies spräche immerhin, wenn es zutreffen sollte, nicht für ein zielgerichtetes Handeln des Beklagten zu 2) gerade gegenüber der

Klägerin *(veröffentlicht in: EzA Schnelldienst 23/2004, S. 8 und NZA-RR 2005, 13).*

84. Beschluss Landesarbeitsgericht Düsseldorf, 5 Ta BV 38/04 vom 22.07.2004

Die Beteiligten stritten im Rahmen eines Beschlussverfahrens nach § 98 ArbGG über die Frage, ob die vom Betriebsrat angerufene Einigungsstelle zum Thema «Mobbing» offensichtlich unzuständig sei. Das LAG gab dem Antrag des Betriebsrats statt und bestellte einen Vorsitzenden der im Betrieb der Arbeitgeberin einzurichtenden Einigungsstelle «Betriebsvereinbarung über partnerschaftliches Verhalten am Arbeitsplatz sowie zur Verbesserung der Informations- und Unternehmenskultur».

Dem Antrag sei zu entsprechen, weil die angestrebte Einigungsstelle nicht offensichtlich unzuständig im Sinne des § 98 Abs. 1 Satz 1 ArbGG sei. Entgegen der Auffassung des LAG Hamburg in seinem oben dargestellten Beschluss vom 15.07.1998 (5 Ta BV 4/98 - NZA 1998, 1245) stellten die §§ 82 ff. BetrVG kein Gesetz dar, das hinsichtlich der Mitbestimmungsrechte des Betriebsrats aus § 87 Abs. 1 Ziff. 1 BetrVG Sperrwirkung entfalten könne. Die dortigen Regelungen erfassten einzig und allein Fragen des Beschwerderechts und des Beschwerdeverfahrens in den dort genannten Fällen. Die vom Betriebsrat im vorliegenden Fall angestrebte Betriebsvereinbarung wolle aber nicht nur das Beschwerdeverfahren in den dort beschriebenen Fällen regeln, sondern enthalte darüber hinaus vielfältige, auch präventive Maßnahmen und Verhaltensweisen, die nicht Gegenstand der gesetzlichen Regelung der §§ 82 ff. BetrVG seien.

Insgesamt sei zwar festzustellen, dass ein Großteil der Regelungspunkte in dem Entwurf der Betriebsvereinbarung - jedenfalls in der derzeitigen Form - nicht mitbestimmungspflichtig sein dürfte. Andererseits bestehe aber mindestens in drei Regelungspunkten ein Mitbestimmungsrecht des Betriebsrats. Dabei komme es im vorliegenden Verfahren nicht darauf an, ob die in dem Entwurf geforderten Regelungen in genau dieser Form auch durchsetzbar seien oder so umgesetzt werden sollten. Diese Frage habe allein die Einigungsstelle selbst zu klären wie auch die Feststellung, ob und in welchem Umfang sie tatsächlich für die vom Betriebsrat angesprochenen Regelungspunkte zuständig sei.

85. Urteil des Landesarbeitsgerichts Schleswig-Holstein, 3 Sa 236/04 vom 29.09.2004

Die Parteien stritten über die Wirksamkeit einer verhaltensbedingten fristgemäßen Kündigung des schwer behinderten Klägers, der bei dem beklagten Land als Sachbearbeiter im Arbeitsschutz tätig war, und zwar zuletzt beim Landesamt für Gesundheit und Arbeitssicherheit.

Der Kläger hatte am 27.09.2002 vom beklagten Land eine Abmahnung mit Androhung einer fristlosen Kündigung erhalten, da er trotz wiederholter Untersagung während der urlaubsbedingten Abwesenheit einer Vorgesetzten ein vom beklagten Land für inhaltlich und formal fehlerhaft eingeordnetes Rundschreiben an die allgemeinbildenden Schulen Schleswig-Holsteins zum Thema «psychosoziale Belastungen» in großem Umfang versenden ließ.

Am 09.10.2002 erteilte das beklagte Land dem Kläger eine Dienstanweisung dahingehend, bis auf weiteres sämtliche, seinen Aufgabenbereich betreffende, das Landesamt für Gesundheit und Arbeitssicherheit verlassende Vorgänge seiner Vorgesetzten bzw. bei deren Abwesenheit deren Vertreter vor Abgang zur Kenntnis zu geben und die Vorgangsbearbeitung im Bereich «psychische Belastung und Beanspruchung» in keinem Fall mehr eigenständig, sondern ausschließlich im Einvernehmen mit seiner Vorgesetzten, bei deren Abwesenheit mit ihrem Vertreter im Amt vorzunehmen. Weisungen seien auch insoweit zu beachten.

Aufgrund einer Beschwerde einer Auszubildenden wandte sich der Kläger in seiner beruflichen Funktion an die Landwirtschaftskammer. Ohne sich dieses von seinen Vorgesetzten vorab abzeichnen zu lassen, sandte er dem Ausbildungsberater bei der Landwirtschaftskammer ein Telefax. Nachdem bemerkt worden war, dass dieses Schreiben den Vorgesetzten entgegen der Dienstanweisung vom 09.10.2002 nicht vorab zur Kenntnis gegeben worden war, zog es der Kläger telefonisch als unbeachtlich zurück, ließ es abzeichnen und versandte es dann am 30.01.2003 erneut.

Daraufhin sprach das beklagte Land nach vorheriger Personalratsanhörung sowie Einholung der Zustimmung des Integrationsamts eine außerordentliche Kündigung mit sozialer Auslauffrist zum 30.06.2003 aus. In dem hiergegen gerichteten Kündigungsschutzverfahren obsiegte der Kläger rechtskräftig in erster Instanz aus Gründen der Verhältnismäßigkeit.

Die Möglichkeit einer Umdeutung in eine fristgemäße Kündigung scheiterte am insoweit nicht durchgeführten Zustimmungsverfahren beim Integrationsamt.

Daraufhin sprach das beklagte Land nach erneuter Personalratsanhörung und Einholung der Zustimmung des Integrationsamts eine fristgemäße verhaltensbedingte Kündigung aus.

Die dagegen vom Kläger erhobene Kündigungsschutzklage hatte sowohl in erster Instanz als auch in der Berufungsinstanz Erfolg. Zwar sah das LAG Schleswig-Holstein in dem Absenden des Telefaxes an die Landwirtschaftskammer ohne vorherige Abzeichnung durch die Vorgesetzte des Klägers einen Verstoß gegen die Dienstanweisung vom 09.10.2002 und damit eine arbeitsvertragliche Pflichtverletzung.

Dem Einwand des Klägers, sowohl die Abmahnung als auch die Dienstanweisung seien rechtswidrig und hätten gegen das Billigkeitsgebot des § 315 BGB verstoßen, folgte das LAG zwar nicht. Die Abmahnung sowie die Dienstanweisung, die der Kläger am 30.01.2003 bei Absendung seines nicht vorher gegengezeichneten Schreibens an die Landwirtschaftskammer nicht beachtet habe, beruhten auf der Kontroll- und Weisungsbefugnis des beklagten Landes und seien gerechtfertigt.

Ungeachtet der objektiv vorliegenden Pflichtverletzung des Klägers hielt das LAG aber die verhaltensbedingte fristgemäße Kündigung des beklagten Landes unter Verhältnismäßigkeitsgesichtspunkten für unwirksam. Die Pflichtverletzung sei nicht so schwerwiegend gewesen, dass sie eine Kündigung des Arbeitsverhältnisses des Klägers, der seit mehr als 12 Jahren beschäftigt war und dem Schwerbehindertenschutz unterlag sowie 2 Kindern unterhaltspflichtig war, aus verhaltensbedingten Gründen hätte rechtfertigen können.

Auf Antrag des beklagten Landes löste das LAG das Arbeitsverhältnis jedoch gemäß §§ 9, 10 KSchG gegen Zahlung einer Abfindung in Höhe der sog. Regelabfindung in Höhe eines halben Monatsbruttogehaltes pro Beschäftigungsjahr auf, da dem beklagten Land die Fortsetzung des Arbeitsverhältnisses nicht zuzumuten sei.

Dabei ließ das LAG eine vom beklagten Land zur Akte gereichte Internet-Veröffentlichung über den Prozess unberücksichtigt und führte aus, dass die dort beispielsweise über das beklagte Land sowie die erstinstanzlich zuständige Richterin getätigten Äußerungen nicht zweifelsfrei dem Kläger zuzurechnen seien, da andere Personen sich dort als Urheber benannt hätten. Deren unreflektierte, undifferenzierte, teilweise niveaulosen Äußerungen könnten dem Kläger nicht pauschal zugerechnet werden.

Das LAG hob ferner hervor, dass es auch die Tatsache, dass sich der Kläger in der Vergangenheit an die Öffentlichkeit gewandt hatte, beispielsweise durch Anrufung des Petitionsausschusses des Landtages, der Ministerpräsidentin des Landes Schleswig-Holstein und der Europäischen Kommission mit aus der Sicht des beklagten Landes unberechtigten Mobbing-Vorwürfen gegenüber seinen Vorgesetzten, nicht als für die Auflösung maßgeblich gewertet habe. Ungeachtet der persönlichen Betroffenheit, die der Kläger bei seinen Vorgesetzten durch diese Vorwürfe ausgelöst habe, könnten sie ggf. dem Versuch der Wahrnehmung berechtigter Eigeninteressen des Klägers sowie der Ausschöpfung aller ihm zur Verfügung stehenden rechtlichen Mittel zugeordnet werden. Dass er sich entschlossen habe, diese Wege zu gehen, sei ihm bei der Entscheidungsfindung nicht angelastet worden.

Von entscheidender Bedeutung für das LAG war jedoch, dass der Kläger, auch wenn er das Gegenteil schriftsätzlich betont hatte, hinsichtlich seiner Reaktionen im Ergebnis das Weisungsrecht des Arbeitgebers ihm gegenüber an sich negiert und sich geweigert habe, im Kollektiv und konstruktiv und zusammen zu arbeiten und dabei die bei seinem Arbeitgeber wie bei jeder Behörde oder jedem Betrieb bestehende Hierarchie zu akzeptieren. Die Argumentation des Klägers im Zusammenhang mit der von ihm vorgetragenen EG-rechtlich, grundgesetzlich sowie gesetzlich ihm gegebenen Aufgabenstellung des Arbeitsschutzes verdeutliche, dass er sich selbst in seiner Position an die Spitze der Hierarchie setze und sich für inhaltlich unkontrollierbar und nicht anweisbar halte. Der Kläger maße sich eine Rolle an, die ihm nicht zustehe. Er sehe sich als unabhängiger, alleiniger Fachmann für Arbeitsschutz, insbesondere für Mobbing-Angelegenheiten. Nach der Überzeugung der Kammer habe sich das Mobbing-Thema im Zusammenhang mit der langjährigen Bearbeitung durch den Kläger bei ihm selbst «verselbstständigt» und sei für ihn nicht kontrollierbar zum Selbstzweck geworden. Bei Kritik seines Vorgesetzten und Ausübung des Weisungsrechtes durch diesen drehe der Kläger sofort den Spieß um und setze sich in die Opferrolle. Durch diese nach Überzeugung der Kammer mittlerweile von ihm nicht mehr steuerbare Reaktion mache sich der Kläger für Weisungen und konstruktive Kritik seines Arbeitgebers unerreichbar. Das beklagte Land müsse insoweit Kontrolle und Weisungsbefugnis ausüben können, ohne dass es gleich mit Mobbing-Vorwürfen überzogen werde. Da der Kläger im Laufe der Jahre im Zusammenhang mit der berechtigten Ausübung des Weisungsrechtes seines Vorgesetzten für sich persönlich – möglicherweise schon mit Krankheitswert – in die Opferrolle geraten sei, die ihn solchen Arbeitgeberhandlungen gegenüber unzugänglich mache, sei eine den Betriebszwecken dienliche weitere Zusammenarbeit mit dem beklagten Land nicht mehr zu erwarten.

Das Arbeitsverhältnis wurde daher vom LAG gegen Zahlung einer Abfindung von € 20.000,00 brutto aufgelöst.

86. Urteil Arbeitsgericht Koblenz, 10 Ca 4246/03 vom 12.10.2004

Das ArbG verurteilte den Arbeitgeber sowie einen Chefarzt, als Gesamtschuldner an die Klägerin € 12.000,00 Schmerzensgeld zu zahlen.

Die Klägerin war als Oberärztin der anästhesistischen Abteilung im Krankenhaus der Beklagten zu 2) beschäftigt. Der Beklagte zu 1) war Chefarzt der Chirurgie. Das Arbeitsverhältnis endete durch eine von der Klägerin fristlos am 31.10.2003 erklärte Eigenkündigung (vgl. zum Sachverhalt im Einzelnen oben *Frage 17*, Fallbeispiel 13).

Die Anträge gründeten auf den Vorwurf fortgesetzten, schon im Oktober 1991 einsetzenden, von der Beklagten zu 2) geduldeten und aktiv unterstützten schikanösen Verhaltens des Beklagten zu 1).

Das Gericht bejahte ein insgesamt schikanöses, auf Dauerhaftigkeit angelegtes Verhalten des Beklagten zu 1) der Klägerin gegenüber. Es ergäbe sich deshalb das Gesamtbild einer groben Missachtung und eines schweren Eingriffs in das Persönlichkeitsrecht der Klägerin mit einem aus § 823 Abs. 1 BGB resultierenden Anspruch auf Schmerzensgeld.

Dieser bestehe auch gegen die Beklagte zu 2) als Arbeitgeberin, die sich vorwerfen lassen müsse, ihre vertraglichen Schutzpflichten gegenüber der Klägerin verletzt zu haben.

Die Klägerin hatte ferner beantragt, die Beklagten zum Schadensersatz aus der Beendigung des Arbeitsverhältnisses der Klägerin mit der Beklagten zu 2) gesamtschuldnerisch zu verurteilen, an sie € 120.229,66 nebst Zinsen zu zahlen. Dieser Betrag setze sich zusammen aus einem Schadensersatzanspruch wegen des ihr durch den Verdienstausfall entstandenen Schadens in Höhe von € 12.507,16 und aus einem Abfindungsanspruch als angemessene Entschädigung für den Verlust des Arbeitsplatzes von 15 durchschnittlichen Bruttomonatsentgelten.

Das ArbG wies diesen Anspruch der Klägerin ab. Als Anspruchsgrundlage komme zwar § 628 Abs. 2 BGB in Betracht. Dieser Schadensersatzanspruch setze aber nicht nur eine Auflösung des Arbeitsverhältnisses aus Anlass vertragswidrigen Verhaltens des Vertragspartners mit dem Gewicht eines wichtigen Grundes im Sinne des § 626 BGB voraus. Es bedürfe weiter der Wahrung der Zwei-Wochen-Frist des § 626 Abs. 2 BGB. Die Einhaltung dieser zweiwöchigen Kündigungserklärungsfrist habe die Klägerin hier aber nicht darlegen können. Auch bei Pflichtverletzungen, die zu einem Gesamtverhalten zusammengefasst werden könnten, beginne die zweiwöchige Ausschlussfrist des § 626 Abs. 2 BGB mit dem letzten Vorfall, der zum Anlass für die Kündigung genommen werde (BAG AP-Nr. 4 zu § 626 BGB Ausschlussfrist). Hier sei für das Gericht nicht erkennbar geworden, dass die Klägerin die Kündigung innerhalb von zwei Wochen ab dem Zeitpunkt, zu dem sie von den für die Kündigung maßgebenden Tatsachen Kenntnis erlangt habe, ausgesprochen habe.

Gegen dieses Urteil wurde am 18.02.2005 Berufung eingelegt.

87. Beschluss Landesarbeitsgericht Rheinland-Pfalz, 10 Ta BV 19/04 vom 13.10.2004

Das LAG hat entschieden, dass der Arbeitgeber nicht zur Erstattung der durch die Teilnahme von Betriebsratsmitgliedern am Seminar «Mobbing - Diskriminierung am Arbeitsplatz» entstandenen Kosten verpflichtet sei, wenn eine betriebliche Konfliktlage, aus der sich ein Handlungsbedarf für den Betriebsrat ergäbe und zu dessen Erledigung das auf der Schulung vermittelte Wissen notwendig sei, im Betrieb noch nicht bestehe.

Das LAG vertrat die Auffassung, die betreffende Schulung habe sich mit einem speziellen Thema befasst, bei dem nicht davon ausgegangen werden könne, dass der Betriebsrat dieses Wissen unabhängig von der jeweiligen betrieblichen Lage zur sachgerechten Bewältigung seiner gesetzlichen Aufgabenstellung stets benötige.

In Anlehnung an die oben dargestellte Entscheidung des BAG vom 15.01.1997, NZA 1997, 781, führte das LAG aus, dass es anerkanntes Recht sei, dass der Betriebsrat in einem Fall der vorliegenden Art eine betriebliche Konfliktlage darlegen müsse, aus der sich für ihn - im Zeitpunkt des Entsendebeschlusses - ein Handlungsbedarf zur Wahrnehmung seiner gesetzlichen Aufgabenstellung ergäbe und zu deren Erledigung er das auf der Schulung vermittelte Wissen benötige.

Dem Betriebsrat lag zum Zeitpunkt des Entsendebeschlusses lediglich die Äußerung einer Mitarbeiterin vor, sie werde von einigen Arbeitskollegen gemieden bzw. übergangen, was sich darin äußere, dass sie nicht gegrüßt und ihre Stellung als Vorgesetzte teilweise missachtet werde, indem Arbeitskollegen beispielsweise Abmeldungen oder Anträge weisungswidrig nicht ihr, sondern ihrem Vorgesetzten vorlegen würden. Aus dieser Schilderung allein ergäben sich nach Auffassung des LAG keine ausreichenden Anhaltspunkte dafür, dass die betreffende Mitarbeiterin tatsächlich einem Mobbing ausgesetzt gewesen sei. Die betreffenden Äußerungen der Mitarbeiterin gegenüber dem Betriebsrat rechtfertigten noch nicht die Annahme, sie werde angefeindet, diskriminiert oder schikaniert. Insbesondere fehlten aber jegliche Anhaltspunkte für eine systematische Vorgehensweise ihrer Arbeitskollegen. Eine betriebliche Konfliktlage, aus der sich ein Handlungsbedarf für den Betriebsrat ergab und zu dessen Erledigung das auf der Schulung vermittelte Wissen notwendig ist, bestand nach Auffassung des LAG insoweit noch nicht. Entsprechendes nahm das LAG in Bezug auf Äußerungen zweier weiterer Mitarbeiter an, «sie fühlten sich gemobbt». Aus solchen pauschalen Behauptungen ergäben sich bereits in Ermangelung jeglicher konkreter Tatsachen keinerlei Anhaltspunkte für das Vorliegen eines den Begriff des Mobbing kennzeichnenden Sachverhalts. Im Ergebnis verneinte das LAG daher eine Erstattungspflicht des Arbeitgebers hinsichtlich der Schulungskosten *(veröffentlicht in: NZA-RR 2005, S. 376 f.).*

88. Urteil Hessisches Landesarbeitsgericht, 1 Sa 19/04 vom 19.10.2004

Die Klägerin war als Leiterin einer von der Beklagten unterhaltenen Kindertagesstätte beschäftigt. Die Beklagte kündigte das Arbeitsverhältnis aus personen- und verhaltensbedingten Gründen sowie wegen einer Drucksituation außerordentlich fristlos, hilfsweise außerordentlich mit sozialer Auslauffrist von sechs Monaten. Die Beklagte begründete ihre Kündigung damit, dass die Klägerin begonnen habe, Mitarbeiterinnen in Teambesprechungen und vor Kindern persönliche Vorwürfe zu machen, sie anzuschreien und durch gezielte Fehlinformationen über andere Mitarbeiterinnen gegeneinander aufzuwiegeln. Sie habe ein Spitzelsystem aufgebaut, durch das sie stets über den Inhalt – auch vertraulicher – Gespräche der Mitarbeiterinnen mit Eltern, dem Vorstand der Beklagten und der Mitarbeitervertretung informiert gewesen sei. Eine Mitarbeiterin sei von der Klägerin für psychisch krank erklärt worden, habe zunehmend unter gesundheitlichen Beschwerden und Alpträumen gelitten und sei wegen ihrer Gespräche mit dem Pfarrer und der Mitarbeitervertretung von der Klägerin vor den Kindern ihrer Gruppe angeschrieen worden. In ähnlicher Weise sei die Klägerin gegenüber anderen Mitarbeiterinnen vorgegangen. Eine Mitarbeiterin habe sie beispielsweise als Intrigantin beschimpft, sie als unfähig, als «besser für die Kasse eines Supermarktes geeignet» und als psychisch krank bezeichnet. Über eine Mitarbeiterin habe die Klägerin gegenüber Mitarbeiterinnen geäußert, sie sei eine psychisch kranke Alkoholikerin, die man während der Probezeit wieder loswerden solle. Die von der Klägerin verursachte aggressive Stimmungslage habe sich auch auf die Kinder übertragen. Die kreativen Kräfte im Team seien an der Umsetzung ihrer pädagogischen Konzepte gehindert und von der Klägerin persönlich angegangen worden.

Das ArbG hatte der Kündigungsschutzklage stattgegeben. Auf die Berufung der Beklagten stellte das LAG fest, dass das Arbeitsverhältnis der Parteien durch die außerordentliche Kündigung der Beklagten mit sozialer Auslauffrist nicht vor dem 31.03.2003 beendet worden sei. Die außerordentliche Kündigung der Beklagten sei dem Grunde nach als personenbedingte Kündigung wirksam. Zwar konnte das Arbeitsverhältnis der Parteien durch die Beklagte nicht mehr ordentlich gekündigt werden, weil die Klägerin im maßgeblichen Zeitpunkt des Zugangs der Kündigung das 40. Lebensjahr vollendet und eine Beschäftigungszeit von mehr als 15 Jahren zurückgelegt hatte, §§ 53 Abs. 2, 19 BAT; 17 Abs. 4 KDO. §§ 54, 55 Abs. 1 BAT sehen jedoch auch für ordentlich unkündbare Angestellte die Möglichkeit der «fristlosen» Kündigung aus wichtigen Gründen in der Person des Arbeitnehmers vor, wobei «fristlos» nach Auffassung des LAG als «außerordentlich» zu verstehen sei.

Das LAG erachtete es für unzumutbar für die Beklagte, das Arbeitsverhältnis mit der Klägerin fortzusetzen. Die dafür relevanten Tatsachen seien in die Komplexe «Umgang mit Mitarbeiterinnen im Kindergarten» unter dem Gesichtspunkt autoritärer, menschenverachtender Führungsstil, im Bereich «Verhältnis zu den Eltern und deren Vertretern» unter dem Gesichtspunkt Unfähigkeit zur Zusammenarbeit und zur sachlichen Kommunikation und bezüglich der Kinder unter «Unfähigkeit zur sachgerechten Organisation des Kindergartens und zum Eingehen auf ihre Belange» einzuordnen. In der Zeit vom 31.03.2001 bis 31.03.2002 waren insgesamt 7 Mitarbeiterinnen der Kindertagesstätte durch eigene Kündigung oder durch auf ihre Veranlassung geschlossenen Aufhebungsvertrag ausgeschieden und in der Zeit von April bis Juni 2002 jedenfalls 7 Kinder aus dem Kindergarten abgemeldet worden.

Die Beklagte habe bewiesen, dass die Klägerin bei mehreren Mitarbeiterinnen durch unangemessene Behandlung von Freistellungs- oder Urlaubswünschen, durch Säen von Zwietracht unter den Mitarbeiterinnen, durch Äußern von Verdächtigungen über nicht anwesende Kolleginnen, durch unberechtigte Vorwürfe und Anschreien sowie durch Unterstellung psychischer Probleme oder gar Krankheit und Missachtung persönlicher Belange in Mitarbeiter-Besprechungen Krankheitssymptome hervorgerufen und diese dadurch letztlich zur Beendigung ihrer Arbeitsverhältnisse durch eigene Kündigung oder auf eigenen Wunsch veranlasst habe.

Die mangelnde persönliche Eignung der Klägerin habe keiner vorherigen Abmahnung bedurft, da nicht erkennbar sei, dass die Klägerin in der Lage und willens gewesen wäre, ihr Verhalten zu ändern. Die von Mitarbeitern des Kindergartens und der Klägerin unterzeichneten Schreiben und das Abstreiten aller Vorfälle im Prozess durch die Klägerin sprächen dagegen.

Angesichts der durch das unzulängliche Führungsverhalten der Klägerin hervorgerufenen Fluktuation bei den Mitarbeiterinnen, der Spaltung der Belegschaft, der unzureichenden Zusammenarbeit mit dem Elternausschuss, die in der Amtsniederlegung von 5 Mitgliedern gegipfelt habe, der Unzufriedenheit zahlreicher Eltern mit der Betreuung ihrer Kinder und den daraus resultierenden Abmeldungen und der Spaltung der Elternschaft sowie der mangelnden Aufsicht über die Kinder, für die die Klägerin die organisatorische Verantwortung getragen habe, sei es der Beklagten im Interesse der Aufrechterhaltung des Betriebes des Kindergartens unzumutbar gewesen, das Arbeitsverhältnis mit der Klägerin fortzusetzen.

Die Kündigungsgründe seien auch nicht gem. §§ 54 Abs. 2, 626 Abs. 2 BGB verfristet gewesen. Bei der mangelnden persönlichen Eignung handle es sich um einen Dauertatbestand, bei dem der Kündigungsgrund ständig verwirklicht werde.

Allerdings habe das Arbeitsverhältnis trotz der bereits am 05.07.2002 ausgesprochenen Kündigung gleichwohl nicht vor dem 31.03.2003 geendet. Die Beklagte habe im Hinblick auf die Beschäftigungsdauer der Klägerin, deren Alter und deren Schwierigkeit, eine vergleichbare Stelle zu finden, und darauf, dass sie das Verhalten der Klägerin über 15 Monate toleriert und sogar gegenüber Hinweisen von Mitarbeiterinnen sowie der Mitarbeitervertretung verteidigt habe, eine soziale Auslauffrist einhalten müssen, die der längsten vertraglichen Kündigungsfrist entspräche.

89. Urteil Landesarbeitsgericht Hamm, 13 (5) Sa 659/04 vom 21.12.2004

Die Klägerin verlangt von der Beklagten Schadensersatz und Schmerzensgeld wegen Mobbings. Die zu 80 % schwer behinderte Klägerin war bei der Beklagten als Redakteurin beschäftigt. Die Parteien hatten sich in einem vorangegangenen Rechtsstreit (vgl. *Frage 14*, Fallbeispiel 8) in der Berufungsinstanz auf einen Vergleich geeinigt, der u.a. folgenden Inhalt hatte:

«Die Beklagte verpflichtet sich, der Klägerin als Redakteurin in einer der beiden Lokalredaktionen im Kreis G. einen konkreten eigenverantwortlich zu bearbeitenden Arbeitsbereich zuzuweisen und die Klägerin insbesondere über alle Belange dieses Arbeitsbereiches zu informieren, ihr die dazu gehörende Post, die Termine und die eingehenden Telefonate zur selbstständigen Bearbeitung zu übermitteln.»

Bereits 2 ½ Wochen später wurden seitens der Beklagten die Arbeitsbedingungen der Klägerin geändert, die in einem weiteren Verfahren vor dem ArbG Bielefeld für rechtswidrig erachtet wurden.

Die Klägerin vertrat die Auffassung, sie sei über einen Zeitraum von mehreren Jahren permanent schikaniert, diskreditiert und so behandelt worden, dass insbesondere ihr unmittelbarer Vorgesetzter, der Beklagte zu 2), und der Redakteur W. ihr gegenüber ihre Missachtung zum Ausdruck gebracht hätten. Der Tatbestand des Mobbings ergäbe sich u.a. aus folgenden Geschehnissen:

- Verschlechterung der äußeren Arbeitsbedingungen: unzumutbar kleines Büro;

- Gesundheitsgefährdende Immissionen, obwohl sie ihre Empfindlichkeit immer wieder erläutert habe;

- Unzumutbare, willkürliche Arbeitsbedingungen durch die unerträgliche Beleuchtung (grelles Licht und Hitzeentwicklung im Sommer);
- Anfeindungen durch Kollegen mit Billigung der Beklagten;
- Entzug eines Arbeitsgebietes;
- Nichtzuweisung eines angemessenen Arbeitsgebietes;
- Weitestgehende Verdrängung aus den zugewiesenen Tätigkeiten durch nicht zuständige Redakteure;
- Späterer Entzug des ihr angeblich zugewiesenen Arbeitsgebietes;
- Komplette Entfernung aus der Redaktion ab 07.04.2003.

Durch die ständige Verletzung ihrer Persönlichkeitsrechte sei sie psychosomatisch erkrankt. Die eingetretene Destabilisierung habe zu krankheitswerten Folgeerscheinungen geführt, die auf das Verhalten der Beklagten zurückzuführen seien. Sie leide auch noch körperlich unter den Folgen dieser Attacken. So sei sie weiterhin depressiv und leide unter Schlaflosigkeit, Bauchkrämpfen, innerer Unruhe und Schweißausbrüchen.

Das ArbG hatte der Klägerin in erster Instanz Schadensersatz zuerkannt. Des Weiteren hielt das ArbG einen Schmerzensgeldanspruch in Höhe von € 10.000,00 für gerechtfertigt.

Das LAG Hamm hob die Entscheidung des Arbeitsgerichts in der Berufungsinstanz auf und wies die Klage ab. Trotz des sehr umfangreichen Vorbringens der Klägerin lasse sich nicht feststellen, dass durch Verletzungshandlungen auf Seiten der Beklagten Rechtsgüter der Klägerin in Gestalt ihrer Gesundheit und ihres allgemeinen Persönlichkeitsrechts in rechtswidriger und schuldhafter Art und Weise verletzt worden seien.

Hinsichtlich der von der Klägerin geschilderten Krankheitsbilder wie Kopfschmerzen, Schlafstörungen usw. führte das LAG aus, diese könnten ihre Ursache in Mobbing-Handlungen haben, müssten es aber nicht (vgl. ArbG München, NZA-RR 2002, 123). Vor diesem Hintergrund wäre es erforderlich gewesen, den Ursachenzusammenhang detaillierter darzulegen und insbesondere auch auszuführen, für welche handelnden Personen auf Beklagtenseite aufgrund welcher ihnen konkret zurechenbarer Verhaltensweisen der nunmehr von der Klägerin reklamierte Schaden in Gestalt der Differenz zwischen Krankengeld und Arbeitsentgelt vorhersehbar gewesen sein soll.

Im Hinblick auf eine Geschwulst der Klägerin im Brustbereich und zweier dadurch im April und September 2000 erforderlicher Operationen, die mit seelischen Belastungen der Klägerin verbunden waren, wies das LAG darauf hin, dass es ungeachtet eines vorgelegten ärztlichen Attests weiterer detaillierter Ausführungen bedurft hätte, um darzulegen, dass die ärztlicherseits attestierten zusätzlichen Belastungen durch Vorkommnisse am Arbeitsplatz tatsächlich (auch) eine Ursache für die eingetretene weitere Arbeitsunfähigkeit der Klägerin gewesen seien. Vor diesem Hintergrund verhalte sich auch eine weitere von der Klägerin vorgelegte ärztliche Bescheinigung sehr allgemein und wenig aussagekräftig, wenn der behandelnde Arzt von einem sehr schlechten Gesundheitszustand durch eine belastende Arbeitsplatzsituation berichte, ohne im Einzelnen auszuführen, worin genau die Belastungen am Arbeitsplatz gelegen hätten und worin sie aus seiner Sicht begründet seien. Auch die Diagnose in einem sozialmedizinischen Gutachten «Depressionen bei Mobbing am Arbeitsplatz» sowie der allgemeine Hinweis auf «schwere Konfliktsituationen am Arbeitsplatz» reichten im Rahmen eines Schadensersatzprozesses nicht aus, um von einem durch Fakten belegtes Fehlverhalten auf Arbeitgeberseite einschließlich der Vorhersehbarkeit des eingetretenen Schadens ausgehen zu können.

90. Urteil Landesarbeitsgericht Köln, 6 Sa 1154/04 vom 13.01.2005

Der amtliche Leitsatz lautet:

Bei der Beurteilung, ob dem «gemobbten» Arbeitnehmer eine billige Entschädigung in Geld wegen eines immateriellen Schadens nach § 253 Abs. 2 BGB zu gewähren ist, kann auch eine bereits gezahlte, außergewöhnlich hohe Abfindung berücksichtigt werden (hier: Ausschluss einer weitergehenden Entschädigung). Veröffentlicht in: EzA Schnelldienst 12/2005, S. 13.

91. Urteil Sächsisches Landesarbeitsgericht, 2 Sa 751/03 vom 17.02.2005

Es handelt sich hier um das Berufungsurteil zu dem oben dargestellten Urteil des ArbG Dresden vom 07.07.2003.

Die amtlichen Leitsätze lauten wie folgt:

1) Das Wort «Mobbing» kann aus Gründen des Prozessrechts nicht Teil des Tenors der Entscheidung eines deutschen Gerichts sein.

2) Ein Anspruch auf Geldentschädigung wegen sog. mobbingbedingter Verletzung der Gesundheit scheidet aus.

3) Ein Anspruch auf Geldentschädigung wegen sog. mobbingbedingter Verletzung des Allgemeinen Persönlichkeitsrechts besteht (wegen Subsidiarität der Anspruchsgrundlage) nicht, wenn und soweit andere Rechtsschutzmöglichkeiten zu Gebote stehen (z.B. Anspruch auf vertragsgemäße Beschäftigung, Zurückbehaltungsrecht).

4) Ansprüche auf Schadensersatz und Schmerzensgeld wegen sog. mobbingbedingter Verletzung der Gesundheit unterfallen der Ausschlussfrist des § 70 BAT-O.

5) Eine gesundheitliche Prädisposition eines Opfers sog. Mobbings kann gegen die Ursächlichkeit der inkriminierten Verhaltensweisen für die Erkrankung streiten. (veröffentlicht in: EzA Schnelldienst 12/2005, S. 12.)

Stichwortverzeichnis

A

Abfindung *98, 106, 138, 162, 172 f., 178, 180, 192, 197, 200 f., 218 ff., 235, 237, 245, 259, 263 f., 270*
Abhilfemaßnahmen *62*
Abmahnung *71*
Abmahnungen *83*
Abmahnungs-Mobbing *86*
Allgemeines Persönlichkeitsrecht *24, 38, 42 ff., 71 ff., 89 ff., 95 ff., 118, 121, 128, 164, 178, 188, 192, 201 f., 205, 243, 250 ff., 269*
Amtshaftungsanspruch *24, 132, 139, 229*
Anfeindung *20, 24, 35, 38, 46, 60, 88, 89, 93, 103, 141, 169, 193, 222, 228 f., 256, 269*
Angestellte, leitende *63*
Anspruchsgrundlagen *48 f., 90, 132, 170, 222*
Antidiskriminierungsgesetz *52*
Anti-Mobbing-Betriebsvereinbarung *65*
Anti-Mobbing-Gesetz *170*
Antragsdelikte *59*
Anwaltskosten, Erstattung *76*
Arbeitsgericht *63 f.*
Arbeitslosengeld *102, 195, 207*
Arbeitslosengeld, Minderung der Anspruchsdauer *99*
Arbeitsorganisation *45, 49, 129*
Arbeitsschutzgesetz *49, 66, 129*
Arbeitsunfall *140*
Arzttattest *86, 149, 191*
Arztkosten, Erstattung von Arztkosten als Schadensersatz *76*
Aufhebungsvertrag *111, 122, 183, 267*
Auflösungsantrag *106 f., 113, 178, 191, 201, 216, 218 ff.*
Ausschlussfrist *90, 98, 164 f., 265, 271*

B

Beamtenrecht *5, 49, 62, 72, 97, 119, 131 f., 139 f., 155*
Behinderung *51 f.*
Belästigung, sexuelle *50, 66, 99, 106, 122, 123 ff., 162, 173, 175, 185*
Beleidigung *57, 162, 168 f., 176, 187, 210, 223*
Benachteiligung *24, 33, 51 f., 196*
Benachteiligung, geschlechtsbezogene *50*
Benachteiligungsverbot *51 ff., 161, 234 f.*
Berufskrankheit *140, 168, 174, 225*
Berufskrankheiten-Verordnung *168, 197, 225*
Beschäftigtenschutzgesetz *50, 170, 182*
Beschäftigungsverbot *50, 142 f., 190 f.*
Beschwerde *50, 61 ff., 93 f., 130, 161 f., 166 f., 176, 234 f., 262*
Beseitigungsanspruch *72*
Bestimmtheit *89*
Bestimmtheit, hinreichende, eines Klagantrages *73*
Betriebsarzt *67*
Betriebsfrieden *63, 67, 127, 160, 185, 188, 249*
Betriebsrat *34, 49 ff., 61 ff., 94, 129, 138, 173, 183, 185, 202, 233 f., 237, 241, 246, 248*
Betriebsrat, Pflichtverletzung *64*
Betriebsvereinbarung *25, 65, 104, 185 f.*
Beurteilung *24 ff., 34, 37, 99, 150, 161, 163, 225, 229*
Beurteilung, dienstliche *24, 31, 228*
Beweiserleichterung *145, 154 f., 170*
Beweislast *51, 140, 144, 148, 156, 184, 240*
Bezichtigung, leichtfertige *115 f.*
Billiges Ermessen *25, 29 f., 101, 103, 117 f., 204*
Bossing *72, 182*
Bundesagentur für Arbeit, Sperrzeit *99 f.*

C

Coaching *112, 129, 134*

D

Definition *20 ff., 29, 35, 82, 86, 134 f.,
141, 197, 229, 251*
Dienstaufsichtsbeschwerde *107 f., 179,
210, 213*
Dienstunfall *168, 176*
Dienstvereinbarung *65, 127*
Direktionsrecht *25, 32, 34, 41 f., 81, 103,
118, 141, 183 f., 196, 230, 240*
Diskriminierung *20, 24, 36, 38, 88, 169,
183, 193, 222, 228 f.*
Disziplinarrecht *60,* 209, *227*
Divergenz-Beschwerde *166*
Dublin-Stiftung *18*
Durchführungsanweisung, der
Bundesagentur für Arbeit *100*

E

Ehre *20, 24, 38, 48, 71, 75, 121, 188, 193,
209, 222, 226*
Ehrverletzende Äußerung *56, 71, 94, 107,
131, 162, 184, 210, 220*
Eigenkündigung *56, 91, 99, 164, 237, 244,
264*
Eingliederungsmanagement, betriebliches
66
Einigungsstelle *61, 65, 175, 185*
Einstweilige Verfügung *56 f., 70, 72, 163,
175, 193, 194*
Einstweilige Verfügung, Eilbedürftigkeit
163
Empfindungen, subjektive *143, 191*
Entlassung *186*
Entlassung, bei Störung des
Betriebsfriedens *63*
Erkrankungen *44, 83, 85, 141, 146, 246,
247*
Erkrankungen, mobbing-typische *67, 76,
97, 147, 149, 152, 184, 188, 191, 223*
Eskalation *54, 103 f., 113, 182, 219, 244*
Eskalation, wechselseitige *30, 35, 134 f.,
193, 230*
EU-Richtlinien *51*

F

Fallbeispiele *21, 26, 32, 36, 68, 72 ff., 80,
83, 87, 91, 100, 104, 111, 117, 119,
122 ff., 127, 131, 135, 137, 142, 148,
151 f., 157 f.*
Feststellungsantrag *74, 224, 245*
Feststellungsinteresse *74*
Forderungsverletzung, positive *49, 222*
Fortsetzungszusammenhang *21, 24, 188,
229, 251*
Frauenbeauftragte(r) *62, 64, 130*
Freistellung, Betriebsrat *70*
Freistellung, von der Arbeit *45 f., 150,
245, 249 ff.*
Fristen *163*
fristlose Kündigung *43, 84, 98, 105, 122,
127, 136, 171, 174, 182, 190, 204, 258*
Fürsorgepflicht *41 f., 49, 54 f., 83 ff.,
102 ff., 112, 117, 120 f., 135, 160, 174,
202, 213 ff., 222, 225, 228, 236, 254*

G

Geldentschädigung *56 f., 87, 89, 90, 94 f.,
131, 170 f., 227, 250 ff., 270*
Gesamtschau *31, 38, 92, 132, 147, 178,
196, 214 f., 218, 229, 251, 254, 260*
Geschehensablauf, mobbing-typischer
145 f., 193, 195
Gesundheit *20, 22, 24, 33, 38, 40, 48 ff.,
53, 59, 66, 71 f., 75, 79, 89 f., 111, 121,
142 f., 146, 164 f., 178, 182, 184, 188,
190, 193 f., 208 ff., 226, 232, 250, 253,
261 f., 269 ff.*
Gesundheit, mobbing-typische
Veränderung des Gesundheitszustandes
146
Gesundheitsbeschädigung *58, 141, 177,
228, 260*
Gewerkschaft *51, 53, 63, 64*
Gleichbehandlungsgrundsatz *51 f.*
Gleichstellungsbeauftragte(r) *62, 64*
Globale Beurteilung *33*
Grundgesetz *48, 56, 128, 264*
Gutachten *27 f., 101, 148 ff., 158, 199,
202, 229, 245 ff., 257, 259, 270*

H

Haftungsverteilung, bei mehreren
    Mobbingbeteiligten *140*

I

Integrationsvereinbarung *66*
Interesse, berechtigtes *43, 103, 109 ff.,*
    162, 180, 200, 213, 222, 263
Interesse, öffentliches *59*

K

Kausalität *87, 141, 150, 170, 206, 223,*
    227, 256
KLIMA e.V. *54*
Kommunikationsstörung *219*
Kommunikations-Störungen, einzelne *36*
Konfliktmanagement *107, 219 ff., 250,*
    257
Konfliktmanagement, abgestuftes *47*
Konfliktsituation *34 f., 68, 77, 99, 107,*
    117 ff., 135 f., 172, 204, 212, 231, 241,
    244 f., 259
Konfliktsituation, kurzfristige *37, 210*
Kontrollfragen *46*
Kontrollmaßnahmen *32, 42*
Körperverletzung *57 f., 95, 187, 194, 238*
Körperverletzung, mit Todesfolge *58*
Krankengeld *76, 98, 223, 258, 270*
Krankengeld, Ruhen von Krankengeld bei
    Sperrzeit *99*
Krankentagegeld *151, 176, 243*
Kündigung *19, 29, 43 f., 57, 84, 91, 97 f.,*
    104 ff., 112, 117, 122, 127 f., 139,
    152 f., 156, 162, 173, 185, 187, 191,
    199 f., 207, 209, 211 ff., 217 f., 223,
    225, 232 f., 237 f., 242, 260 ff.
Kündigung, krankheitsbedingte *155 f.,*
    180, 184
Kündigung, von Mobbingbetroffenen in
    der Probezeit *160, 175*
Kündigungsschutz *186*
Kündigungsschutzklage *85, 109, 123 f.,*
    127, 139, 157, 161, 175, 179, 181, 183,
    197, 204, 206, 218, 225, 258, 262, 267
Kündigungsschutzprozess *44, 106, 109,*
    162, 180 f., 189, 219, 235, 259 f.

L

Leistungskontrollen *32 f., 163, 196*
Leistungsverweigerungsrecht *56, 98, 102*

M

Maßregelungsverbot *33, 113, 134, 139,*
    196
Mediation *77 f., 111 ff., 257*
Mediationskosten *77 f.*
Mitverschulden *133 ff., 173, 181, 186*
Mobberregress *20, 75, 121*
Mobbing-Beauftragte/r *65*
Mobbing-Handlungen *21, 23 ff., 34, 38,*
    40 ff., 48, 50, 53, 56 f., 61, 71 ff., 82, 86,
    94, 97, 112, 115, 118, 136, 138, 140,
    144 ff., 155 f., 160, 163, 168, 176, 187,
    191, 202, 205, 215, 221, 225, 230,
    246 f., 250, 269
Mobbing-Phasen *146, 246*
Mobbing-Schutzgesetz *169*
Mobbing-Tagebuch *100, 144, 150, 154,*
    257
Motiv *34, 41, 46 f., 114, 145, 160 f., 193,*
    225 ff., 239 ff., 248, 256, 259
Mutterschutzgesetz *50, 142 f., 190*

N

Nachrede, üble *57, 162, 217, 222*
Nichtzulassungsbeschwerde *165, 167,*
    224, 257

O

Opferentschädigungsgesetz (OEG) *169,*
    187
Ordnungsgeld *32, 64, 71 f., 182, 196*
Ordnungshaft *32, 71, 196*
Organ *63, 72, 75, 80, 96 f., 196 f., 214,*
    250, 252
Organisations- und Schutzpflichten *53,*
    79, 96 f., 138, 156, 188
Organisationspflichten *72, 75*

P

Parteivernehmung *154, 195*
Personalrat *42, 54, 61 ff., 71, 118, 129,*
    136, 194, 218 f., 245, 248, 250, 254,
    262
Plausibilitäts-Kontrolle *46 f.*
Prävention *6, 66, 70, 77 ff., 121, 129, 170,*
    172, 234
Privatklage *60*
psychosomatisch *187, 191, 228, 246, 269*
psychosomatische Störungen *82, 89, 169,*
    246

Q

Querulant *176, 235*
Querulation *94, 134, 224*

R

Rattengiftfall *104, 142, 174*
Rechtsausübung, unzulässige *43, 174*
Rechtsausübung, zulässige *32 f., 134, 196*
Remonstrationsrecht *62*
Revision *99, 136, 165 ff., 181, 195, 207, 216, 218, 224, 232*
Rücksichtnahmepflicht *48*

S

Schadensersatz *29, 45, 56 f., 60, 73, 75 ff., 83 ff., 90, 97 f., 102, 104, 111 ff., 121, 131 f., 135, 137, 139 ff., 148 f., 160 ff., 171, 173, 175, 183, 186, 188 ff., 197 ff., 205, 210, 213 ff., 222 ff., 230, 237, 242 ff., 247, 250, 258, 260, 265, 268 ff.*
Schadensminderungspflicht *133, 137*
Schikane *20, 24, 38, 49, 54, 82, 87 f., 91, 111, 134, 141, 169, 193 f., 198, 212, 214, 217, 222, 228 f., 239*
Schmerzensgeld *29, 56 f., 60, 79 ff., 102, 104, 111, 114, 121, 131, 135 f., 139, 141, 144, 149, 163, 165, 169, 171 f., 175, 177, 181, 183 f., 188, 190, 197 ff., 205 f., 210 ff., 221 ff., 230, 236 ff., 243 f., 247, 250 ff., 258, 264, 268 f., 271*
Schulung *65, 68, 71, 81, 129, 173, 174 f., 202*
Schutzgesetz *60, 75*
Schutzpflichten *72, 75*
Schwerbehindertenvertretung *66 f., 130*
Schwerbehinderung *51, 67 f., 263, 268*
Selbstmord *19, 22, 26, 58, 147, 168, 190, 216, 249*
sozialadäquat *34 f., 43, 208, 251*
Sozialversicherungsrecht *168*
Sperrzeit *99 f., 195, 207 f.*
Stigmatisierung *95, 134, 146*
Strafantrag *56 ff.*
Strafbarkeit *71*
Straftat *48, 57 ff., 109 f., 180, 209, 222*
Sühneversuch *60*
Supervision *65, 129*
Systematik *23 f.*

systematische Handlungen *33, 35 ff., 46 f., 71 f., 86 ff., 103, 123, 132, 140, 164, 169, 183 f., 194 ff., 206, 210, 215 ff., 222, 226, 229, 230, 240, 244, 250 f., 254 ff., 259*

T

Täter-Opfer *30, 35, 90, 133, 136, 144, 193, 230, 231*
Tötung *58*
Treu und Glauben *49, 103, 128, 182, 185*

U

Umsetzung *41 f., 52, 57, 73, 117 ff., 161, 185, 204 f., 231*
Unterlassung *53, 56 f., 71 f., 98, 131, 161 f., 170 f., 182, 193, 201, 210*

V

verhaltensumfassend *24, 26, 29, 31, 33*
Verhältnismäßigkeit *42, 85, 103, 117, 135, 174, 182, 191, 262, 263*
Verjährung *163 f.*
Verleumdung *57, 162, 222*
Verschulden *44, 72, 75, 87, 94, 97, 99, 119 ff., 133, 136 ff., 141, 159, 178, 183, 201, 206, 214, 218, 222, 231, 242, 253, 260*
Versetzung *36, 39 ff., 57, 63, 67, 80, 105, 113, 117 ff., 127, 137, 138, 161, 173, 183, 194, 204, 212, 238, 244 ff., 254*
Vorgesetzte *19, 29 ff., 41, 44, 46 f., 50, 53, 60, 65, 69 ff., 81 f., 87 f., 90 ff., 101 ff., 114 f., 123 f., 129, 131 ff., 140 ff., 147, 150, 157 f., 160 ff., 165, 176, 179, 181 ff., 186, 190, 196, 200 f., 206 ff., 243 f., 248, 250 ff., 259 f., 262, 264, 269*
Vorkehrungen *49, 121, 128, 250*

W

Weisungsrecht *25 ff., 41, 111, 224, 230, 240, 263 f.*
Widerruf *56 f., 71, 94, 131, 136, 178*
Wiederholungsgefahr *71*

Z

Zurückbehaltungsrecht *56, 90, 95, 100, 102 f.f., 135, 170, 174, 181, 187, 271*
Zusammenarbeit, vertrauensvolle *64*